12
DER TERRORIST
Osama bin Laden
GLOBAL

12
DER TALIBAN
Mullah Mohammed Omar
GLOBAL

06
DER KRIEGSHERR
Oda Nobunaga
NAGASHINO, JAPAN

DATIN

02
DER SÖLDNER
Xenophon, Sohn des Gryllos
KUNAXA, MESOPOTAMIEN

10
DER PUTSCHIST
Cemal Gürsel
ANKARA, TÜRKEI

04
DER KREUZFAHRER
Richard I. Löwenherz
ARSUF, PALÄSTINA

08
DER KAVALLERIST
Winston Churchill
OMDURMAN, SUDAN

Ilja Steffelbauer — DER KRIEG

Von Troja bis zur Drohne

Für Karin

Ilja Steffelbauer, geboren 1976, studierte Alte Geschichte und Geschichte in Wien und Athen. Jahrelang als wissenschaftlicher Mitarbeiter und Lektor an der Alten Geschichte und an der Wirtschafts- und Sozialgeschichte der Universität Wien tätig, mit Schwerpunkt Militärgeschichte. Als Mitbegründer von Amaltheia, Verein für Geistes- und Humanwissenschaften, ist ihm populäre Wissensvermittlung ein Anliegen.

Ilja Steffelbauer

DER KRIEG

Von Troja bis zur Drohne

mit 90 Abbildungen

Brandstätter

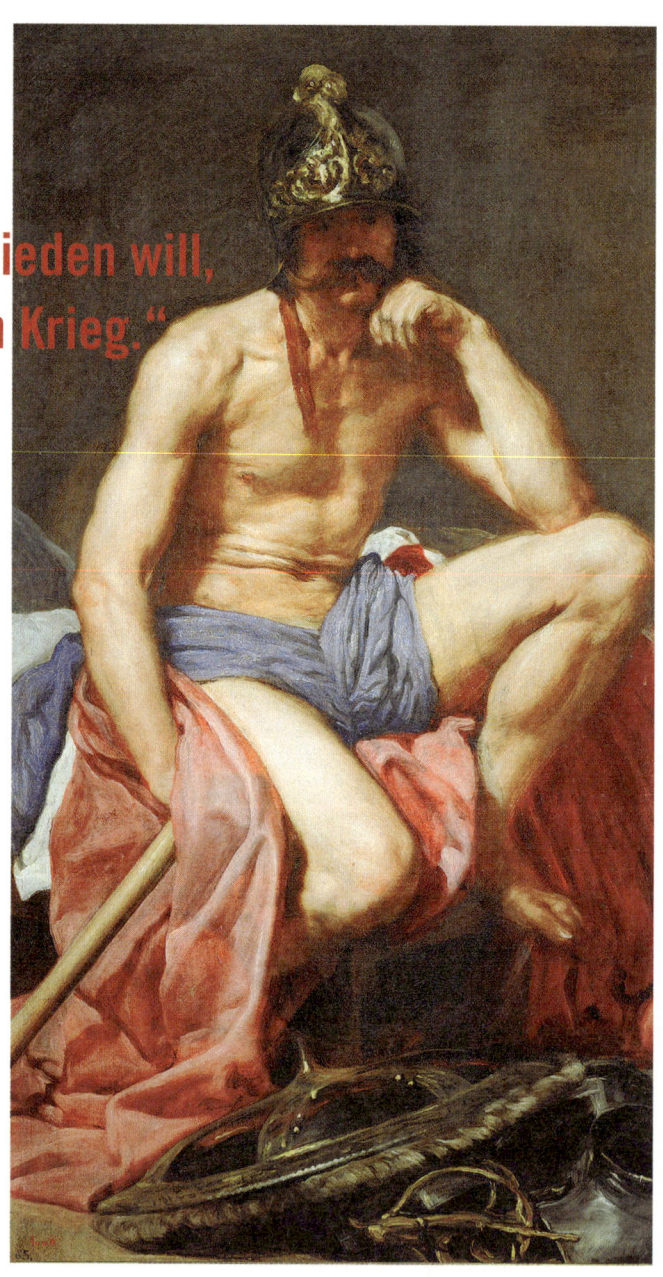

„Wer den Frieden will, studiere den Krieg."

Mars ist müde. Diego Velázquez malt ihn ca. 1640. Der Dreißigjährige Krieg tobt seit über zwanzig Jahren. Seit mehr als siebzig Jahren versuchen die Spanier, ihre rebellischen Untertanen in den Niederlanden zur Räson zu bringen. Das „Goldene Jahrhundert" Spaniens frisst den Reichtum der Amerikas und lässt eine ausgelaugte Weltmacht zurück.

Inhalt

6   Vorwort

8   **Einst waren wir Krieger**
Neuguinea, 1961 n. Chr.
Robert Gardner, Anthropologe

29   **Der Held**
Troja, Anatolien 1230 v. Chr.
Achilleus, Sohn des Peleus

45   **Der Söldner**
Kunaxa, Mesopotamien 401 v. Chr.
Xenophon, Sohn des Gryllos

69   **Der Legionär**
Alesia, Gallien 52 v. Chr.
Gaius Julius Cäsar

91   **Der Kreuzfahrer**
Arsuf, Palästina 1191 n. Chr.
Richard I. Löwenherz

113   **Der Reiterkrieger**
Muhi, Ungarn 1241 n. Chr.
Subutai der Tapfere

137   **Der Kriegsherr**
Nagashino, Japan 1575 n. Chr
Oda Nobunaga

157   **Der Seeoffizier**
Abukir, Ägypten 1798 n. Chr.
Horatio Nelson

183   **Der Kavallerist**
Omdurman, Sudan 1898 n. Chr.
Winston Churchill

211   **Der Sanitäter**
Piave, Italien 1918 n. Chr.
Ernest Hemingway

235   **Der Putschist**
Ankara, Türkei 1960 n. Chr.
Cemal Gürsel

265   **Der kalte Krieger**
Moskau, UdSSR 1983 n. Chr.
Stanislaw Jewgrafowitsch Petrow

284   **Der Terrorist**
Gesichter des Krieges von heute
China Keitetsi, die Kindersoldatin
Mohammed Omar, der Taliban
Osama bin Laden, der Terrorist
Brandon Bryant, der Drohnenkrieger

320   Bildnachweis

VORWORT

Ahnungslosigkeit darüber, was er bedeutet, treibt niemanden in den Krieg;
Angst hält keinen davon ab, der einen Nutzen in ihm sieht.
(HERMOKRATES VON SYRAKUS in THUKYDIDES 4.59)

Es ist leicht, den Krieg zu verdammen, und in Bausch und Bogen alles, was mit ihm zu tun hat. Sie und ich werden mit großer Wahrscheinlichkeit keinen Krieg beginnen. Krieg ist eine recht exklusive Sünde für Könige und Präsidenten. „Auf den König," seufzt der exemplarische Kriegerkönig Heinrich V. in Shakespeares Stück in der dunkelsten Stunde der Nacht vor der Schlacht von Agincourt, „lasst uns all unsere Sünden abladen!" Man macht es sich leicht: Kriege, wie alle Menschheitsübel, sind einfacher zu ertragen, wenn man sich selbst nicht unmittelbar schuldig fühlen muss. Wenn Böses geschieht, weil böse Menschen Böses tun, dann ist es leicht gut zu sein, wenn man keine Gelegenheit dazu hat.

Sünden, an denen wir alle Anteil haben, relativieren wir gerne: Welthunger, Epidemien, Umweltzerstörung, organisiertes Verbrechen mit Prostitution, Menschen- und Drogenhandel und selbst der Tod im Straßenverkehr – all das fordert alljährlich mehr Opfer als alle bewaffneten Konflikte zusammen. Und all das erregt bei Weitem nicht so viel einhellige Ablehnung wie der Krieg. So leicht kann man sich aber nicht aus der Verantwortung stehlen. Die Wanderung durch die Geschichte des Kriegs im folgenden Buch zeigt eines unleugbar: Krieg ist systemisch. Kriege sind keine Unfälle der Geschichte, keine Verbrechen historischer Schurken, sondern funktionale Elemente der politischen und wirtschaftlichen Ordnung einer Gesellschaft. Menschen ziehen in den Krieg, weil sie einen Nutzen darin sehen; manchmal im Krieg selbst, oft in der erhofften Nachkriegsordnung.

Wir werden Menschen begegnen, die gute Gründe hatten, Krieg zu führen und sehr wohl wussten, worauf sie sich einließen; die die Alternativen bedachten und Krieg als die vorteilhaftere erkannten. Kaum einer von ihnen war deswegen ein böser Mensch. Mancher ist vielleicht gierig gewesen, ehrgeizig oder abenteuerlustig; doch keine dieser Eigenschaften ist per se unmoralisch. Im Kontext ihrer Zeit konnte jede dieser Motivationen indes dazu führen, dass sie zum Schwert griffen, um ihre Interessen durchzusetzen, weil Krieg ein akzeptiertes Mittel zu diesem Zweck war. Krieg war immer die Fortsetzung eines anderen Unterfangens mit gewaltsamen Mitteln. Und Gewalt ist – entgegen der populären Plattitüde – eine Lösung; weil sie, wie alle Lösungen im menschlichen Dasein nur eine auf Zeit sein muss. Wenn wir den Feind heute niederwerfen, haben wir Frieden in unseren Tagen. „Wenn du Frieden willst, bereite dich auf den Krieg vor," war daher auch die Maxime der Römer. Rom ist Staub, doch garantierte es mit diesem Motto immerhin Jahrhunderte des Römischen Friedens. Friede auf Zeit, scheint es, ist alles, worauf je zu hoffen war.

Daran hat sich nichts geändert. Dieser Friede ist ein Friede auf Zeit! Unsere Lebensweise wird tatsächlich am Hindukusch verteidigt. Ihre und meine. Gewalt ist weiterhin die einfachere Lösung, weil es tatsächlich leichter ist, in einem Land weit, weit weg eine Generation lang Krieg zu führen, als einen funktionierenden Staat aufzubauen und eine Gesellschaft so umzuformen, dass sich bis in die Köpfe jedes Einzelnen die Ansicht durchsetzt: Gewalt ist eben keine Lösung. Das ist der tiefe, intellektuelle Graben, der jeden von uns von den meisten Menschen, deren Schicksale dieser Band thematisiert, trennt: Wir sind Produkte einer Kultur, die uns individuelle Gewalt weitgehend abgewöhnt hat. Deswegen fällt es uns auch so schwer, den Krieg – die maximale Form der kollektiven Gewalt – weiterhin zu ertragen, selbst wenn er andere betrifft. So elend macht es uns, ihn anzusehen, dass wir Gefahr laufen, ihn zu verdrängen.

„Stell dir vor, es ist Krieg, und keiner geht hin" ist ein hilfloser Aufruf zur Realitätsverweigerung. Doch wir sind keine Kinder mehr. Das Ungeheuer geht nicht weg, nur weil wir unsere Augen davor verschließen. Wir müssen Mars ins Angesicht schauen und sagen: „Ich kenne dich, alter Mann! Ich kenne deine Tricks und deine Fallstricke. Du wirst mich nicht mehr überlisten!" Indem wir anhand des Lehrbuchs, das uns die Geschichte eröffnet, lernen, weshalb Kriege geführt werden, welchen Nutzen und welche Risiken sie bergen, können wir das Ungeheuer domestizieren. Wir sollten vielleicht nicht vorschnell hoffen, dass wir es endgültig wegsperren können. Beizeiten wird es uns noch dienen müssen.

Ilja Steffelbauer

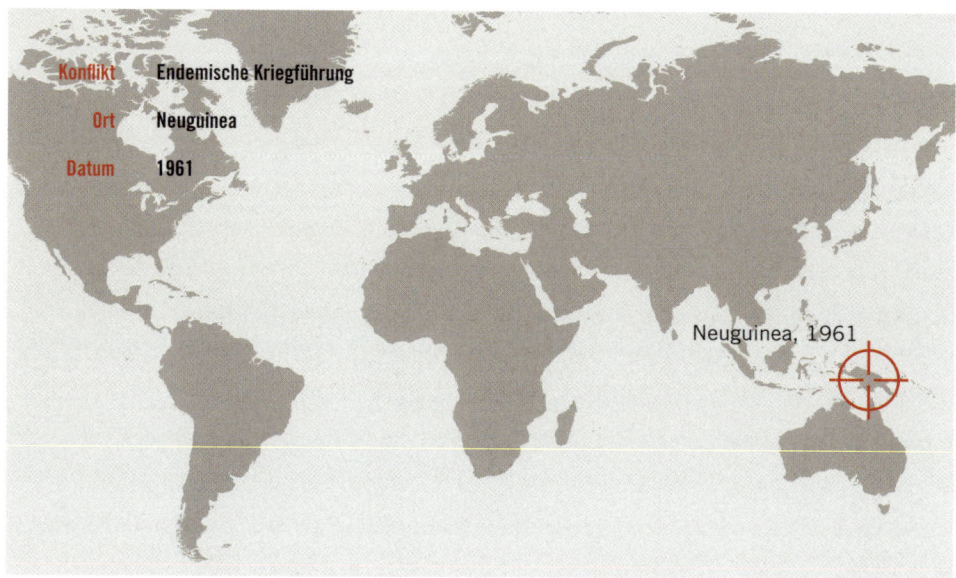

Konflikt Endemische Kriegführung

Ort Neuguinea

Datum 1961

Neuguinea, 1961

Im abgeschiedenen Hochland von Neuguinea sitzt ein Mann mit einer Kamera
und filmt Krieg. Es ist der ethnographische
Filmemacher Robert Gardner. Wir schreiben
das Jahr 1961. West-Neuguinea ist der
letzte Rest des holländischen Kolonial-
reiches, an den sich die ferne Metropole
noch klammert. Im dschungelbedeckten
Hinterland der Insel befindet sich in diesen
Jahren so etwas wie ein Eldorado für Ethno-
logen. Es sind die letzten weißen Flecken
auf der ethnographischen Landkarte der
Welt, die hier gerade beseitigt werden. Die
Existenz der Völker im bergigen Inneren
der Insel wurde erst in den Jahrzehnten
vor dem Weltkrieg bekannt. Die Dani des
Hochlandes, deren Kultur und Gesellschaft
Gardner mit der Kamera einfangen möchte,
wurden in den 1930ern zum ersten Mal
gesichtet: von einem Flugzeug aus. Der

Österreicher Heinrich Harrer wird ein Jahr
nach Gardner das Gebiet auf dem Weg zur
Besteigung des Puncak Jaya durchqueren.
Auch er verzeichnet in seinen Erinnerungen,
was der Filmer ebenfalls feststellt: Die Dani
lebten effektiv in der Steinzeit; und sie
waren extrem kriegerisch. Mehrmals musste
der Bergsteiger auf seiner Expedition wegen
abrupt ausgebrochener Stammesfehden
seine Route ändern oder gar um sein Leben
fürchten.

1963: Gardner ist zurück in den USA. An
der Universität Harvard, wo er das Film
Study Center leitet, das er begründet hat,
schneidet er aus seinen Aufnahmen aus
Neuguinea einen Film. Im intellektuellen
Netzwerk der amerikanischen Ostküste, in
deren Zentren die Ivy League Universitäten
wie Harvard stehen, brodelt es. Die ersten

EINST WAREN WIR KRIEGER

Robert Gardner, Anthropologe

* 5. November 1925, Brookline, Massachusetts
ᵀ 21. Juni 2014, Cambridge, Massachusetts

Vertreter der Friedensbewegung formieren sich. Der 1960 gewählte US-Präsident John F. Kennedy betreibt eine Politik der Eskalation im Kalten Krieg. Die Kubakrise bringt die Welt an den Rand der nuklearen Vernichtung. In Vietnam sieht der junge Präsident seine Chance, frühere Rückschläge wie die desaströse Invasion in der Schweinebucht wieder auszubügeln. Am 22. November 1963 stirbt er in Dallas durch die Kugeln eines Attentäters. Sein Nachfolger Lyndon B. Johnson setzt auf eine noch härtere Gangart in Südostasien. Binnen Jahresfrist werden amerikanische Soldaten auf dem Weg nach Vietnam sein und Ende des Jahres gibt es die ersten landesweiten Proteste gegen den Krieg in Vietnam. Junge Männer, meist an den liberalen Universitäten Kaliforniens und der Ostküste, zerreißen ihre Einberufungsbefehle. In diesem Klima stellt Gardner seinen Film über die Dani fertig. Er nennt ihn „Dead Birds". Der Film reflektiert die Sinnlosigkeit und Unerklärlichkeit des Kriegs scheinbar in einem fernen Spiegel am anderen Ende der kulturellen Entwicklung der Menschheit. Es ist ein Film für eine Generation, die nicht bereit ist, sich in den absurden Riten ihrer Häuptlinge abschlachten zu lassen: „Why war?" werden sie auf ihre Transparente schreiben.

Als Gardner die Dani filmt, herrscht in der Anthropologie – der Wissenschaft, die hierzulande meist immer noch altväterlich „Völkerkunde" genannt wird – die Ansicht, dass die Hochlandstämme Neuguineas und anderen mehr oder weniger isolierte Ethnien, die zur selben Zeit in entlegenen Regionen des Globus entdeckt werden, sozusagen lebende Fossilien sind: Menschen, deren Gesellschaft und Technologie sich seit der Steinzeit nicht verändert haben. Sie boten damit sozusagen Fenster in unser aller ferne Vergangenheit. Und durch dieses Fenster sieht Gardner, ähnlich wie Napoleon Chagnon, der etwa zeitgleich ein anderes isoliertes Volk, die Yanomami im brasilianischen Urwald, untersucht, vor allem eines: Krieg. Die gesamte Kultur und Gesellschaftsordnung dieser steinzeitlichen Gesellschaften schien sich um Krieg und Gewalt zu drehen, was Chagnon dazu veranlasst, sein 1968 erschienenes Buch über die Yanomami „The Fierce People" – etwa das „grimmige" oder „kämpferische" Volk – zu nennen. Seine Betonung der brutalen und gewalttätigen Seiten dieser indigenen Kultur bringt ihm viel Kritik ein, genauso wie Gardner in der Zunft vorgeworfen

Wilde Krieger: Die Dani im Hochland Neuguineas leben in einer Welt ständiger Kämpfe zwischen benachbarten Dorfgemeinschaften.

wird, dass er die Menschen Neuguineas, die er gefilmt hat, nicht zu Wort kommen lässt und sie seiner eigenen großen Erzählung von Gewalt und Krieg unterordnet. Die Faszination der amerikanischen Ethnologie der 1960er mit der kriegerischen und gewalttätigen Seite dieser Völker kann aber auch im Kontext der Zeitgeschichte gelesen werden: Eine Gesellschaft, die innerlich zerrissen ist durch ihre Rolle in einem höchst kontroversen Krieg, suchte am fernstmöglichen Ort nach Versicherung; nach einer Antwort auf die bange Frage, ob menschliches Dasein immer von Krieg und Gewalt bestimmt war. In einer Zeit, in der die Möglichkeit der völligen Vernichtung der Spezies und eines großen Teils der irdischen Biosphäre durch den nächsten großen Krieg in greifbare Nähe rückte, schien ein wenig Introspektion dringend angeraten:

War der nackte Affe, der jetzt am roten Knopf saß, seiner Natur nach kriegerisch oder friedlich?

Jede Antwort auf diese Frage ist dazu geeignet, einen Teil der Fragenden zu enttäuschen.

Eden

Nach übereinstimmender Ansicht der Paläontologen tritt der moderne Mensch – *Homo sapiens* – vor ca. 200.000 Jahren in Afrika in Erscheinung. Von dort verbreitet er sich in einem einzigartigen Siegeszug über die ganze Welt. Kaum eine Spezies von Säugetieren erweist sich als so anpassungsfähig wie der aufrecht gehende Affe aus der Savanne Ostafrikas. Vor 100.000 Jahren erreicht er den Nahen Osten, vor 70.000 Jahren Indien und Südostasien, Australien vor 50.000, Europa vor 40.000 Jahren und kurz danach dringt er in das Innere Asiens und von dort über die eiszeitliche Landbrücke nach Amerika vor. Die Arktis und einige abgelegene Inseln wie Madagaskar und Neuseeland wird er „erst" in den letzten paar tausend Jahren erreichen. 190.000 dieser 200.000 Jahre seiner Existenz als Spezies verbringt der Homo sapiens als Sammler und Jäger in kleinen Wandergruppen von selten mehr als 20 Mitgliedern mit einem recht bescheidenen kulturellen Inventar, welches er zu einem erklecklichen Teil von seinen protomenschlichen Vorfahren übernommen hat. Neben dem Feuer als wichtigster Errungenschaft beinhaltet es Speere, Steinklingen,

Das altsteinzeitliche Paradies war voll mit jagdbarem Wild. In der neolithischen Welt musste man sich im Schweiße seines Angesichts nähren.
Lucas Cranach der Ältere (1472–1553): Paradies, 1530; Staatliche Kunstsammlung Dresden, Gemäldegalerie

und wo nötig, schützende Kleidung aus Fell. Selbst Pfeil und Bogen fügt er seiner Ausstattung erst vor etwa 60.000 Jahren hinzu. Vor ca. 40.000 Jahren beschleunigt sich der kulturelle Fortschritt und mit der Entwicklung von Sesshaftigkeit und Ackerbau beginnt vor ca. 10.000 Jahren eine neue Ära, in der wir – selbst wenn heute in entwickelten Industriegesellschaften nur mehr wenige Prozent der Bevölkerung in der Landwirtschaft beschäftigt sind – intellektuell immer noch zuhause sind: das agrarische Zeitalter.

Die Fenster in die menschliche Vergangenheit, die Gardner und Chagnon aufstießen, blicken nicht auf die lange altsteinzeitliche Kinderstube der Menschheit, sondern auf die früheste Entwicklungsstufe jener neolithischen Welt, in der wir trotz allem technischen Schnickschnack heute noch leben. Zumindest sind unsere beherrschenden Obsessionen so geartet, dass wir den Dani mit ihren Steinäxten und Penisfuteralen näher sind als jedem Menschen, der in den 190.000 Jahren vor der früher sogenannten „Neolithischen Revolution" gelebt hat. Wir sind besessen von Besitz und der Kontrolle über Land und Güter, was auch Besitzansprüche über andere Menschen – heutzutage meist unsere Partner und Kinder, nur mehr selten Sklaven oder Leibeigene – miteinschließt. Wir rackern uns ab, um diesen zu erlangen und sicherzustellen. Wir teilen die Welt in Angehörige unseres Stammes und andere. Wir gehorchen Häuptlingen und Priestern und finden es richtig, dass sie sich mit Reichtümern schmücken. Wir sind der Meinung, dass unser Gott stärker ist als der des Nachbarstammes und sind diesbezüglich immer noch ziemlich reizbar. Schließlich und endlich sind wir bereit, für diese Götzen – Besitz, Stamm und Gott –, wenn unsere Anführer es wollen oder wir individuell zu dem Schluss kommen, dass es angemessen wäre, einem Artgenossen den Schädel einzuschlagen. Durch und durch (jung-)steinzeitliche Sentiments also.

In den 190.000 Jahren davor hatte das menschliche Leben eine gänzlich andere Qualität. Einblick in diese Phase der Menschheitsgeschichte geben uns, von den archäologischen Funden abgesehen, vor allem ethnologische Forschungen an jenen wenigen Völkern, die noch in historischer Zeit als altsteinzeitliche Sammler und Jäger lebten. Die San – die sogenannten „Buschleute" der Kalahari – sind von diesen recht bekannt geworden, doch finden sich isolierte Sammler-und-Jäger-Populationen immer noch auf allen Kontinenten, auch wenn sie rasch im Verschwinden begriffen sind. Sieht man sich dabei jene Gruppen an, die am wenigsten mit sesshaften

Ackerbauern und der modernen Welt in Kontakt gekommen sind, offenbart sich eine phantastische Welt, die so unglaublich erscheint, dass sie es selten in die populäre Öffentlichkeit schafft. Sie passt so gar nicht zur immer noch vorherrschenden Erzählung von Fortschritt und Aufstieg aus einer dunklen Vergangenheit, in der das Leben, um Thomas Hobbes zu zitieren, „nasty, brutish and short" gewesen sein soll. Ein, zwei Dutzend Menschen wandern gemeinsam durch die Wildnis. Das kulturelle Inventar ist bescheiden, aber hinreichend an die Umwelt angepasst. Diese Menschen sind weder dumm noch einfallslos. Sie wissen nur sehr genau, was man brauchen kann, und was nicht. Immerhin hatte man Jahrzehntausende Zeit das herauszufinden. Der Lebensunterhalt wird durch die Jagd auf Tiere, Fischen und das Sammeln wilder Früchte sichergestellt. Doch noch erstaunlicher sind die sozialen Verhältnisse und die Geisteswelt dieser Menschen, die uns die archäologischen Überreste unserer steinzeitlichen Vorfahren leider nur ungenügend überliefern. Wir können es aber an den rezenten Vertretern dieser Lebensweise gut beobachten: Es gibt keinen Besitz. Warum auch? Jedes einzelne Objekt im kulturellen Inventar kann jedes Mitglied der Gesellschaft relativ leicht jederzeit aus den in der Umwelt reichlich verfügbaren Rohstoffen herstellen. Manches erfordert mehr Mühe, aber das sind meist Objekte wie Steinäxte oder ein Blasrohr, von denen man nicht mehr als ein, zwei im Leben braucht. Mehr zu besitzen hat ohnehin keinen Sinn. Warum soll man zwei Bögen oder zwei Steinäxte haben wollen? Man kann ohnehin immer nur eine gleichzeitig benutzen. Außerdem müsste man seinen angehäuften Besitz bei den häufigen Lagerwechseln mitschleppen. Eine unnötige Mühe. Es gibt auch keinen Diebstahl. Wie soll man in einer Gruppe von zwanzig Personen davon profitieren, dass man jemandem etwas wegnimmt? Jeder weiß, dass man der Dieb ist. Und keiner findet das gut. Es wird ohnehin alles geteilt. Wenn die Beute ins Lager kommt, legen die Jäger – ja, es sind tatsächlich meist die Männer – sie beim Feuer auf die Erde und zerteilen sie. Jeder nimmt sich dann, was er will. Die klassische Methode an Kindergeburtstagen, einen die Torte aufschneiden und einen anderen austeilen zu lassen, funktioniert auch hier. Beziehungen zwischen den Geschlechtern sind informell, aber recht stabil, zumindest so lange es nötig ist Kinder zu versorgen. Selbst dann ist eine Trennung keine Katastrophe, werden die Kinder doch ohnehin von der ganzen Gruppe gemeinsam aufgezogen. Im Endeffekt treffen die Frauen die Entscheidung, und die achten schon darauf, sich nicht mit einem treulosen Casanova einzulassen. .Aus nachvollziehbarem

Eigeninteresse. Man hat ohnehin viel Zeit, Beziehungen zu pflegen, denn die durchschnittliche Tagesarbeitszeit beträgt nur wenige Stunden. Auf die Jagd geht man, wenn man großen Beutetieren nachstellt, ohnehin nur alle paar Tage. Ist die Beute kleiner, muss man öfter ran. Kommt es zu Konflikten – was auch in diesem scheinbaren Hippie-Paradies vorkommt –, arbeitet die ganze Gruppe daran, diese beizulegen. Jeder kriegt schließlich alles mit und Privatsphäre gibt es keine. Man ist ja aufeinander angewiesen, weswegen sich alle darum bemühen, die Wellen zu glätten. Geht es wirklich nicht anders, trennt man die Streithähne – der häufigste Grund für böses Blut ist übrigens der Streit um einen begehrten Partner –, indem man einem der beiden nahelegt, sich einer anderen Gruppe anzuschließen. Die Zusammensetzung der Gruppen fluktuiert tatsächlich recht häufig. Wenn man sich auf der Wanderung begegnet, ist es eine der seltenen Gelegenheiten sich auszutauschen. Neue Freundschaften entstehen und es ist nichts dabei, wenn sich dann jemand einige Zeit einer anderen Gruppe anschließt. So lernt man andere Leute kennen, sieht einen neuen Teil der Jagdgründe und lernt vielleicht den einen oder anderen neuen Kniff, den die eigenen Leute noch nicht kannten. Wer sollte es einem auch verbieten? Es gibt keine Häuptlinge, keine Priester. Die einzige Art von Führerschaft, die Sammler und Jäger kennen, ist die des Kompetentesten. Der erfahrenste Jäger führt die Jagd an. Die erfahrenste Frau sucht den Lagerplatz aus. Da gibt es wenig zu diskutieren. Jeder weiß schließlich, wer Ahnung hat und wer nicht. Wenn unterschiedliche Meinungen bestehen, diskutiert man das halt aus. Wenn die Lage kritisch ist – etwa weil der Tiger ums Lager schleicht –, weiß jeder, wer jetzt das Sagen hat. Man kennt einander gut genug. Was es nicht gibt, in dieser seltsamen Welt der Sammler und Jäger, sind gewaltsame Konflikte zwischen Gruppen. Ja, es gibt Meinungsverschiedenheiten, sogar Gewalt. Streitereien können schon mal zu einer Prügelei führen. Junge Männer sind – wie überall – schnell dazu geneigt, eine Differenz mit den Fäusten auszutragen. Doch geht dies selten über eine zünftige Rauferei hinaus. Totschlag im Affekt ist wahrscheinlich das einzige Gewaltverbrechen, das es in diesen Gesellschaften gibt. Und das ist extrem selten. Gruppen gehen so gut wie nie aufeinander los. Warum sollten sie auch? Das Jagdgebiet ist groß genug und die Natur so übervoll, dass es nichts gibt, worum es sich zu kämpfen lohnt. Geht man einander aus irgendeinem Grund auf die Nerven, zieht eben eine Gruppe fort. Woanders ist es auch schön und weiter oben am Fluss springen auch die Fische.

Ist dies das Paradies, das Goldene Zeitalter, von dem so viele Mythen behaupten, dass es am Anfang der Menschheitsgeschichte stand?

Als der amerikanische Anthropologe Marshall Sahlins diese Darstellung einfacher Sammler-und-Jäger-Gesellschaften erstmals bei der Konferenz „Man the Hunter" 1966 vorstellte, erschütterte er einen wissenschaftlichen Konsens, der zumindest seit den Philosophen der Aufklärung bestanden hatte. Der kulturelle und zivilisatorische Fortschritt der Menschheit wurde als ein stetiger, mühsamer Aufstieg aus Armut und ständiger Bedrohung zu materiellem Wohlstand, Freiheit und Sicherheit im Kontext eines wohl eingerichteten Staatswesens angesehen. Als John Kenneth Galbraith 1958 den Begriff der „Überflussgesellschaft" prägte, war er gemäß der klassischen Theorie der Nationalökonomie der Überzeugung, dass die Bedürfnisse des Menschen unendlich wären. Erst die kapitalistische Industriegesellschaft habe nach Jahrtausenden der Deprivation die Mittel geschaffen, um den meisten zumindest das meiste zu ermöglichen, was sie sich nur wünschen konnten. In der Wirtschaftswunderwelt der amerikanischen Fünfziger, wo alles, was bisher als Luxus galt – Kühlschränke, Fernseher, ein komfortables Eigenheim, Fernreisen – plötzlich für die breite Masse erschwinglich wurde, erschien das als eine durchaus glaubhafte Theorie. Dem setzte Sahlins eine ebenso machtvolle Erzählung entgegen, für die er nicht zufällig Galbraiths Wortschöpfung kaperte: „Die ursprüngliche Überflussgesellschaft" erschien 1968. Auch sonst ein Epochenjahr in der Nachkriegsgeschichte.

Seid fruchtbar und mehret euch

Und was ist mit dem Krieg? Wenn Sahlins Darstellung stimmt, und sie wird, obwohl, vor allem aus ideologischen Gründen, sehr angefeindet, immer noch der Konsens in der Sammler-und-Jäger-Forschung, dann gibt es in primitiven Sammler-und-Jäger-Gesellschaften keine nennenswerte Gewalt zwischen Gruppen. Die Archäologen fördern bisweilen mehrere Opfer individueller Gewalt zutage, woraufhin schnell Schlagzeilen über „Massaker in der Steinzeit" durch die Presse gehen, doch gehen diese Funde nie über das hinaus, was sich nicht auch durch eine tragisch außer Kontrolle geratene Schlägerei erklären ließe.

Was war also zwischen Gardners und Chagnons grimmigen Wilden und Sahlins friedlichen Sammlern und Jägern passiert? Das Augenfälligste lässt sich sofort erkennen: Die Menschen waren sesshaft geworden. Sie waren dazu übergegangen, sich nicht mehr in erster Linie von der Jagd und dem Sammeln wilder Früchte zu ernähren, sondern selbst Feldfrüchte anzubauen und Tiere zur Schlachtung zu halten. In seltenen Fällen waren sie weiterhin Jäger oder vor allem Fischer, die aber in der glücklichen Lage waren, jährlich wiederkehrende Migrationen der Herden – oder von Millionen Fischen auf dem Weg zu ihren Laichgründen – bequem an einem Ort abzuwarten. Dazwischen, und das hatten diese Ausnahmejäger mit den sesshaften Ackerbauern und Viehzüchtern gemeinsam, musste sie ihre Nahrung indes lagern, was die Notwendigkeit, diese Reserven zu schützen miteinschließt.

Vor ca. 12.000 Jahren vollzieht sich im Nahen Osten als erster Region der Welt der Übergang zu einer sesshaften, ackerbauenden Lebensweise. Nordindien und Nordchina entwickeln unabhängig voneinander ihre eigene agrarische Tradition. In Amerika geschieht dies erst viel später. Bald dehnt sich die neue Lebensweise aus. In einer Welt, in der sich in Jahrzehntausenden kaum etwas getan hat, verbreitet sich nun eine radikale neue Lebensweise innerhalb weniger Jahrtausende. Für die Neolithisierung Europas hat man berechnet, dass sich die Ackerbauern jedes Jahr ca. einen Kilometer weiter vorgearbeitet haben müssen. Anders gesagt: 20 Kilometer in 20 Jahren: Die neue Generation gründete ihr Dorf einen Tagesmarsch vom Dorf der Eltern entfernt. So war innerhalb von 5.000 Jahren ganz Europa vom Bosporus bis Irland von Ackerbauern bevölkert. Die Gründe, warum es zur Neolithischen Revolution kam, sind komplex; der genaue Ablauf bis heute noch nicht restlos geklärt. Einig ist sich die Forschung, dass die Klimaveränderungen am Ende der letzten Eiszeit wohl der Auslöser dieses radikalen Wandels waren.

Wenn man sich die zahlreichen Unterschiede ansieht, die einfache Sammler-und-Jäger-Gesellschaften von Ackerbauern, Hirtennomaden und anderen „fortschrittlicheren" Lebensweisen unterscheiden, fällt einer als ursächlich für viele andere besonders ins Auge: Bevölkerungswachstum. Die beschriebenen Sammler-und-Jäger-Gesellschaften der Gegenwart und auch ihre altsteinzeitlichen Vorläufer hatten eine fast konstante Bevölkerungszahl oder sie wuchsen zumindest nur so langsam, dass sie fast 200.000 Jahre brauchten, um alle verfügbaren Landflächen zu besiedeln. Als die letzte Eiszeit vor 10.000 Jahren endete, lebten weniger als 10 Millionen Menschen auf der Erde. Sie waren die Nachkommen der weniger als 10.000 Überlebenden des genetischen Flaschenhalses vor 75.000 Jahren, als ein Großteil der damaligen Weltbevölkerung einem katastrophalen Naturereignis zum Opfer fiel. In den 65.000 Jahren altsteinzeitlicher Jäger-und-Sammler-Lebensweise waren also – wenn man sich das Bevölkerungswachstum als eine lineare Funktion vorstellt, die es natürlich nicht war – jedes Jahr ca. 150 Menschen dazugekommen. In den nächsten 8.000 Jahren im Zeichen des Ackerbaues wurden aus diesen paar Millionen die mehr als 300 Millionen, die die Erde um Christi Geburt bevölkerten. Jedes Jahr kamen in diesen 8.000 Jahren demnach ca. 36.000 Menschen dazu. Die Bevölkerung hatte sich mehr als verdreißigfacht!

Von den 300 Millionen Erdbewohnern zu der Zeit, als Kaiser Augustus die Bewohner seines Reiches schätzen ließ, weswegen ein gewisser Zimmermann aus Galiläa mit seiner hochschwangeren Frau mitten im Winter nach Bethlehem reisen musste, lebten, wie er mit Befriedigung festgestellt haben muss, ca. 57 Millionen in seinem römischen Imperium. 75 Millionen lebten im Reich der Han-Kaiser in China, 50 Millionen in Indien und noch einmal etwa 40 Millionen in den zivilisierten Regionen Asiens von Persien über Südostasien bis Japan. Der Rest verteilte sich großteils auf die weiten Steppen Asiens, die Wälder Europas und die Savannen und Urwälder Afrikas; nur knapp 9 Millionen Menschen – etwa 3 % der Weltbevölkerung – lebten in Amerika, Australien und Ozeanien. Es war eng geworden in dem fruchtbaren Streifen, der sich wie ein großer Halbmond von den britischen Inseln im Westen quer durch Europa und das Mittelmeer über den Nahen Osten, Persien, Indien und China bis nach Japan erstreckte. Dies war die Ökumene, die „bewohnte Welt", wie die Griechen sie nannten. Innerhalb dieses Bandes und in den Zentren der Ackerbaukulturen in der Neuen Welt und in Afrika südlich der Sahara lebten tatsächlich durchschnittlich 40 Einwohner auf jedem Quadratkilometer. Jenseits der Grenzen der Zivilisation waren es deutlich weniger: vielleicht vier in den Ackerbaugesellschaften Alteuropas und Afrikas; knapp einer unter den Hirtennomaden Zentralasiens, der Sahara, Arabiens und Afrikas; immer noch kaum ein Einwohner je zehn Quadratkilometer in den immer noch von Sammlern und Jägern bevölkerten Weiten Amerikas, Australiens und Afrikas.

Man kann das Ganze auch noch anders rechnen: Von den ca. 110 Milliarden Angehörigen der Spezies Homo sapiens, die jemals gelebt haben, lebten lediglich 1 % in den 65.000 Jahren zwischen dem „Bottleneck" und der Neolithischen Revolution. In den 8.000 Jahren danach lebte die Hälfte aller Menschen, die es jemals gegeben hat; in den 2.000 Jahren seitdem die anderen 50 %. 6 % davon sind unsere Zeitgenossen, oder anders gesagt:

Jeder sechzehnte Mensch, der jemals gelebt hat, lebt jetzt! Es war etwas Dramatisches geschehen. Die Weltbevölkerung war nicht einfach nur angewachsen. Sie war in den 8.000 Jahren des sesshaften Ackerbaus geradezu explodiert.

Und das natürlich vor allem dort, wo sich diese Lebensweise verbreitete und zur vorherrschenden wurde. Sie sollte diesen Stand bis ca. 1800 behalten, bis die moderne Bevölkerungsexplosion alles davor wieder in den Schatten stellen sollte. Warum es zu diesem rapiden Bevölkerungswachstum kam, kann man wie alles in der Geschichte langwierig und sorgfältig erklären. Für uns mag es reichen, sie an einem plakativen Beispiel zu demonstrieren: Sesshafte Ackerbäuerinnen können den zeitlichen Abstand zwischen den Geburten ihrer Kinder halbieren! Nomadisierende Sammler und Jäger können sich erst ein weiteres Kind erlauben, wenn das ältere in der Lage ist, selbst mit der Wandergruppe Schritt zu halten. Das dauert etwa vier Jahre. Sesshafte und auch Hirtennomaden, die ihre Wickelkinder auf Schlitten, Wagen oder auf dem Rücken von Tragtieren mitführen können, unterliegen nicht mehr dieser Beschränkung. Damit sinkt der Abstand zwischen zwei Geburten auf durchschnittlich zwei Jahre. Recht viel schneller geht es rein biologisch ohnehin nicht. Damit verdoppelt sich die Zahl der Kinder, die eine Frau im Laufe ihrer fruchtbaren Jahre gebären kann. Allein das reicht schon aus für eine veritable Bevölkerungsexplosion. Jeder, der in Mathe aufgepasst hat, weiß, was geometrische Progression bedeutet. Für alle anderen noch einmal ein paar Zahlen, um zu veranschaulichen, wovon wir reden: Frau Sammlerin kann unter idealen Bedingungen vielleicht sechs Kinder gebären, bis die Menopause dem ein Ende setzt. Frau Bäuerin zwölf. Von diesen Kindern sind die Hälfte Mädchen. Allein diese sind „demographisch wirksam", wie die Bevölkerungswissenschafter es nennen, die einer notorisch unromantischen Zunft angehören. Ihre drei Töchter werden Frau Sammlerin neun Enkeltöchter gebären, die ihr insgesamt vierundfünfzig Urenkel beiderlei Geschlechts schenken werden. Frau Bäuerins sechs Töchter bringen sechsunddreißig Mädchen zur Welt, die dafür sorgen werden, dass sich vierhundertzweiunddreißig stramme Nachkommen an Uromas Geburtstag versammeln werden!

Soweit die reine Mathematik. Doch warum sollten diese beiden exemplarischen
Damen so unterschiedliche Fortpflanzungsstrategien verfolgen? Frau Sammlerin
weiß, es ist nicht gut, das nächste Kind zu bekommen, ehe das ältere bei den häufigen Wanderungen und ihren täglichen Sammelausflügen in die nähere Umgebung
des Lagers mithalten kann. Das ist ihre praktische Erfahrung aus den Fällen, die sie
selbst miterlebt hat, wo so etwas passiert ist. Sie kennt die zusätzlichen Mühen, die
auf die Gruppe zukommen, wenn nicht alle Frauen darauf achten, dass diese Regel eingehalten wird. Hier kann man, wenn man möchte, die Schlange im Paradies
entdecken, denn eine Free-Love-Kommune sind Sammler-und-Jäger-Gruppen sicher
nicht, vielmehr haben sie eine Menge Tabus, die dafür sorgen, dass die Chancen zur
Empfängnis reduziert werden. Und wenn alles daneben geht, zögern sie auch nicht,
unnütze Esser – neugeborene oder alt gewordene – dezent um die Ecke zu bringen,
wenn sie zu einer Belastung für die Gruppe werden. Archäologische Funde aus der
Altsteinzeit legen nahe, dass unsere Vorfahren das wenigstens nicht leichthin taten.
Wenn die Verhältnisse gut waren, überwog die menschliche Empathie-Fähigkeit
auch hier. Selbst durch Unfall oder Krankheit schwer beeinträchtigte Gruppenmit-
glieder konnten überleben und jenes hohe Alter erreichen, das man an ihren aufge-
fundenen Skeletten ablesen konnte; was voraussetzt, dass sie über viele Jahre durch
die anderen in der Gruppe mitversorgt wurden. Ein weiteres Indiz, dass der Homo
sapiens im Grunde kein kaltschnäuziger Egoist war – sicher sehr zum Ärgernis neo-
liberaler Ökonomen, die genau das postulieren müssen, um ihre Theorie aufrechter-
halten zu können.

Frau Bäuerin hat indes eine andere Lebenserfahrung. Sie muss ihre Kinder nicht
länger herumschleppen. Im Haus am Herd kann sie den schlafenden Säugling nieder-
legen, während daneben sein zweijähriger Bruder im Staub spielt, zumindest bis das
Kind wieder Hunger kriegt. Weil sie mehr oder weniger ständig entweder schwanger
ist, stillt oder sich um Kleinkinder kümmern muss, bewegt sie sich ohnehin nicht
weit von Heim und Herd weg. Wir ahnen schon, wo das noch hinführen wird ... Doch
für uns ist diese Seite der Neolithisierung hier nur von nachgeordnetem Interesse.
Viel wichtiger ist, dass Frau Bäuerin, während sie das Neugeborene, den Zwei- und
den Vierjährigen versorgt, dem Sechs-, Acht- und Zehnjährigen schon Teile der
Arbeit übertragen kann, die sich seit der Sesshaftwerdung ärgerlicherweise massiv
vermehrt hat. Auf einem Bauernhof gibt es immer viel zu tun. Je mehr Arbeit in den

Acker investiert wird, umso höhere Erträge sind zu erwarten. Ackerbau ist ein Knochenjob. Das zeigt sich auch am Skelett. Ackerbauern sind durchwegs kleiner, haben brüchigere Knochen, weniger Muskelmasse und stärkere Abnutzungserscheinungen als Sammler und Jäger. Aber auch das ist eine andere Geschichte. Während für Frau Sammlerin zusätzliche Kinder einfach gesagt zusätzliche Nahrungskonkurrenten sind, bedeuten mehr Nachkommen für Frau Bäuerin mehr Arbeitskräfte, das heißt konkret: zusätzliche Nahrungsproduzenten! Frau Bäuerin hat also gute Gründe, mehr Kinder zu wollen. Und deswegen werden alle Ackerbaukulturen das Lob der Mutterschaft singen und sich besonders freuen, wenn zahlreiche Söhne geboren werden, denn die werden zu stolzen Kriegern heranwachsen, was nun auch bald zu einem Vorteil werden wird.

Rasches Bevölkerungswachstum und die daraus resultierende höhere Bevölkerungsdichte sind die entscheidenden Faktoren, die die friedliche altsteinzeitliche Welt von der kriegerischen neolithischen unterscheiden. Wie aber ist der Konnex zwischen Bevölkerungswachstum und Krieg?

Sammler und Jäger sind „Unterproduzenten", denn sie entnehmen aus ihrer Umwelt nur einen Teil der verfügbaren, brauchbaren Ressourcen. Ackerbauern und alle anderen späteren Produktionsweisen erzeugen ein Überprodukt, was bedeutet, sie verändern ihre Umwelt dahingehend, dass mehr brauchbare Ressourcen aus ihr entnommen werden können, als sie von selbst zur Verfügung stellen würde. Sie roden Wälder, legen Felder an und Sümpfe trocken, graben Bewässerungsgräben, pflanzen Haine und düngen den Acker. Und trotzdem haben sie nie genug, da – wie Thomas Robert Malthus schon 1798 feststellte – der Zuwachs der agrarischen Produktion regelmäßig hinter dem Bevölkerungswachstum zurückbleibt. Malthus hatte nur das Pech, dass gerade zu der Zeit, als er seine Thesen publizierte, die neuzeitliche Agrarrevolution gerade in Gang kam, welche durch die wissenschaftliche Verbesserung der Landwirtschaft – Düngung etwa – jene gewaltige Steigerung der Erträge herbeiführte, die das gigantische Bevölkerungswachstum des Industriezeitalters überhaupt erst zuließ. Malthus wurde zu Lebzeiten von Leuten widerlegt, die auf ihren Äckern Lupinen pflanzten, und deren ferne Nachfolger es uns heute ermöglichen, eine

Weltbevölkerung von 7,4 Milliarden zu ernähren – wenn wir nur wollten. Doch für die Zeit davor sollte er recht behalten.

Seit der Sesshaftwerdung waren die Bauern also in einer grausamen Schere von rasch wachsender Bevölkerung und langsamer wachsendem Agrarprodukt gefangen. Natürlich wehrten sie sich dagegen. Am seltensten durch Innovation. Die Einführung neuer Feldfrüchte oder Techniken kam zwar gelegentlich vor, etwa als man die Neue Welt entdeckte und Kartoffeln, Mais, Bohnen und Tomaten in die Alte Welt gelangten – oder im Mittelalter, als die Araber Reis, Zuckerrohr und verschiedene Gartenge-müse im Mittelmeerraum verbreiteten. Insgesamt waren diese Neuerungen jedoch zu selten und zu schwach in ihren Auswirkungen, um die einfache Mathematik der exponentiellen Bevölkerungszunahme durchbrechen zu können. Eine andere Mög-lichkeit, die Produktion zu steigern, indem man sie intensiviert – also mehr Arbeit oder Energie in dieselbe Ackerfläche steckt –, wird von einem klassischen Gesetz der Ökonomie torpediert: dem sinkenden Grenznutzen. Ein Traktor erhöht den Ertrag eines Bauern beträchtlich. Der zweite vielleicht noch ein wenig, aber der dritte bringt gar nichts mehr. Bleibt zuletzt noch die einfachste Strategie: Mehr Ackerfläche erschließen! Doch diese hat leider auch ihre Grenzen. Im einfachsten Fall natürliche – man erreicht die Grenze des bebaubaren Landes, wie es den Ägyptern und Meso-potamiern in ihren Flusstälern recht rasch passierte – oder aber soziale: Auf dem nächsten Stück bebaubarem Land sitzt schon ein anderer. Nun ist guter Rat teuer.

Kains Erben

Die Bibel erzählt die Geschichte der Brüder Kain und Abel. Nach der Vertreibung aus dem Paradies müssen sich die Menschen im Schweiße ihres Angesichts nähren. Abel, der Hirte, und Kain, der Bauer, geraten in Streit. Das Ende der Geschichte ist bekannt. Tatsächlich dürften die ersten „Kriege" der Menschheit zwischen sesshaften Ackerbauern und nomadischen Jägern und Sammlern stattgefunden haben. Wo der Ackerbauer sein mühsam angelegtes Feld, seinen sorgsam gepflegten Obsthain und seine wohlgehütete Herde sieht, entdeckt der Sammler und Jäger eine gute Stelle zum Sammeln und eine erstaunlich zutrauliche Ansammlung von Wild. Wie immer, wenn Menschen einander in völliger Verständnislosigkeit gegenüberstehen, mag früher oder später der eine oder andere zur Faust als Argument gegriffen haben. Die spätere historische Erfahrung lehrt uns, dass die Sammler und Jäger dabei, gemäß

Kain erschlägt Abel.
Jäger, Sammler,
Hirten, Bauern:
Unterschiedliche
Lebensgrundlagen
sind oft Ursache von
Konflikten.
Ein Kapitell aus
dem Kreuzgang des
Klosters San Juan de
la Peña, 12. Jahrhun-
dert; Spanien

ihrer bewährten Strategie der Konfliktbewältigung, schnell Reißaus nahmen und einfach vor diesen aggressiven, besitzfixierten Sesshaften zurückwichen – jenseits der Hügel gibt es schließlich auch gute Jagdgründe. Die Ackerbauern konnten aber nicht anders als in ein, zwei Generationen auch jenseits der Hügel nach einem neuen Siedlungsplatz für die wachsende Bevölkerung zu suchen. Deswegen herrschen heute die Ackerbauern – und wir, ihre Nachkommen – über die Erde. Und Sammler und Jäger leben nur mehr dort, wo Ackerbau, wie in der Kalahari oder der Arktis, nicht möglich ist.

In der Ackerbauzone war aber früher oder später der Punkt erreicht, wo alles bebaubare Land auch bebaut war. Am frühesten dort, wo es rar war, wie in Ägypten oder in Mesopotamien. Dort war ein Ausweichen in die Wüste jenseits der Flusstäler so gut wie unmöglich. Also richtet sich bald der Blick begehrlich auf das Feld des Nachbarn. Bei dieser Gelegenheit erweist sich, dass es überhaupt eine recht einträgliche Strategie sein kann, statt sich selbst im Schweiße des Angesichts abzurackern, anderen wegzunehmen, wofür die sich abgerackert haben. Es mag den einen oder anderen beruhigen, dass die erste, schwerwiegende Entscheidung zu einer solchen räuberischen Lebensweise aus Not und nicht aus angeborener Bosheit zustande kam. Die Hintergründe sind wie immer komplex, haben aber – kurz gesagt – damit zu tun, dass, in dem Moment, wo man zu Sesshaftigkeit und Überproduktion übergeht, Standortfaktoren eine Rolle zu spielen beginnen. Dauerhafte, wie etwa der Zugang zu nur lokal verfügbaren Ressourcen, und wechselnden wie etwa Niederschlag oder andere Naturereignisse. Nachdem gleichzeitig das Konzept des Besitzes notwendig entsteht, gibt es nach einiger Zeit Ackerbauerngemeinschaften, die mehr haben und andere, die weniger haben. Und wenn – in einem schlechten Jahr – weniger zu nichts und mehr zu gerade genug zum Überleben wird, sind die ersten Konflikte vorprogrammiert.

Zur moralischen Ehrenrettung der Spezies – und Anerkenntnis der Intelligenz dieser Menschen – muss gesagt werden, dass in den meisten primitiven Ackerbau-gesellschaften dieses Problem erkannt und komplexe Mechanismen eingeführt wurden, um einen friedlichen Ausgleich zwischen den Gruppen herzustellen! Nicht ohne Widerwillen nahm das Menschengeschlecht Kains Erbe an. Die Bewohner der Trobriand-Inseln im Pazifik etwa haben ein komplexes System wechselseitiger jährlicher Besuche, die zum Teil lange Reisen mit dem Kanu übers Meer erfordern, entwickelt, bei dem jeweils das eine Dorf das andere in einem großen Fest bewirtet und mit Geschenken überschüttet. So verteilt sich das Gesamtprodukt des Archipels mehr oder weniger gleichmäßig, unabhängig davon, ob das eine Dorf ein gutes oder ein schlechtes Jahr hatte. Die Erfindung des Krieges, also von koordinierter Gewalt zwischen Gruppen, kann aber, wenn sie einmal gemacht ist, nicht mehr so ohne Weiteres in Pandoras Büchse zurückgestopft werden. In Extremsituationen brechen auch wohlausgeklügelte Umverteilungssysteme zusammen und die nächste Krise kommt bestimmt: dafür sorgt Malthus. Darüber hinaus bieten die so entstehenden Netzwerke nun die Möglichkeit, eine größere Zahl an Kriegern zu mobilisieren. Statt dass ein Dorf über das andere herfällt, verbünden sich die durch rituelle Tauschbeziehungen verbundenen Dörfer gegen die Leute auf der nächsten Insel oder im anderen Tal. Plötzlich gibt es ein „wir" und ein „die" und aus einzelnen Siedlungen werden „Stämme". Ganz nebenbei haben Sesshaftigkeit, malthusianische Krisen und die Versuche, Konflikte untereinander zu minimieren, zur Bildung größerer – nach den Maßstäben der kleinen Sammler-und-Jäger-Welt nachgerade riesiger – politischer Einheiten geführt. Stämme können viele Dutzend, ja hunderte Krieger mobilisieren.

Aus Prügeleien werden Scharmützel. Je größer die Zahl der Teilnehmer, umso mehr wird eine gewisse Leitung notwendig. Zu den bisher bekannten Arten von Anführern gesellt sich eine neue hinzu: Kriegshäuptlinge. Wer gut darin ist, den nächsten Raubzug zu führen, der genießt Ansehen und – Besitz spielt ja nun eine Rolle – hat Reichtümer, die er an seine Familie, Freunde und Gefolgsleute weitergeben kann. Krieg und Raub führen zur Entstehung sozialer Ungleichheit innerhalb der Stämme.

Tatsächlich erweist sich bald, dass kein Geschäft so einträglich ist wie das Kriegshandwerk, weswegen in so gut wie allen Gesellschaften die Krieger bald auch die Besitzenden sind und die Besitzenden notwendigerweise Krieger sein müssen, um ihren Besitzstand zu wahren.

Unter dem Druck der ständig wachsenden Bevölkerung, die irgendwann immer die Grenzen des Siedlungsraums erreicht, und der ganz zufälligen Krisen wird Krieg zum Dauerzustand, was schon Platon aufgefallen war. Daraus folgt aber auch, dass Krieger sein, die Kriegskunst zu beherrschen und sich dem Schrecken der Schlacht zu stellen, zu einem Merkmal wird, das von Vorteil ist und das man der nächsten Generation beibringt. Der Werkzeug gebrauchende Affe erfindet, wie in allen anderen Anwendungsbereichen, bald eigene Gerätschaften, um seine Artgenossen zu verletzen und zu töten, bzw. sich vor Verletzung zu schützen, nachdem man bisher im Wesentlichen auf das zurückgegriffen hatte, was sich auch als nützlich erwies: Tiere umzubringen. Mit der Existenz von Kriegswaffen wird die Beherrschung derselben zu einer notwendigen Kompetenz für den ganzen Mann. Knaben müssen von nun an zu Kriegern erzogen werden und Töchter zu Müttern von Kriegern. Es anders zu machen verbieten die Gesetze der Demographie. Am Ende dieser Entwicklung, die sich bei den meisten Ackerbauerngesellschaften vollzieht, stehen große Stämme, die von einer Elite von Kriegern beherrscht werden. Der technische Fortschritt bringt die Entdeckung der Metallverarbeitung mit sich und die Menschheit tritt in ihr Heldenzeitalter ein. Gardners Kamera und Chagnons kritischer Blick fingen Menschen ein, deren spezifische Umwelt es ihnen ermöglicht hatte, diese weitere Entwicklung über das Niveau sich gelegentlich bekämpfender Dörfern hinaus nicht mitmachen zu müssen. In diesem Sinn waren sie tatsächlich lebende Fossilien, ähnlich wie der berühmte Quastenflosser, nicht weil bei ihnen die Zeit stehengeblieben war, sondern weil ihr

Aus Jagdwaffen werden Kriegswaffen, aus Jägern Krieger. Das männliche Monopol auf das Kriegshandwerk ergibt sich so ganz von selbst.
Felsritzungen von Tanum in Schweden, Bronzezeit

sozio-ökonomisches System über einen langen Zeitraum mit ihrer Umwelt im Gleichgewicht geblieben war. Die Tatsache, dass auch die moderne, technisierte Welt sie erst zu diesem Zeitpunkt entdeckte, mag erklären warum. Wer weniger entlegen wohnte, musste die nächsten Jahrtausende immer damit rechnen, dass eine Kriegerhorde am Horizont erschien. Darauf vorbereitet zu sein, ist das gemeinsame Kennzeichen aller historischen Gesellschaften. Diejenigen, die es nicht waren, wurden in den Staub der Geschichte getreten.

Nachlese

Die maßgeblichen Erkenntnisse über die soziale Evolution der Menschheit verdanken wir den Archäologen und vor allem den Sozialanthropologen. Unbedingt lesenswert ist Marvin Harris „Kannibalen und Könige. Die Wachstumsgrenzen der Hochkulturen." dtv, München 1995 und „Menschen. Wie wir wurden, was wir sind." ebenfalls dtv, München 1996. Jarred Diamond stellt in „Arm und Reich. Die Schicksale menschlicher Gesellschaften." Fischer Taschenbuch Verlag, Frankfurt am Main 1999, diese Überlegungen in einen größeren Kontext und Ian Morris hat in „Krieg. Wozu er gut ist." bei Campus, Frankfurt 2013, noch ein provokantes Schäufelchen nachgelegt.

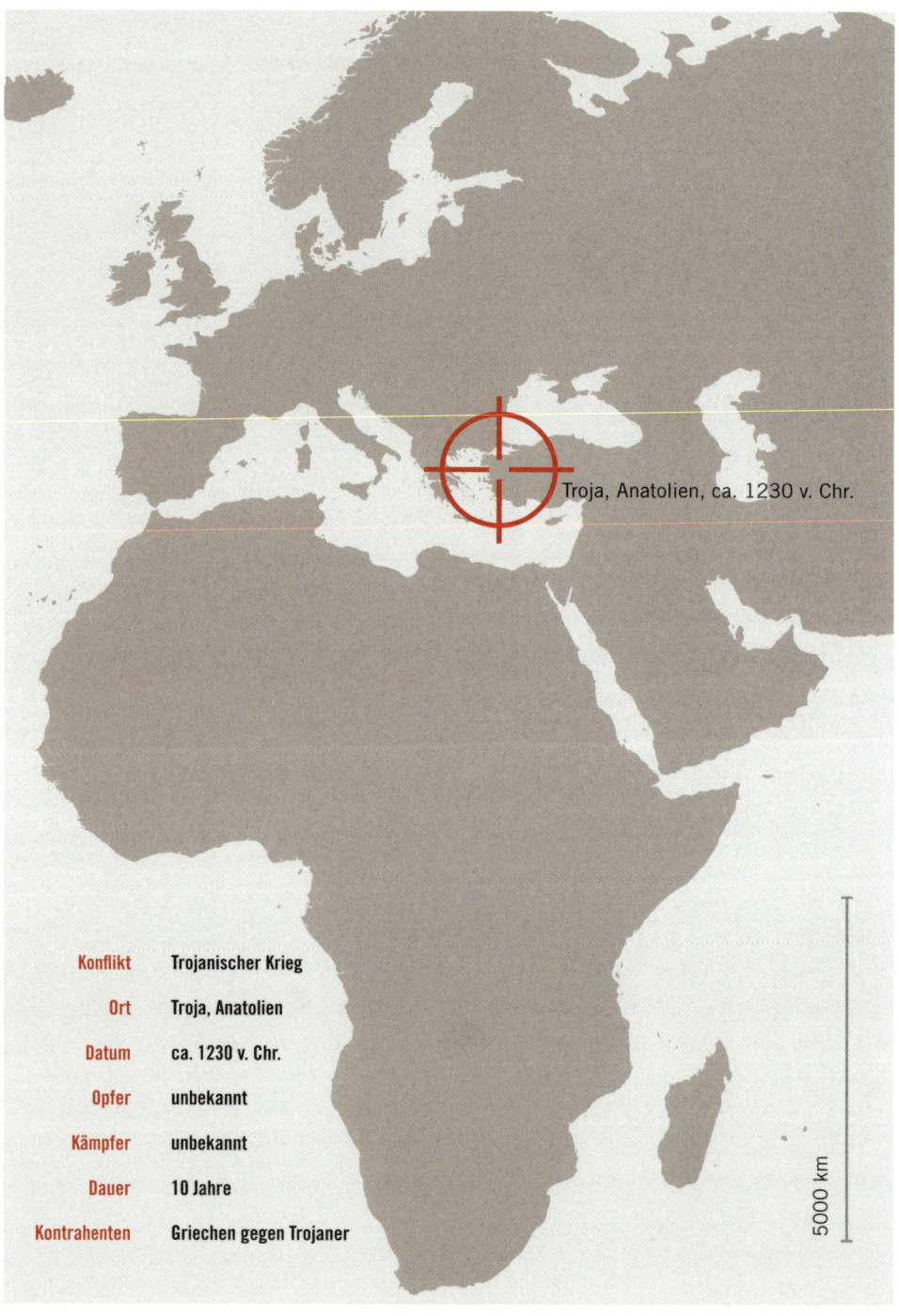

Troja, Anatolien, ca. 1230 v. Chr.

Konflikt	Trojanischer Krieg
Ort	Troja, Anatolien
Datum	ca. 1230 v. Chr.
Opfer	unbekannt
Kämpfer	unbekannt
Dauer	10 Jahre
Kontrahenten	Griechen gegen Trojaner

5000 km

DER HELD

Achilleus, Sohn des Peleus

(Legendär, 13. Jahrhundert vor Christus)

„Wenn du nach Troja gehst, wirst du Ruhm ernten. Viele tausend Jahre lang wird man Geschichten über deine Siege schreiben ... Aber wenn du nach Troja gehst, kehrst du nie wieder heim. Denn deine ruhmreichen Taten gehen Hand in Hand mit deinem Untergang." Dies prophezeit die Meernymphe Thetis in Wolfgang Petersens Film „Troja" von 2004 dem jungen Achilleus. Drei Millennien später hält die Verfilmung immer noch Platz 8 in der Liste der kommerziell erfolgreichsten Filme aus der modernen Mythenwerkstatt. Die Alternative, welche die überprotektive Mutter-Göttin dem Sohn anbietet, ist ein langes glückliches Leben, zahlreiche liebende Nachkommen und das Vergessen. Doch Achill zieht nach Troja und wird damit zum unsterblichen Helden des ersten großen Werkes der abendländischen Literatur.

Der eigentliche Inhalt der Ilias ist der Streit zwischen ihm und dem Anführer der Griechen, Agamemnon, um die schöne Gefangene Briseis. Zwei Krieger streiten um Beute, menschliche, weibliche zwar, doch spielt Liebe dabei im Original keine Rolle. Das ist der Zuckerguss, mit dem Hollywood den Stoff überziehen muss, um ihn für ein modernes Publikum schmackhaft zu machen. Feldzug, Schlachten und Belagerung, „the face that launch'd a thousand ships" und die „unbezwingbaren Mauern von Ilion" bilden nur die Rahmenhandlung für ein Drama, in dem es um gekränkte Kriegerehre geht. Weder die bekannte Vorgeschichte mit dem Urteil des Paris und der Entführung der Helena noch das hölzerne Pferd kommen in der Ilias selbst vor. Auch der tragische Tod des Achilleus durch die Fersenwunde findet sozusagen im Abspann statt. Trotzdem ist der Sohn des Peleus die Achse, um die sich der Epos dreht und die Schlüsselfigur zum Verständnis der homerischen Helden und damit einer ganzen Epoche.

Die Herausgeber diverser „Griechischer Sagen" für den Schulgebrauch wie den bildungsbürgerlichen Bücherschrank haben traditionell zu dem lässlichen Schwindel gegriffen, ihren Käufern unter dem Titel der *Ilias* ein literarisches Flickwerk unterzujubeln. Der narrativen Geschlossenheit des Stoffes war dieses Vorgehen zweifellos dienlich, es verstellt aber den Blick auf das, was dem Dichter – Homer nennen wir ihn gewohnheitsgemäß – wichtig war, dem späteren Leser aber eher als mühsamer Ballast erscheint, der die Handlung unnötig verzögert: ausführliche Genealogien, langatmige Reden, Reminiszenzen an vergangene Heldentaten der Beteiligten und ihrer Ahnen, an Gastmähler, Wettspiele, Raubzüge und den Austausch von Geschenken.

Mitten im Gemetzel (im 6. Gesang, ab Vers 119) hält so zum Beispiel auf Seiten der Griechen der Held Diomedes inne und fragt den Feind, der sich ihm entgegenstellt, nach seinem Namen und seiner Abstammung. Ausführlich schildert der Lykier Glaukos – sein so angesprochenes Gegenüber – seine Ahnenreihe, die über Belerophon, den Reiter des geflügelten Pferdes Pegasus, zum tragischen König Sisyphos führt. Freudig stößt nun Diomedes seine Lanze in die Erde und eröffnet dem Feind, dass ihre beiden Großväter – Oineus und Belerophon – Gastfreunde waren und dass er den goldenen doppelhenkeligen Becher, den der Großpapa als Abschiedsgeschenk erhielt, immer noch zuhause stehen hat. Man kommt überein, einander aufgrund der alten Familienfreundschaft nicht zu bekämpfen. Immerhin, so Diomedes, gibt es für beide genug andere Griechen und Trojaner, die man umbringen kann. Zum Abschied tauschen sie noch ihre Rüstungen – ganz wie Fußballer heutzutage mit ihren Trikots verfahren – und ziehen von dannen, jemand anderen zu töten.

Oder nehmen wir den 11. Gesang (ab Vers 670), wo sich der greise Nestor, ältester und erfahrenster der griechischen Heerführer, seiner jugendlichen Heldentaten erinnert. Die erwähnenswerteste davon: Der „Rinderraub von Pylos", als Nestor, noch jung und voller Tatendrang, mit einigen Kumpanen loszog, um des Königs von Elis schönste Rindviecher bei Nacht und Nebel über die Grenze auf pylische Weiden zu treiben. Die Beute verteilt man anschließend zuhause unter jenen Pyliern, denen vorher von den nördlichen Nachbarn Vieh gestohlen worden war. Nestors Jugenderinnerung gewährt Einblick in eine Abfolge ständiger räuberischer Übergriffe, in denen sich die jungen Krieger zu beweisen suchen, und die blutigen Fehden, die aus ihnen resultieren: Zwölf Söhne hatte Neleus, Nestors Vater. Nestor allein überlebte ins Mannesalter.

Helden tauschen ihre schimmernde Wehr: zeitloses Ritual kriegerischer Männlichkeit.
Hier vorgeführt von Florian Klein vom VfB Stuttgart (links) und David Alaba vom FC Bayern München
bei einem Bundesligaspiel in der Allianz Arena München 2015.

Eine eigentümliche, archaische Welt lebt in diesen Details: autonom, ruhmsüchtig,
kleinteilig, raubgierig, sippenstolz und bodenständig eng mit ihren agrarischen Grundlagen verbunden. Eine Welt, in der Odysseus der König – *basileus*, „König" eben, nennt
der Dichter seine Heerführer – selbst hinter dem Pflug über die Fluren Ithakas schrei-
tet, mit eigenen Händen das Ehebett aus dem lebenden Olivenstamm schnitzt und oft
am Tisch seines Schweinehirten Eumaios – selbst aus königlichem Geschlecht, aber
von phönizischen Händlern als Kind geraubt und nach Ithaka in die Sklaverei verkauft

– Platz nimmt, ehe er in den langen Krieg gegen Troja zieht, von dem der „vielgeplagte Mann" nur nach mühsamer Irrfahrt wieder zurückfinden wird.

Warum gibt das Epos diesen Dingen so viel Raum? Doch nur, weil sie bedeutsam, das eigentlich Wichtige an dem Text sind, vor allem, wenn man bedenkt, wie viel mehr Gewicht jeder einzelnen Verszeile in Anbetracht der Tatsache zukommt, dass das Epos vor der schriftlichen Aufzeichnung über Generationen mündlich überliefert werden musste. Die dichterische Form selbst ist ursprünglich Werkzeug des Vortrages – mit Musikbegleitung, sei angemerkt – und der Mnemotechnik. Das zeitgenössische Publikum vermisste im Unterschied zum modernen Leser und Herausgeber weder den Anfang noch das Ende des Krieges um Troja. Die Rahmenhandlung war ohnehin bekannt. Die eigentliche Leistung des Dichters lag in der Ausgestaltung des Segments der großen Erzählung, das er sich als Thema erwählt hatte, und in der geschickten Anreicherung der Handlung mit Features, die sein Publikum zu schätzen wusste: Genealogien zum Beispiel, Beschreibungen wertvoller Geschenke und Beutestücke – schöner Frauen inklusive. Und wie es scheint: Viehdiebstahl …

Die vielen Gesichter des Helden

Geschichte sei die Suche nach „meaningful patterns" („Mustern", so müsste man im Deutschen wohl ungelenk übersetzen, „die auf etwas Bedeutendes hinweisen") schreibt Arnold Toynbee, der große und wahrscheinlich letzte Universalhistoriker. Ein solches Muster wird sichtbar, wenn man sich die frühesten literarischen Werke der verschiedensten Völker ansieht:

> **Wann – und wo – auch immer Kulturen beginnen, sich eine Literatur zu schaffen, weil der Gebrauch von Schriftlichkeit weit genug verbreitet ist, dass es eine Leserschaft gibt, schreiben sie Bücher über den Krieg, über Helden und Heldentaten.**

All diese Bücher sind voll mit Befremdlichkeit, wie den oben beschriebenen. Es ist der Nachglanz einer Welt, die gerade eben untergegangen war, als diese Völker anfingen, schriftbrauchende „Hochkulturen" zu werden, einer Welt, die untergehen musste, damit aus Homers heroischen Achäern Herodots historische Hellenen werden konnten. Die wilden Könige mussten der wohlgeordneten Polis weichen, damit

Buchhalter als Kulturstifter: Der Anfang der Schrift liegt in der Lagerhaltung, wie hier auf diesem Linear-B-Täfelchen aus Nestors Palast in Pylos, Peloponnes.

sie als epische Helden die Zeiten überdauern konnten.

Schriftlichkeit ist ein Kind des Staates; die schöne Literatur – *les belles lettres* – ein Bastard der Bürokratie mit den Erzählkünsten wandernder Sänger. Die ersten geschriebenen Texte sind Listen: Lagerbestände, -eingänge, -ausgänge; die banalen Aufzeichnungen einer ebenso fleißigen wie fantasielosen Verwaltung, Leitfossilien des Staates in seiner reinsten Form. Die Erzählkunst ist zu dieser Zeit noch eine allein mündliche, ihre Träger sind die Aöden, die an den Höfen der Fürsten und auf den Marktplätzen der entstehenden Städte ihre Dichtungen vortragen. Um die Gunst der Herrschenden zu gewinnen, reichern sie ihre Erzählungen, die aus einem überlieferten Repertoire bekannter Sagenkreise, wie eben den Krieg um Troja, schöpfen, mit Details an, von denen sie erwarten, dass sie ihrem anvisierten Gönner schmeicheln werden: Heldentaten seiner Vorfahren, Genealogien, welche den örtlichen Potentaten in eine Linie stellen mit den großen Gestalten des Epos, saftige Räubergeschichten, welche aus dem Leben der kleinen, lokalen Räuberbarone gegriffen sind. Denn eben das sind sie, Homers „Könige": Herrscher von allem, was sie von ihrem Burgberg überblicken und mit der Kraft ihres Armes verteidigen können. Es ist diese Welt der „Dunklen Jahrhunderte", der frühen Eisenzeit, des „Mittelalters" der alten Griechen im 12. bis 8. Jahrhundert vor Christus, die uns in den Epen entgegentritt. Zur Zeit von deren Endredaktion (nach gängiger Meinung zwischen 750 und 700 v. Chr.) wird sie gerade eben verdrängt von der aufkeimenden Ordnung

Räuberhäuptlinge streiten um die Beute: Die griechischen Helden
vor Troja zanken sich um die wertvolle Rüstung eines Gefallenen.
Rotfigurige Vasenmalerei um 490 v. Chr.

des frühen Staates, war aber noch erinnerlich, wenige Generationen zurückliegend, eine kriegerische, romantische Welt: das „Heroische Zeitalter", wie Hesiod es in seinen *Werken und Tagen* nennt.

„Mit der Einführung des Eisens erleben alle Völker ihr Heldenzeitalter," bemerkt Friedrich Engels im „Ursprung von Privateigentum und Familie", seinem Basistext zur Prähistorie der Menschheit. Das „Heldenzeitalter" ist hierbei das Chiffre für eine Phase kleiner, kriegerischer, agrarischer, vorstaatlicher und vorstädtischer – Troja war vor allem Feste und Handelsplatz, nicht Stadt – Gesellschaften, die die Völkerkundler „Chiefdoms" nennen: „Häuptlingtümer". „Basileus" versteht man also vielleicht besser als „Häuptling". In ihnen basieren Wirtschaft, Politik und gesellschaftlicher Zusammenhalt noch auf dem alten Clansystem. Aus den charismatischen Anführern früherer Epochen haben sich räuberische „Warlords" entwickelt, die, gestützt auf ihre Gefolgschaften aus Kriegern und vermittels ihrer Fähigkeit, Tribute zu erpressen, Beute zu machen und diese als Gaben an ihre Getreuen zu verteilen, zunehmend den politischen Ton angeben. Die Erblichkeit von Macht und Herrschaft ist indes noch nicht gesichert. Darauf weisen die zahlreichen, turbulenten Familiengeschichten voll Bruderzwist, Erbstreit, Vertreibung und Wiedererlangung des verlorenen Erbes hin, welche die heroischen Genealogien durchziehen. Im indischen Epos des Mahabharata, das ab 400 vor Chr. niedergeschrieben wurde, ist der Erbstreit zwischen den verfeindeten Cousins – den fünf Pandavas und den einhundert Kauravas – der Auslöser einer langen Erzählung, die in einer Schlacht von wahrhaft epischen Ausmaßen mündet: Auf beiden Seiten stehen einander in Summe 3,94 Millionen Krieger gegenüber!

In den Hallen dieser „Kriegsherren" treten also die oben erwähnten Sänger epischer Gedichte auf. Der Archetyp des kriegerischen Helden wird dort in ihren Liedern geboren: Hektor, Achill, Beowulf, Sigurd/Siegfried, Dietrich von Bern, Arjuna, Cú Chulainn, Ilja Muromez, Rustam, die vorhöfischen Erzählkerne, die hinter ritterlichen Helden wie Artus und Roland stecken, aber auch die streitbaren Frauen, die in der epischen Welt, anders als in der Wirklichkeit, eine wichtige Rolle spielen, wie die leichtfüßige Jägerin Atalante oder die Amazonenkönigin Penthesilea in der *Ilias* selbst, Hervör aus der nordischen *Hervarasaga* oder Aoife, die Kriegerkönigin von Alba (Schottland), mit der sich Cú Chulainn messen muss. Weil sie mehr exotisch-erotische Fantasie wie historische Wahrheit widerspiegeln, lässt vielleicht auch der Umstand erahnen, dass so gut wie alle schließlich auf die eine oder andere Weise von ihrem männlichen Widerpart auch sexuell „erobert" werden.

Gleich unter welchem Namen, gleich zu welchem historischen Zeitpunkt entstanden, gleich wann, durch wen und in welcher Form er literarisch verewigt wurde: Der kriegerische Held ist der literarische Archetyp, der ebenso Ideal wie Realität jener altertümlichen Gesellschaftsordnung zurückstrahlt, die alle späteren Hochkulturen aus ihrer Frühzeit gerade noch erinnern, deren brutale und unkultivierte Seiten sie an ihren Zeitgenossen als „Barbarei" wahrnahmen, an ihren eigenen Vorfahren aber als ursprünglich und unverdorben priesen.

Während sie sich von den Barden unterhalten lassen, schließen die „Könige" selbst Bündnisse durch Ehen ihrer Töchter und Schwestern mit potentiellen Bundesgenossen. So entzieht sich die entstehende Adelsschicht gleichzeitig dem alten Clansystem und webt ihre eigenen überregionalen Netzwerke. Neben die tatsächliche Verwandtschaft treten durch Heiratsallianzen „fiktive" Verwandtschaften wie manchmal mit dem Element der Homoerotik liebäugelnde „Blutsbrüderschaften" (Achilleus und Patroklos), Zieheltern schaften (Cú Chulainn bei Fergus) und Gastfreundschaft (Diomedes und Glaukos). Diese überregionale Kriegerschicht verknüpft nun, im Interesse möglichst zahlreiche Streitkräfte ins Feld zu führen, größere Räume und schafft frühe „nationale" Identitäten. Es ist kein Zufall, dass der erste Versuch, einen Überbegriff für alle Griechen zu finden, in den Epen stattfindet. Das Heer-volk (*laos* im Griechischen, wie in Menelaos: „Volksführer = Heerführer") nimmt Gestalt an, will gesammelt und von den Plänen der Heerkönige überzeugt werden, denn die Häuptlinge haben noch keine Macht zu befehlen.

Wohlgesetzte Reden nehmen deswegen einen so großen Raum in den Epen ein. Ebenso wichtig für den Status als „Held" wie das Kampfgeschick ist die Fähigkeit, wortgewaltig zu sprechen oder andere Überzeugungsmittel zu gebrauchen: Gerade der silberzüngige Odysseus verprügelt in einer Heeresversammlung einen renitenten Widerspruchsgeist am Ende mit dem Szepter (2. Gesang, Verse 212–277). Über tausend Jahre später werden sich merowingische Könige in gleicher Weise vor der Heeresversammlung der Franken verantworten müssen und 1018 – ganz am anderen Ende von Europas langer Eisenzeit – steht der „Lagman" (Gesetzeskundige) Torgny vor dem Schwedenkönig Olaf III. Skötkonung auf und, so berichtet Snorri Sturluson in der *Heimskringla* (verfasst um 1230), hält eine Rede, die in Odysseus Halle in Ithaka jeder verstanden hätte: „Die Einstellung der schwedischen Könige," meint er, „hat sich gegenüber früher geändert. Mein Großvater konnte sich noch an Eirik Eymundson als König von Upsala erinnern, und er pflegte von ihm zu sagen, dass er jeden Sommer zu Raubzügen in die verschiedensten Länder aufbrach." „Und," so setzt er fort, „er war auch nicht zu stolz, auf die Leute zu hören, die ihm etwas zu sagen hatten."

Der Krieg – so betont Torgny hier – ist die eigentliche Aufgabe der Könige. Sie sollen das Heervolk in fremde Länder führen, um Beute zu machen, fremde Völker zu unterwerfen und dadurch zu Tributleistungen zwingen.

Krieg, hier ist das Deutsche wünschenswert eindeutig, kommt von „kriegen". Die Kriegereliten – Achäer wie Wikinger – sind in erster Linie (See-)Räuber. Die Hauptbeschäftigung der griechischen Helden vor Troja ist das Plündern umliegender Städte, und das skandinavische Heldenzeitalter, das sich in Torgnys Generation gerade ihrem Ende zuneigt, nennt man treffend auch „Wikingerzeit". Wikinger ist laut gängiger Etymologie vor allem „ein Seekrieger, der sich auf langer Fahrt von der Heimat entfernt". Odysseus hätte sich ohne Zögern so bezeichnet.

Hätte der alte Viehdieb Nestor jemals Gelegenheit gehabt, das gewaltige indische Epos *Mahabarta* zu hören, so wäre ihm Vaisampayanas Vorschlag im 4. Buch, Kapitel 30, ganz nachvollziehbar vorgekommen: „... lasst uns seine Stadt überfallen, und zu Tausenden seine ausgezeichneten Rinder der verschiedensten Arten fortführen. Mit vereinten Kräften der Kauravas und der Trigartas holen wir, oh König, sein Vieh in ganzen Herden herbei." Am *Táin Bó Cúailnge* (*Rinderraub von Cooley*, spätes 11. Jh.), der zentralen Sage des irischen Ulster-Zyklus, hätten wahrscheinlich beide Gefallen gefunden. Darin tritt dem jungen Cú Chulainn im Entscheidungskampf sein Ziehvater Fergus entgegen. Ein tragisches Schicksal, das er mit dem Helden Rustam im persischen „Königsbuch" (*Schāhnāme*, um 1000 verfasst) und mit dem namengebenden Helden im althochdeutschen *Hildebrandslied* (9. Jh.) teilt. Beide erschlagen ihre Söhne ohne es zu ahnen. Cú Chulainn ergibt sich Fergus, unter der Bedingung, dass dieser sich beim nächstem Zusammentreffen ihm ergeben wird. Den eigenen Sohn, den er mit der zuvor erwähnten kriegerischen Aoife zeugte, tötet er später wider

Willen unter dem Zwang eines mächtigen Zaubers. Heldengeschichten sind fast immer tragisch, doch zeigt sich in diesen Tragödien – in Gestalt des Vater-Sohn-Duells auf die Spitze getrieben – eine häufige Realität in der überschaubaren Welt der dicht vernetzten Kriegerelite: Schon im nächsten Kampf mag man einem Blutsverwandten, Schwager oder Gastfreund gegenüberstehen. Die Entscheidung, ob und gegen wen man am Ende wirklich kämpfen wird, fällt oft erst am Morgen der Schlacht, wenn man erkennen kann, wer in den eigenen Reihen, aber auch, wer in denen des Feindes steht. So entscheidet sich im *Mahabharata*, Shalya, der König von Madra und „Onkel" der Pandavas, nachdem die verfeindeten Kauravas ihn mit Geschenken und Verpflegung geehrt hatten, auf Seiten der neuen Gastfreunde und nicht der Verwandtschaft in die Entscheidungsschlacht von Kurukshetra zu ziehen.

Saufen, Raufen und Rumzicken

Auch wenn man sich gerade noch geschlagen hat, ebenso schnell schließt man Frieden und feiert diesen mit Festmahl und freundschaftlichem Wettstreit, dem zahnlosen Bruder des echten Kampfes: Wagenrennen, Pferderennen, Wettläufe, Speerwerfen, Kugelstoßen, Diskuswerfen, Kraftproben. Die heroische Welt der Epen ist voll damit. Nach dem Tod des geliebten Freundes Patroklos lässt Achilleus Leichenspiele an seinem Scheiterhaufen veranstalten. Die keltischen Helden Irlands streiten sich am liebsten um den „Heldenbissen", die beste Portion vom Braten, und regeln das rasch, indem sie nach draußen gehen und einen improvisierten Wettkampf abhalten. Auch die Achäer kannten diesen Brauch. Vor Troja bieten die anderen Könige Ajax dem Großen nach einem erfolgreichen Kampf gegen Hektor die erste Wahl am Grillbuffet an. Helden, so sei an dieser Stelle angemerkt, sind Fleischfresser. Die wikingische Vorstellung vom Paradies – Walhalla – ist bekanntlich eine Ewigkeit aus Saufen, Fressen und Raufen ohne Brummschädel oder ernsthafte Verletzungen, bis dereinst Odin die Krieger zur letzten Schlacht ruft.

Zum heldischen Habitus gehört auch eine ausgeprägte Emotionalität – echte Helden weinen oft – und ein empfindliches Ehrgefühl.

Achill verweigert dem Agamemnon die Gefolgschaft, nachdem dieser die schöne Gefangene aus seinem Zelt holen lässt, um sich selbst für den Verlust seiner eigenen

Beutefrau zu entschädigen. Hier wird die Brüchigkeit der achäischen Allianz sichtbar. Schwer vorstellbar in der staatlichen Welt klarer Hierarchien, gerade im Krieg, wie alle späteren Leser des Epos sie verinnerlicht hatten. Völlig klar aber im Kontext der „Chiefdom"-Gesellschaft, welche die *Ilias* abbildet. Agamemnon hat Achill nichts zu befehlen. Er ist nur Führer der Griechen, weil ihn seine verwandt-schaftliche Stellung dazu macht: Er ist der ältere Bruder des Menelaos, des Geschä-digten in der Geschichte, dem Paris die schöne Helena ausgespannt hat – und damit Oberhaupt des beleidigten Clans: der Atriden. Achill, wie all die anderen *basileis*, ließ sich von der Aussicht auf Beute und Ruhm anlocken. Die eigentlichen „Kriegs-ziele" – die Eroberung Trojas oder die entführte Helena – sind ihm herzlich gleich-gültig. Die achäische Allianz von Warlords und ihren Kriegergefolgschaften ist eine Erwerbsgemeinschaft. Agamemnon führt so lange und kann seine Verbündeten so lange bei der Stange halten, so lange er Beute zu verteilen hat. Kleinlichkeit ist sein Fehler. Der Anführer, der nimmt und nicht gibt, hat seinen Führungsanspruch verspielt. Wenn Verwandtschaft und Gefolgschaft das Skelett der heroischen Ge-sellschaft sind, ist Beute ihr Blutkreislauf. Erfolgreiche Kriegsherren machen ein lohnendes Ziel aus, bringen eine ausreichende Streitmacht zusammen, um es zu erobern und verteilen danach die Beute unter den Beteiligten. Großzügigkeit ziemt sich für einen wahren König. Hrothgar, den vom Ungeheuer Grendel bedrängten Dänenkönig im angelsächsischen *Beowulf* und *Widsith*, nennt der Dichter fast schon stereotyp „ringeverteilend". Wer die Gaben des Königs annimmt, wird sein Gefolgsmann, doch wenn der König von seinem Gefolgsmann nimmt, hat er seine Macht über ihn verloren.

Der Zorn des Achill entzündet sich an der Beleidigung, dass Agamemnon ihm seine Beute wegnimmt. Seine Reaktion ist innerhalb der Logik der heroischen Gesellschaft völlig klar: Er sieht sein Bündnis mit den Atriden als aufgelöst an und zieht sich aus dem Kampf zurück. Es ist eine dramatische Überspitzung, die das Epos braucht, um die Handlung voranzutreiben, dass nun mit seinem Ausscheiden durch göttlichen Ratschluss, Mama Tethis hat hier ihre Hand im Spiel, die Griechen keine Fortschritte mehr gegen die Trojaner machen. Erst als ein stärkeres Argument ins Spiel kommt – der Tod des Freundes Patroklos und damit Rache –, ist er bereit, die Beleidigung zu vergessen. Achill kehrt in die Schlacht zurück.

Epen unserer Zeit: Durch das Werk des Oxford-Professors J.R.R. Tolkien sind wir erneut mit den Motiven der epischen Dichtung vertraut gemacht worden, die ihn sein ganzes Leben beschäftigten.

Neue Helden

Achilleus hat uns gut dabei gedient, die vorstaatliche Welt der eisenzeitlichen, achäischen „Häuptlinge" und ihrer Wikingfahrten zu verstehen. Er ist ihr Vertreter in
Reinkultur: brutal, kriegerisch, beutegierig und dünnhäutig. Die Epen aber wurden
in der Form, die wir heute kennen, zu einer Zeit niedergeschrieben, als dieses Zeitalter bereits vorbei war. Eine neue Form des Zusammenlebens, die Stadt und die Polis,
war entstanden. Eine neue Moralität hatte sich etabliert. Diese brauchte eine neue
Art Held. Es ist kein Zufall, dass der große Gegner des Achill der Verteidiger der
Stadt Troja und der eigentliche Sympathieträger im Epos ist: Hektor. Hektor steht
für einen neuen Menschen, der die alten Werte – Beute, Ruhm und selbst die Familie – neuen Idealen opfert: Verantwortungsgefühl für das Gemeinwesen, Bürgerehre
und Vaterlandsliebe. In seinem Abschied von Frau und Kind hat der Dichter zum
ersten Mal in der abendländischen Literatur die Rechtfertigung formuliert, die noch
viele Ehemänner und Väter vorbringen werden, in den Kriegen, die noch kommen.
Andromache: „Liebster, dein Mut wird dich ins Verderben stürzen. Du nimmst keine
Rücksicht auf unser Kind, das gerade mal sprechen kann, und auch nicht auf mich.
Du wirst mich zur Witwe machen! Bleib doch dieses eine Mal in der Burg. Lass die
anderen kämpfen." Doch Hektor kann nicht anders: „Mir liegt das auch am Herzen,
du und der Kleine. Aber ich schäme mich vor unseren Mitbürgern, wenn ich andere
kämpfen lasse und selbst der Gefahr ausweiche."
Der neue Held opfert sich. Er sucht im Krieg nicht mehr den Ruhm, sondern findet
den Tod in Erfüllung seiner Pflicht. Hektor wird ihn in Gestalt des Achill finden.
Einmal noch siegt die alte Welt über die neue, was auch richtig so ist, denn Hektor,
der Schirmer der Stadt, muss, um Held zu sein, für die sterben, die er liebt – für
seine Stadt, für seine Frau und seinen Sohn: „Nachdem er das gesagt hatte, streckte
Hektor seine Hände nach dem Kind aus. Der Kleine aber schmiegte sich weinend an
die Brust seiner Amme. Er fürchtete Hektors Helm mit dem hohen Rosshaarbusch,
hinter dem er nicht das liebende Gesicht seines Vaters erkannte. Da lachte Hektor
und nahm den Helm ab, legte ihn auf die Erde und wiegte seinen Sohn in den Armen,
bis er zu weinen aufhörte."

Nachlese

Gute deutsche Übersetzungen der epischen Dichtung sind nicht leicht zu bekommen. Die meisten sind schon eher älteren Datums und durch ihre altertümliche Sprache, die sich dann auch noch bewusst archaisierend ausdrückt, für den heutigen Leser schwer erträglich. Zu populären „Nacherzählungen" ist nur bedingt zu raten, da sie, wie im Text angemerkt, durchwegs die Elemente der epischen Dichtung aussparen, die unter unserem Gesichtspunkt am interessantesten sind.

Für die *Ilias* und *Odyssee* ist die deutsche Übersetzung von Roland Hampe bei Reclam (beide 1986) zu empfehlen. Das *Hildebrandslied* findet man in: „Althochdeutsche poetische Texte" von Karl A. Wipf (Reclam, Stuttgart 1992). Für den *Ulster-Zyklus* muss man wohl oder übel auf die englische Übersetzung zurückgreifen: John T. Koch und John Carey „The Celtic Heroic Age: Literary Sources for Ancient Celtic Europe & Early Ireland & Wales" (Celtic Studies Publications, 4. Auflage, Aberystwyth 2003).

Es gibt keine komplette Übersetzung des *Mahabharata* ins Deutsche. Als klassische Übersetzung ins Englische gilt: Kisari Mohan Ganguli „The Mahabharata of Krishna-Dwaipayana Vyasa" (Indien 1883–1896, zuletzt als 4-bändige Taschenbuchausgabe: Munshiram Manoharlal, New Delhi 2004). Eine deutsche Teilübersetzung ist: Biren Roy (Hrsg.) „Mahabharata. Indiens großes Epos" (10. Auflage. Diederichs, Köln 1998, erstmals 1958 auf Englisch veröffentlicht).

Für das homerische Griechenland ist Moses I. Finleys „Die Welt des Odysseus" (1. Auflage, englisch 1954, deutsch im Campus-Verlag, Frankfurt 2005) immer noch eine vortreffliche Einführung. Wer eine ernsthafte Beschäftigung mit der keltische Welt anstrebt, kommt um Helmut Birkhans monumentales „Kelten. Versuch einer Gesamtdarstellung ihrer Kultur" (Verlag der Österreichischen Akademie der Wissenschaften, Wien 1997) nicht herum. Vor den ebenso zahlreichen wie irreführenden Keltendarstellungen auf dem populären Buchmarkt sei gewarnt. Die Wikingerzeit hat zuletzt Rudolf Simek kompakt in „Die Wikinger" bei C. H. Beck, München 1998, beschrieben. Von ihm stammt auch eine Einführung in „Die Edda" (C. H. Beck, München 2007). Das sozialanthropologische Konzept des „Chiefdom" findet sich gut und lesbar erklärt in: Marvin Harris „Kannibalen und Könige" (Klett-Cotta, 1998).

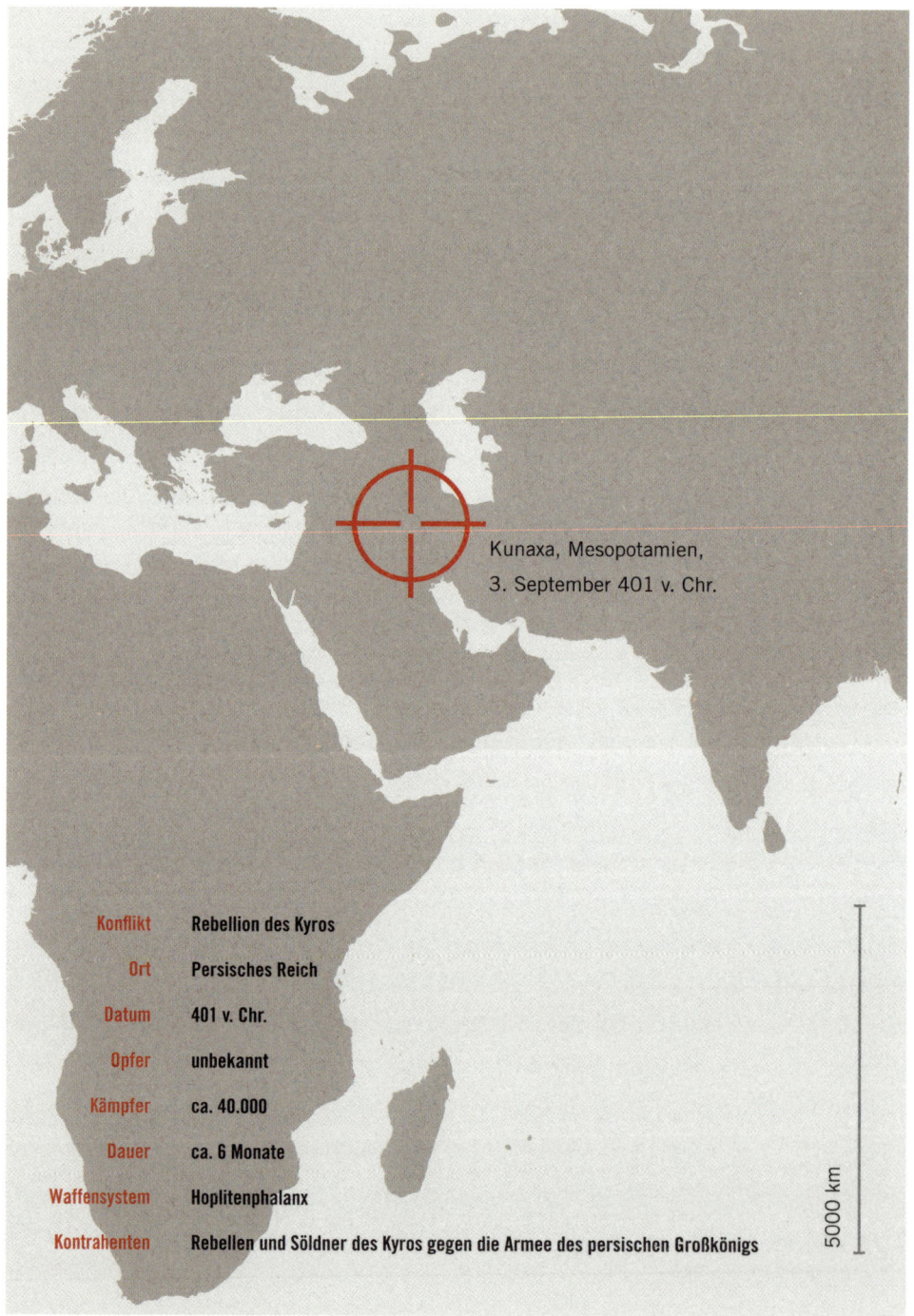

Kunaxa, Mesopotamien,
3. September 401 v. Chr.

Konflikt	Rebellion des Kyros
Ort	Persisches Reich
Datum	401 v. Chr.
Opfer	unbekannt
Kämpfer	ca. 40.000
Dauer	ca. 6 Monate
Waffensystem	Hoplitenphalanx
Kontrahenten	Rebellen und Söldner des Kyros gegen die Armee des persischen Großkönigs

5000 km

DER SÖLDNER
Xenophon, Sohn des Gryllos

* zwischen 430 und 425 v. Chr., Athen
† nach 355 v. Chr., Korinth

„Thálatta! Thálatta!" setzt sich der Ruf durch die Reihen fort. Zuerst undeutlich, dann allmählich verständlicher verbreitet er sich von der Spitze der langgezogenen Marschkolonne, die dabei ist, einen weiteren jener vielen Bergrücken zu übersteigen, die das unruhige Relief Ostanatoliens dem Heerzug seit seinem Aufbruch aus dem Tiefland des Irak entgegengestellt hat. Die Erleichterung, die mit dem Ruf die Krieger erfasst, war selbst noch für widerwillige Schüler spürbar, die den Text mehr als zwei Millennien später als Erstlektüre zum Erlernen des Griechischen vorgesetzt bekamen. Der Verfasser des Textes: Xenophon, Athener, Sohn des Gryllos aus dem Demos Erchia, Schüler des Sokrates, Autor, Exilant, Abenteurer, Söldner. Seine schnörkellos-klare Sprache und lupenreiner attischer Dialekt prädestinierten sein Werk zur Schullektüre. An diesem Tag hat er das Kommando über die Nachhut und – nicht weiter verwunderlich nach den vorangegangenen Erfahrungen des Marsches – vermutet im ersten Moment einen Angriff auf die Spitze der Kolonne. Erst während er selbst mit seinen berittenen Offizieren nach vorne hetzt, um den Grund der Aufregung zu erfahren, wird der Ruf im Raunen der Masse von Kriegern, Dienern, Sklaven, Trossleuten und Gefangenen deutlich hörbar: „Das Meer! Das Meer!" Nach schier unglaublichen Anstrengungen und brutalen Kämpfen war es den griechischen Söldnern, denen sich der junge Athener aus reiner Abenteuerlust angeschlossen hatte, endlich gelungen, den Gebirgen und Wüsten Asiens zu entrinnen. Mit schonungsloser Offenheit erzählt der Chronist des Marsches Plünderungen, Geiselnahmen und Intrigen. Er schildert alles, was ein zusammengewürfelter Haufen von Glücksrittern bereit ist zu tun, um zu überleben.

Mehr als ein halbes Millennium ist seit den Tagen der Helden vergangen. Aus den kleinen Reichen der Räuberbarone Griechenlands sind *Poleis* geworden, Stadtstaaten mit noch heute klingenden Namen wie Athen und Sparta, Korinth und Theben, Argos und Megara. In der Morgendämmerung der griechischen Welt hatten die Enkel und Urenkel der Heldenkönige ihre übervölkerte Heimat verlassen und waren zu Kolonisten geworden. „Wie Frösche um einen Teich," so Platon, haben sie ihre Städtegründungen aus der Ägäis und dem griechischen Mutterland über die Küsten des Mittelmeeres und des Schwarzen Meeres, das sie *Pontos Euxeinos*, das „Gastfreundliche Meer", nennen, ausgedehnt. Bewährte Strategien haben ihnen die Welt eröffnet: Wo man sich ansiedeln konnte, weil die Einheimischen militärisch schwach und politisch schlecht organisiert waren, gründete man Städte und nahm Ackerland in Besitz, von dem es in der kargen bergigen Heimat immer zu wenig gab. Wo man sich nicht halten konnte, plünderte und raubte man. Wo man nicht rauben konnte, weil man auf starke Staaten oder kriegerische Stämme stieß, betrieb man Handel. An jeder Küste der beiden Binnenmeere sind griechische Kolonien, griechische Seefahrer, griechische Händler und griechische Söldner zu finden. Der Schritt vom Plünderer zum Söldner ist kürzer als man denken möchte: Statt zu rauben, lässt man sich dafür bezahlen, die nächsten Räuber abzuwehren. Auch so kann Gewalt zu Geld gemacht werden. König David hatte griechische Söldner aus Kreta an seinem Hof: Krethi und Plethi eben. Die Letzteren waren Philister, auch so ein Seeräubervölkchen, das in der großen Umwälzung am Ende der Bronzezeit vor der Jahrtausendwende in den Nahen Osten gelangt war und möglicherweise mit den Griechen seine Heimat in der Ägäis teilte. Manche möchten sie mit den Pelasgern, den vorhellenischen Einwohnern Griechenlands und Kretas, identifizieren. Zwar wird der einst von der Forschung behauptete „Seevölkersturm" um 1200 vor Chr, heute meistenteils nicht mehr als eine Völkerwanderung gesehen, doch als eine Periode erhöhter Aktivität und Mobilität von kriegerischen Banden im ganzen östlichen Mittelmeerraum erscheint jene Zeit in jedem Fall. Diesen Seeräubern fiel wohl die erste Hochkultur der Ägäis zum Opfer, die wir die „mykenische" nennen, das Reich der Hethiter in Kleinasien und fast Ägypten, wenn Ramses III. sie nicht zurückgeschlagen hätte. Es sollte mehrere Jahrhunderte dauern, ehe sich die Lage wieder beruhigte, eben jenes dunkle Heldenzeitalter der Epen, die die unruhige, räuberische und heroische Lebenswelt jener Epoche verklärt und mit mythischem Brimborium aufgebauscht schildern.

Die Griechen, darüber darf man sich keine Illusion machen, sind halbbarbarische Nachzügler in einer viel älteren Kulturwelt. Sie sind sich dessen auch bewusst, imitieren in ihrer Kunst zuerst den Alten Orient und Ägypten, staunen über die Weisheit des Ostens und beneiden ihn um seinen Reichtum. Erst später, mit dem wachsenden Selbstbewusstsein, das die kulturelle Blüte des „klassischen" fünften Jahrhunderts mit sich bringt, mischt sich in diese Hochachtung ein skeptischer Unterton, eine Geringschätzung der feinen Lebensart und des östlichen Luxus, dem man keinen guten Einfluss auf den Charakter der Orientalen zutraut. Auch so kann man aus der eigenen materiellen Not eine moralische Tugend machen. Eine große Erzählung von östlicher Dekadenz und westlicher Freiheit entsteht, die noch lange in der Geistesgeschichte nachklingen wird. In ihrem Kern findet sich eine politische Analyse: Die Orientalen sind alle Sklaven, in der einen oder anderen Weise von einem Oberen abhängig, in letzter Instanz vom Herrscher, Großkönig, dem Pharao selbst, während die Griechen sich selbst als eine Gesellschaft von Freien begreifen, in der die Herrschenden auf die Zustimmung der Beherrschten angewiesen sind und die Besten – áristoi, wie in Aristokratie, bedeutet genau das – herrschen. Man darf sich von der publizistischen Aufbauschung der attischen Demokratie nicht täuschen lassen: Die meisten griechischen Poleis, allen voran das mächtige Sparta, waren Aristokratien, in denen eine Elite, Nachkommen der homerischen Räuberbarone und ihrer Spießgesellen, den Ton angaben.

Hopliten

Diese Aristokraten waren immer noch Reiter, Krieger und Grundbesitzer, daneben mittlerweile auch Richter, Investoren und Politiker; doch hatte eine militärtechnische Innovation während der Dunklen Jahrhunderte den Status der Gemeinen merklich aufgewertet. Schon in den Epen treten Formationen von Kriegern auf. Die Erzählung konzentriert sich natürlich, um dem Publikum zu gefallen, auf die Duelle der Helden, doch im Hintergrund steht immer das Heervolk in dichten Reihen, aus denen sich die viel gerühmte griechische Phalanx entwickeln wird. Phalanx heißt „Walze" und so funktioniert sie auch auf dem Schlachtfeld: Eine unaufhaltsame Masse von bronzegepanzerten Kriegern, die, einen Wald von Speerspitzen voran, auf den Gegner zurollt. Die Phalanx ist die griechische Antwort auf die ewige Frage, was man mit wenig trainierten Teilzeitkriegern auf dem Schlachtfeld machen soll. Sie

Der schrecklich dröhnende Moment: Phalanx prallt auf Phalanx.
Griechische Vasenmalerei, protokorinthisch, um 640/30 v. Chr.; Rom, Museo Nazionale di Villa Giulia

haben nicht die Erfahrung und das lebenslange Training im Gebrauch von Waffen wie die Adeligen und ihre Gefolgschaften aus Profikriegern. Ihnen fehlt vor allem der Ehrenkodex und individueller Kampfeswille – auch die seelische Abhärtung, die mit einem Leben als Krieger einhergeht –, um allein ihren Mann zu stehen. Also gibt man ihnen die Kombination von Waffen in die Hand, die am einfachsten zu handhaben ist: Schild und Speer. Und Anweisungen wie: „Nimm das große Brett und versteck dich dahinter! Nimm die lange Stange und piekse den Feind mit dem spitzen Ende, so lange er noch weit genug weg ist, dass er dir nichts tun kann! Damit du dich nicht so fürchtest, geh mit deinem Nebenmann auf Tuchfühlung, dann kannst du auch nicht unerwartet von hinten oder von der Seite angegriffen werden! Bleibt dicht zusammen, dann kann euch nichts passieren!" All das gibt Sicherheit. Mit der Gruppe kommt ein Gefühl der Kameradschaft auf. Man will den anderen nicht „im Stich lassen". All das verleiht den dichten Formationen des Fußvolkes Standvermögen. Heute weiß die Militärpsychologie, dass Soldaten vor allem für ihre Kameraden kämpfen,

Risiken eingehen und schlimmstenfalls sterben. Das Individuum ist vernünftig: Es nimmt Reißaus. Erst in der Gruppe wird der Mensch mutig. Kohäsion nennen das die Taktiker, jenes unsichtbare Band, das aus einem Haufen Einzelpersonen eine Einheit macht. Reißt es, wird aus einer gerade noch bedrohlichen Formation ein chaotischer Haufen, in dem sich jeder selbst der Nächste ist. Schwarmverhalten nennen es die Sozialpsychologen: Die unbewusste Fähigkeit und Neigung des Menschen, sich mit der Gruppe zu bewegen, das eigene Verhalten an der Gruppe und an dem von Führungspersönlichkeiten in der Gruppe auszurichten. Man kann es schlimmstenfalls im urbanen Alltag sehen, wenn eine Menschenmasse, die zur Rushhour völlig problemlos durch die engen U-Bahn-Anlagen strömt, durch nichts als einen lauten Knall zu einem panischen Mob rücksichtslos um ihr Leben rennender Individuen wird, der die Schwächsten in seinem Weg zu Tode trampelt – nur weil irgendein Wichtigtuer laut genug brüllt, er wüsste einen Ausweg. Auch in der Politik soll es das geben. Dementsprechend führen die Kommandanten einer Phalanx aus der ersten Reihe. Spartanische Könige, umgeben von ihrer Leibwache, fallen in der Schlacht deswegen ungewöhnlich häufig mit ihren Männern, nicht nur, wenn sie – wie Leonidas an den Thermopylen – ein Himmelfahrtskommando anführen. Rhythmus hilft Schwarmverhalten zu verstärken. Das ist der Ursprung der Militärmusik. Bei den Griechen marschieren Flötenspieler mit der Phalanx und zum Angriff stimmen alle in den Päan ein, einen rhythmischen Sprechgesang. Der macht Mut und geht auf einen Bittgesang an Apoll zurück. Der Inhalt ist einfach erklärt: „Bitte schütze uns!" Angst und Mut sind zwei Seiten einer Medaille.

Rasch beginnt man, die Bewaffnung und Ausrüstung an die neue Kampfesweise anzupassen: Am augenfälligsten in Gestalt des großen, runden, schüsselförmigen Schildes – *hóplon* auf Griechisch –, der so konstruiert ist, dass er eng am Körper geführt wird und seitlich übersteht, sodass er die rechte Seite des Nebenmanns mitdeckt. Hoplit heißt infolgedessen der schwer gepanzerte Fußsoldat. Im Einzelkampf ist so ein Schild nutzlos, da man ihn kaum bewegen kann, um einzelne Hiebe des Gegners abzuwehren, in der Formation jedoch doppelt wirkungsvoll, indem er erlaubt, dicht beieinander zu stehen und eine geschlossene Front zu bilden. Den Schild wegzuwerfen, ist daher auch die erste vernünftige Handlung des Flüchtenden: „Entweder kommst du mit deinem Schild zurück, oder auf ihm," ermahnt dementsprechend die Mutter den Spartaner und der Dichter Achilochos witzelt: „Mit meinem Schild

Militärmusik ist lebende Tradition: Dudelsack-
pfeifer der indischen Armee im Kilt erinnern
an die lange britische Herrschaft auf dem
Subkontinent.

stolziert jetzt ein Saier einher: Am Buschrand ließ ich ihn ungern fahren, die fehlerlose Wehr. Ich selbst entkam so dem tödlichen Ende. Der Schild, der besagte, er lebe wohl! Demnächst schaff ich mir einen um nichts schlechteren an."

Die Phalanxtaktik ist ein wahrhaft durchschlagender Erfolg. In offener Formation vorgehende Einzelkämpfer sind gegen die tödliche Walze chancenlos. Pferde weigern sich vernünftigerweise, direkt auf die vielen spitzen Speere zuzurennen. Geschosse richten nur wenig Schaden an. Die Aristokratie wird von ihrer eigenen Innovation überrollt und aufgesaugt. Bald spielen Reiter und Leichtbewaffnete auf den Schlachtfeldern Griechenlands nur mehr eine Unterstützungsrolle. Die Phalanx beherrscht alles. Dabei ist sie eine wenig raffinierte Taktik. Sie kann sich mehr oder weniger nur in eine Richtung bewegen und wenn zwei Phalangen aufeinanderstoßen, entwickelt sich ein tödliches Schiebematch, bei dem die Seite verliert, die als erste nachgibt. Dementsprechend ist der „Besitz" des Schlachtfeldes am Ende des Gefechts das Zeichen für den Sieg. Die Spartaner gewinnen einmal eine Schlacht gegen Argos, weil die letzten zwei Mann, die stehen, eben Spartaner sind. Ein General, der eine Phalanx einsetzt, hat nur zwei taktische Optionen: Mache ich sie breiter, sodass sie den Feind überflügeln und von der Seite bedrängen kann? Oder mache ich sie tiefer, damit mehr Druck aufgebaut werden kann? In beiden Fällen ist derjenige im Vorteil, der mehr *Hopliten* in die Schlacht führt.

Hier wird aus der militärischen Innovation eine gesellschaftsverändernde Kraft: Um eine möglichst große Phalanx ins Feld führen zu können, sind die adeligen Herren der griechischen Stadtstaaten daran interessiert, möglichst viele Mitbürger zu haben, die es sich leisten können, als Hopliten in den Krieg zu ziehen. Dies erfordert, so legt es etwa die athenische Verfassung des Solon fest, ein substantielles Bauerngut oder äquivalentes Einkommen. Statt also, wie es der natürlichen Tendenz von Eliten entspricht, möglichst viel Kapital – sprich Grundbesitz – in den eigenen Händen zu konzentrieren, sind die griechischen Aristokraten daran interessiert, eine große Zahl an mittelgroßen, bäuerlichen Grundbesitzern als Nachbarn zu haben. Eine breite Mittelschicht entsteht. Die Adeligen können infolgedessen nicht viel reicher sein als der Durchschnitt. Das Gut eines Adeligen in Athen ist vielleicht zehn bis dreizehn Mal so groß wie der durchschnittliche Bauernhof. So entsteht eine Vermögens- und Einkommensverteilung, die heutige Verhältnisse geradezu grotesk erscheinen lässt. Sie ist der Ursprung des Gleichheitsideals, das die ganze athenische

Klassik des fünften Jahrhunderts atmen wird, bis zu dem Punkt, dass auch alle Statuen dieselben – idealen – klassischen Gesichtszüge tragen. Die Adeligen berauben sich auf diese Weise auch der Möglichkeit, ihre Güter durch landlose Pächter oder gar Leibeigene bebauen zu lassen, was die Herausbildung feudaler Untertänigkeit verhindert oder gar wieder rückgängig macht. In Randregionen – wie Thessalien, wo die Reiterei wegen der weiten Ebenen weiterhin eine dominante Rolle spielt – gibt es diese später nachweislich, in der eigentlichen Poliswelt von der Nordküste des Golfes von Korinth über die Peloponnes, Attika und die Inseln nach Kleinasien dagegen nicht. Spartas eigenwilliges System der von unterworfenen Heloten bewirtschafteten Landgüter ist ein einzigartiger Kompromiss zwischen beiden Optionen: Er macht alle Spartiaten zu Hopliten und gleichzeitig zu Aristokraten, die sich allein auf das Kriegshandwerk konzentrieren können. Kein Wunder, dass sie als die besten Krieger Griechenlands galten. Überall, wo sich die Phalanxtaktik durchsetzte, sorgt sie dafür, dass diejenigen, die in der Phalanx kämpften, früher oder später politische Mitbestimmung erhalten. Die Logik ist einfach: Wer im Krieg kämpft, will mitentscheiden, ob Krieg geführt wird. Dies schloss umgekehrt alle von der politischen Beteiligung aus, die nicht wehrfähig waren: Frauen, Kinder, Sklaven und Arme, doch für Letztere bestand immer noch die Chance, durch wirtschaftlichen Erfolg in die Klasse der vollberechtigten Bürger aufsteigen zu können. Die attische Demokratie ist die maximale Ausdehnung dieses Grundgedankens auf die Schicht der Besitzlosen, deren Dienst als Ruderer durch die Seemacht Athen mit derselben politischen Mitsprache belohnt wurde, die anderswo auf die Hoplitenklasse beschränkt war. Das griechische System bringt damit ein ungewöhnlich hohes Maß an ökonomischer Gleichheit, sozialer Freiheit und politischer Beteiligung für eine relativ breite Schicht mit sich und schränkt gleichzeitig die Macht des Adels ein; ein ungewöhnlicher Weg von den Häuptlingtümern zur Staatlichkeit, der eben deswegen die erhöhte Aufmerksamkeit durchaus verdient, der ihm seitdem durch die politischen Denker entgegengebracht wurde.

Perser

Xenophons Arbeitgeber ist Kyros, Kūruš auf Persisch, Sohn von Dareios II. und der Parysatis. Er ist sehr zu seinem eigenen Verdruss und dem seiner Mutter, die ihn stets bevorzugte, aber der jüngere. Großkönig ist seit dem Tod des Vaters 404 v. Chr. sein

älterer Bruder, Arsakes, unter dem Thronnamen Artaxerxes II. Den zeitgenössischen
Quellen nach sollen die Brüder recht unterschiedlichen Charakters gewesen sein:
Kyros ehrgeizig und aufbrausend, Arsakes sanftmütig und großzügig. Psychologen
mögen sich Gedanken darüber machen, inwiefern die Bevorzugung und entsprechende Verhätschelung des Jüngeren durch die Mutter zu dessen Charakterbildung
beigetragen haben mag. Xenophon, der den Prinzen anscheinend schätzen lernte,
überliefert ein positiveres Bild seiner Persönlichkeit.

Das königliche Haus der Achämeniden, aus dem die beiden Prinzen stammen,
herrscht über das größte Reich, das die Welt bis zu diesem Zeitpunkt je gesehen
hatte. Sein Zentrum liegt im westlichen Iran, wo sich nicht nur die Urheimat der
Dynastie in der Persis befindet, sondern auch das Herz des Vorgängerimperiums der
Meder, dessen Thron der zweite Kyros, den die Geschichtsschreiber „den Großen"
nennen, um 560 v. Chr. in einem spektakulären Staatsstreich an sich gebracht hatte.
Danach erweitert er in einem beispiellosen Siegeszug seine Herrschaft über Kleinasien, Mesopotamien und den Osten des Iran bis an die Grenzen Indiens und die
Steppen Zentralasiens. Seine Nachfolger werden dem Reich noch Ägypten hinzufü-
gen. Der gesamte Alte Orient – Keimzelle und Kernraum der westlichen Kultur – war
damit unter einer herrschenden Dynastie vereinigt.

> **Der Nahe Osten blickt in jener Zeit auf eine weitaus längere Geschichte
> zurück als das benachbarte Griechenland. Hier waren die Menschen
> zum ersten Mal sesshaft geworden. Ackerbau und Viehzucht waren
> erfunden und in den Flusstälern Mesopotamiens und des Nils perfektio-
> niert worden.**

Hier waren die ersten Städte entstanden und die ersten Kriege ausgefochten worden.
Staatlichkeit und ihre Begleitphänomene: Urbanisierung, Schrift und Monumental-
bauten, all das, woraus sich „Geschichte" konstruieren lässt, reichen hier Jahrtausende weiter zurück als im Westen. Das mit den griechischen Dunklen Jahrhunderten
vergleichbare Heldenzeitalter des Zweistromlandes und Ägyptens lag in so weiter
Vergangenheit, dass man Jahrtausende bemühen muss, um es zu erfassen. Im späten
4. Jahrtausend v. Chr. wurde Uruk gegründet, die Mutter aller Städte in Mesopotamien. Jericho, wenn man es denn eine Stadt nennen kann, und nicht eher eine Art

Pueblo, also verdichtete, wehrhafte Dorfsiedlung, geht sogar auf das 8. Jahrtausend v. Chr. zurück. Auch wenn die frühen Königslisten der Sumerer und ähnliche Aufzeichnungen in Ägypten spätere „Geschichts(re)konstruktionen" durch Herrscher sind, die sich eine möglichst lange Ahnenreihe geben wollten, sind auch die nachweislichen Staatsgebilde im Nahen Osten von einem ehrwürdigen Alter: Sargon von Akkad tritt uns an der Wende zum 23. Jahrhundert v. Chr. als Herrscher eines ersten Flächenstaates entgegen und in Ägypten vereinigten mythische Könige wie Menes schon um 2700 v. Chr. das Niltal unter ihrer Herrschaft. Der amerikanische Anthropologe Robert Carneiro hat eine überzeugende Theorie vorgelegt, nach der all diese frühen Staaten das Endprodukt einer Entwicklung waren, in der sich aus einander bekämpfenden lokalen, dann regionalen Häuptlingtümern schließlich einheitliche und dauerhafte Herrschaftsgebilde entwickelten, weil es für die Menschen in den von Wüsten und Steppen umgebenden Flusstälern schlicht keinen Ausweg gab. Für die stetig wachsende Bevölkerung war es unmöglich, außerhalb des schmalen Streifens fruchtbaren Ackerlands zu überleben. Deswegen begann gerade in diesen Regionen am frühesten der Kreislauf gewaltsamer Auseinandersetzungen, der zum Wachstum immer mächtigerer Häuptlingtümer und schließlich zur Entstehung von Staaten führte. Sobald die äußeren Konkurrenten ausgeschaltet, Reichtumserwerb durch Eroberung damit unmöglich und gesellschaftlicher Zusammenhalt durch den gemeinsamen Feind nicht mehr herzustellen ist, schaffen es erfolgreiche Dynastien, die erprobten Gewaltmittel nach innen zu richten, die Eliten durch die Ausbeutung der Untertanen für sich zu gewinnen und ihre Legitimation durch Religion und Repräsentation zu sichern. Der Alte Orient ist infolgedessen voll monumentaler Bauten – die Pyramiden bilden da nur die Spitze. Die zahlreichen Priesterschaften erfinden gelegentlich auch nützliche Dinge wie Kalender oder die Astronomie. Ausufernde Bürokratien, die die gewaltigen Tribut- und Umverteilungssysteme der Gottkönige und Theokraten verwalten, entwickeln zu diesem Zweck die Schrift. Ihre strenge Hierarchie verbindet den niedrigsten Fellachen im Nilschlamm mit dem gottgleichen Herrscher auf seinem Thron.

Was den Griechen als essentieller Unterschied zwischen ihren eigenen gesellschaftlichen Strukturen und denen des Ostens erschien, war nur ein Skalenphänomen: Sie waren bloß noch nicht so weit wie die Völker unter dem Großkönig. Erst die hellenistischen Reiche nach Alexander und später Rom sollten den Mittelmeerraum in ähnlicher Weise staatlich zusammenschmieden, wie es im Alten Orient schon lange vorher geschehen war. Umgekehrt hatten auch in Sumer und im prädynastischen Ägypten einst Stadtstaaten um die Vorherrschaft gerungen, doch sorgten Naturraum und ein Vorsprung von Jahrtausenden dafür, dass der Kampf längst entschieden war, als die Seeräuber aus der Ägäis in dieser uralten Welt ankamen. Erst Jahrhunderte später erregten sie und ihr steiniges Heimatland die Aufmerksamkeit des Endsiegers im großen Spiel der Zivilisationen.

Unter Dareios I. und seinem glücklosen Sohn Xerxes scheitern die Perser – nach beeindruckenden Eroberungen auf dem Balkan – am Widerstand der Hellenen. Die Geschichte wurde so oft erzählt, dass wir uns die Details hier sparen. Nachdem Griechen unsere Gewährsleute für das meiste, was wir über diese Zeit wissen, sind und Europa ein bedenkliches Naheverhältnis zu diesen Leuten hat, lohnt es, die Ereignisse etwas kritisch zu betrachten. Aus der Nachschau entsteht leicht der Eindruck, dass bei Marathon beginnt was bei Gaugamela endet, und das Perserreich nach seinem vergeblichen Versuch, die freien Griechenstädte in die Knie zu zwingen, in eine Abwärtsspirale gerät, die mit seiner Überwindung durch den Makedonen Alexander enden wird. Das entspricht auch der Deutung der griechischen Zeitgenossen, die den sensationellen Siegeszug des Makedonen miterlebten und fügt sich im Nachhinein schön in die oben schon angedeutete Erzählung von West und Ost.

Doch ist es mitnichten so abgelaufen. Aus persischer Sicht wird nach mehreren erfolglosen Versuchen eine Strafaktion aufgegeben, auf die man sich ohnehin nie hätte einlassen dürfen. Die kritische Bewertung des Xerxes als Urheber der Katastrophe bei Herodot, viel mehr noch in den „Persern" des Aischylos, dürfte durchaus auch der Einschätzung auf der anderen Seite entsprochen haben. Immerhin wurde der erfolglose Eroberer Opfer eine Hofintrige. Der Großkönig hatte sich verrannt oder war von eigennützigen Beratern verführt worden, wie Herodot es schildert. Zwar ein kostspieliger Fehler, aber keine Katastrophe. Andere Brandherde in dem durch die Niederlage sicherlich angeschlagenen, aber keinesfalls tödlich getroffenen Riesenreich sind weitaus bedeutsamer. Babylon etwa, wo seit dem Thronantritt des Xerxes und seiner unsensiblen Handhabung der örtlichen Traditionen Unruhen toben. Xerxes hätte nach der freiwilligen Unterwerfung eines Großteils der griechischen Städte, während die Akropolis von Athen noch in Flammen steht und damit die Rache perfekt ist, die Mission für erledigt erklären und den Rückzug antreten

Alexander, der Makedone, Überwinder der Perser, denen sich sein gleichnamiger Vorgänger noch unterwarf, als sie unter Xerxes den Hellespont überschritten.
Alexandermosaik (Ausschnitt), Pompej, ca. 150–100 v. Chr.; Archäologisches National Museum, Neapel

können. Seine fähigste Flottenkommandantin, Artemisia, Königin von Karien, rät ihm auch vom Angriff auf die griechische Flotte bei Salamis ab. Er schlägt ihren Rat aus. Danach verliert er die Nerven und lässt Mardonios, der ihm die ganze Aktion eingeredet hatte, in Griechenland zurück und macht sich mit dem Heer auf den Heimweg, um nicht von der siegreichen griechischen Flotte von der Heimat abgeschnitten zu werden. Mardonios unterliegt am Ende zwar bei Platäa, doch der Großteil des Heeres und der Großkönig sind in Sicherheit. Aus persischer Sicht ist das Gewünschte erreicht: Ionien ist zurückerobert und auf der anderen Seite des Hellespont hat man mit den Makedonen ein Klientelkönigreich, das in der Gegend für Ordnung sorgt. Die Einmischung der Athener wurde bestraft. Zwar driften die meisten Stadtstaaten und Inseln bald wieder aus dem persischen Orbit und geraten unter die Vormacht von Athen oder Sparta, doch geht von den renitenten „Ioniern" bald nur mehr eine lokale

Bedrohung aus, nachdem sich die beiden wichtigsten Stadtstaaten in einem Krieg untereinander zerfleischen. Am Ende gewinnt mit persischem Gold Sparta, das nun im Sinne der einzigen Weltmacht für Ruhe sorgen wird. Ohne auch nur einen persischen Stiefel – oder sollte man sagen: Sandale – auf griechischem Boden löst sich das Problem auf wunderbare Weise wie von selbst. Warum soll man die karge Halbinsel jenseits des Meeres auch aktiv unterwerfen? An Steuereinnahmen und Ländereien hat sie nichts zu bieten. Ihr wertvollster Export sind ihre Menschen, die ohnehin scharenweise ins Reich des Großkönigs strömen, denn Persien ist reich, sprichwörtlich reich aus Sicht der Griechen. So reich, dass die Hellenen Goldmünzen eigentlich nur in persischer Prägung kennen: Dareikos nennen sie diese, nach dem Großkönig, der sie eingeführt haben soll und exakt ein Dareikos pro Monat gilt lange als Basislohn für Söldner. Das war natürlich kein Zufall. Allerlei Griechen verkaufen ihre Fertigkeiten an den Großkönig und die zunehmend eigenmächtig agierenden Satrapen in den Provinzen: Architekten, Künstler, Handwerker, Seeleute, Ärzte. Einer von ihnen, Ktesias von Knidos, steht gerade im Dienst des Großkönigs, als sich dessen Bruder Kyros anschickt, das goldene Netz einzuholen, das er in den Jahren zuvor ausgeworfen hat.

Söldner

Der lange Peloponnesische Krieg hat in Griechenland schwere Wunden hinterlassen. Von 431 bis 404 v. Chr. liegen sich Athen und Sparta in den Haaren. Eine ganze Generation ist im Krieg geboren und im Krieg aufgewachsen. Junge Aristokraten wie Xenophon werden trotzdem eine behütete Kindheit und Jugend gehabt haben. In einer engen Gasse, so überliefert der Philosophen-Biograph Diogenes Laertios, soll er eines Tages von einem untersetzten Mann aufgehalten worden sein, der sich erkundigt, wo man verschiedene Lebensmittel kaufen könne. Artig antwortet der junge Mann auf die sonderbare Frage, woraufhin der komische Kauz wissen möchte: „Und wo werden die Menschen edel und tüchtig?" Von diesem Tag an folgt Xenophon dem lästigen Fragesteller, der den Athenern schließlich so auf die Nerven geht, dass sie ihn zum Tode verurteilen. Xenophon ist zu diesem Zeitpunkt bereits außer Landes – in der Gesellschaft von anderen gefährlichen Männern.

Es sind Männer, die im Krieg alt geworden oder in ihm aufgewachsen sind, die zeitlebens – 30 Jahre rechnete man in der Antike üblicherweise für eine Generation – nichts anderes kannten, als den ständigen Zustand der Unsicherheit und militärischen Bedrohung, in die der Zwist zwischen den beiden stolzen Städten Athen und Sparta ihre Heimat so lange gefangen gehalten hatte. Entwurzelt durch wirtschaftliche Aussichtslosigkeit und politische und soziale Umwälzungen in ihren Heimatstädten haben viele den Krieg zu ihrem Broterwerb gemacht, auch weil es der einzige ist, den sie beherrschen. Die Rückkehr in eine vielfach zerrüttete Welt bäuerlicher Bescheidenheit und kleinstädtischer Bürgerlichkeit ist vielen nicht mehr möglich, die gelernt haben, ihren Lebensunterhalt durch den Speer zu verdienen. Griechenland war ohnehin arm, vor allem an Ackerland; und wollte man die Bauernstellen nicht durch Erbteilung bis zur Verarmung zerstückeln, mussten jüngere Söhne anderswo ihr Auskommen suchen. Die Zeit der Kolonisation ist vorbei und die Konjunktur von Handel und Exportgewerbe durch den langen Krieg eingebrochen. Der Söldnerdienst bietet vielen ein Auskommen, für die zuhause kein Platz mehr ist. Seit die Perser bei Marathon, den Thermopylen und Platäa die Schlagkraft der griechischen Kampfesweise am eigenen Leib erfahren haben, stehen Söldner aus dem Westen dort hoch in Gunst. Und Kyros ist bereit zu zahlen. Mehr als 10.000 zu allem entschlossene Männer aus allen Teilen der hellenischen Welt hat Prinz Kyros im Jahr 401 v. Chr. versammelt, um seinen Thronanspruch gegen seinen Bruder und König Artaxerxes durchzusetzen. Es war Kyros als persischer „Oberbefehlshaber" in Anatolien gewesen, der im vorhergehenden Peloponnesischen Krieg die Partei Spartas ergriffen hatte und durch einen kontinuierlichen Fluss von persischem Gold in die Kriegskassen seines persönlichen Freundes und spartanischen Feldherren Lysander dessen Sieg im innergriechischen Ringen um die Vorherrschaft ermöglicht hatte. Das politische Kalkül zahlte sich aus und verbreitete den Ruf vom Reichtum und der Freigiebigkeit des persischen Prinzen in der griechischen Welt.

Geschickt, berichtet Xenophon, streute Kyros seine Investitionen, unterstützte Söldnerführer, Abenteurer, politische Rebellen und Exilanten mit beträchtlichen Summen und baute ein Netzwerk von Kriegsunternehmern mit kampferfahrenen Truppen auf, die ihm verpflichtet waren.

Es lohnt sich, die bunte Clique von griechischen Anführern näher anzusehen, sind sie doch die Führer jenes volatilen Elements, das damals, wie in ähnlicher Weise zu anderen Zeiten, als Söldner ihr Glück suchen: Da sind Exilanten aus Milet, die sich vom Vertreter der persischen Krone einen Umsturz in der Heimat und die Rückkehr erhoffen. Vertriebene, die hoffen, dereinst siegreich nach Hause zurückzukehren, sammeln gerne einmal Kriegserfahrung an anderen Schauplätzen. Ein gewisser Klearchos, aus Sparta verbannt, erhält von Kyros Startkapital und macht sich mit einer Söldnertruppe auf an die Nordseite des Hellespont, wo er gegen die dort ansässigen Thraker Krieg führt. Den Unterhalt seiner Truppe lässt er sich von den griechischen Städten der Gegend bezahlen, die von seinen Feldzügen gegen ihre Nachbarn profitieren, gleichzeitig aber darauf verweisen können, dass diese Söldner natürlich nicht offiziell in ihrem Auftrag handeln. Söldner sind immer gut Kriege zu führen, die man eigentlich nicht führen dürfte. Ein Thessalier namens Aristippos, ein Gastfreund des Kyros, erbittet sich von ihm Geld, um gegen politische Gegner in der Heimat vorzugehen. Kyros verdoppelt leichthin die geforderte Summe und fordert Aristippos auf, den Konflikt ruhig so lange am Brodeln zu halten, bis er seiner bedürfe. Wer im eigenen Land nicht genug Rückhalt hat, den können ein paar mit ausländischem Geld bezahlte Schläger rasch politisches Gewicht verleihen. Die Rebellen des einen sind bekanntlich immer die Freiheitskämpfer des anderen. Und dass solche Konflikte nicht wirklich einer Lösung zustreben, sondern so lange dauern, wie es den ausländischen Geldgebern recht ist, kennt man auch aus anderen Zeiten. Andere Söldnerführer – Sophainetos aus Stymphalos, Proxenos aus Böotien und einen Sokrates aus Achäa – lässt Kyros direkt in seinem Namen Söldner anwerben. Dem einen erzählt er, es ginge gegen die unruhigen Bergstämme Pisidiens, dem anderen, dass er sie zur Unterstützung der milesischen Exilanten brauche. Auch der Markt für Söldner kennt irreführende Werbung und Lockangebote. All diese politischen Abenteurer, Profisöldner und Heimatlosen aktiviert Kyros nun, als er die Stunde gekommen sieht, um die Auseinandersetzung mit seinem Bruder Ataxerxes zu suchen. Auch die Spartaner erinnern sich ihres Wohltäters und entsenden siebenhundert Hopliten zur Unterstützung des königlichen Rebellen.

Kunaxa

Mit zirka 13.000 griechischen Söldnern – Hopliten im Kern, dazu Leichtbewaffnete und anderen Spezialisten wie Bogenschützen aus Kreta – und einer wahrscheinlich ähnlich großen Zahl von einheimischen Kriegern aus seinem Amtsbereich in Kleinasien – marschiert Kyros nach Osten. Die Armee des Großkönigs, durch

Falschmeldungen verzögert, stellt sich ihm erst im Tiefland des Irak, bei Kunaxa, einem Ort etwas nördlich von Babylon am Euphrat. Xenophons Schilderung der Schlacht ist die ausführlichste, allerdings gibt es berechtigte Zweifel an seiner Version der Ereignisse. Laut seiner Darstellung bilden die Griechen den rechten Flügel der Rebellenarmee. Ihre Flanke ist durch den Euphrat gedeckt. Als die Schlacht beginnt, weichen die ihnen gegenüberstehenden persischen Truppen schon zurück, als die Phalanx auf sie losstürmt. Ihre Leichtbewaffneten sind durch die Reiterei des Großkönigs von der Phalanx abgedrängt worden, also machen sich die schwer gepanzerten Hopliten selbst an die Verfolgung der Feinde, entfernen sich dabei weit vom Kampfgeschehen. Inzwischen kämpft der linke Flügel, der aus den einheimischen Kriegern des Kyros besteht, gegen eine feindliche Übermacht, die – wenn auch vielleicht nicht so gewaltig, wie von Xenophon überliefert – doch groß genug gewesen sein muss, um die Schlachtordnung der rebellischen Prinzen an dieser Seite deutlich zu überflügeln. Kyros selbst startet im Zentrum einen Reiterangriff auf die Standarte seines Bruders, kämpft sich heldenhaft an der Spitze seiner Leibwache durch das Zentrum des feindlichen Heeres und wird – ebenso dramatisch wie tragisch – kurz vor dem Ziel durch einen Speer verwundet, überwältigt und getötet. Während der Prinz und seine Träume in den Staub sinken, stehen seine griechischen Söldner unbesiegt auf dem Schlachtfeld. Xenophon gibt Klearchos als Oberkommandierenden der Griechen die Schuld am Tod des Kyros. Nach dem Befehl des Prinzen hätte er nach dem Sieg über den gegnerischen linken Flügel einschwenken und das Zentrum angreifen sollen, auf das Kyros seinen wagemutigen Sturmangriff führte. Klearchos indes fürchtet, durch diesen Schwenk seine Flanke – immer die Schwachstelle einer Phalanx – angreifbar zu machen und verweigert diesen Befehl. Söldner sind sich halt vor allem selbst die Nächsten. Möglicherweise hatte Klearchos aber auch erkannt, dass der persische Flügel, der vor den schwerfälligen Hopliten so rasch zurückgewichen war, ja noch intakt im Feld stand. Der Schwenk wäre tatsächlich selbstmörderisch gewesen. Das wiederum eröffnet die Möglichkeit, dass sein Gegner auf der anderen Seite, der Perser Tissaphernes, bewusst vor dem gefürchteten Ansturm der Phalanx zurückgewichen war – nachdem er vorsorglich die leichten Truppen des Gegners durch Reiterei von den Hopliten getrennt hatte. Ein vorgetäuschter Rückzug also und ein Hinweis darauf, dass die Perser die Stärken und Schwächen ihrer griechischen Gegner achtzig Jahre nach Marathon gut genug kannten. Einem direkten Ansturm einer Phalanx in geschlossener Formation war tatsächlich kein östliches Heer gewachsen. Die leichtere Panzerung, schwächere Schilde, kürzere Speere und die Wirkungslosigkeit der bevorzugten Waffe der Perser, des Bogens, gegen die Hopliten wirkten sich hier zu ihren Ungunsten aus. Doch gleichzeitig waren die Truppen des Großkönigs beweglicher und nicht minder diszipliniert, hätten ein solches Manöver also durchaus hinkriegen können. Das auffälligste Indiz, dass die Griechen einer Finte aufgesessen waren, ist, dass sie nur einen einzigen Mann verloren, aber auch nirgends berichtet wird, dass sie auch nur einen Gegner töteten! Noch verdächtiger ist der Umstand, dass die von der Phalanx abgedrängten Leichtbewaffneten ebenfalls nicht angegriffen wurden. Was hatte der Perser Tissaphernes, ein alter Konkurrent des Kyros, vor? Hatte er ein Interesse daran, die Söldnertruppe intakt und aus der Schlacht herauszuhalten? Gab es weitergehende Abmachungen? Wie auch immer die Schlacht von Kunaxa tatsächlich abgelaufen ist, die siegreichen Loyalisten sehen sich nun dem Problem gegenüber, dass eine weitgehend intakte Söldnerarmee mitten im Reichsgebiet steht. Gefährlicher noch als gut bezahlte Söldner sind unbezahlte! Die Frage, was mit den 10.000 aber nun geschehen soll, ist der eigentliche Inhalt von Xenophons Abenteuergeschichte.

Intrigen

Söldner sind nach dem Krieg oft ein größeres Problem als im Krieg. Dort wird ihnen gerne ein gewisses Maß an praktischer Vernunft nachgesagt, das sie daran hindert, sich allzu kühn in jedes Gefecht zu stürzen. Oft verlangen sie für jedes Extra, etwa wirklich zu kämpfen, eine Bonuszahlung. Auch Kyros muss seinen Griechen den Sold anheben, als klar wird, dass es tatsächlich gegen seinen königlichen Bruder geht. Selbst Söldner, für die man vorher bezahlt hat, werden zum Ärgernis, wenn der Krieg vorbei ist, noch mehr solche im Dienst des geschlagenen Gegners. Anders als reguläre Truppen, die in ihre Garnisonen abmarschieren oder ausgehobene Milizen oder feudale Aufgebote, die froh sind, so schnell wie möglich ihre Felder, Werkstätten oder Adelssitze wiederzusehen und ihr ziviles Leben wieder aufzunehmen, haben Söldner schlicht keine Heimat, in die sie zurückkehren können, keinen Zivilberuf, der auf sie wartet. Zu allen Zeiten der Geschichte sehen sich Auftraggeber von Söldnern mit dem Problem konfrontiert, eine oft sehr große Zahl von sehr gefährlichen Männern irgendwie aus ihrem Land

Söldner haben immer Konjunktur: Die französische Fremdenlegion erscheint da beinahe bieder, verglichen mit neuen „Sicherheitsunternehmen" wie Blackwater.

hinauskomplimentieren zu müssen. Wenn man Glück hat, findet sich rasch und in Reichweite ein neuer Kriegsherr, an den man sie weitervermitteln kann. Oder man bietet ihnen ein finanzielles *Incentive*, dass sie zumindest das Land verlassen und die Wirtshäuser im Herrschaftsgebiet des Nachbarn zu Kleinholz verarbeiten und deren mehr oder weniger ehrenwerte Damenwelt belästigen. Söldner – wie alle Männerbünde – haben notorisch schlechte Manieren, die durch lange Phasen der Langeweile, kurze Momente der Todesgefahr und die Gewissheit, Fremder unter Fremden zu sein, nicht besser werden. Auch einmal viel Geld zu haben, meist aber keines, fördert das Leben im Augenblick. Die Folgen der eigenen Handlungen haben dann wenig Bedeutung. Nichtsdestotrotz sehnen sich viele dieser Männer nach einem geordneten Leben, genug meist, um die gesamte Truppe vor dem Abgleiten in die Gesetzlosigkeit zu bewahren. Griechische Söldner verzehren sich nach dem bäuerlichen Idyll, aus dem viele durch die Not hinausgedrängt wurden. Ihnen ein Stück Land anzubieten, treibt sie meist zu Höchstleistungen an. Alexander der Große wird dies mit Erfolg umsetzen und die Landkarte des Nahen Ostens mit Alexandrias ausgedienten Söldnern überziehen. Von späteren Söldnerarmeen, wie denen des Dreißigjährigen Krieges (1618–1648), weiß man, dass viele Söldner in recht stabilen Paarbeziehungen lebten, Frau und Kinder im Tross mithatten und von diesen ebenso versorgt wurden. Auch die ungeschlagenen Griechen bei Kunaxa müssen nicht nur um ihr eigenes Leben fürchten, sondern um das ihrer Diener und oft auch Familien. Eine vormoderne Armee ist eine Stadt auf dem Marsch, mit allen Problemen der Versorgung, Organisation und Entsorgung, die sich daraus ergeben. Naheliegenderweise ist also eine der ersten Zusicherungen, die die Griechen nun von den persischen Unterhändlern fordern, die Möglichkeit, sich auf einem Markt zu fairen Preisen zu versorgen. Keine örtliche Handelskammer ist erfreut, wenn 10.000 Bewaffnete zum Shopping kommen, und die Auswirkung der plötzlichen Bedarfsspitze auf die Marktpreise kann man sich mit etwas Fantasie ausmalen. Wieder tritt Tissaphernes in Erscheinung, der im Auftrag des Großkönigs den geordneten Abmarsch der Söldner organisieren soll. Er bietet den Männern Waffenstillstand und die Rückkehr in die Heimat an. Die Söldnerführer sind nicht abgeneigt, rasch richten einige ihr Mäntelchen nach dem neuen Wind: „Wir sind weder zusammengekommen, um gegen den Großkönig Krieg zu führen, noch sind wir gegen ihn ins Feld gezogen," rechtfertigt sich ausgerechnet Klearchos. Kyros habe sie getäuscht, doch verbot es die Ehre, ihn in der Schlacht in Stich zu lassen. Nun, noch knapper als an „im Stich lassen", wie durch Klearchos Wandertag, während sein Auftraggeber von der Leibgarde des Großkönigs zerstückelt wurde, kann man eigentlich nicht vorbeischrammen.

Die beste Schlacht, das weiß jeder erfolgreiche Condottiere, ist die, bei der man tapfer zu kämpfen scheint, dabei aber nie wirklich in Gefahr ist.

Die Indizien verdichten sich, dass hier ein doppeltes Spiel aufgeführt wurde. Tissaphernes und die Söldnerführer einigen sich darauf, dass den Griechen freier Abzug gewährt wird und ihnen die Möglichkeit gegeben wird, sich zu versorgen. Im Gegenzug sollen sie nicht plündern und auch sonst keine Schäden verursachen. Doch nach seiner Abreise, um den Großkönig diese Einigung zu überbringen, lässt der Perser sie warten. Zwanzig Tage sitzen sie in der Ebene Mesopotamiens fest, in ihrer Bewegung durch Bewässerungskanäle eingeschränkt, die – unüblich für die Jahreszeit – voller Wasser sind. Doch dann kehrt Tissaphernes zurück und der Marsch beginnt, begleitet von den üblichen Reibereien eines Heerzuges. Es gibt Schlägereien beim Holzsammeln, Streit um den Zugang zu Wasser und, wie immer, die Marktpreise.

Das nächste seltsame Ereignis: Als sie an einigen Dörfern vorbeikommen, die zu den Ländereien der Mutter des Kyros gehören, überlässt Tissaphernes sie den Griechen zu Plünderung. Sie zögern keinen Moment. Tissaphernes kann das leicht als einen bedauerlichen Zwischenfall mit ausländischen Raufbolden hinstellen, Parysatis, die noch den Tod ihres Lieblingssohnes betrauert, wird die Spitze schon verstanden haben. Klearchos versucht sich inzwischen bei Tissaphernes beliebt zu machen. Ein guter Söldnerführer ist immer auf der Suche nach dem nächsten, finanziell potenten Auftraggeber, und Tissaphernes ist der kommende Mann in Kleinasien. Immerhin hat ihm der Großkönig eine seiner Töchter zur Frau gegeben. Klearchos ist klar, dass er, wenn er die außergewöhnlich große Söldnerarmee zusammenhalten kann, ein Machtfaktor in der Region werden könnte, was vor allem bedeutet: unendlich reich. Klearchos, so schreibt Xenophon eindeutig, wünschte, dass das ganze Heer sich ihm zuwende. Doch dazu muss er sicherstellen, dass die Unterführer und ihre Männer Aussicht auf einen weiteren lukrativen Auftrag unter seiner Führung haben, sonst suchen sie vielleicht auf eigene Faust ihr Glück anderswo. Klearchos braucht Tissaphernes. Doch braucht dieser ihn? Er lässt es zumindest durchblicken und mit diesem dünnen Versprechen versucht Klearchos den Coup in der Armee. Er lockt die griechischen Anführer, die sich ihm noch widersetzen, zu einer Unterredung in das Lager der Perser und lässt sie dort ermorden. Doch auch Klearchos ist am Ende dieser Nacht der langen Messer tot. Eine Gehaltsverhandlung, die aus dem Ruder gelaufen ist? Tissaphernes hat sich als der erfolgreichere Intrigant erwiesen. Als persische Unterhändler im Lager der Griechen erscheinen, um ihre Kapitulation zu verlangen, macht dann ausgerechnet ein kulturelles Missverständnis die Pläne des Tissaphernes zunichte: In der orientalischen Tradition sieht er die Söldner als „Sklaven", als Untertanen, Hörige, Gefolgsleute des Klearchos und ihrer Anführer. Durch seinen

Enthauptungsschlag meint er, ihnen jede weitere Motivation genommen zu haben, hofft vielleicht, dass sie ihre Loyalität einfach auf ihn übertragen. Die Griechen indes sehen sich als Gleiche, ihre Anführer nur als die Besten, oder die Besten halt, die man gerade hatte, und wählen flugs neue Kommandanten. Einer von ihnen wird der Athener Xenophon sein, Chronist der Geschichte und nicht unwesentlich mitverantwortlich, dass die Zehntausend den Weg nach Hause finden werden. Er selbst schafft den Absprung, läuft zu den Spartanern über und widmet sich der Schriftstellerei. Sein abschließendes Urteil über Klearchos: Ein harter, aber fähiger Kommandant, nur zu sehr verliebt in seine Rolle als Krieger; einer, der nach dem langen Krieg nicht mehr in die zivile Welt zurückgefunden hat. Material, aus dem zu allen Zeiten Söldner gemacht werden. Die wenigsten kaufen irgendwann den Bauernhof, von dem sie zeitlebens vielleicht fantasiert haben.

Nachlese

Die „Anabasis" des Xenophon liegt in zahlreichen Ausgaben und Übersetzungen vor. Manche Leserin und mancher Leser hat vielleicht noch seine alte griechische Schulausgabe im Bücherschrank. Wer seine Kenntnisse der alten Sprachen auffrischen will, ist mit einer zweisprachigen Edition, wie der bei Artemis & Winkler 1994, gut beraten. Natürlich ist der Klassiker auch online heute leicht zu finden. Das gegenwärtig maßgebliche Werk zu den griechischen Söldnern ist Matthew Trundles: „Greek Mercenaries from the Late Archaic Period to Alexander" bei Routledge 2004 erschienen. Interessante Überlegungen zu den Motivlagen und zum möglichen Verlauf der Schlacht von Kunaxa finden sich bei Jeffrey Rop: „All the Kings Greeks: Mercenaries, Poleis, and Empires in the Fourth Century BCE" Dissertation Penn. State 2013 und bei Harvey F. Miller: „The Practical and Economic Background to the Greek Mercenary Explosion" in Greece & Rome 31.2 (1984) S. 153–160.

Carneiros Theorie zum Ursprung der altorientalischen Staaten findet sich in: Carneiro, R. L.: „A Theory of the Origin of the State". Science. 169 (3947) 1970; S. 733–738 und ist seitdem viel diskutiert worden. Auf die griechischen Verhältnisse angewandt, wird die Theorie in dem Beitrag von Berent Moshe: „Greece: The Stateless Polis (11th–4th Centuries B.C.)" in: Grinin L. E. u.a. (Hg.): „The Early State, Its Alternatives and Analogues" (Volgograd 2004), S. 364–387 bzw bei: E. van der Vliet: „Polis. The Problem of Statehood" in Social Evolution & History 4(2), September 2005, S. 120–150. Wer sich für die inneren Verhältnisse der Poleis und Stadtstaaten allgemein interessiert, dem seien die Veröffentlichungen des Kopenhagen Polis Center – mehrheitlich unter der Federführung von Mogens Herman Hansen – ans Herz gelegt. Die enge Beziehung zwischen Kriegsführung, bäuerlichem Leben und politischer Beteiligung schildert Victor Davis Hanson: „Warfare and Agriculture in Classical Greece" University of California Press, 1983, der auch weitere Werke zu diesem Themenkomplex verfasst oder herausgegeben hat.

Von rezenten Komikverfilmungen der Konfrontation zwischen Persern und Griechen ist eher abzuraten. Das Mittelmeer ist gewiss nicht Mittelerde und Gut und Böse sind selten so einfach an ihrem Äußeren zu erkennen, geschweige denn einer Seite in einem Krieg zuzuordnen. Wer den zweifellos vorhandenen Schauwert der „300" trotzdem genießen möchte, kann als Antidot Aischylos „Perser" lesen, in dem der Zeitgenosse dem Feind mehr Menschlichkeit und Anstand zugesteht, als es Hollywood anscheinend bewerkstelligen kann. Oliver Stones „Alexander" zeigt die Schlacht von Gaugamela, für die Kunaxa sozusagen die Generalprobe war, in recht beeindruckenden Bildern, wurde aber wegen der Besetzung und deren schauspielerischen Leistung von der Kritik eher verrissen.

Alesia, Gallien, 52 v. Chr.

Konflikt	Gallischer Krieg
Ort	Gallien und Britannien
Datum	58–50 v. Chr.
Opfer	über 1 Million inklusive zivile Opfer
Kämpfer	400.000
Waffensystem	Belagerungswerke
Kontrahenten	Römische Republik gegen Gallische Konföderation

5000 km

DER LEGIONÄR

Gaius
Julius Cäsar

* 13. Juli 100 v. Chr.

† 15., die Iden des März, 44 v. Chr., Rom

Auf seinem Weg nach Spanien, 69 v. Chr., überkommt den designierten Quästor Gaius Julius Cäsar beim Anblick einer Statue des großen Makedonenkönigs eine düstere Stimmung. „Alexander," so soll er seinen Begleitern anvertraut haben, „hatte in meinem Alter schon die gesamte Welt erobert." Für seine Reisegenossen mochte das pompös klingen; ein Ausdruck der überzogenen Meinung, welche dieser Mann von sich selbst zu haben schien. Für die antiken Geschichtsschreiber, die Vorahnungen genauso liebten wie heute mittelmäßige Drehbuchautoren, wurde der melancholische Seufzer zum prophetischen Moment. Dabei hätte der gerade einmal Dreißigjährige genug und weitaus handfestere Gründe gehabt, um sich in dunklen Gedanken zu ergehen. Gaius Julius Cäsar hatte Schulden. Hohe Schulden. Dieser „schlampig gekleidete junge Mann" – so der Diktator Sulla über ihn – hatte sich kopfüber in das gefährliche, vor allem aber kostspielige Machtspiel der römischen Republik

gestürzt. Doch um dort richtig mitzumischen, fehlten dem aus alter, aber verarmter Familie stammenden Jungpolitiker einfach die Mittel. Deswegen machte er Politik auf Pump. Nachdem ihm der unverhohlene Stimmenkauf, auf den die Wahlkämpfe der späten römischen Republik zwangsläufig hinausliefen, einen Platz in der Führungsriege des Senats verschafft hatten, war es nun an der Zeit, Geld zu machen. Das bewährte Mittel dazu war die Verwaltung – sprich Plünderung – einer der Provinzen des Römischen Reichs. Nun wollte er sich in Spanien sanieren, wo er sich im Kampf gegen die unruhigen Eingeborenen auch den Ruf eines fähigen Befehlshabers erwerben sollte. Dann, nach weiteren Jahren des üblichen politischen Manövrierens, um die Regeln der römischen Staatsverfassung zu umgehen, endlich das ersehnte Amt eines Prokonsuls. Sein Wirkungsbereich: Gallien. Was es jetzt noch brauchte, war ein Krieg. Doch um Cäsars Ehrgeiz zu befriedigen, musste ganz Gallien bluten!

Rom, so stellte Marcus Tullius Cicero, Cäsars Zeitgenosse und politischer Mitbewerber, fest, verdankte sein Imperium der Verteidigung seiner Verbündeten. Auf sympathieheischende Art brachte er damit das Dilemma aller Imperialisten auf den Punkt: Die Überwindung eines Feindes an den Grenzen des Imperiums brachte einem zwangsläufig eine Hand voll neuer Anrainer ein, die alles andere als geneigt waren, den Friedensschwüren jener imperialen Kriegsmaschine Glauben zu schenken, die gerade ihren einstigen Nachbarn verschlungen hatte. Auf diese Weise waren alle Imperien gewachsen und wahrscheinlich der antike Staat an sich ins Leben gerufen worden. Rom gilt nicht umsonst als End- und Höhepunkt dieser Entwicklung und die späte Republik, die Zeit Cäsars, als der Schlussstein in der römischen Eroberung der Alten Welt.

Die Republik hatte das Imperium geschaffen. Das Kaiserreich verwaltete es nur mehr; rundete es maximal an exponierten Stellen im Interesse einer effektiveren Defensive ab. Cäsars Neffe und Nachfolger, Augustus, wird die Expansion Roms an Rhein und Donau für beendet erklären.

Die kaiserlichen Alleinherrscher hatten keine Veranlassung mehr zu spektakulären – und kostspieligen – Feldzügen; stellten sich lieber als Sicherer von Frieden und Wohlstand dar. Es waren die Machtkämpfe der republikanischen Senatoren gewesen, die die Eroberungen vorantrieben. Der römische Senat war eine Schlangengrube voll Parteienhader und individuellem Ehrgeiz. Die römische Republik war die Maschinerie, die die dreihundert Senatoren – die wahren „Herren der Welt" – mit den dafür notwendigen Mitteln versorgte. Die Legionen waren ihr starker Arm, und sie folgten dem, der ihnen Sieg und Beute versprach.

„Quo usque tandem …" Cicero spricht im römischen Senat. Nicht mehr lange: Bald wird diese illustre Versammlung willfähriges Instrument des Diktators Cäsar sein.
Verschwörung des Catilina, Fresko von Cesare Maccari (1840–1919), 1889; Rom, Palazzo Madama

Nicht an einem Tag erbaut

Es hatte klein angefangen. Rom war einer jener mittelitalischen Stadtstaaten gewesen, die sich im Dunstkreis der etruskischen Kultur entwickelten, die ihren Schwerpunkt in der Toskana – Tuscien, dem Land der Tursa, wie sich die Etrusker selbst nannten – hatte. Die halbmythische Erinnerung an die Vorzeit bewahrt die Namen etruskischer Könige, deren letzter von den Römern seines Hochmutes wegen vertrieben worden sein soll. An die Stelle der Monarchie trat eine Adelsherrschaft und nach turbulenten Permutationen jene römische Republik mit ihrem Senat, ihren Wahlämtern und Kollegien, welche Verfassungsrechtler bis in die Neuzeit in Entzücken versetzen sollte. Cicero nannte sie unverhohlen die beste aller möglichen Staatsformen und meinte es damit den Griechen, allen voran Aristoteles, dem Lehrer Alexanders, gezeigt zu haben, die an dieser Frage immer gescheitert waren. Die ewig zerstrittenen Bünde der hellenischen Stadtstaaten und die prunksüchtigen Monarchien in der Nachfolge des Welteroberers Alexander bildeten das politische und kulturelle Umfeld Roms, dem gegenüber man sich als Newcomer von der Peripherie behaupten musste. Rom erlebte seine Bewährungsprobe in drei Kriegen gegen die Punier – phönizische Kolonisten in Nordafrika, die ebenfalls die Vormachtstellung im westlichen Mittelmeer beanspruchten. Mit Zähigkeit, Sturheit und Brutalität rangen die Römer ihre Gegner in mehreren Kriegen nieder und säten Salz auf den verwundeten Feldern des zerstörten Karthago aus. So schafften sie die Einigung Italiens, von wo aus sie nun zur ernstzunehmenden Macht wurden, die mit den vormals karthagischen Besitzungen in Afrika, Spanien, den Balearen, Sardinien und Sizilien nun ihrerseits ein Imperium besaß. Die neuen Herren des Westens haderten gegenüber der älteren Zivilisation des Ostens immer ein wenig mit dem Minderwertigkeitskomplex des Emporkömmlings, den sie einerseits durch Verachtung östlicher Dekadenz zu überspielen versuchten, andererseits dadurch kompensierten, dass sie alles größer, effizienter und besser zu machen versuchten als ihre griechischen Lehrmeister. Was sie diesen aber vor allem voraus hatten, und darin hatte Cicero recht, war eine Staatsführung, die sich bei allem inneren Hader in einer Sache einig war: Rom musste bestehen. Das System Rom war ein Erfolgsmodell und es war, unwissentlich gewiss aber unaufhaltsam, auf Imperium getrimmt.

Rom war eine Republik. *Res publica* sind die „öffentlichen Angelegenheiten", das also, was alle angeht, die am politischen Leben teilnehmen. Natürlich war die Teilhabe an diesen öffentlichen Angelegenheiten im italischen Flächenstaat – anders als in den kleinräumigen, griechischen Stadtstaaten – nicht allen Bürgern möglich, sondern beschränkte sich von Anfang an auf eine schmale Adelsschicht aus einigen Dutzend Clans, aus denen sich die etwa dreihundert Mitglieder des Senats rekrutierten. Die römische

Elite war, wie alle Eliten zu allen Zeiten, konservativ und auf die Erhaltung ihres sozialen Status bedacht. Sie war aber – wie die anderer erfolgreicher Imperien – offen genug, um Aufsteigern – *homines novi*, „Neuen Männern" – Zugang zu gewähren, wenn diese ihre Beherrschung der Spielregeln unter Beweis gestellt hatten und über die nötige finanzielle Potenz verfügten. Cicero, der berühmte Redner, Politiker und Philosoph, war selbst so ein Neueinsteiger.

Die Voraussetzung für die Aufnahme in den Club war die erfolgreiche Bewerbung um ein Staatsamt. Der Senat war nämlich keine repräsentative Institution wie moderne Parlamente, sondern ein Club von ehemaligen Magistraten. Um an ein solches zu gelangen, musste eine Wahl gewonnen werden, in der die große Mehrheit der römischen Bürger ihre Möglichkeit zur politischen Beteiligung hatten. Zwar waren die Wahlkollegien durch die Bevorzugung der Stimmen der oberen Klassen alles andere als demokratisch, doch erforderten sie zumindest, dass die Adeligen sich einer möglichst großen Wahlgefolgschaft versicherten. Dies geschah anfangs durch ein umfangreiches Klientelsystem, in dem mächtige Adelsfamilien sich die Unterstützung einzelner Personen oder ganzer Bevölkerungsgruppen – Gemeinden, Regionen, Wirtschaftszweige – sicherten, indem sie deren Interessen im Senat vertraten und ihnen auch sonst Wohltaten – Posten, Geschenke, Privilegien – zukommen ließen, zu denen ihre erhabene Position sie ermächtigte. Lobbying auf römische Art sozusagen. Mit der fortschreitenden Verstädterung, dem Wachstum der Metropole Rom und der Ausdehnung des römischen Herrschaftsbereiches wurde die stadtrömische Bevölkerung zunehmend zur entscheidenden Wählergruppe, und das System glitt immer rascher in Richtung einer politischen Maschinerie ab, in der Stimmenkauf, Erpressung und Einschüchterung der Wähler über den Ausgang der Wahlen und damit über den Zugang zu den Staatsämtern für die Mitglieder der Oberschicht entschieden.

Politik war indes keine Karriere, die gut bezahlt wurde, sondern eine, durch die man sich bereichern konnte – und bereichern musste –, um weiterhin mitspielen zu können. Die Quelle des notwendigen Reichtums war traditionell Grundbesitz, doch reichten die Erträge der ausgedehnten, zunehmend mit Sklaven bewirtschafteten Latifundien der Senatoren bald bei Weitem nicht mehr aus, um die Kosten der politischen Aktivitäten auch nur annähernd zu decken. Investitionen in Handel und Gewerbe galten zwar als nicht standesgemäß, liefen aber über Mittelsmänner – oft freigelassene Sklaven mit entsprechenden Fertigkeiten – ganz prächtig. Am allermeisten Geld aber, und das lernte die römische Elite nach den punischen Kriegen sehr rasch, war in den Provinzen zu holen.

Die Provinzen waren nachgeordnete Einheiten des römischen Staates, eroberte Gebiete, deren Bewohner als Gegenleistung für die Anerkennung ihrer Rechtstitel – etwa auf Land und persönliche Freiheit – dem römischen Volk Tribut zu leisten hatten. Für die Eintreibung dieser Gelder bediente sich der römische Staat – der keinerlei dafür geeignete Infrastruktur besaß – eines recht modern wirkenden Models: *Public-Private-Partnerships*. Konsortien von Geschäftsleuten wurde die Eintreibung der Steuern und Abgaben aus einer Provinz für einen bestimmten Zeitraum durch Versteigerung verpachtet. Diese Steuerpächter hatten wenig Interesse an einer „nachhaltigen" Steuerpolitik, sondern vor allem daran, ihre Investition wieder hereinzubekommen und darüber hinaus noch anständig Gewinn zu machen. Dazu war es unbedingt notwendig, sich mit dem Vertreter der römischen Staatsmacht vor Ort, also den senatorischen Magistraten, die die Verwaltung der Provinz als eine Art Draufgabe nach ihrem Amt in der Zentralverwaltung bekamen, ins Einvernehmen zu setzen. Man wollte schließlich nicht riskieren, dass die ausgepressten Untertanen Unterstützung durch den Statthalter erhielten oder im Fall von Widerstand gegen die Steuereintreibung die römischen Truppen in der Provinz tatenlos zusahen. So wusch auf Kosten der Provinzbevölkerung eine Hand die andere und der Drang, neue noch nicht ausgeplünderte Provinzen dem römischen Staatsverband einzuverleiben, wurde zu einer starken Motivation für die senatorische Elite.

Legionen

Die römische Armee, die diese Eroberungen vollzog, war aus einem Aufgebot italischer Bauern entstanden, die sich zur Verteidigung ihrer Heimatstadt freiwillig zusammenfanden. Jeder rüstete sich aus eigenen Mitteln aus, so gut er konnte. Wohlhabende dienten, ihrem Status entsprechend, zu Pferd und die Befehlsgewalt lag bei der adeligen Führungsschicht. Konsuln und Prätoren, die höchsten Ämter der Republik, waren ursprünglich und immer auch militärische Kommanden und die Voraussetzung, um eine Ämterlaufbahn einzuschlagen, waren untergeordnete Offiziersposten in den Legionen. Durch die Aushebung zäher, an harte Arbeit und Mühen gewohnter Männer aus dem italischen Bauernstand hatte Rom sich gegen seine italischen Feinde und auch noch gegen Karthago behauptet, diese Bevölkerungsgruppe aber auch durch dauernde Kriege wirtschaftlich und personell ausgehöhlt. Die freiwillige Bauernmiliz konnte den Erfordernissen eines Imperiums nicht gerecht werden.

Also reformierte Gaius Marius kurz vor der Wende zum 1. Jhd. v. Chr. die römische Armee. An die Stelle der bäuerlichen Teilzeitkrieger traten bezahlte Berufssoldaten, die sich nicht länger selbst ausrüsteten – wozu die nun in die Rekrutierung einbezogenen landlosen Armen auch gar nicht in der Lage gewesen wären – sondern vom Staat zentral bewaffnet und versorgt wurden. Die verarmten Massen, die ironischerweise oft durch die Belastungen des alten Milizsystems und die Ausdehnung des senatorischen Grundbesitzes ihre Höfe verloren hatten, nahmen das Angebot einer langjährigen – 15 bis 20 Jahre – bezahlten Stelle mit Aussicht auf Beute mit Begeisterung an, zumal nach Ableistung der Dienstzeit eine großzügige Prämie in Gestalt von Landschenkungen oder später Geld winkte. Selbst den unterworfenen Provinzialen eröffnete Marius eine Perspektive, indem er ihnen nach dem Militärdienst in den Hilfstruppen das römische Bürgerrecht und damit die Befreiung aus ihrem Untertanenstatus garantierte. Marius' Reformen formten aus diesen Männern durch die straffe Organisation des Heeres, die Vereinheitlichung der Ausrüstung, Disziplin, Korpsgeist und dauerndes Training die effektivste Armee der antiken Welt. Ihr Treibstoff, wie zu allen Zeiten, blieb natürlich das Geld, im Speziellen die Hoffnung auf Beute.

Rom war durch sein Engagement im Osten des Mittelmeeres in die Konflikte der hellenistischen Monarchien hineingezogen worden, wobei Roma keine allzu spröde Dame gewesen sein dürfte: Halb zog es sie, halb sank sie hin.

Genau darauf hatte Cicero angespielt, als er meinte, Rom sei in den ganzen levantinischen Schlamassel nur geraten, weil es seinen vertraglichen Verpflichtungen nachkommen musste: *Pacta sunt servanda* (Verträge sind einzuhalten), wie der Lateiner sagt. Der hellenistische Osten war indes ein ganz anderes Pflaster als das halbbarbarische Spanien, selbst das punische Nordafrika. Einen ersten Eindruck hatte man sich in Sizilien machen können, dessen griechische Städte eine Ahnung vom Reichtum und Luxus der östlichen Welt vermittelten. Prompt wurden die mit der Verwaltung der Provinz betrauten Römer gierig, und Cicero konnte 70 v. Chr. in seiner Karriere als

Anwalt mit einem Prozess gegen den ehemaligen Statthalter Verres durchstarten, der es selbst für römische Verhältnisse zu arg getrieben haben dürfte. Jenseits der Adria, in Griechenland selbst, vor allem aber in Kleinasien und der Levante, lockten noch unendlich reichere Futtertröge.

In der römischen Politik hatten Gaius Marius und sein Konkurrent Lucius Cornelius Sulla – den man „Felix" (den „Glücklichen") nannte – sich in der Zwischenzeit einen Bürgerkrieg um die Macht im Staat geliefert, in dem zum ersten Mal ein Nebeneffekt des militärisch so erfolgreichen marianischen Systems sichtbar geworden war: Die Legionen entwickelten eine gefährliche „Zuneigung" zu ihrem Befehlshaber. Die zahlreichen armen, aber entschlossenen Männer, die bereit waren, Leib und Leben, nicht so sehr für die Republik, sondern vor allem für ihren eigenen sozialen Aufstieg zu riskieren, erwiesen sich einem erfolgreichen Heerführer gegenüber als sehr anhänglich. Selbst nach Ableistung ihrer Dienstzeit, wenn sie die erhoffte Beute und großzügige Abfindungen erhalten hatten, blieben sie ihrem ehemaligen Befehlshaber weiterhin verbunden. Die alte Tradition des römischen Klientelsystems hatte damit in die Armee Eingang gefunden und ein siegreicher Feldherr konnte gleich ganze Legionen abgemusterter Soldaten zu seiner politischen Gefolgschaft zählen; Männer, die im Feld gezeigt hatten, dass sie vor Gewalt nicht zurückschreckten und auch bereit waren, diese als Rollkommandos oder zur Überzeugung zögerlicher Wähler in die zunehmend turbulenter werdende politische Öffentlichkeit der Stadt am Tiber zu tragen.

„Lucky" Sulla, politisch ein konservativer Aristokrat, entschied den Bürgerkrieg für sich, die Vorteile der marianischen Reform wollte man aber nicht missen und den politischen Geist, der damit aus der Flasche entwichen war, konnte man nicht mehr bannen. Stattdessen begann die nächste Generation von römischen Karrierepolitikern mit dieser neuen Karte zu spielen. Aufstrebende Persönlichkeiten mussten nun erfolgreiche Militärs sein, und da kamen die neuen Verwicklungen im Osten gerade recht. Dort konnte man sich mit einem erfolgreichen Krieg in einem Maß bereichern, der alles Bisherige in den Schatten stellte und die Chance versprach, mit einer großen und dankbaren Gefolgschaft aus Veteranen in die Innenpolitik zurückzukehren. Imperiale Außenpolitik und die politische Kultur der Republik verbanden sich geradezu perfekt zu einer gefährlichen Kriegsmaschine. Der erste erfolgreichste Politiker am Ruder dieses hungrigen Molochs war Gnaeus Pompeius, den schon die Zeitgenossen *Magnus* – „den Großen" – nannten.

Pompeius

Gnaeus Pompeius stammte aus einer eher obskuren Adelsfamilie aus der italischen Provinz an der Adria. Anders als sein Konkurrent Cäsar hatten die Pompeii keine bedeutenden Ahnen vorzuweisen und es war der Vater des großen Pompeius – Gnaeus Pompeius Strabo – der es als erster in der Familie zum höchsten Staatsamt, dem Konsulat, brachte. Während des Bürgerkrieges hatte Gnaeus Pompeius Junior sich auf die Seite Sullas geschlagen und 79 v. Chr. seinen ersten Triumph gefeiert. Gemeinsam mit dem anderen großen Machtmenschen seiner Generation, Marcus Licinius Crassus, rollte er die restriktiven Gesetzgebungen Sullas zurück, baute aber gleichzeitig seine eigene Machtbasis aus, die sehr wesentlich in seinem militärischen Geschick begründet lag. Sein eigentlicher Durchbruch kam mit dem Feldzug gegen die Piraten 67 v. Chr. Hier greifen die Rädchen der republikanischen Machtpolitik vorbildlich schön ineinander. Rom war in Kleinasien zunehmend präsent, wo die Piraten ihre Stützpunkte in der Landschaft Kilikien hatten, das durch den Verfall der Macht der Seleukiden, einer der Dynastien, die Alexanders Reich geerbt hatten, zu einem Machtvakuum geworden war. Wie später die Karibik zog es Abenteurer aus aller Herren Länder an, die von dort aus vor allem auf Sklavenfang ausgingen. Römische Senatoren, deren riesige Latifundien beständig Hunger nach Sklaven hatten, waren unter ihren besten Kunden. Der junge Cäsar war ihnen auf einer Reise in der Ägäis selbst in die Hände und wieder einmal durch seine Arroganz aufgefallen. Die Piraten hatten während des Spartakusaufstandes den Unwillen der Römer erregt. Pompeius, nach einigen Jahren „Heimaturlaub", in denen er gemeinsam mit Crassus auch das Konsulat innegehabt hatte, war wieder auf der Suche nach einem gewinnversprechenden Kriegsschauplatz. So sorgte er dafür, dass einer seiner Parteigänger den Antrag einbrachte, gegen die kilikischen Piraten vorzugehen. Plangemäß wurde Pompeius das Oberkommando anvertraut, der – mit außergewöhnlichen Vollmachten ausgestattet – innerhalb weniger Monate den *failed state* in Kilikien durch römische Besatzung ersetzte und die Flotte der Piraten vom Meer fegte. Ein nicht unbeträchtlicher Teil der Seeräuber zog es vor, sich zu ergeben und wurde von ihm an verschiedenen Orten angesiedelt. Dass auch sie ihrem gnädigen Überwinder verpflichtet waren, ist keine Frage.

Vom Sprungbrett Kilikien aus zog Pompeius in den Krieg gegen Mithradates von Pontos, der ihm in einem unvergleichlichen Siegeszug die gesamte Levante zu Füßen legen sollte.

Im Jahr 67 v. Chr., in dem Pompeius nach Osten aufbrach, kam Cäsar aus Spanien zurück. Während der eine auf dem Höhepunkt seiner Macht zustrebte, begann der andere an deren Grundfesten zu sägen. Die Senatsaristokratie hatte aus dem Sieg Sullas im Bürgerkrieg und seiner anschließenden Alleinherrschaft nämlich eines gelernt: Das politisch-militärische Übergewicht eines Einzelnen musste auf jeden Fall vermieden werden. Deswegen wuchs mit jedem Erfolg des Pompeius die Opposition gegen ihn. Gaius Julius spielte geschickt die Karten beider politischer Lager der Republik. Er ehrte das Andenken des Marius, ehelichte aber eine Enkelin Sullas, von der er sich nach einem Skandal indes wieder scheiden ließ. 62 v. Chr., als Pompeius auf dem Weg nach Hause war, ging Cäsar nun als Statthalter nach Spanien. Immer noch war er so hoch verschuldet, dass nur eine Bürgschaft des Immobilienhais Crassus, des reichsten Mannes Roms, seine Gläubiger davon überzeugen konnte, ihn ziehen zu lassen. Zurück aus Spanien, kam er gerade rechtzeitig, um den nächsten großen Sprung in seiner Karriere zu machen und die Strippenzieher im Senat endgültig auszumanövrieren: Pompeius hatte nach seiner Rückkehr seine Truppen entlassen. Das Vertrauen in seine Machtposition im Senat hatte ihn zu diesem Schritt bewogen, den andere Feldherren erfolgreich hinauszuzögern verstanden, um mit ihrem militärischen Gewicht dezent Druck auf die römische Politik ausüben zu können. Seine Gegner hatten diese Fehleinschätzung genutzt, um den Mann, der ihrer Meinung drohte, den politischen Rahmen der Republik zu sprengen, bei jeder Gelegenheit zu düpieren. Am schwersten wog, dass sich der Senat weigerte, seinen Truppen die versprochene Belohnung auszuzahlen, was Pompeius' Ansehen bei seinen Veteranen untergrub und deutlich zeigt, dass den Zeitgenossen völlig klar war, wie der Hase lief. So fanden sich mehr aus individueller Not wie aus gegenseitiger Sympathie jene drei Männer zusammen, die von nun an die Geschicke der Republik bestimmen würden: Marcus Licinius Crassus – der Mann des Geldes, Gnaeus Pompeius Magnus – der Feldherr und Gaius Julius Cäsar – der charismatische Demagoge. Marcus Tullius Cicero, so erfahren wir aus einem Brief an seinen Freund Atticus, hätte der vierte im Bund sein können, war aber zu sehr Republikaner, um anzunehmen. So war es eben ein Triumvirat – ein Dreimännerbund. Natürlich war dieses Bündnis alles andere als eine harmonische Gemeinschaft. Jeder der drei versuchte seine Position relativ zu den anderen zu stärken und gleichzeitig die Senatsopposition in Schach zu halten oder durch Gesten auf die eigene Seite zu ziehen. Für Cäsar – wie auch für den bisher nur im wenig prestigeträchtigen und vor allem

beutefreien Sklavenkrieg gegen Spartakus militärisch erprobten Crassus – bedeutete
dies in erster Linie, nach einem einträglichen Kommando Ausschau zu halten, um mit
dem erfolgreichen Feldherrn Pompeius gleichzuziehen. Crassus sollte die schlechtere
Karte ziehen, obwohl er sich in den reichen und prestigeträchtigen Osten aufmachte.
53 v. Chr. fand er mit seinen Soldaten bei Carrhae den Tod im Kampf gegen die Parther. Cäsar, wegen seiner „unorthodoxen" Amtsführung in seinem Konsulat mehr oder
weniger auf der Flucht vor Strafverfolgung durch den Senat, wählte sich ein weitaus
weniger lohnend erscheinendes Ziel:

Gallien

Es ist eine Ironie der Geschichte, dass die ausführlichste geographische und ethnographische Beschreibung Galliens von seinem Eroberer stammt. In seinen „Kommentaren" – einer Rechtfertigungsschrift für das römisches Publikum – schildert
Cäsar nicht nur seine politischen und militärischen Aktivitäten in dem Land jenseits
der Alpen, sondern entwirft auch das erste zusammenhängende Bild der keltischen
Völker des heutigen Frankreich. Was wir darin über die politische und soziale
Ordnung der Gallier ausgesagt finden, sollte uns mittlerweile nicht mehr ganz
unvertraut sein. Gallien ist in Abenddämmerung seines Heldenzeitalters. Noch zwei
Jahrhunderte zuvor waren plündernde Kriegergefolgschaften, welche so typisch
für diese Phase sind, bis nach Rom und sogar nach Kleinasien vorgedrungen. Den
berühmte Spruch, dass Gallier nichts fürchten, außer dass ihnen der Himmel auf
den Kopf fällt, hatte eine gallische Gesandtschaft zu eben der Zeit trotzig dem
Welteroberer Alexander entgegengeschleudert. In der Zwischenzeit waren Kriegsherrn und Könige Stammeskonföderationen unter der Führung einer adeligen
Kriegerschicht gewichen. Erste urbane Zentren entstanden und durch Handel und
Austausch mit dem stärker entwickelten Mittelmeerraum waren die Gallier auf dem
besten Weg, die zivilisierte Welt mit Riesenschritten einzuholen. Römischen Augen,
die die monumentale Pracht des Ostens gesehen hatten, mochten die hölzernen Hallen und Erdwälle der gallischen Siedlungen ärmlich erscheinen, doch waren sie die
Zentren ertragreicher und dicht bevölkerter Agrarlandschaften und Knotenpunkte
eines weiten Handelsnetzes, das bis zu den Zinnminen Britanniens und über den
Rhein ins wilde Germanien reichte. Cäsar, so vermuten einige Forscher, hatte in seiner Zeit in Spanien einen ersten Eindruck von der Größe und Vitalität des gallischen

Wirtschaftsraumes gewonnen. Sein Plan, diese wenig beachtete Frucht zu pflücken, wird vermutlich dort entstanden sein.

Wer einen Krieg braucht, findet auch einen Grund, ihn zu führen. Die Gallier hatten ihre eigenen Barbaren: Die Germanen jenseits des Rheins, die ihnen – wie sie es umgekehrt selbst in der griechischen und italischen Staatenwelt taten – bisweilen als Söldner dienten. Die Germanen waren gerade eben dabei, jene rauf- und plünderlustigen Männerbünde in die Welt auszusenden, als die die Gallier selbst noch einige Generationen vorher aufgetreten waren. Nun bedrohte ein besonders erfolgreicher, germanischer Warlord – Ariovist, ein Fürst der Sueben, der fernen Urahnen der später so bieder-fleißigen Schwaben – die gallischen Helvetier. Diese beschlossen, den dauernden, lästigen Übergriffen der Nachbarn ein für alle mal durch Auswanderung zu entgehen. Zu diesem Zweck ersuchten sie um die Erlaubnis zum Durchmarsch durch die römische Provinz Gallia Narbonensis – welche grob der Mittelmeerküste Frankreichs entsprach – deren Statthalter inzwischen ein gewisser Gaius Julius Cäsar war. Dieser verweigerte dem Flüchtlingstreck prompt die Einreise und ließ eigens ein Grenzübertritthindernis zwischen dem Genfer See und der Jura errichten. Die römischen Legionen offenbarten hier schon ihr Talent für Erdbewegungen, auf das wir noch zu sprechen kommen werden. Die Helvetier wählten daraufhin eine andere Route, die römisches Gebiet vermied, woraufhin sich Cäsar genötigt sah, die Grenzen seiner Provinz zu überschreiten, um sie einzuholen und zu vernichten. Seine schönfärberische Rechtfertigungsschrift, die noch heute jeder Lateinschüler vorgesetzt bekommt, musste er unter anderem verfassen, weil seine Gegner im Senat dies als grobe Überschreitung seiner Amtsbefugnisse und völkerrechtlichen Skandal brandmarkten. Als nächstes nahm er Ariovist selbst ins Visier, der diesmal als Söldner im Auftrag der gallischen Sequaner im Elsass Krieg geführt hatte und mit Landschenkungen diesseits des Rheins belohnt worden war. Ihre Gegner in dem Krieg waren die Haeduer gewesen, ein gallischer Stamm, der mit Rom verbündet war. Dies nutzte Cäsar nun abermals als Vorwand, um angeblich im Interesse der Verbündeten gegen Ariovist vorzugehen. Sein Heer wurde geschlagen, er selbst entkam nur mit sehr viel Glück.

Nun kannte Cäsar kein Halten mehr. Eine angebliche Verschwörung der Belger und anderer Gallier diente ihm als Vorwand seine Truppen zu verstärken – mittlerweile kontrollierte er acht Legionen mit über 40.000 späteren Stimmberechtigten! – und

Der berühmte Gallier stirbt in Kleinasien. Auf ihren Wanderungen erreichten die Kelten die heutige Türkei und siedelten sich dort in der Landschaft Galatien an.
„Der sterbende Gallier", römische Kopie eines griechischen Originals (2. Hälfte 3. Jh. v. Chr. von Epigonos von Pergamon); Rom, Kapitolinische Museen

im großen Stil in das freie Gallien einzumarschieren. Seinen Gegnern im Senat graute schon bei der Vorstellung, was er innenpolitisch mit dieser Machtkonzentration anfangen konnte, zumal er es geschickt verstand, seine Soldaten durch verschwenderische Soldgeschenke an sich zu binden. Dass er zu diesem Zweck eine blühende Kultur aufs brutalste mit Raub und Mord überziehen musste, war Teil der Kalkulation. Geschickt spielte er die Rivalitäten der gallischen Stämme untereinander aus und stieß innerhalb eines Jahres bis an die Atlantikküste vor. Cäsars Strategien zeigen unzweifelhaft das Profil eines Raubzugs, nicht einer nachhaltigen Eroberung: Die raschen, weiten Vorstöße, die zahlreichen eroberten und geplünderten Siedlungen, die räuberische Versorgung der Truppen im Winterquartier aus den lokalen Ressourcen und die gigantische Zahl an versklavten Galliern, die auf die Märkte Roms geworfen wurden und dort die Preise für Sklaven abstürzen ließen. So sind die folgenden „Aufstände" gallischer Gruppen im schon 56 v. Chr. angeblich „befriedeten Gallien" vor allem Widerstand gegen die Vergewaltigung ihres Landes durch die cäsarische Kriegsmaschine, deren Wüten man tatsächlich nur zum Teil Rom, zur Gänze aber dem Ehrgeiz des Gaius Julius Cäsar anlasten kann. Sie gipfelten 52 v. Chr. im sogenannten „Großen gallischen Aufstand" unter der Führung des Vercingetorix.

Alesia

Vercingetorix war ein Adeliger aus dem Stamm der Averner, die der kargen Landschaft der Auvergne im Massif Central bis heute ihren Namen geben. Sein Vater, so wird überliefert, wurde getötet, weil er „nach der Königswürde strebte"; will heißen, er wurde von anderen Adeligen ermordet, weil er im Stil des untergegangenen Heldenzeitalters versuchte, sich als dominanter Kriegshäuptling an die Spitze des Stammes zu stellen. Das war in der modernen, geregelten Ordnung der entstehenden gallischen Staatswesen nicht mehr zeitgemäß. Was tat sein Sohn Vercingetorix, als die chaotische Situation des römischen Einfalles die politische Ordnung Galliens durcheinanderwirbelte? Er stellte sich an die Spitze einer bewaffneten Gefolgschaft, um gegen die Feinde zu kämpfen. Bezeichnend ist, dass sein eigener Onkel Gobannitio ihn daraufhin aus der Hauptstadt der Averner, Gergovia, hinauswarf. Vercingetorix schlug zurück, beseitigte seinen Onkel und setzte sich an die Spitze des lokalen antirömischen Widerstands. Manche sollen ihn bei dieser Gelegenheit zum König ausgerufen haben, auf jeden Fall begann damit seine ebenso kurze wie dramatische Karriere als Kriegsherr.

Cäsar war zu diesem Zeitpunkt in Oberitalien, um in der römischen Innenpolitik, die zwischenzeitlich immer mehr ins Schwimmen geriet, mitmischen zu können. Als er erfuhr, dass es Vercingetorix gelungen war, eine große Koalition gallischer Stämme gegen ihn aufzubringen, überschritt er in einem winterlichen Gewaltmarsch die Cevennen und überraschte die Averner. Sie hatten sich wegen der verschneiten Pässe sicher gefühlt und waren daran gegangen, jene gallischen Stämme mit Gewalt auf Linie zu bringen, die sich dem Aufstand bisher verweigert hatten. Die Kämpfe im Frühjahr waren wechselvoll. Politisch konnte Vercingetorix sie aber als Erfolg verbuchen, gelang es ihm doch fast alle gallischen Stämme, sogar die romfreundlichen Haeduer, auf seine Seite zu ziehen und auf einem gesamtgallischen Gipfel in Bibracte zum Oberbefehlshaber ernannt zu werden. Gerade der Bündniswechsel der Haeduer zeigt, wie sehr Cäsars Raubzug selbst deren traditionell gutes Verhältnis zu Rom erschüttert hatte. Vercingetorix Führerschaft war indes nicht stark genug, um die Gallier vor dem verheerenden Fehler zu bewahren, sich Cäsars Legionen in der Schlacht zu stellen. Am Fluss Armançon werden sie im Spätsommer 52 v. Chr. geschlagen: In erster Linie von berittenen germanischen Söldnern, die Cäsar in der Zwischenzeit angeworben hatte. Die bemerkenswerte römische Strategie, sich die Fähigkeiten und Techniken von Völkern, mit denen sie in Kontakt kamen, mehr oder weniger im Vorbeigehen anzueignen, findet in diesem Krieg mit atemberaubender Geschwindigkeit statt. Vercingetorix bleibt nichts anderes übrig, als sich in die befestigte Siedlung Alesia zurückzuziehen, um von den Römern nicht eingekreist zu werden. Dort spielt sich nun der letzte Akt des gallischen Dramas ab.

Mit ca. 20.000 Kriegern saß Vercingetorix über ein Monat lang in der Mitte eines von 70.000 römischen Soldaten gebildeten Belagerungsringes, den Cäsar nach allen Regeln der Kunst ausbauen ließ. Der gallische Anführer hatte seine Reiterei noch rechtzeitig vor Eintreffen der Römer weggeschickt, da sie in der Belagerungssituation ohnehin zu einer Belastung geworden wäre, und damit beauftragt, ein Entsatzheer zu sammeln. Seine Armee umgab ihr Lager am Fuß des Siedlungshügels mit einer Palisade und Gräben – die eigentliche Stadt Alesia bildete sozusagen die Zitadelle dieses Heerlagers. Sechzehn Kilometer Wälle, Türme und Palisaden geschützt von Gräben, Fallgruben und Hindernissen ließ Cäsar errichten, um die Gallier einzuschließen, einundzwanzig Kilometer derselben Anlagen nach außen schützten das Belagerungswerk gegen Angriffe. Die römische Armee hatte von ihren Wurzeln in der italischen Bauernschaft ein umfangreiches Wissen im Bau von Feldbefestigungen und Belagerungswerken übernommen und eine unbedingte Bereitschaft, mit der Schaufel in der Hand zu kämpfen. Eine bescheidene und geduldige Art der Kriegsführung, die den Feind durch Beharrlichkeit und massive Erdbewegungen von der Vergeblichkeit seines Widerstandes zu überzeugen sucht. Wer die Gewalt dieses schleichenden Angriffes nachfühlen möchte, sehe sich die römische Belagerungsrampe in Masada in Israel an.
Die Gallier versuchten den Bau der Belagerungswerke durch Ausfälle zu behindern, doch auch in Gallien verfehlt die römischen Feldbefestigung nicht ihre Wirkung. Nach dreißig Tagen gehen in der Stadt die Vorräte zur Neige. Vercingetorix lässt die Frauen, Alten und Kinder der Einwohner, die ihm und seiner Armee Schutz gewährt haben, aus der Festung werfen. Cäsar lässt sie nicht durch seine Linien. Zwischen den

Die römische Belagerungsrampe auf die Festung Masada, Israel. Als die Rampe die Mauer erreichte, begingen die Verteidiger, religiöse Fanatiker, Massenselbstmord (74 n. Chr.).

Fronten, vor den Augen beider Armeen, sterben sie den langsamen und qualvollen Tod durch Verhungern.

Als das gallische Entsatzheer schließlich eintrifft, ist klar, dass der Tag der Entscheidung gekommen ist. Es ist inzwischen Herbst geworden. Die römischen Truppen haben zur ihrer eigenen Versorgung die Umgebung im weiten Umkreis kahlgefressen. Wenn es in diesen Tagen keine Entscheidung gibt, ist es zweifelhaft, dass das gallische Heer sich aus dem Land längere Zeit versorgen kann.

Das Entsatzheer lagert für die Nacht und nimmt am nächsten Morgen Aufstellung. Am Fuß der Hügelkette, welche die Ebene um die Stadt umgibt, stehen die gallischen Reiter. Sie gelten als die beste Truppe der Kelten. Bewaffnet mit Speeren, langen Schwertern und Schilden sitzen sie dank des innovativen gallischen Sattels fest auf ihren kräftigen Pferden. Unter sie haben die Gallier nach ihren schlechten Erfahrungen in der jüngsten Vergangenheit Bogenschützen und leichte Truppen gemischt. Dahinter auf der Anhöhe nimmt das Fußvolk Aufstellung, großteils ebenfalls mit großen Schilden und Speeren bewaffnet. Die meisten tragen Helme, deren ebenfalls cleveres Design die Römer nach den gallischen Kriegen schnell kopieren werden. Adelige und Anführer schützen sich mit Kettenhemden. Auch eine gallische Erfindung und ebenfalls von den Römern kopiert. Niemand ist nackt und keiner blau angemalt. Dieses fälschliche Keltenbild hat erst Hollywood populär gemacht.

Aus der Stadt, die etwas erhöht auf einem Hügel liegt, ist der Aufmarsch der Entsatzarmee gut zu sehen. Die Erleichterung ist greifbar. Die durch Hunger geschwächten und
durch das Grauen der Belagerung demoralisierten Verteidiger fassen erneut Hoffnung.
Der Jubel ist bis an die römischen Linien zu hören. Vercingetorix lässt seine Kämpfer
gegenüber dem Entsatzheer aufmarschieren und den Ausfall vorbereiten, indem er die
nächstgelegenen römischen Gräben zuschütten lässt. Zwischen den gallischen Heeren:
Die dünne römische Belagerungslinie, die nun von zwei Seiten angegriffen werden soll.

In seinen Kommentaren übertreibt Cäsar die Zahl der Gallier maßlos. Nicht das erste Mal in seinem Werk. Spätere Militärhistoriker haben für ein in etwa ausgeglichenes Kräfteverhältnis plädiert, da sonst die folgenden Manöver nicht glaubhaft erscheinen. Das römische Fußvolk, der harte Kern der Legionen, steht in zwei Formationen, Rücken an Rücken, in den Belagerungswerken zwischen den beiden gallischen Armeen. Die germanische Reiterei lässt Cäsar aus der defensiven Position ausbrechen und die Schlacht beginnt. Die neue gallische Taktik, die Reiterei mit leichten Truppen zu unterstützen, scheint Wirkung zu zeigen. Verwirrt durch den unvermuteten Beschuss, fällt Cäsars Reiterei zurück. Jubel und anfeuernde Rufe branden in den gallischen Heeren auf. Das Reitergefecht zieht sich hin. Bis zum Abend duellieren sich die beweglichen Truppen auf der Ebene, während die Hauptmacht der Fußtruppen mit wechselnden Gefühlen zusieht. Gegen Abend gewinnen die germanischen Söldner Cäsars die Oberhand, treiben die Gallier bis fast an ihr Lager zurück. Cäsar lässt punktuell Fußtruppen aus der Linie vorrücken, um die Feinde daran zu hindern, sich wieder zu sammeln. Die unter die Reiter gemischten Bogenschützen werden – nun ohne den Schutz der Kavallerie – niedergemacht. Als die Dunkelheit sich am Ende des ersten Schlachttages herabsenkt, zieht Vercingetorix sich mit seinen Männern in die Stadt zurück. Der starke Arm der gallischen Armee ist gebrochen.

Den nächsten Tagt verbringt das Entsatzheer damit, sich Gerätschaften zu besorgen, um die römischen Feldbefestigungen zu überwinden. Cäsar lässt sie gewähren. Er hat dem Gegner Ort und Bedingungen der Schlacht diktiert. Nun gilt es abzuwarten, ob seine Kalkulation aufgeht. Die Nervosität in der römischen Stellung muss trotzdem extrem hoch gewesen sein, denn auch für die Römer, die die ganze Zeit in ihren Gefechtspositionen ausharren, bedeutet Cäsars Plan Sieg oder totale Vernichtung. Ein Ausbruch aus der mit so viel Mühe angelegten Verteidigungsstellung ist nicht mehr möglich und ein erfolgreicher Abzug aus der gewählten Position undenkbar.

Die Gallier entschließen sich zu einem Nachtangriff. Bei Dunkelheit nähern sie sich den römischen Befestigungen. Um ihren Verbündeten in der Festung den Zeitpunkt des Angriffes anzuzeigen, erheben sie ein lautes Geschrei, als sie beginnen, die römischen Wälle mit Pfeilen und Wurfgeschossen für den Sturmangriff zu säubern. Vercingetorix reagiert so rasch wie möglich und führt erneut seine Truppen aus der Festung. Die Römer antworten ihrerseits mit Fernwaffen. Auch Wurfmaschinen werden eingesetzt.

Die Dunkelheit trägt ihren Teil zum Schrecken bei. Geschosse kommen aus der Finsternis angeflogen und fällen die Angreifer. Keine Chance, sich mit dem Schild zu schützen gegen einen Pfeil oder Schleuderstein, von dem man nicht einmal weiß, aus welcher Richtung er kommen wird.

Dann gerät das gallische Heer beim Vorrücken in die von den Römern angelegten Fallgruben und Fußangeln. Ohne zuerst ersichtlichen Grund schreien in der Dunkelheit schemenhaft erkennbare Kameraden plötzlich auf und stürzen oder werden von der Erde verschluckt. Die Verluste der Gallier sind hoch, vor allem, als in ihrer Verwirrung im „Minenfeld" das eigene Feuer nachlässt und das der Römer zielsicherer und dichter wird.

Bei Tagesanbruch ist es den Galliern trotz hoher Verluste an keinem Punkt gelungen, die römischen Linien zu durchbrechen. Aus Angst, die Römer könnten die bessere Übersicht bei Tageslicht nutzen, um einen Ausbruch zu wagen und sie an den Flanken einzuschließen, fallen die Angreifer zurück. Vercingetorix war inzwischen zu langsam. Seine Truppen sind gerade einmal damit fertig, die römischen Gräben zuzuschütten. Möglicherweise hatte er lange genug Zeit, die römischen Feldbefestigungen und das vorgelagerte „Minenfeld" zu studieren, sodass er nicht den Fehler machte hineinzutappen. Damit ist er aber nun nicht in der Lage, einen Angriff vorzutragen, da der Druck auf die römischen Linien auf der anderen Seite genau in dem Moment nachlässt, in dem er dazu bereit wäre. Unverrichteter Dinge zieht er sich in die Stadt zurück.

Doch die Gallier geben noch nicht auf. Im Laufe des Vormittags führen sie im weiten Bogen eine Abteilung zu einem Punkt der römischen Linien, wo sie hinter einem Hügel verborgen in Stellung gehen können. Bis Mittag herrscht gespenstische Ruhe. Beide Heere rasten nach den Kämpfen der Nacht. Dann marschiert das Entsatzheer erneut auf. Auch Vercingetorix setzt sich wieder in Bewegung. Mittags erfolgt der Angriff. Durch ihr Umgehungsmanöver zwingen die Gallier Cäsar, seine Linien auszudehnen. Der Kampf wogt hin und her. Beide Seiten versuchen, örtliche Schwächen des Gegners auszunutzen bzw. entstehende Lücken durch eigene Truppen zu stopfen, ehe der Gegner durchbrechen kann. Abteilungen hetzen entlang der ausgedehnten Linie hin und her, um sofort ins Gefecht geworfen zu werden, sobald sie eintreffen. Die Entscheidung kommt an dem Punkt, den die Gallier für ihren Umgehungsangriff gewählt haben. Dort sind die Wälle schließlich überwunden, die Fallgruben zugeschüttet. Cäsar selbst,

ASTERIX®-OBELIX® / © 2016 LES ÉDITIONS ALBERT RENÉ / GOSCINNY - UDERZO

Vercingetorix legt seine Waffen dem Sieger zu Füßen. Die Franzosen haben die Niederlage vor 2000 Jahren immer noch nicht ganz verwunden, scheint es: „Alesia? Ich kenne kein Alesia!"

so behauptet er in seinem Kommentar, wirft sich dort ins Gefecht. Die Wende kommt, als die römische Reiterei, die aus der Feldbefestigung ausgebrochen ist und ihrerseits die Gallier umgehen konnte, diesen in den Rücken fällt. Nun bricht das gallische Heer zusammen und sucht sein Heil in der Flucht. Die Römer sind so erschöpft, dass erst um Mitternacht eine Reiterabteilung aufbricht, um die Flüchtenden zu stellen. Am nächsten Tag ergibt sich Vercingetorix. Cäsar schont die Haeduer und Averner in der Hoffnung, so den Aufstand zu beenden. Der Rest des Heeres geht in römische Gefangenschaft. Einen Sklaven soll jeder Legionär Cäsars erhalten haben. Die Haeduer und Averner können ihre Kriegsgefangenen noch im Winter zurückkaufen.

Gallien ist nun tatsächlich erobert. Die Verluste an Menschenleben und die Zerstörung der Infrastruktur dieses reichen Landes müssen enorm gewesen sein. Doch Cäsar hat sein Ziel erreicht. Zehn kampferprobte Legionen haben sich – und ihn – durch diesen beispiellosen Raubzug bereichert. Drei Jahre später wird er sie über den Rubikon in den Bürgerkrieg gegen Pompeius führen. Der Würfel war längst gefallen.

Nachlese

Die „Kommentare" zum gallischen Krieg, von „ihm", Cäsar, selbst verfasst, sind allen Lateinschülern wahrscheinlich noch in mehr oder weniger guter Erinnerung. Übersetzungen sind leicht zu bekommen. Alesia als Schlacht und nationalen Mythos Frankreichs kann man bei Christian Goudineau „Cäsar und Vercingetorix" im Verlag von Zabern, Mainz 2000, oder in Michel Reddé „Alesia. Vom nationalen Mythos zur Archäologie" ebenda 2006 nachlesen. Werke über die römische Armee gibt es wie Sand am Meer. Großen Schauwert bieten die mit detailliert recherchierten und hervorragend ausgeführten Illustrationen ausgestatteten Werke von Peter Connoly, die in verschiedenen Ausgaben auf Deutsch und Englisch vorliegen. Die politische Geschichte der römischen Republik ist nicht minder umfangreich bearbeitet. Als immer noch maßgeblicher, wenn auch recht trockener, deutschsprachiger Überblick gilt Jochen Bleicken „Geschichte der römischen Republik", in der 6. Auflage 2004 bei Oldenbourg erschienen, sowie von demselben die „ Die Verfassung der Römischen Republik. Grundlagen und Entwicklung" 8. Auflage, bei Schöningh 2008. Karl Christs „Krise und Untergang der römischen Republik" 6. Auflage (Wissenschaftliche Buchgesellschaft, Darmstadt 2008), konzentriert sich auf die hier diskutierte Spätphase, die wir in der hervorragend geschriebenen Reihe des Wieners Herbert Heftner („Der Aufstieg Roms: vom Pyrrhoskrieg bis zum Fall von Karthago (280–146 v. Chr.)", Regensburg 1997 und „Von den Gracchen bis Sulla. Die römische Republik am Scheideweg 133–78 v. Chr.", Regensburg 2006) leider noch vermissen. Viele Stunden grimmig-intrigante Fernsehunterhaltung, die das Leben zur Zeit Cäsars hervorragend einfängt, bietet die von HBO, BBC und RAI produzierte Serie „Rom" (2 Staffeln, 2005–2007). Sie beginnt, passenderweise, mit der Schlacht von Alesia.

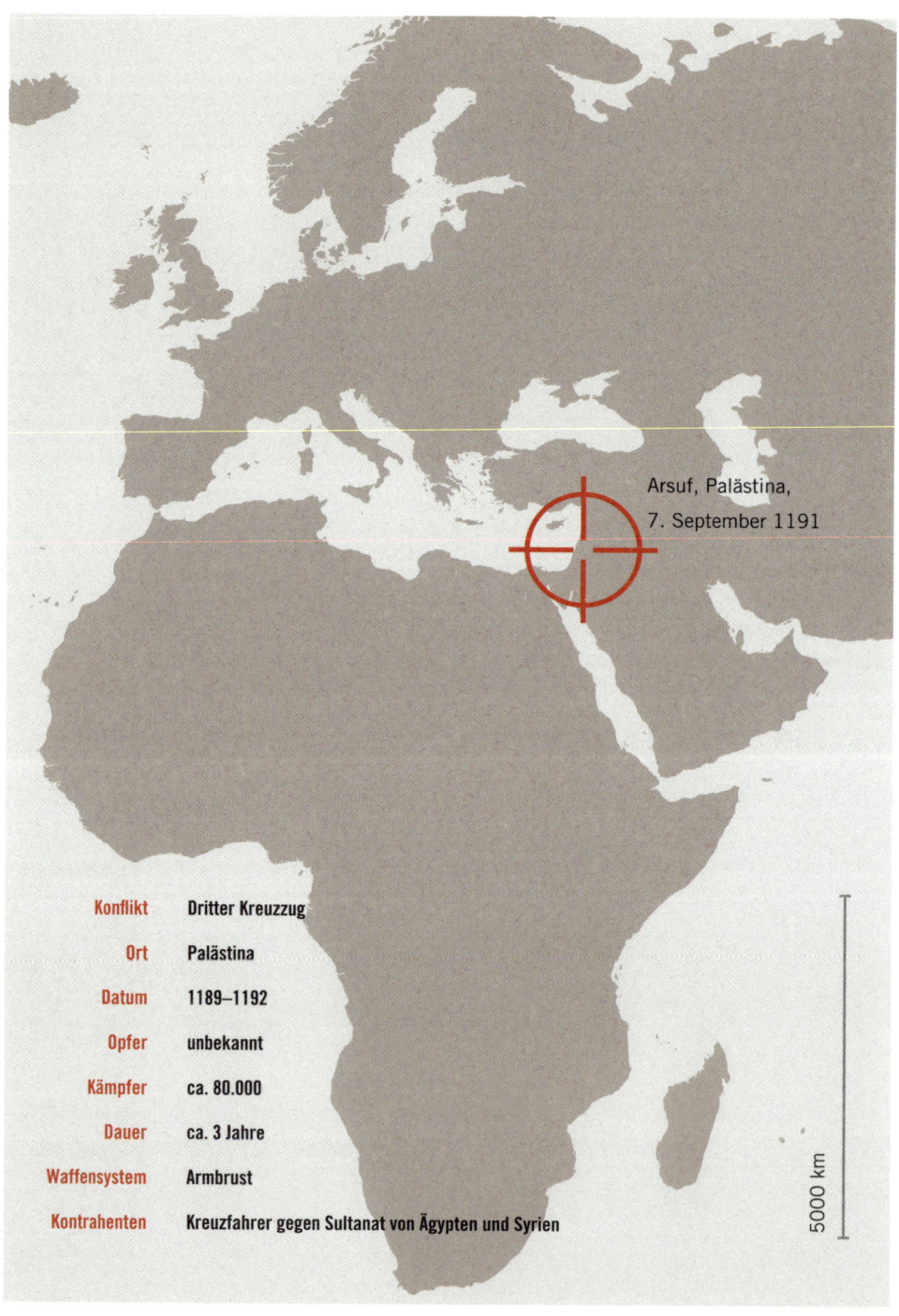

Arsuf, Palästina,
7. September 1191

Konflikt	Dritter Kreuzzug
Ort	Palästina
Datum	1189–1192
Opfer	unbekannt
Kämpfer	ca. 80.000
Dauer	ca. 3 Jahre
Waffensystem	Armbrust
Kontrahenten	Kreuzfahrer gegen Sultanat von Ägypten und Syrien

5000 km

DER KREUZFAHRER
Richard I. Löwenherz

* 8. September 1157, Oxford
† 6. April 1199, Châlus

Richard I., genannt Löwenherz, verbrachte die Hälfte seiner Regierungszeit auf Kreuzzug und in Gefangenschaft. Deswegen glänzt er in der populärsten Geschichte, die sich auf seine Person bezieht, durch Abwesenheit. Robin Hood und seine wackeren Freisassen im Wald von Sherwood kämpfen ja für seine Rückkehr gegen seinen Bruder Johann und den schurkischen Sheriff von Nottingham. Auf Richards Auftritt wartet man meist vergebens. Abgesehen wahrscheinlich von den ersten acht Lebensjahren war er zumeist in den festländischen Besitzungen des angevinischen Reiches anzutreffen, dessen alleiniger Erbe er als Drittgeborener nur aufgrund zahlreicher Intrigen und Wirrungen geworden war. England, so heißt es, sah er danach noch ganze sechs Monate, auch wenn er diese erfolgreich nutzte, um dem Land eine effektive Regierung zu geben. Die rechtliche Gleichstellung von Normannen und Angelsachsen in seiner Verwaltungsreform trug ihm den nachhaltigen Ruf ein, ein

wahrhaft „englischer" König und nicht länger normannischer Fremdherrscher gewesen zu sein. Von den Zeitgenossen gerühmt und in der Erinnerung verewigt wurde er aber vor allem als Verkörperung des abendländischen Rittertums. Als Heldenkönig verband er durch seine Erfolge im Dritten Kreuzzug gegen den nicht minder verklärten Sultan Saladin das kriegerische Ideal mit dem geistlichen Auftrag, wie es von christlichen Rittern auf dem Höhepunkt ihrer Epoche auch erwartet wurde. Doch zeigt sich in der Person Richards auch die Vielschichtigkeit des ritterlichen Habitus, ist seine Biographie doch ebenso voll von Brutalität, Verrat und zügelloser Leidenschaft wie von Großzügigkeit, Ehrenhaftigkeit und öffentlicher Reue. Diese innere Spaltung zwischen kriegerischer Brutalität und hohem moralischen Anspruch teilte Richard mit allen Vertretern seines Standes. Sie ist die Zerrissenheit des Ritters an sich, Fluch und Faszinosum einer ikonischen Gestalt der europäischen Kulturgeschichte.

Ritter

Für über eintausend Jahre, von der spätrömischen Zeit bis ins 16. Jahrhundert, beherrschten berittene Krieger die Schlachtfelder Europas. Zwischen den gotischen Reiterkriegern, die dem Ruhm der römischen Infanterie bei Adrianopel 378 ein blutiges Ende bereiten, und den glänzenden Meisterstücken frühneuzeitlichen Plattnerhandwerks, die als stumme Zeugen in Schlössern und Museen ausgestellt sind, liegt ein Millennium der kontinuierlichen Weiterentwicklung eines Militärsystems, dessen Rückgrat – aber niemals alleinige Substanz – „Ritter" waren. Die Spuren von tausend Jahren Leben mit Rittern sind tief. Die Sprachen Europas sind immer noch voll von seinen Begrifflichkeiten. Jeder Spanier ist ein *Cabellero*, jeder Franzose selbstverständlich *Cavalier*. Auch wenn ihnen heute meistens das reale Pferd fehlt, lassen sie sich die höfliche Erhebung in den Ritterstand gerne gefallen. Ein Ritter ist nämlich vor allem eins: ein Mann auf einem Pferd. Deswegen heißt das Schachpferd im Englischen gleich „Knight", also „Ritter". Die sprachliche Verwandtschaft mit dem deutschen Wort „Knecht" ist unschwer zu erkennen und fügt sogleich ein weiteres, definierendes Element hinzu: Die Abhängigkeit des Reiterkriegers von einem Herren, dessen Knecht er sein muss, um Ritter sein zu können. Indem der Herr seinen Vasallen – *vassus* heißt auch „Knecht" – mit Pferden, Waffen und Rüstung ausstattet, erhebt er ihn in den Ritterstand. Dieser Ritus, als Ritterschlag noch heute begehrtes Statussymbol für britische Untertanen, gewinnt immer mehr an Bedeutung, je mehr sich die Reiterkrieger als eine vom gemeinen Volk abgeschlossene, transnationale Klasse mit eigenen Sitten, Gebräuchen und einem spezifischen Ehrgefühl zu verstehen beginnen. „Ritterlichkeit" wird zum ersten verbindenden Leitethos der abendländischen Elite. Sie hat ihren Ursprung in der Achsenzeit des Mittelalters – das Jahr 1000 –, um die sich in Westeuropa eine neue Ordnung etabliert, nachdem die Wirren nach dem Untergang der römischen Welt endlich überwunden sind. Mithilfe von Minnedienst und Kreuzzug domestizieren Frauen und Kleriker in dieser Zeit die noch halb-barbarischen Reiterkrieger und formen aus ihnen ein Ideal galanter Männlichkeit, dessen Strahlkraft selbst in der Gegenwart noch nicht ganz verblasst zu sein scheint.

Zwei, drei Schritte zurück in die Zeit, als das Mittelalter wirklich finster war, helfen zu verstehen, was sich nach der Jahrtausendwende Entscheidendes tut: Die barbarischen Kriegerhorden, die das Weströmische Reich zuerst in seine Dienste nimmt und

Kinder spielen immer noch Ritter. Neben Cowboys, Piraten, Raumfahrern, Feuerwehr und Polizei weiterhin die beliebteste Rolle, in die sich vor allem kleine Jungs hineinfantasieren.

die es im Zuge dessen, was fälschlich „Völker"-Wanderung genannt wird, zum Dank dann aushöhlen, ausplündern und schließlich unter sich aufteilen, sind Heere mit einem Anhang aus Frauen, Kindern und Tross, deren Kern Heerkönige umgeben von ihren Kriegergefolgschaften bilden. Wie ähnliche Gefolgschaftssysteme anderswo und zu anderen Zeiten leben sie von der Beute, die sie durch Tribut oder Plünderung erlangen. Im Westen Europas sesshaft geworden, werden aus den Kriegern wieder Bauern. Was bleibt, ist die Kriegsdienstpflicht jedes freien Mannes. Die merowingischen Könige der Franken werden noch jedes Jahr das Märzfeld halten, auf dem sie die Heeresversammlung der Freien auf den nächsten Krieg einschwören. März, Martius, der Monat des Saat- und Kriegsgottes Mars, markiert schon bei den Römern den Beginn der Feldzugsaison und damit das Kalenderjahr. Die Karolinger stehen ihnen in nichts nach und unter Karl dem Großen vergeht zeitweise kaum ein Jahr, in dem das Maifeld nicht zu einem Kriegszug führt. Den Beginn der Feldzugsaison hatte man verlegt, da erst im Frühsommer ausreichend Futter für die Pferde auf den Wiesen vorhanden war. Ein erster Hinweis, dass sich inzwischen etwas Wesentliches verändert hatte. Die kleinräumigen Kriege der Frühzeit, in der die Bauernkrieger zur Ernte im Spätsommer wieder rechtzeitig auf ihre Höfe zurückkehrten, waren mit der Ausdehnung des Machtbereiches der Frankenkönige immer weiter reichenden Feldzügen gewichen. Karl der Große kämpft weit weg von der Heimat in Spanien gegen die Mauren, in Italien gegen die Langobarden und in Ungarn gegen die Awaren. Auch die Qualität des Heervolkes hatte sich verändert. Wer die meiste Zeit den Acker bestellt, verliert die Übung im Kriegshandwerk. Die Mentalität ist ebenfalls nicht mehr dieselbe, wie die von wandernden Kriegern, für die das Kämpfen Tagesgeschäft ist und die in erster Linie von Raub und Erpressung leben. Beute, noch in der Frühzeit eine wesentliche Motivation, war bei den zunehmend defensiven Kriegszügen der Franken bald keine mehr zu machen. So fiel es auch schwer, die Mittel für die geforderte Ausrüstung aufzubringen, an die die Könige und ihre Funktionäre zunehmend höhere Ansprüche stellten, denn die weitreichenden und lange dauernden Feldzüge Karls des Großen verlangten vor allem nach rasch verlegbaren, schlagkräftigen, schwergepanzerten Reitertruppen. Wer also nicht in voller Rüstung und zu Pferd zur Heeresversammlung antreten konnte oder wollte, sollte lieber gleich zuhause bleiben und stattdessen eine Art Abschlagszahlung leisten. Mit diesem sogenannten „Schildgeld" unterhielten die Könige und Adeligen dann professionelle Krieger. Mancher Große nannte seine so fix besoldeten Raufbolde liebevoll *pueri sui*, „seine Jungs".

Schon in merowingischer Zeit waren zuerst kirchliche Potentaten, dann später die Könige selbst dazu übergegangen, ihren „Jungs" nicht nur Pferde, Waffen und Rüstung zur Verfügung zu stellen, sondern ihnen die Nutznießung der Einnahmen aus Teilen ihres Grundbesitzes auf Lebenszeit zu überlassen, damit sie sich aus diesen Mitteln selbst ausrüsteten und in Friedenszeiten ernährten. Mit der Vererbung dieser Unterhaltsansprüche an die Nachkommen kopierte sich die Kriegergefolgschaft der nunmehrigen Lehnsherren in die nächste Generation und wurde damit zu einer dauerhaften Institution.

Gleichzeitig zeigte sich, dass diese Profis den Teilzeitkriegern in vielerlei Hinsicht überlegen waren. Sie waren nicht nur besser ausgebildet und ausgerüstet, körperlich fit und in Übung, sie waren vor allem durch Training und Erfahrung psychologisch besser auf das Trauma der Schlacht vorbereitet. Umgekehrt verlangt es mehr als nur durchschnittlichen Mumm von den schlecht bewaffneten Fußtruppen, die sich nichts sehnlicher wünschten, als lebend auf ihren heimatlichen Hof zurückzukehren, stehen zu bleiben, wenn ein schwer gepanzerter professioneller Killer auf sie zupreschte. Immer häufiger nahmen daher die traditionellen Aufgebote selbst vor viel kleineren Gruppen von motivierten Panzerreitern Reißaus. Dies trug mit dazu bei, dass diese mit der Zeit ein kollektives Selbstbewusstsein als elitäre Truppe entwickelten: Immerhin reichte ihr bloßer Anblick aus, um das Bauernvolk in die Flucht zu schlagen! Ein eigener, kriegerischer Ethos begann sich herauszubilden, dessen Kern aus Mut im Kampf, kriegerischer Kameradschaft und Treue zum Lehnsherren bestand.

Darüber hinaus waren die professionellen Reiterkrieger jederzeit verfügbar, weil sie nicht an den agrarischen Jahreskreis von Aussaat und Ernte gebunden waren. Sie konnten im Bedarfsfall also rasch vor Ort sein. Eine Fähigkeit, die mit dem Aufkommen neuer Bedrohungen – der Wikinger und Ungarn im 10. Jahrhundert – von essentieller Bedeutung war, um gegen die unerwartet an weit auseinanderliegenden Orten auftauchenden Plünderer erfolgreich vorgehen zu können.

Was den Bischöfen und Königen recht war, war den Großen des Reiches, die mit dem Nachlassen der Königsmacht ab dem 9. Jahrhundert zunehmend selbstständiger agierten, nur billig. Und so scharten bald Grafen und Herzöge eigene Corps von Panzerreitern um sich und verliehen ihnen Lehen, damit sie sich in Friedenszeit selbst versorgen konnten. Das Heervolk wurde außer als Miliz im Fall einer Invasion kaum mehr ausgehoben.

Die Entkopplung von Nähr- und Wehrstand war eingeleitet und verbreitete sich bald – von wenigen Rückzugsgebieten abgesehen – auf ganz Westeuropa. Das Abendland war in das Feudalzeitalter eingetreten.

Prompt versank das westfränkische Reich in eine mehrere Generationen anhaltende Feudalanarchie. Die Großen, die nun über eigene Ritter verfügten, nahmen sich gegenüber den geschwächten Königen weitgehende Freiheiten heraus. Auf lokaler Ebene zerrissen Fehden zwischen den nun über Land und eigenes Einkommen verfügenden ritterlichen Familien den inneren Frieden. Die mittlerweile weitgehend entwaffnete Bauernschaft, die aufkeimenden Städte und der Klerus sahen mit Entsetzen mit an, wie die abendländische Kriegerklasse sich auf ihrem Rücken im Kampf um Land und Einfluss selbst zerfleischte. Dazu trug die Bevölkerungsdynamik der Zeit bei. Seit dem Ende des Römischen Reiches ging es endlich wieder merklich bergauf. Die auswärtigen Bedrohungen hatten nachgelassen. Weder Drachenschiffe noch Reiterhorden dräuten mehr am Horizont. Rodungen und die beginnende Ostsiedlung sind Indikatoren für eine erneute Bevölkerungszunahme im Westen. Doch machte diese natürlich gerade vor der Adelsschicht nicht halt. Wo, wie in Frankreich, die Alleinerbschaft des ältesten Sohnes üblich war, überschwemmten jüngere Söhne ohne Aussicht auf ein Erbe den Markt für Krieger und hofften, in den Fehden und Machtkämpfen der Großen zu Reichtum und einem Lehen zu kommen. Wo sich, wie jenseits des Rheins, die

altgermanische Sitte der Erbteilung teilweise noch hielt, wuchs ebenfalls der Druck
auf die armen Ritter, sich durch ihre einzige verhandelbare Fähigkeit zusätzliches
Einkommen zu verschaffen, indem sie in den Ostgebieten zu Eroberern wurden.
Der demographische Druckkochtopf stand schwer unter Dampf, als Papst Urban II.
1095 auf einer Synode in der Kathedrale der französischen Stadt Clermont zur „Wall-
fahrt in Waffen" aufrief, um Jerusalem für die Christenheit zurückzuerobern.

**Dem Nachfolger Petri selbst dürfte nicht klar gewesen sein, dass er
ein Ventil öffnete, aus dem die überzähligen fränkischen Ritter wie ein
Sturmwind über das Mittelmeer fegen sollten.**

Von den weltgeschichtlichen Auswirkungen der so losgetretenen Kreuzzüge in die
Levante abgesehen, deren Wirkung nicht zu gering eingeschätzt werden darf, war
es sozusagen nebenbei gelungen, das westeuropäische Rittertum mit sich selbst zu
versöhnen. Raues Kriegertum und aufkeimender Adelsstolz waren mit einer Einhe-
gung aus christlicher Moral umgeben worden, die – gemeinsam mit der vor allem
von den adeligen Frauen getragenen höfischen Kultur – eine Möglichkeit schufen, die
ungezügelten und brutalen Tendenzen der Kriegerkaste in zivilisatorisch verträgliche
Bahnen zu lenken. Dem Kreuzzugsaufruf zu folgen sollte zum Ausdruck dieser freiwilligen Unterordnung der kriegerischen Gewalt unter die religiöse Autorität werden.
Viele Adelige und Herrscher spielten in den folgenden Jahrhunderten mit dem
Gedanken, doch nur wenige setzten, wie Richard Löwenherz sehr zum Erstaunen
seiner Zeitgenossen, das Gelübde auch wirklich in die Tat um. Ritterlichkeit und der
Kreuzzugsgedanke blieben noch lange tragende Säulen der Mentalität der abendlän-
dischen Elite. Als Europa nach 1500 in ein weit pragmatischeres Zeitalter weltweiter
Eroberungen eintrat, träumten romantische Geister noch davon, die Schätze der
Neuen Welt für die Befreiung Jerusalems einzusetzen. Danach fanden sich anderswo
lohnendere Ziele und nicht mehr das Zentrum der Welt, sondern seine Ränder lockten mit Ruhm und Eroberungen.

Gott will es!

Was motivierte viele Tausend Menschen, der geregelten Welt zuhause den Rücken
zu kehren und in den Nahen Osten zu ziehen, um für Gott zu töten? Die Frage klingt

seltsam vertraut. In unseren Tagen plagen sich Psychologen und Sozialarbeiter wieder mit ihr. Sie diagnostizieren eine innere Zerrissenheit, eine Entfremdung von der umgebenden Gesellschaft und sich selbst; wirtschaftliche Gründe, räumen manche ein, könnten eine Rolle spielen, die Chance ein Herr zu werden, wo man zuhause nur Knecht sein kann. Der mittelalterliche Ritter war in einer ähnlichen Zwickmühle. Die sozialen Normen, die ihm von verschiedenen Autoritäten auferlegt wurden, zerrten ihn in unterschiedliche Richtungen: Einerseits wurde er von Kindesbeinen an in eine raue Männerwelt sozialisiert, lernte zu kämpfen, Schmerz und Mühen zu ertragen, unempfindlich gegen das eigene Leid und dem anderer zu werden und früh genug auch zu töten und den Tod anderer mitanzusehen. Er fand Bestätigung in der Anerkennung seiner Kaltblütigkeit und seines Wagemutes durch seine Standesgenossen und soziale Sicherheit in der Treue zu seinem Lehnsherrn und in der Verteidigung der Ehre seiner Familie. Angst, Anspannung und Unsicherheit, die ihn zweifellos quälten, konnte er im exzessiven Ausleben seiner Triebe – in Gelagen, Besäufnissen, Turnieren und Liebschaften – abbauen, die ihm die Anerkennung seiner Spießgesellen brachten und ihre Bande vertieften. Autoritäten, zu denen er aufblickte, wie die Ältesten seiner Sippe und sein Lehnsherr, sahen dies mit Wohlwollen und belohnten sein Verhalten mit Lob und reichen Gaben.

Auf der anderen Seite stand die zweite großen Autorität in seiner Welt: Gott, vertreten durch die Kirche und ihre Kleriker. Diese sprachen von einer anderen Ordnung, in der sich der Krieger schwer heimisch fühlen, deren Ansprüche er mit seinem Alltag kaum in Einklang bringen konnte, die ihm aber trotzdem für Sünden, die notwendiger Bestandteil seines Tagesgeschäfts waren, mit der ewigen Verdammnis drohte. Gerade im 11. Jahrhundert gewann diese Kirche an gesellschaftlichem Gewicht. Die vom burgundischen Kloster Cluny ausgehenden Reformen und der bald entflammte Investiturstreit – dem Konflikt zwischen Papst und König um die Besetzung kirchlicher Ämter – waren Anzeichen einer Stärkung der kirchlichen Macht gegenüber den weltlichen Herren. In gleicher Weise gewannen die Ansprüche Gottes an die Lebensführung jedes einzelnen Christen an Gewicht. Die Kirche selbst setzte sich öffentlich in Gegensatz zu den Fehden des Adels, indem sie sich an die Spitze der Gottesfriedensbewegung stellte und gegen die Turniere – den Lieblingssport der Ritter – wetterte. Nicht gleichzeitig ein guter Krieger und ein guter Christ sein zu können, muss schwer auf der kollektiven Psyche des Ritterstandes gelastet haben.

Damals wie heute zieht der Heilige Krieg vor allem junge Männer an, die zuhause wenig Chancen haben, die Helden und Herren zu werden, für die sie sich gerne halten möchten.

Und nun plötzlich, man weiß nicht mit wie viel Vorbedacht, in einem Augenblick, in dem auch der ökonomische Druck zunahm, legte der Papst selbst eine Synthese vor, die alle Probleme der abendländischen Ritterschaft auf einen Schlag löste: Man konnte mit dem Schwert in der Hand Gottes Werk tun, die Vergebung aller Sünden erlangen und ganz nebenbei zu Land und Reichtum kommen! Die Motivlage des individuellen Kreuzfahrers, wie die der modernen Gotteskrieger, lag sicherlich irgendwo in einem breiten Spektrum, in dem der selbstlose, religiöse Eiferer ebenso Platz findet wie der kalkulierende Opportunist, der mit Gottes Namen auf den Lippen vor allem sich selbst dient. Entscheidend bleibt, damals wie heute, dass eine maßgebliche, religiöse Autorität die Möglichkeit anbot, diese Widersprüche durch eigenes Handeln zu überbrücken. Die Aufnahme des Kreuzes muss für viele Ritter eine Befreiungstat gewesen sein.

Der Löwe in der Wüste

Spätsommer 1191, Palästina. Von der Stadt Akkon, die nach langer Belagerung Mitte Juli gefallen war, marschiert das Heer des dritten der gezählten Kreuzzüge nach Süden an der Küste entlang auf den Hafen Jaffa. Die Eroberung dieser wichtigen Nachschubbasis

Saladin, der Gegner Richards, wurde in den abendländischen Rittermythos adoptiert und erscheint hier in einer Buchmalerei des 15. Jahrhunderts in zeitgemäßer europäischer Rüstung, wenn auch mit Turban und Krummsäbel. Buchmalerei, 15. Jh.

ist die Voraussetzung für den Angriff auf Jerusalem, das eigentliche Ziel des ganzen Unternehmens. Anführer des Heeres ist Richard I., unter anderem König von England und mächtigster Fürst Frankreichs. Noch vor Akkon war eine Koalition aus den bedeutendsten Herrschern des Abendlandes gelegen: Philipp II. von Frankreich, Heinrich II. von Champagne, Theobald V. von Blois und sein Bruder Stephan I. von Sancerre, Rudolf von Clermont, der Connétable von Frankreich, Johann von Fontigny, Alain von Saint-Valéry, der Erzbischof von Besançon, der Bischof von Blois und der Bischof von Toul. Friedrich V. von Schwaben war Anfang Oktober mit den Resten der deutschen Armee eingetroffen, nachdem sein Vater, Kaiser Friedrich Barbarossa, am 10. Juni 1191 im Saleph ertrunken war. Unter seinen Gefolgsleuten war auch Leopold V., Herzog von Österreich.

Diese beeindruckende Ansammlung von geistlichen und weltlichen Fürsten hatte dem Aufruf Gregors VIII. Folge geleistet, Jerusalem erneut den Muslimen zu entreißen. Unter der Führung Saladins war ihnen die Stadt 1187 wieder in deren Hände gefallen, nachdem der kluge Feldherr dem Heer des Königreichs Jerusalem bei Hattin eine vernichtende Niederlage zugefügt hatte. Dieses erste westliche „Kolonialreich" in Übersee – „Outremer" ist die zeitgenössische Sammelbezeichnung für die Kreuzfahrerstaaten in der Levante – war das Ergebnis des durchschlagenden Erfolgs des ersten Kreuzzugs hundert Jahre zuvor. Dann hatte die außergewöhnliche

Führungspersönlichkeit Saladins die zerstrittenen muslimischen Kleinfürsten der Region wieder in einem Reich vereinigt. Das durch innere Krisen geschwächte Königreich Jerusalem schien reif für einen Gegenangriff. Niemand erwartete nach dem erfolglosen Zweiten Kreuzzug von 1147, dass die „Franken", wie die Muslime kollektiv alle Westeuropäer nannten, erneut mit derartiger Kraft aus ihren kalten, nebeligen Reichen am Rande der Welt hervorbrechen würden. Die Bestürzung in der islamischen Welt war groß, als sich diese Hoffnung als trügerisch erwies und eine gewaltige, multinationale Streitmacht ins Heilige Land einfiel.

Nach Akkon hatte sich diese mächtige Koalition indes bereits wieder aufgelöst. Einzig Richard war geblieben. In ihm und Saladin standen sich zwei Herrscher und Heerführer gegenüber, die in ihren jeweiligen Kulturkreisen, aber bezeichnenderweise auch auf der Gegenseite, zu idealen Verkörperungen ritterlicher Tugenden stilisiert werden sollten. Im Fall Richards ist dies gewiss nicht von der Hand zu weisen. Seine Mutter, die ebenso beeindruckende wie abenteuerlustige Eleonore von Aquitanien, entstammte dem okzitanischen Südfrankreich, der Heimat der Troubadours, adeliger Dichter, in deren Werken der europäische Minnesang und die von ihm propagierte „Verhöflichung" des Ritters seinen Ausgang fand.

Die Minnesänger trugen zur Verfeinerung der Umgangsformen bei und verliehen dem kriegerischen Habitus die Möglichkeit, eine sanftere, künstlerische Seite hervorzukehren. Der dichterische Wettstreit um die Gunst der Dame entsprach der kriegerischen Bewährung im Turnier.

Auf die eine oder andere Weise trachtete man ihr Herz zu erobern. Richard selbst, der bisweilen als der Lieblingssohn seiner Mutter dargestellt wird, soll Gedichte in okzitanischer und französischer Sprache geschrieben haben und wie die meisten frühen normannischen Könige sehr belesen und des Lateinischen mächtig gewesen sein. Ob er auch Englisch sprach, bleibt ungewiss.

Richard hatte sich schon in jungen Jahren einen Ruf von Ritterlichkeit und Mut erworben, als er bereits mit sechzehn Jahren die rebellischen Adeligen seines Teilreiches in Aquitanien zur Räson brachte. Die Pläne seines Vaters Heinrichs II. hatten vorgesehen, das Reich unter seinen Söhnen aufzuteilen, wobei der Drittgeborene Richard das mütterliche Erbe in Südfrankreich hätte antreten sollen. Dazu sollte es nicht kommen. Unter der Führung des ältesten überlebenden Bruders, Heinrichs des Jüngeren, empörten sich Richard und sein Bruder Geoffrey 1173 mit Unterstützung ihrer Mutter gegen den Vater. Mehrere Faktoren, unter anderem 1170 der Mord an Thomas Becket, dem Erzbischof von Canterbury, führten dazu, dass sich ihre Rebellion rasch ausbreitete. Viele Adelige erhofften sich durch die Unterstützung eines Regierungswechsels Vorteile. Heinrich II. schlug den Aufstand mit einer Söldnerarmee nieder und zwang seine unbotmäßigen Söhne und seine entfremdete Gattin sich ihm zu unterwerfen. Richard, von seinen Verbündeten verlassen, eilte an den Hof seines Vaters in Portier und warf sich weinend und um Vergebung bettelnd zu seinen Füßen. Öffentliche emotionale Ausbrüche waren eben auch Teil eines ritterlichen Auftretens. Heinrich verzieh dem Sohn öffentlich und stellte ihm die Aufgabe, die rebellischen Barone Aquitaniens, die sich in seinem Namen erhoben hatte, wieder zur Räson zu bringen. Sein Sieg bei Taillebourg 1179 brachte ihm endgültig den Ruf eines fähigen Heerführers ein. In weiteren Feldzügen kam Richards andere Seite zum Vorschein. Die exzessive Grausamkeit, mit der er gegen die widerständigen Barone vorging, trieb etliche ins Lager der Feinde. Wir begegnen ihr wieder, wenn Richard in einer weiteren Empörung gegen seinen Vater und älteren Bruder 1183 ein Massaker an Gefangenen befiehlt. Noch während der Familienstreit im Hause Plantagenêt in die nächste Runde geht, erreicht die Nachricht von der Niederlage der Christen bei Hattin im Herbst 1187 den französischen Hof, mit dem Richard zu diesem Zeitpunkt in Verhandlungen steht. Gemeinsam mit anderen Adeligen nimmt Richard in Tours das Kreuz, sehr zur Verwunderung sowohl seines Vaters Heinrich wie auch des französischen Königs Philipp II., der in die Wirren innerhalb des Hauses Plantagenêt auf das engste verwickelt ist. Als er zwei Jahre später seinem Vater, dem er mit Gewalt und der Hilfe Philipps II. die alleinige Nachfolge abgetrotzt hat, auf den Thron folgt, beginnt er zum Erstaunen seiner Zeitgenossen tatsächlich damit, das Gelübde einzulösen. Er einigt sich mit Philipp darauf, dass beide am Kreuzzug teilnehmen werden, da keiner dem anderen zuhause allein über den Weg traut.

Um das Unternehmen zu finanzieren, bringt er gewaltige Summen mit zum Teil zweifelhaften Methoden auf. Es heißt, er hätte sogar die Stadt London verkauft, wenn er einen Käufer für sie gefunden hätte. 1190 bricht er auf und lässt bekanntlich seinen Bruder Johann Ohneland zurück, der bald gegen die von Richard eingesetzten Regenten zu intrigieren beginnt.

Nach einer Zwischenstation auf Sizilien, um in den dortigen Erbstreit einzugreifen, und der Eroberung Zyperns landet Richard gemeinsam mit Philipp am 8. Juni 1191 bei Akkon, wo seine Truppen wesentlich zum Fall der bereits von den deutschen Kreuz-fahrern belagerten Stadt beitragen. Sein Streit mit Leopold V. von Österreich, der Teil der nationalen Mythologie werden sollte, hatte seinen Ursprung in den Fraktions-kämpfen um die Herrschaft im Königreich Jerusalem zwischen Guy von Lusignan, den Richard unterstützte, und Konrad von Montferrat, den der Babenberger favorisierte. In beiden Fällen spielten, wie so oft in der sehr persönlichen Politik des Mittelalters, enge verwandtschaftliche Bande eine Rolle für die Parteinahme. Mit dem gekränkten Leopold verließen bald die deutschen Kreuzfahrer das Heer und auch Philipp trat, nachdem er sich mit Richard erneut entzweit hatte, wegen seiner schlechten Gesund-heit die Heimreise an. Auch Löwenherz setzte Skorbut nach der langen Seereise und Belagerung so zu, dass er auf einer Bahre getragen werden musste – von der aus er, so will es die Überlieferung, mit einer Armbrust Wachposten von den Mauern von Akkon schoss. Ritterlichkeit zeigt indes sein großer Gegner: Saladin bietet dem Schützen auf der Bahre die Dienste seines Leibarztes an und lässt ihm Pfirsiche und Schnee vom Berg Hermon zur Kühlung von Getränken bringen.

Richard ist nun ohne Verbündete, aber somit auch allein Herr der Lage. Seine Handschrift wird den restlichen Dritten Kreuzzug prägen. Während der Verhand-lungen mit Saladin lässt Richard am 20. August 1191 bei Ayyadieh vor den Augen der gegnerischen Armee an die 3.000 muslimische Geiseln massakrieren, aus Zorn, heißt es, weil er befürchtete, dass die Gegenseite die Verhandlungen unnötig verzögerte, um auf das Eintreffen weiterer Truppen zu warten. Sein Jähzorn und jene Brutalität, die schon während der Kämpfe seiner Jugend in Aquitanien sichtbar geworden war, zeigen hier wieder ihre hässliche Fratze. Desillusioniert macht er sich auf den Marsch nach Süden: nach Jaffa.

Arsuf

Saladins Biograph Beha ed-Din, ein Augenzeuge der Ereignisse, schreibt: „Der Feind marschierte in Gefechtsformation, die Fußtruppen vor der Reiterei, eng zusammen wie eine Mauer. Jeder Fußsoldat in einer Rüstung aus sehr dickem Filz und mit einem so starken Kettenhemd, dass unsere Pfeile ihnen nichts anhaben konnten. Aber sie schossen auf uns mit ihren großen Armbrüsten und verwundeten Pferde und Reiter.

Ich sah Fußsoldaten mit bis zu zehn Pfeilen im Leib, die unbeeindruckt weitermarschierten ohne die Formation zu verlassen ... Die Reiter marschierten zwischen zwei Formationen aus Fußtruppen und kamen nur hervor, um anzugreifen ... Die Muslime beschossen sie (die Franken) aus allen Richtungen mit Pfeilen, um die Reiter dazu zu bringen, die schützende Mauer aus Fußvolk zu verlassen."[1] Es ist diese meisterhafte Verschränkung der taktischen Vorteile von Fußvolk, Armbrustschützen und Rittern, in der man Richards Handschrift erkennen kann. Er hatte seine diesbezüglichen Fertigkeiten in jahrelanger Feldzugserfahrung geschärft. Besonders der erfolgreiche Einsatz der Armbrust, jener skandalösen Waffe, derer er sich selbst vor den Mauern von Akkon bedient haben soll, ist seine ganz persönliche Signatur, die auf zukünftige Entwicklungen vorausweist.

Bei den ersten großen Schlachten der Kreuzzüge hatten die Seldschuken in Anatolien die Stärken, aber auch die Schwächen der abendländischen Ritter, die sie die „eisernen Leute" nannten, kennengelernt. Anna Komnene, Tochter und Biographin des byzantinischen Kaisers Alexios Komnenos, der die Kreuzfahrer ursprünglich ins Land gerufen hatte, war zu denselben Schlüssen gekommen wie ihre Feinde: „unbesiegbar zu Pferd, aber schwach, wenn sie zu Fuß kämpfen müssen, unaufhaltsam im ersten Ansturm."[2] Seldschukische Kavallerie konnte einem Sturmangriff der gepanzerten Ritter nicht standhalten und vermied nach den ersten, schmerzlichen Erfahrungen jedes Handgemenge. Auf die bald entwickelte Gegentaktik, den Rittern die Pferde unter dem Hintern zu erschießen, konterte Richard auf dem Marsch nach Jaffa durch den klugen Einsatz seiner Fußtruppen als Schutzschild. Armbrustschützen, die er unter die mit Schilden und Speeren zur Abwehr eines Reiterangriffes gerüsteten Fußtruppen gemischt hatte, erwiderten den Beschuss und machten die bevorzugte Taktik des Gegners daher zu einem kostspieligen Risiko. Die Entwicklung der abendländischen Technologie kam ihm dabei zugute. Das merkliche Anwachsen der Eisenproduktion in Westeuropa, eine Folge des wirtschaftlichen Aufschwungs, den unter anderem der Erste Kreuzzug mitbewirkt hatte, machte es in seiner Zeit möglich, auch die Fußtruppen mit Kettenhemden auszustatten, während die Ritter noch schwerer gerüstet waren als die ersten Kreuzfahrer hundert Jahre zuvor. Dazu saßen sie nun aufgrund eines neuen, stabileren Sattels sicherer auf ihren Pferden und konnten die Lanze beim Angriff unter den Arme klemmen, wodurch sie besser zu kontrollieren war. Zwar konnte sich die schwere Rüstung besonders im heißen Klima des Heiligen Landes als nachteilig erweisen, was Saladin selbst bei Hattin zu seinem Vorteil nutzen konnte, doch hatte Richard auch hier vorgesorgt. Die Armee bewegte sich langsam und vorsichtig von einem vorbereiteten Halt zum nächsten und wurde von der parallel die Küste entlang segelnden Flotte versorgt. Dabei wurde sie mehr oder weniger dauern von Saladins Reiterei bedrängt. „Man kann," meint Beha ed-Din anerkennend, „die Duldsamkeit dieser Leute nur bewundern, wie sie die ärgsten Mühen ertrugen." Doch dem Sultan war klar, dass er die Kreuzfahrer zur Schlacht zwingen musste, wollte er eine Entscheidung herbeiführen.

Als geeigneter Ort erschien ihm der Wald von Arsuf. Zwischen diesem ausgedehnten Waldgebiet und der Küste musste die Armee Richards zwei Tage lang hindurchziehen. Die Deckung der Bäume wollte Saladin nutzen, um seine Armee unbeobachtet von den Gegnern aufzustellen und nahe genug an die Marschkolonne heranzuführen, damit er zuschlagen konnte. Als am ersten Tag kein Angriff erfolgt, muss Richard klar gewesen sein, dass der nächste Tag die Schlacht bringen würde. Er selbst übernimmt die Aufstellung der Truppen für den Tagesmarsch, wobei die Tempelritter die Spitze, die Hospitaliter, heute bekannt als Johanniter, die Nachhut und die Abteilungen der anderen Kreuzzugsteilnehmer die Mitte bilden. Richard ist sichtlich nervös. Er und der Herzog von Burgund reiten beständig die Formation ab, um für Ordnung zu sorgen.

Kaum haben die Kreuzfahrer ihr Nachtlager verlassen, setzt Saladin zum Angriff an. Eine erste Welle von Plänklern bricht aus dem Wald hervor und überschüttet die Gegner mit Pfeilen, um sich dann rasch in den Schutz der hinter ihnen folgenden dichteren Formationen zurückzuziehen. Türkische, beduinische und sudanesische Bogenschützen greifen gezielt die Nachhut an. Binnen Minuten ist die Ebene zwischen dem Wald und der Kreuzfahrerarmee voll mit Feinden. Die Hufe von tausenden Pferden wirbeln eine gewaltige Staubwolke auf. Der Lärm von Trommeln, Trompeten und Tschinellen ist ohrenbetäubend, während die Krieger einander mit Schlachtrufen anfeuern.

Das Schwergewicht des ersten Angriffes trifft die Armbrustschützen in der Nachhut. Sie erwidern den Beschuss tapfer, manche während sie beim Nachladen rückwärtsgehen, doch müssen sie bald auf die hinter ihnen stehenden Ritter zurückfallen, von denen viele ihres Schutzes beraubt ihre Pferde einbüßen. Ambroise, ein normannischer Dichter und Sänger unter den Kreuzfahrern, gibt in seiner überlieferten

Mauren und Christen bekämpfen sich auf dieser Buchmalerei aus dem 14. Jahrhundert. Kreuzzug und Jihad sind die zwei Seiten derselben Medaille.
Buchmalerei; Paris 1337

Chronik offen zu, dass sich jeder in der bedrängten Nachhut in diesem Moment ein-fach nur gewünscht habe, irgendwo anders zu sein. Die Johanniter erbitten Richards Erlaubnis zum Gegenangriff. Richard lehnt ab. Die Armee bewegt sich Schritt für mühsamen Schritt auf die Sicherheit der Stadt Arsuf zu, umgeben von einer un-durchsichtigen Staubwolke, aus der unablässig feindliche Reiter hervorpreschen, Pfeile abschießen und wieder mit ihr verschmelzen.

Doch sieht diese erste Runde der Schlacht für die Gegenseite bei Weitem nicht so erfolgreich aus, wie die hart bedrängten Kreuzfahrer glauben. Die Armbrustschützen haben ihre Mission erfüllt. Die Verluste unter Saladins Plänklern sind verheerend. Ein Mann mit Pferd gibt ein großes Ziel ab und ein von einem Armbrustbolzen verwun-detes Pferd ist, im Unterschied zu einem Menschen, meist schlau genug, sofort das Weite zu suchen. Also befiehlt der Sultan die nächste Welle ins Gefecht. Gleichzeitig eilt der Großmeister der Johanniter, Garnier von Neapel, zum König und fleht um die

Erlaubnis, angreifen zu dürfen. Richard befiehlt ihm auszuhalten. Jede Minute bringt die Streitmacht näher an die Mauern von Arsuf. Jede Minute bringt mehr von Saladins Armee aus dem Wald auf die offene Ebene. Jede Minute vermindert die Schlagkraft der exponierten Johanniter, indem mehr Ritter ihre Pferde verlieren oder selbst verwundet werden. Richard muss handeln. Er wartet auf den richtigen Moment und lässt die Vorbereitung für den Generalangriff einleiten. Trompeter beziehen Posten. Die Fußtruppen in der Vorhut erreichen die Mauern von Arsuf.

Gerade zu diesem Zeitpunkt wird es den Johannitern und den neben ihnen stehenden französischen Rittern zu viel. Sie setzen zum Angriff an. Beha ed-Din: „Ich selbst sah, wie die Ritter sich hinter der Mauer aus Fußsoldaten sammelten. Sie griffen ihre Lanzen, stießen ihren Schlachtruf aus und die Linien der Fußtruppen öffneten sich, um sie hindurchzulassen." Als der Ruf „Sankt Georg!" durch die Staubwolke zu den am nächsten stehenden Truppenteilen dringt, gehen auch diese zum Angriff über. Die gesamte Streitmacht der Kreuzfahrer stürmt vor. Sarazenische Reiter, die, um besser schießen zu können, vom Pferd gestiegen sind, werden einfach niedergeritten. Ein geübter Bogenschütze kann zehn bis zwölf Pfeile pro Minute abschießen. Er hat eine maximale Reichweite von vielleicht 70 Metern. Ein Ritter im Trab überwindet diese Distanz in kaum 20 Sekunden.

Drei, vier Pfeile trennen den kaltblütigsten Bogenschützen vom Zusammentreffen mit einer Lanzenspitze, hinter der das Gewicht eines Mannes in voller Rüstung und eines galoppierenden Pferdes vereint sind. Zehn Pfeile, sagt Beha ed-Din, ließen manchen Kreuzfahrer unbeeindruckt ...

Saladins zweite Welle aus Nahkampfkavallerie wird von der vollen Wucht des Sturmangriffes getroffen und unter schrecklichen Verlusten zurückgeworfen. Auf einer Breite von drei Kilometern wird aus dem sarazenischen Angriff eine Massenflucht. Manche suchen sich sogar ins Meer zu retten.

Doch nun folgt der zweite, kritische Moment der Schlacht. Der erste wäre fast durch den eigenmächtigen Angriff der Johanniter zunichte gemacht worden. Doch nun gilt es den Angriff zum Stehen zu bringen. Jede Minute entfernen sich die Ritter ca. 200 Meter von den Fußtruppen. Nach wenigen Minuten ist diese Anstrengung in der Hitze des palästinischen Frühherbstes für Mann und Pferd zu viel. Die übliche sarazenische Taktik ist es, vor dem Angriff zurückzuweichen und zum Gegenschlag anzusetzen, wenn sich der Gegner verausgabt hat. Wer zu weit vor die eigenen Linien vorausprescht, ist verloren. Doch die Verwirrung durch den plötzlichen Angriff der Ritter ist so groß, dass der Gegenschlag erst in Gang kommt, als es den Kreuzfahrern bereits gelungen ist, sich neu zu formieren und ihm mit einer zweiten Attacke zu begegnen. Kaum „eine Bogenschussweite", also etwas über 50 Meter, wird der zweite Sturmangriff vorgetragen, ehe er zum Stehen kommt. Das ist das Letzte, was ein Ritter will. Ein idealer Angriff stößt durch die gegnerische Formation hindurch. Der Ritter bleibt in Bewegung, vorzugsweise im Pulk mit seinen Kameraden, hinter seinem Anführer mit dem Banner, dem Orientierungspunkt und einzigen Signalinstrument. Dann ist die Formation intakt, kann die „Bande" – *bandon* hat dieselbe Wurzel wie „Banner" – sich neu ausrichten, ein neues Ziel suchen, wieder zuschlagen. Doch wer isoliert wird, zum Stehen kommt, ist in Gefahr, kann überwältigt, vom Pferd gezogen und selbst von schlecht bewaffneten Fußsoldaten schlicht zu Tode geprügelt werden. Da hilft dann auch die teure Rüstung nichts mehr. Umkehren ist die einzige Rettung; auf eine intakte, befreunde Formation zurückfallen, die einen schützen kann, während Mann und vor allem Pferd wieder zu Atem kommen. Richard hat das normannische Kontingent in Reserve gehalten, um auf diesen Fall vorbereitet zu sein. Mit erhobenen Bannern als Sammelpunkte rückt es nach.

Zu dem Zeitpunkt muss Saladin seine gesamte Streitmacht ins Treffen geworfen haben. Richard erkennt die Gefahr und greift nun seinerseits mit seiner Garde und den Rittern von Wilhelm von Barres den Gegner an. „Da schlug der König, dieser grimmige, dieser außergewöhnliche König die Türken in jede Richtung nieder, und keiner konnte der Kraft seines Armes entkommen, denn wohin auch immer er sich mit erhobenem Schwert wandte, schlug er einen breiten Pfad für sich ... bis die anderen, gewarnt durch den Anblick der Sterbenden, ihm Platz machten, denn die Leichen der Türken, die mit ihren Gesichtern auf der Erde lagen, verteilten sich auf mehr als eine halbe Meile," berichtet das *Itinerarium Regis Ricardi*.

Ein vierter Sturmangriff ist nicht mehr nötig. Die feindliche Armee ist so demoralisiert, dass es selbst der beeindruckenden Führungspersönlichkeit Saladins nicht mehr gelingt, sie zu einem weiteren Angriff zu überreden. Der muslimische Feldherr schafft es immerhin, die Reste seiner Armee halbwegs intakt vom Schlachtfeld zu

Ende einer Reise: Richard Löwenherz wird in Erdberg bei Wien erkannt und gefangengenommen.
Die Lösegeldforderung: 23 Tonnen Silber – das Doppelte der Jahreseinnahmen der englischen Krone.
Detail aus dem Liber ad honorem Augusti des Petrus von Eboli, um 1196

führen. Die Chroniken behaupten, dass seine Verluste zehnmal, ja hundertmal so hoch wie die der Kreuzfahrer waren. Wenn man von realistischen modernen Schätzungen von ca. 20.000 Kämpfern auf jeder Seite ausgeht, verlor Saladin wahrscheinlich ein Drittel seiner Streitmacht. Doch auch Richard hat genug. Seine wahrscheinlich völlig erschöpften Truppen führt er nach Arsuf zurück, wo die Fußtruppen inzwischen das Lager aufgeschlagen haben.

Die Schlacht von Arsuf gilt als meisterhafte Verschränkung des Einsatzes von Fußtruppen und Rittern, als Beispiel für exzellente Führung und außergewöhnliche Disziplin in einer Zeit, in der der Individualismus der ritterlichen Kriegerelite so manchen wohl durchdachten Schlachtplan – wie auch fast hier – zunichte machte. Richard erweist sich an diesem Tag als der brillante Feldherr und tapferer Ritter, als der er zu Recht in Erinnerung bleiben wird. Die Einnahme Jaffas und der anderen festen Plätze Palästinas zwingt Saladin, der nicht mehr in der Lage ist, seine Truppen zu einer weiteren direkten Konfrontation zu bewegen, in Verhandlungen einzutreten. Auch wenn der Dritte Kreuzzug Jerusalem nicht erobert, gelingt es Richard I., Garantien für Pilger und Kaufleute zu erreichen, ehe er sich auf die bekanntlich wenig glückliche Heimreise macht.

Die Armbrust, jene skandalöse neue Waffe, die er zeitlebens so innovativ eingesetzt hatte, holte Richard am Ende ein. Bei der Belagerung der Burg Châlus trifft den König ein Bolzen, als er die Verteidigungsanlagen besichtigt. Die Wunde, die er anscheinend auf die leichte Schulter genommen hat, entzündet sich. Richard stirbt am 6. April 1199 an Wundbrand. Den Schützen soll er in einer letzten ritterlichen Geste öffentlich begnadigt haben.

Anmerkungen

1   Beha ed-Din, Anecdotes et beaux traits de la vie du Sultan Youssuf (Salah ed-Din), RHC, Hist. or., 251-2.
2   Anna Comnene, Alexiade, I. LXXXIX.

Nachlese

Die klassische, wenn auch mittlerweile reichlich überalterte Darstellung der Kreuzzüge ist die von Steven Runciman: „Geschichte der Kreuzzüge", deutsch bei dtv. Der islamischen Perspektive gab Amin Maalouf in den „Der Heilige Krieg der Barbaren: Die Kreuzzüge aus der Sicht der Araber", ebenfalls dtv, eine Stimme. Die militärische Seite beleuchtet umfassend John France: „Western Warfare in the Age of the Crusades, 1000–1300", London 1999. Eine ebenso kluge wie humorvolle Annäherung an das Kreuzzugsthema bietet die von Ex-Monty-Python Terry Jones moderierte BBC-Dokuserie „Die Kreuzzüge" („Crusades") von 1995, mittlerweile auf DVD erhältlich.

Das definitive Werk zur Kultur des Rittertums, wenn auch aus der Perspektive ihres baldigen Endes, bleibt Johan Huizingas: „Herbst des Mittelalters" bei Kröner, Stuttgart 2006, zuletzt auf Deutsch wieder herausgegeben.

Richard und seine ganze dysfunktionale Familie wurden in „Der Löwe im Winter" von James Goldman auf die Bühne gebracht; unsterblich verfilmt 1986 mit Peter O'Toole, Katharine Hepburn und dem jungen Anthony Hopkins als Richard. Die homosexuelle Beziehung zwischen Richard und Philipp, auf die im Stück und im Film angespielt wird, wurde zwar ernsthaft in der Forschung vertreten, ist aber wohl das Produkt einer Fehlinterpretation mittelalterlicher Repräsentation. Zwei Männer konnten in dieser Zeit – durchaus auch nackt, denn im Mittelalter schlief man bevorzugt so – im selben Bett liegen, ohne dass gleich Sex im Spiel sein musste.

Eine schön erzählte Darstellung der Regierung der Plantagenêt-Könige ist Richard Barbers: „The Devil's Crown", 1978 als Begleitbuch zu einer gleichnamigen BBC-Miniserie entstanden und leider nur mehr antiquarisch erhältlich.

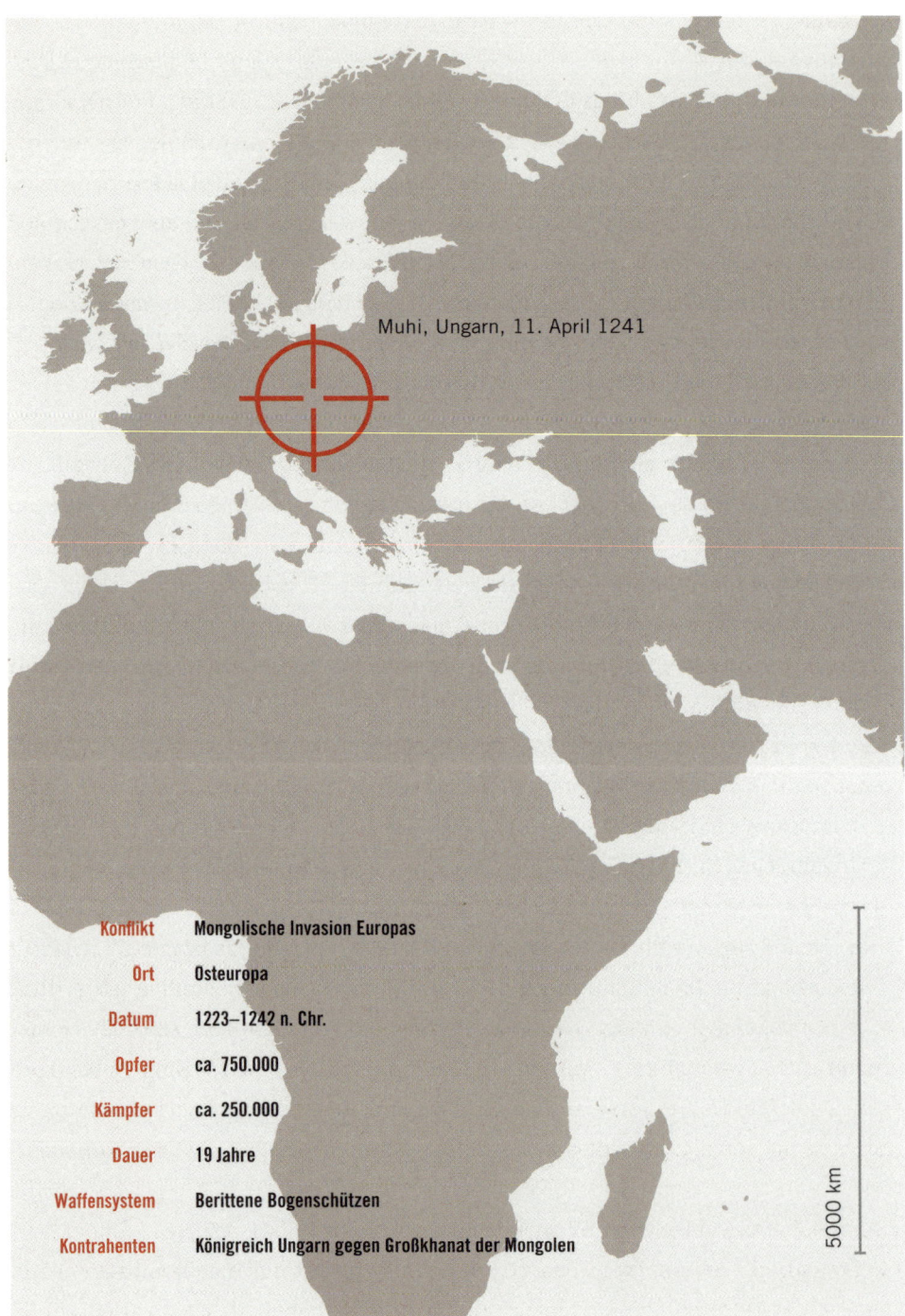

Muhi, Ungarn, 11. April 1241

Konflikt	Mongolische Invasion Europas
Ort	Osteuropa
Datum	1223–1242 n. Chr.
Opfer	ca. 750.000
Kämpfer	ca. 250.000
Dauer	19 Jahre
Waffensystem	Berittene Bogenschützen
Kontrahenten	Königreich Ungarn gegen Großkhanat der Mongolen

5000 km

DER REITERKRIEGER
Subutai
der Tapfere

* 1175 nördlich des Baikalsees
† 1248 am Fluss Tuul

Subutai, genannt Bahadur, d.h. der Tapfere, gilt als der fähigste Feldherr der großen mongolischen Expansion, die durch die Einigung des Volkes durch Temüjin – besser bekannt als Dschingis Khan – eingeleitet worden war. Er diente noch seinem Nachfolger Ögedei Khan. In einer Zeit, in der die meisten Menschen kaum weiter kamen als einen Tagesmarsch von ihrem Dorf weg, koordinierte er mehr als zwanzig erfolgreiche Feldzüge an allen Enden Eurasiens gegen zweiunddreißig Nationen von China bis Polen und vom Kaukasus bis Russland. Auf diesen Feldzügen gewann er 65 Schlachten. Kein Anführer eroberte so viel Territorium wie Subutai. Auch wenn seine Familie schon lange mit der Temüjins verbunden war und früh zu den Parteigängern Dschingis Khans gehörte, war Subutai, der Sohn eines Schmieds, der lebende Beweis, dass das neu geschaffene mongolische Imperium Aufstiegsmöglichkeiten für alle bot, die ihre Fähigkeiten in die Dienste des Großkhan stellen wollten. In der

„Geheimen Geschichte der Mongolen" nennt Temüjin ihn einen seiner „Kriegshunde" und Subutai selbst sagte zu seinem Herrscher, er werden die Feinde von ihm abwehren, wie ein dicker Filzmantel vor den Wind schützt. Seine geistige Wendigkeit bewies er in vielen Feldzügen, in denen er es meist schaffte, dem Gegner einen Schritt voraus zu sein und durch kluge Feindaufklärung und innovative Taktiken die Oberhand zu gewinnen. Begierig eignete er sich Technologien von den unterworfenen Völkern an, setzte sie kreativ ein und offenbarte damit jene praktische Neugier, welche die gesamte mongolische Expansion kennzeichnete und es den Barbaren aus der Steppe ermöglichte, das größte vormoderne Imperium zu schaffen, das eine einzigartige Ära des Austausches zwischen Orient und Okzident einleitete – um den Preis von Millionen Toten. Bis zu den beispiellosen Gemetzeln des 20. und 21. Jhts. blieben die Mongolen darin unübertroffen.

Das leere Herz

Die großen Zivilisationen der Alten Welt erhoben sich an ihren geographischen Rändern. Blickt man von ihrem physischen Mittelpunkt irgendwo über Kasachstan auf die Landkarte Eurasiens – inklusive der mittelmeerischen Küsten Nordafrikas, die immer ein Teil dieses Kulturraumes waren –, konzentrieren sich die alten Hochkulturen in einem breiten Saum, der die Küsten, Halbinseln und vorgelagerten Archipele der Alten Welt umfasst. Dies ist die Ökumene, die „bewohnte Welt", wie die Griechen sie nannten, in der all das erschaffen wurden, was auch wir heute als kennzeichnend für unsere eigene Zivilisation ansehen: Schrift und Literatur, Städte, Architektur, Handel, Recht, Staatlichkeit und Philosophie. Das Zentrum dieses großen Kontinents indes bleibt leer: Ein ödes Herz aus Steppen, Wüsten und Gebirgen, dessen gewaltige Landdistanzen die Völker an ihren Rändern wann immer möglich den gefahrvollen Weg über die Ozeane zueinander suchen lässt. Nur wenn man den Blick sehr genau auf diese endlosen Öden konzentriert, wird ein weitmaschiges Netzwerk von Karawanenrouten sichtbar, an dessen Schnittpunkten sagenhafte Städte wie Samarkand und Buchara wie Edelsteine an spinnwebdünnen Drähten aufgefädelt sind: Die Seidenstraße, ein Name aus „Tausend und eine Nacht", Vision und Ziel nicht nur für Händler und Abenteurer vergangener Jahrhunderte, sondern auch für gegenwärtige Geopolitiker, die eine eurasische einer atlantischen Perspektive vorziehen.

„Geographie ist Schicksal." Dieses Zitat wird Napoleon Bonaparte zugeschrieben. Dass das geographische Zentrum Eurasiens immer zivilisatorische Peripherie war, trotz einzelner Glanzpunkte wie den erwähnten Oasenstädten, war über Jahrtausende eine Konstante, die erst die industriellen Transportinfrastrukturen der Moderne – zuerst Eisenbahnen und Telegraphen, dann Pipelines und Fernstraßen – bedingt zu verändern vermochten. Bedeutungslos war es allerdings nie. Ein Isolator vielleicht, der mit seinen widrigen Klima- und Bodenverhältnissen die großen ackerbauenden Zivilisationen an den maritimen Rändern daran hinderte, sich direkt die Hände zu reichen; ein Transmissionsriemen aber auch, dessen Handelsnetzwerke trotzdem die Güter und Ideen von Orient und Okzident übertrug, ohne dass Sender und Empfänger an den fernen Enden jemals direkt miteinander in Berührung kamen, bis Gier und Abenteuerlust größer wurden als die Angst vor den Gefahren des Ozeans.

In den Köpfen der Menschen an ihren Rändern waren die weiten Öden vor allem eines: bedrohlich. Tartaros – das Tor zur Hölle – aus dem ohne Vorwarnung

Das leere Herz: Eine Karawane sucht sich ihren Weg durch die Öden Zentralasiens.

infernalische Horden – Tartaren eben – hervorbrechen konnten. Horde – von mongolisch *ordu* – ist übrigens ein Lehnwort aus der Steppe. Völlig undurchschaubar blieb für die Denker aus den sesshaften Ackerbaukulturen an ihren Rändern, wie es möglich war, dass aus dieser menschenleeren Ödnis plötzlich Heerscharen von gewaltiger Größe auftauchen konnten. Dämonisch geradezu: Jordanes, der Chronist der Goten und damit des Beginns der großen, europäischen Völkerwanderung, kann sich das Auftauchen der Hunnen nur erklären, indem er Zuflucht im Übernatürlichen nimmt: Hexen und Dämonen hätten in der Einöde ein Volk von Ungeheuern gezeugt. Das Auftauchen wie Ausbleiben dieser infernalischen Horden ist gleichermaßen rätselhaft. Zur Erklärung müssen wieder Mythen herhalten: Alexander der Große, heißt es in der populären Alexandertradition, die so auch Eingang in den Koran finden sollte, habe zwei monströse Riesen – Gog und Magog – hinter eisernen Toren im Kaukasus gefangen. Wenn diese von Satan befreit werden, so prophezeit die Apokalypse des Johannes, in der sie bereits als Völker identifiziert werden, beginnt das Ende der Welt. Der persische Nationalheld Rostam verbringt seine gesamte Karriere im Kampf gegen die Leute von Turan, das persische Wort für die Landschaft jenseits des

Oxos, die Steppe. In der „Frühling-und-Herbst-(Chronik) in der Überlieferung des Zuo", dem frühesten Werk erzählender Geschichtsschreibung in China, nennt Guan Zhong die Nomaden „Wölfe und Schakale" – so bestialisch wollen sie ihm erscheinen. Die Furcht vor den Reitern aus der Steppe ist eine psychologische Grundströmung im Denken aller Völker, die in ihrem Einzugsbereich lebten; und sie war nicht unbegründet.

Natural born warriors

Krieg und Heerfahrt erfordern, wie die meisten ernsthaften menschlichen Tätigkeiten, spezielle Fertigkeiten und Eigenschaften. Will man in dem Geschäft erfolgreich sein, bringt man sie mit oder eignet sie sich an. Moderne Armeen haben durchdachte Ausbildungsprogramme, um das zu erreichen. Sie erschließen sich dem übermüdeten, angebrüllten und gedemütigten Rekruten nicht immer sofort. Sie sollen auch bewusst nicht zu durchschauen sein, zielen sie doch auf eine tiefgreifende Restrukturierung der Persönlichkeit ab. Gehirnwäsche nennt man so etwas in anderen Kontexten. Es geht einerseits darum, die notwendigen Fertigkeiten zu erlernen: den Umgang mit der Waffe, der Ausrüstung und den Fortbewegungsmitteln, deren Pflege und Instandhaltung; wohl auch darum, die dazu notwendige körperliche Fitness zu erlangen. Andererseits ist das Ziel aber auch und vor allem, die mentale Grundeinstellung des Rekruten zu verändern, sodass aus einem im rationalen Eigeninteresse handelnden Individuum ein fast selbstlos funktionierendes Teil einer taktischen Einheit wird. Moderne Armeen gehen dabei mit mehr oder weniger Respekt vor der Individualität und Menschenwürde des einzelnen Soldaten vor, historische Vorläufer haben sich selten um diese recht modernen Konzepte geschert. Doch selbst sie sind Kinder der Neuzeit. Die gedrillten Bataillone der Schießpulverära waren die ersten erfolgreichen „Vermassungsinstrumente" des modernen Militärs, die ersten Truppenkörper, für die man Menschen in großer Zahl in Soldaten verwandeln musste. Der Moderne Staat lieferte die notwendigen administrativen und fiskalischen Voraussetzungen. Mittelalterlichen Gesellschaften fehlt für derartige Vorhaben üblicherweise das Instrumentarium, weswegen sie sich durchwegs darauf verlegen, einen breiten Nährstand von Bauern und Handwerkern einen schmalen Wehrstand von Profikriegern unterhalten zu lassen. Das europäische Feudalsystem des Mittelalters funktionierte so und vergleichbare Wehrsysteme anderswo an den zivilisierten Rändern des

eurasischen Kontinents waren ähnlich organisiert. Je nach der Stärke der Zentral-
macht versorgten sich die Krieger entweder dezentral auf ihren Rittergütern, oder
der Staat trieb Steuern ein und unterhielt davon ein stehendes Heer in Zitadellen
und Garnisonen, das aber auch zu keinem Zeitpunkt sehr groß sein konnte. Selbst
das römische Imperium mit seinen dreißig Legionen erreichte zu keinem Zeitpunkt eine langfristige Mobilisierungsrate von mehr als 6 %, d.h. dass cirka einer
von 16 Bewohnern des Reichs im Militär diente. Erst die frühmodernen Staaten des
18. Jahrhunderts sollten wieder ähnliche Zahlenverhältnisse erreichen: Unter den
Spitzenreitern mobilisierte das dünn besiedelte Schweden im Großen Nordischen
Krieg 1707 7,7 % seiner Bevölkerung und Preußen 1760 im Siebenjährigen Krieg
gegen Österreich und 1813 gegen Napoleon 6,7 %, was den Grafen Mirabeau schon
zu der Bemerkung anregte, Preußen sei kein Staat mit einer Armee, vielmehr eine
Armee, die ein Land besitzt. Die meisten Feudalsysteme des Mittelalters konnten nur
auf jeden zwanzigsten Bewohner als Wehrfähigen zurückgreifen, lagen also durchwegs unter 5 % Mobilisierungsrate und meist weit darunter. Dass diese Lösung auch
die wirtschaftlichste war, bewies sich einerseits auf dem Schlachtfeld, wo die lebens-
lang trainierten Profikrieger – Ritter, Samurai, Mamelucken – gegen Teilzeitkrieger
aus der Bauernschaft meist die Oberhand behielten. Andererseits ergab sich dieses
System auch aus einer einfachen Rechnung: Sieben Personen müssen Vollzeit in der
Landwirtschaft arbeiten, um einen ernähren zu können, der sich anderen Dingen
widmet – Handwerker, Priester, Krieger. Die Fronarbeit von 200 bis 300 Familien,
über 1.000 Menschen, war durchwegs nötig, um einen Ritter mit seinen Pferden,
Knappen, Kriegsknechten sowie Waffen und Rüstungen für diese alle ins Feld zu
stellen und ihn zu reproduzieren – d.h. ihm die Zeit und Muße einzuräumen, seine
Söhne ebenfalls zu Rittern auszubilden. Wie wichtig diese frühzeitige Ausbildung
im Kriegshandwerk und die lebenslange Praxis waren, wurde im vorangegangenen
Kapitel schon hinreichend betont. In der Ökumene ging daher seit der Antike der
Trend zunehmend in die Richtung Qualität vor Quantität. Es ging aber auch anders,
und wie nicht selten in der Menschheitsgeschichte erwies sich ein vermeintlicher
Rückstand unter den richtigen Umständen als Vorteil.
Wir erinnern uns: Auch die sesshaften Gesellschaften Eurasiens waren einst barba-
rische Stammesgesellschaften gewesen, in denen jeder Mann auch Krieger war und
maximal die Gefolgschaften der Häuptlinge und Kriegsherren so etwas wie einen

Expertenstatus im Tötungshandwerk beanspruchen konnten. Solange die politische Organisation auch noch erforderte, dass jedermann zur Durchsetzung von Recht und Gerechtigkeit im Ernstfall selbst zur Waffe greifen musste, oder dies im Rahmen von Blutrache und Fehde gemeinsam mit den Angehörigen seiner Sippe tat, war es auch unmöglich, die Kriegerrolle von der des freien rechtsfähigen Mannes zu trennen. Die alten germanischen, keltischen und mediterranen Gesellschaften funktionierten so und auch die barbarisierten wieder Nachfolgereiche des römischen Imperiums, aus denen sich das europäische Mittelalter erheben sollte. Erst mit einer beginnenden Verdichtung von Macht rund um die Feudalherren und Könige wurde die oben beschriebene Trennung von Nähr- und Wehrstand möglich. Die Untertanen bezahlten ihre Befreiung von der Heerfolge – die ihnen mehr Zeit ließ, sich um den heimatlichen Hof zu kümmern – in der Endkonsequenz mit Entrechtung und Leibeigenschaft. Mit der Waffe ging auch die Freiheit verloren. Dieses feudale Faktum setzt den eigenartigen Fetischismus, mit dem die US-Amerikaner – immerhin die ersten Westler, die ihren König zum Teufel jagten – ihren Waffenbesitz verteidigen in seinen historischen Kontext. Man kann diese universelle Entwicklung aber auch positiv deuten, wie es Thomas Hobbes tat, und die Aufgabe von individueller Freiheit um den Preis der erhöhten inneren Sicherheit gutheißen. Der Gegenwert im Gesellschaftsvertrag wäre dann die Verpflichtung der Kriegerelite, ihre befriedeten Untertanen vor innerer und äußerer Gewalt zu schützen: der Ursprung des Gewaltmonopols des Modernen Staates.

Im barbarischen Herz Eurasiens kam es indes nie so weit. Die weiten Steppen, Halbwüsten, Wüsten und Hochländer dort bürdeten den Menschen grundsätzlich andere Lebensbedingungen auf als die fruchtbaren Regionen an ihren maritimen Rändern. Die erfolgversprechendste Methode in ihnen zu überleben war der Pastoralnomadismus, die Mehrheit der Bewohner – von den Oasenbauern in den wenigen fruchtbaren Flusstälern und grünen Flecken abgesehen – folglich wandernde Viehhirten. Historisch entwickelte sich diese Lebensweise aus dem sesshaften Ackerbau. Hirtennomaden sind die Nachkommen von Bauern, die von der wachsenden Bevölkerung in den Oasen immer weiter an den Rand, in die Steppe gedrängt wurden, wobei sie das Schwergewicht ihres Nahrungserwerbes folgerichtig immer mehr von Feldbau zu Viehzucht verschoben, bis sie die Sesshaftigkeit gänzlich aufgaben und die Weiten der Steppe zu ihrer neuen Heimat machten. Im Nahen Osten züchteten

Waffennarren? Die amerikanische Besessenheit von privatem Waffenbesitz gründet in der prinzipiellen Skepsis gegenüber dem Staat, die wie kaum etwas anderes die Mentalität der Alten von der der Neuen Welt trennt.

diese Nomaden vor allem Kleinvieh – Schafe, Ziegen –, in der Sahara später Dromedare, in den Steppen Asiens Pferde.

Die Domestizierung des Pferdes fand hier statt und alle wichtigen Innovationen im Gebrauch von Pferden wurden hier entwickelt.

Zuerst der leichte, zweirädrige Wagen, auf dem sich die Helden und Herrscher der Bronzezeit von China, Indien und Ägypten bis zu den Inselkelten in die Schlacht ziehen ließen, dann das Pferd als direktes Reittier und schließlich der Steigbügel. Die Menschen dieses Raumes lebten so eng und innig von und mit ihren Pferden, dass es nur billig ist, sie als Pferdenomaden, in ihrer Gesamtheit als „Reitervölker", zu bezeichnen. Dieses Leben mit und von den Pferden fördert gewisse Fertigkeiten und Eigenschaften, die jeden Einzelnen von ihnen zu einem „natürlichen" Krieger machen.

Der Nomadismus allein erfordert schon, dass man zahlreiche Fähigkeiten besitzt, die einem sesshaften Ackerbauern, den man zum Krieger ausbilden will, erst mühsam beigebracht werden müssen. Man ist es gewohnt auf Achse zu sein. Man weiß, wie man Lagerplätze findet und anlegt. Man findet Brennstoff, Wasser und Nahrung in der Wildnis. Man weiß, wie man sich auf dem Marsch zu verhalten hat: Wo man sich einreiht, dass man nicht zurückbleibt, nichts Unnützes mitschleppt, dass man aber andererseits mit hat, was überlebensnotwendig ist, und dass man Aufklärer vor und eine Nachhut hinter sich haben sollte. Man ist gewohnt im Sattel zu schlafen, bei widrigem Wetter unter freiem Himmel zu sein und auf sich, das eigene Reittier und die eigene Ausrüstung zu achten, weil sich all das als lebensrettend erweisen könnte. Man kann Entfernungen besser abschätzen und sieht die Landschaft als einen Bewegungsraum; alles Eigenschaften, die einem auf dem Feldzug zugute kommen. Die Logistik, große Massen von Menschen, Tieren, Material und Nahrung über große Distanzen zu bewegen, muss den Anführern von nomadischen Gruppen nicht in Stabsoffizierskursen vermittelt werden. Sie beherrschen sie bereits.

Allein durch ihre alltägliche Lebensweise erwerben die Nomaden darüber hinaus kriegerische Fertigkeiten, die sich ihre sesshaften Gegner erst mühsam antrainieren müssen. Abendländische Ritter, osmanische, persische und chinesische Krieger, deren Vorfahren – Goten, Türken, Parther, Khitan etc. – oft selbst aus der Steppe kamen, üben Reiten und Bogenschießen, am liebsten bei der Jagd, dem absoluten Lieblingssport aller adeligen Kriegereliten immer und überall. Der Pferdenomade reitet von Kind an jeden Tag – von manchen heißt es, dass sie sich auf ihren eigenen Beinen weniger gewandt fortbewegten als auf dem Rücken ihrer Pferde – und jagt genauso täglich, um sich seine Nahrung zu beschaffen. Die wahrscheinlich körperlich herausforderndste Kampfesweise überhaupt, die des berittenen Bogenschützen, geht ihnen so in Fleisch und Blut über. Die Lebensweise, für die in den sesshaften Zivilisationen tausende Arbeiten, um sie einem Krieger zu ermöglichen, ist für den Hirtennomaden der Alltag jedes Einzelnen. Übrigens auch der der Frauen, die in keiner Kultur so viel kriegerische Eigenständigkeit aufweisen, wie bei den Pferdenomaden, weswegen auch die berühmten Amazonen der Antike am ehesten durch sarmatische Kriegerinnen aus den Steppen der Ukraine inspiriert worden sein dürften.

Stehen sich Sesshafte und Pferdenomaden im Kampf gegenüber, mobilisieren die einen vielleicht einen adeligen Krieger und seine Kriegsknechte pro tausend

Reiterkriegerinnen: Der Bogen macht die Mongolinnen konkurrenzfähig gegenüber ihren Männern, heute nur mehr beim Nationalsport; früher auch auf dem Schlachtfeld.

Einwohner; auf der Seite der Nomaden ist jeder wehrfähige Mann – und so manche martialisch gesinnte Frau –, ca. 20% der Bevölkerung, ein voll ausgebildeter berittener Bogenschütze. Es gibt indes einen Faktor, der den sesshaften Zivilisationen der Ökumene gegenüber dieser potentiellen nomadischen Bedrohung zugute kommt: die Bevölkerungsdichte. Hirtennomaden können durch kluge Beweidung der Steppen im Zyklus der Jahreszeiten eine Bevölkerungsdichte von vielleicht einem Bewohner pro Quadratkilometer versorgen. Die Mongolei hat heute noch eine Bevölkerungsdichte von 1,97 Ew./km², wobei die Hälfte dieser Einwohner in der Hauptstadt lebt, die Bevölkerungsdichte auf dem Land ist also halb so groß und hat sich damit seit alten Zeiten nicht wesentlich verändert! In den Kernräumen der Ackerbauerngesellschaften jenseits der Steppe betrug die Bevölkerungsdichte in der Antike und im Mittelalter durchschnittlich ca. 40 Ew./km². Hohe Bevölkerungsdichten sind geradezu ein Markenzeichen von Ackerbauerngesellschaften. Hundert Quadratkilometer Steppe bringen also durchwegs 20 kompetente Reiterkrieger hervor. Auf derselben Fläche leben durchschnittlich 4.000 Ackerbauern, die vielleicht vier trainierte adelige Krieger oder 200 ungeübte Bauernkrieger aufstellen können. Ein Blick auf die Landkarte setzt dies noch ins rechte Verhältnis: Die Steppen sind gewaltig. Die Ackerbauzone erscheint im Vergleich wenig beeindruckend; ein weiterer Punkt für die Nomaden. Dasselbe gilt übrigens für die Pferde. Für die Ackerbauern bedeutet es einen einschneidenden Verzicht auf Anbauflächen und Erträge – schwere Kriegspferde fressen Getreide, genauso wie Menschen –, um einen Reiterkrieger mit den drei bis vier Pferden zu versorgen, die er braucht, um effektiv sein zu können. Bei den Nomaden besitzt jeder Krieger mehr Pferde, als er jemals reiten kann und diese kleinen, zähen Tiere sind außerdem in der Lage, vom Gras der Steppe allein zu leben und weite Strecken bei schlechtem Wetter zurückzulegen.

Die Mobilisierung dieser Krieger kostet den Nomaden fast nichts, ihr alltäglicher Arbeitsaufwand bei der Überwachung der Herden und auf der Jagd ist gering und kann von den zuhause gebliebenen Alten, Frauen und Kindern relativ leicht kompensiert werden. Die Nomadenarmee versorgt sich fast selbst, führt sie doch bloß ihr Alltagsleben mit Jagd und Herden – nur nun eben auf dem Kriegspfad. Fallen die Nomaden in die Gebiete der Ackerbauern ein, ist es für sie, als würden sie in ein besonders üppiges Weide- und Jagdgebiet wandern. Müssen die Sesshaften in Verfolgung der nomadischen Plünderer in die Steppen vorstoßen, sehen sie sich am Rand einer unwirtlichen Ödnis, in die sie jede Tagesration für jeden Mann und jedes Pferd mühsam mitschleppen müssen. Die Reichweite sesshafter Heere in die Steppen hinein ist demnach stark eingeschränkt. Ein weiterer Vorteil für die Reitervölker, die sich einem Gegenschlag so leicht entziehen können.

Wenn die Ackerbauern ihre Heere ausheben, entziehen sie ihrer Volkswirtschaft Ressourcen: Entweder tun sie dies kontinuierlich in kleinen Portionen – durch die Abgaben, um die adeligen Profikrieger zu unterhalten – oder zeitweilig, indem Bauern ihre Felder verlassen, um Soldaten zu werden. Die Daheimgebliebenen können die fehlenden Krieger nicht so ohne Weiteres ersetzen, vor allem, wenn man die Bauern von den Feldern holt. Die am eurasischen Steppenrand vorherrschende Form des Ackerbaus, der Getreideanbau mit von Tieren gezogenen Pflügen, ist gerade auf die Arbeitskraft der kräftigen, männlichen und daher wehrfähigen Bevölkerung überproportional angewiesen. Dies war auch der Grund, warum man überhaupt vom Volksaufgebot zu feudalen Arrangements übergegangen ist. Warum also wurden die ackerbauenden Kulturen nicht früher oder später von den Nomaden ausgelöscht? Gelegenheiten dazu hätten sie ja oft genug gehabt.

Gewaltökonomien

Die Antwort liegt in der unterschiedlichen politischen und wirtschaftlichen Organisation von nomadischen und sesshaften Bevölkerungen. Nomaden hatten schlicht gar kein Interesse daran, die Ackerbauern zu vernichten: Sie konnten sie nämlich recht gut gebrauchen. Es sei daran erinnert, dass die Nomaden vor langer Zeit selbst sesshafte Ackerbauern waren. Pastoralnomadismus ist eine Art extreme Spezialisierung. Wie jeder Spezialist vernachlässigt der Nomade andere Betätigungen, deren Produkte – Metallgerät etwa, lebenswichtiges Salz, verschiedene Luxuswaren wie Wein oder Seide – er aber genauso dringend oder gerne haben möchte wie der Ackerbauer. Nomadengesellschaften existieren daher nie isoliert. Sie stehen in einem ständigen Austausch mit den nächstgelegenen Ackerbauern, durch den die Güter des bebauten Landes gegen die Güter der Steppe getauscht werden.

Bedauerlicherweise ist dieses Verhältnis von einem tragischen Ungleichgewicht gekennzeichnet: Der Nomade hat wenig zu bieten. Der Bauer hat viel, was der Nomade gerne möchte. In den Augen des Nomaden ist der Bauer reich. Was der Nomade bieten kann, ist seine Fähigkeit, Menschen und Güter durch die Weiten der Steppe zu bewegen. Bald beherrscht er daher die Karawanenrouten im wüsten Herz des Kontinents und stellte den dünnen, aber stetigen Strom von meist leichten, hochpreisigen Luxusgütern aus Orient und Okzident sicher. Kein Zufall, dass die mongolischen Herrscher den Handel so fördern werden! Der Händler Marco Polo machte sich nicht von ungefähr gerade zu dieser Zeit auf seine große Reise, die ihm zuhause keiner glauben wollte. Was der Nomade noch bieten kann, sind Pferde, für die in den sesshaften Reichen durchaus Bedarf besteht.

Sein wertvollstes Exportgut ist aber Gewalt, die auszuüben er bestens qualifiziert ist. Indem die Herrschenden in den Ackerbauzivilisationen ihre Bevölkerung befrieden, reduzieren sie ihr eigenes Rekrutierungspotential. Wenn man aber dringend rasch mehr Krieger braucht: Woher soll man sie bekommen? Schon früh nehmen daher sesshafte Herrscher Nomaden als Söldner in Dienst; mit weitreichenden Folgen. Die Abhängigkeit der Abbasiden-Kalifen von ihren türkischen Söldnern wird die ethnographische Karte des Nahen Ostens nachhaltig umgestalten und verschiedenste chinesische Dynastien werden immer neue Wellen von nomadischen Verbündeten ins Land rufen, die sie dann nur schwer wieder loswerden. Denn am Ende des Tages bleibt dem Nomaden immer noch die Option, seine kriegerische Befähigung im eigenen Interesse einzusetzen. Wenn die Sesshaften nicht tauschen wollen, dann nimmt man sich halt, was verfügbar ist. Auf einem schnellen Pferd ist man längst über alle Berge, ehe ihre schwerfälligen Armeen anmarschieren.

Imperien aus dem Staub

So entwickelt sich in allen Grenzregionen zwischen der Steppe und der Ökumene eine Ökonomie der Gewalt. Nomaden drohen mit Plünderung und Zerstörung, um zu erhalten, was sie begehren, denn ihre armen Ökonomien sind auf den Zustrom von Waren aus der Ökumene angewiesen. Wird es ihnen verweigert, sind die Heere der Sesshaften meist schwer damit beschäftigt, der wendigen Räuber Herr zu werden. Wenn die Ackerbauern es mit der Nomadenabwehr ernst meinen, müssen sie gewaltige Verteidigungssysteme anlegen – die Chinesische Mauer ist das augenfälligste Beispiel, die den Militäretat ihrer Imperien schwer belasten – oder die Kampfesweise der Nomaden imitieren. Sie müssen also selbst Reiterkrieger in großer Zahl aufstellen, was nicht minder kostspielig ist. Entschließt man sich, Tribut zu zahlen, hat man zwar zunächst Ruhe, kann sich aber sicher sein, tatsächlich ein längerfristiges Schutzgeldarrangement eingegangen zu sein. Attila, der Hunne, presste im Laufe der Jahre jedes Stückchen Gold aus dem oströmischen Reich, konzentrierte sich dafür aber auch vereinbarungsgemäß auf die Plünderung des weströmischen Bruderimperiums.

Die Ökonomie der Gewalt bleibt freilich nicht ohne Folgen für die Nomaden. Erfolgreich im Erwerb von begehrten Gütern aus der sesshaften Welt sind infolge der herrschenden Verhältnisse bevorzugt kriegerische Anführer. Die Erpressung wirkt am überzeugendsten, wenn man mit einer entsprechend großen Truppe vor den Toren der Städte erscheint. Deswegen trachten die Anführer – die Khane – durch die Verteilung der gewonnenen Tribute an die Anführer anderer Gruppen möglichst viele Stämme um sich zu scharen. Aus den Steppen erheben sich so Imperien, deren wirklicher Antrieb Tribute sind. Die Geschichte Chinas ebenso wie des Iran ist ein ständiges Auf und Ab von Dynastien und ihren steppennomadischen Beschützern. Geht der Sponsor im Reich der Mitte oder in Persien unter, zerbricht wenig später die nomadische Konföderation, die er durch seine Tribute geschaffen hat. Umgekehrt können sich wechselnde Dynastien sicher sein, dass ihre nomadischen „Freunde" energisch an ihrer Seite einschreiten werden, wenn ihnen im Inneren Unbill droht, fürchten sie doch um ihre eigene Vorherrschaft, sobald der Fluss der Tribute versiegt. Manchmal entschließen sich die Nomaden dann dazu, die Sache gleich selbst in die Hand zu nehmen, und schwingen sich zu Herrschern über die Sesshaften auf. Ein historischer Moment, wo dies in einem unübertroffenen Ausmaß geschah, war die mongolische Expansion im frühen 13. Jahrhundert.

Der Sohn des Schmieds

Es ist Frühling in der Mongolei. Es wird Zeit, die Pferde, die den harten Winter in den Bergen überlebt haben, auf die Steppe zu treiben, wo sie sich an jungem Gras laben können, sobald der Schnee geschmolzen ist. Jarchigudai ist auf den Weg in das Winterlager Temüjins. Bei sich hat er seine beiden Söhne Jelme und Subutai, die alles sind, was ihm nach dem Tod seiner Frau bei der Geburt des Jüngeren in dieser Welt geblieben ist. Vor Jahren hat er, wie es Sitte ist bei seinem Volk, Yesugei, dem Vater Temüjins, die Dienste des Älteren der beiden – Jelme – angeboten, sobald dieser volljährig wäre. Jelme und Temüjin sind im selben Jahr geboren. Eine Zobelfelldecke für den neugeborenen Temüjin gab Jarchigudai dem Yesugei damals als Geschenk. Die Uriangkhai, Jarchigudais Volk, sind keine Nomaden, sondern sesshafte Rentierjäger in der Taiga nördlich des Baikalsees. Die Felle, die sie aus den Wäldern holen, sind bei den Mongolen als Schutz gegen die schneidenden Winterwinde der Steppe sehr begehrt. Weil sie sesshaft sind, sind die Uriangkhai auch Handwerker. Jarchigudai ist Schmied. Uriangkhai-Schmiede suchen im Sommer die Lager der nomadischen Mongolen auf, um ihre Dienste anzubieten. So begegneten sich Jarchigudai und Yesugei vor achtzehn Jahren. Yesugei stammte aus einer Linie von Anführern, Khanen, die erfolgreich darin waren, Krieger um sich zu scharen, andere Stämme unter ihre Kontrolle zu bringen und den Fluss von Tribut und Beutegut in die Länder der Mongolen sicherzustellen. Auch Jelme sollte teilhaben an diesem lukrativen Geschäft. Dafür hatte der alte Mann damals mit seinem Versprechen gesorgt. Doch seitdem war viel geschehen. Yesugei war einem feigen Giftanschlag zum Opfer gefallen. Seinem erst zehnjährigen Sohn Temüjin trauten die Krieger seiner Gefolgschaft nicht zu, sie erfolgreich anzuführen. Ebenso schnell, wie sie zustande gekommen war, zerfiel die Horde des Yesugei Khan. Temüjin blieb mit

Bildnis des Einigers der Mongolen: Dschingis Khan, Herrscher über alle, die unter einem Dach aus Filz leben – und bald über einen großen Teil Eurasiens.
Chinesische Seidenmalerei aus der Yuan-Dynastie, 14. Jh.

einigen wenigen treuen Gefolgsleuten zurück. Doch Jarchigudai ist ein Ehrenmann und steht zu seinem Wort. Aus diesem Grund ist er heute hier: Jarchigudai will nun sein Versprechen einlösen.

Sein jüngerer Sohn hört auf den Namen Subutai. Er ist zehn Jahre alt. Wie es Sitte ist bei den Waldstämmen der Uriangkhai wird er in die Fußstapfen seines Vaters treten. Er wird Schmied werden und sein Erbe antreten. Aber Subutai sollte seinen Vater enttäuschen, denn mit vierzehn würde er ihn verlassen und sich seinem Bruder und dessen Khan anschließen. Vielleicht wollte er nie Schmied werden, vielleicht erschien ihm das Leben als Krieger – wie vielen jungen Männern zu allen Zeiten und überall – vielversprechender, sicherlich aufregender, als sein Leben lang schwer an der Esse zu schuften. So wird er an der Seite Temüjins sein, wenn ihn die Mongolen im Frühjahr 1206 zum Anführer ausrufen und ihm einen neuen Namen geben: Dschingis Khan, Herrscher über alle Menschen, die unter einem Dach aus Filz leben.

Flüchtlinge

Ein Steppenvolk ist auf der Flucht: Auf der Ebene Ungarns spielt sich ein Drama ab, dass seit alter Zeit in dieser oder ähnlicher Weise schon viele Male auf diesem weiten Grasland aufgeführt worden ist. Die Ungarn selbst, mittlerweile sesshaft, christianisiert und Teil der europäischen, feudalen Welt, kamen vor Generationen auf die gleiche Weise in das durch die Karpaten vom Rest der großen eurasischen Steppe abgetrennte pannonische Tiefland. Wie vor ihnen Awaren, Hunnen, Goten und Sarmaten sind sie nur eines von vielen Steppenvölkern, das es für sicherer hielt, ein schwer zu überschreitendes Waldgebirge zwischen sich und den Rest der weiten

Ebenen zu wissen. An diesem Tag sind es die Kumanen – 40.000 behaupten die
Chronisten –, die ihre Wohnsitze in der südlichen Ukraine verlassen haben und auf
ihrer Flucht nach Ungarn gekommen sind. Noch vor Kurzem beherrschten sie ein
ausgedehntes Reich, das sich von der Walachei bis an den Irtysch erstreckte. Im Mai
1223 stellten sie sich gemeinsam mit einigen russischen Fürsten einer neuen Bedrohung aus der Steppe entgegen, die sie am Fluss Kalka aufhalten wollten. Sie verloren
diese Schlacht, 10.000 von ihnen ihr Leben und waren fortan auf der Flucht. Der
Sieger des Tages war Subutai, der Sohn des Schmieds.

Seine Entscheidung, das väterliche Handwerk hinter sich zu lassen, hat er in mehr
als dreißig Jahren nicht bereut. Noch immer dient er dem Mann, dem er damals die
Treue geschworen hat. Doch mittlerweile, und das ist nicht unwesentlich sein Verdienst, gebietet Dschingis Khan über ein Reich, das sich von China bis in die Ukraine
erstreckt. Subutai war an allen bedeutenden Feldzügen dieser beispiellosen Eroberung beteiligt. Viele davon tragen seine Handschrift. Nun ist er auf dem Weg in den
Westen. Das Reich der Choresm-Schahs, welche die große Oase an der Südseite des
Aralsees beherrschten, hat er bereits unterworfen. Der letzte Schah floh nach Westen,
zu seinen Verbündeten, den Kumanen. Subutai forderte seine Auslieferung und,
nachdem der Kumanen Khan Kotjan diese verweigert hatte, schlug er die Kumanen
und ihre kaukasischen Verbündeten vernichtend. Kotjan, nun seinerseits in Bedräng-
nis, wandte sich an seinen Schwiegersohn, den Fürsten Mstislaw, der in Halytsch eines
der zahlreichen russischen Reiche regierte, die zwar groß an Fläche, aber meist arm
an Bevölkerung und Ressourcen waren. Gemeinsam brachten sie eine Koalition von
russischen Fürstentümern zustande, der sich auch das mächtige Kiew anschloss, und
die an dem verhängnisvollen Tag an der Kalka vernichtend geschlagen wurde.
Die Kumanen taten nun, was Reitervölker zu allen Zeiten in so einem Fall taten: Sie
ergriffen mit Weib, Kind und Herden die Flucht. Ein Teil des ewigen Mysteriums
um das urplötzliche Auftauchen von riesigen Horden aus dem öden Herz Eurasiens
war eben diese Neigung besiegter Nomaden, vor ihren Bezwingern einfach an das
andere Ende des Steppengürtels zu fliehen. Die Hunnen – den Chinesen als Hsiung-
nu bekannt – kamen so nach ihrer Niederlage gegen die Han in den Westen und
lösten dort die europäische Völkerwanderung aus. Die Kumanen begaben sich in
den Schutz der Macht, die nun noch zwischen Europa und den Mongolen stand: des

Königs von Ungarn. Dieser hieß die Flüchtlinge willkommen. Sie kamen ihm sehr gelegen, denn er hatte mit einem renitenten Adel zu kämpfen, sodass ihm einige tausend nomadische Söldner recht nützlich sein konnten. Inzwischen manifestierte sich die mongolische Bedrohung doch nicht so rasch, wie zuerst angenommen. Subutais Armee zog sich in den Osten zurück, um an anderen Fronten zu kämpfen. Der Tod Dschingis Khans 1227 führte ebenfalls zu einer Neuorientierung der mongolischen Pläne. Erst 1235 kehren die Mongolen wieder, um die russischen Städte für ihre Unterstützung der Kumanen zu bestrafen. Subutai, mittlerweile 60 Jahre alt, war erneut das strategische Gehirn hinter der Operation, die 150.000 Krieger und 500.000 Pferde umfasst haben soll. Er und seine Mitanführer sahen sich dem alten Problem aller erfolgreichen Imperialisten gegenüber: Hinter jedem besiegten Feind lauert schon der nächste, der ob des Schicksals seines gerade brutal unterworfenen Nachbarn wenig geneigt ist, Friedensschwüren des Eroberers Glauben zu schenken. So reagierten auch die Ungarn unwirsch, als mongolische Gesandte mit der Forderung eintrafen, die seinerzeit geflohenen Kumanen auszuliefern. Es hat sicherlich auch wenig geholfen, dass Batu Khan einem ungarischen Missionar einen Brief an König Béla IV. mitgegeben hatte, in dem er ihn freundlich aufforderte, sich bedingungslos den Mongolen zu unterwerfen. Dies entsprach der üblichen etwas grobschlächtigen, mongolischen Herangehensweise an die Diplomatie. Nachher konnte man immerhin sagen, man habe dem Feind ja eine Chance gegeben, die Sache ohne Blutvergießen beizulegen. Das Ergebnis war in beiden Fällen dasselbe: Dem mongolischen Reich wurde eine neue Provinz einverleibt.

Muhi

Subutais Erfolge in zahlreichen Kriegen an vielen Fronten beruhten auf seiner exzellenten Feindaufklärung. Während man in Europa mehr oder weniger völlig ahnungslos war, wem man da gegenüberstand und erst durch die Erkundungsreisen späterer Diplomaten und Missionare in das Reich der Mongolen ein einigermaßen akkurates Bild von diesem riesigen Imperium bekam, muss Subutai genaue Kenntnisse über die politischen Verhältnisse in Osteuropa besessen haben. Seine Strategie im folgenden Angriff auf Ungarn wäre sonst nicht nachvollziehbar. Drei mongolische Heersäulen greifen in einer weiten Zangenbewegung an. Die nördliche zielt auf Polen, dem ersten potentiellen Verbündeten der Ungarn. Sie wird unter der Führung von Orda und

Baidar am 9. April 1241 das polnisch-schlesische Heer, zu dessen Unterstützung auch Ordensritter aus dem Baltikum herbeigeeilt waren, in der Nähe von Liegnitz vernichtend schlagen. Die südliche Armee unter Güyük Khan erwies sich in Transsilvanien als siegreich. Die Hauptmacht indes, unter der Führung von Batu Khan, Dschingis' Enkelsohn, beraten von Subutai selbst, schlug sich den Weg durch den befestigten Serednij-Werezkyj-Pass in den nördlichen Karpaten frei und erreichte im März die ungarische Seite des Gebirges. Eine erste ungarische Armee unter dem Palatin Denis Tomaj war nicht in der Lage gewesen, den Pass zu halten.

König Béla sammelte in dieser Situation seine Truppen bei Pest. Als einzige Verbündete traf ein Kontingent österreichischer Ritter unter Herzog Friedrich dem Streitbaren ein. Die ungarischen Magnaten spielten in dieser Situation ein doppeltes Spiel und hielten ihre Kontingente zurück, weil sie hofften, dass eine Niederlage der königlichen Armee Bélas Zentralisierungstendenzen einen Dämpfer versetzen würde. Zu allem Überfluss kam es auch noch zu Streitigkeiten zwischen den Ungarn und ihren neuen kumanischen Freunden, die im Tod des Kumanen Khan Kuthen endeten. Die Kumanen verließen darauf das ungarische Heer und beraubten Béla seiner leichten Kavallerie, die er gegen die ähnlich kämpfenden Mongolen gut hätte brauchen können. Infolgedessen zog ein ungarisches Heer gegen die Reiter aus der Steppe, das gänzlich westeuropäisch in seiner Ausrüstung und Zusammensetzung war. Die Ungarn, einst selbst nomadische Krieger aus den weiten Ebenen Asiens, hatten sich in den dreihundert Jahren seit ihrer Sesshaftwerdung in Pannonien so erfolgreich in das christliche, feudale Abendland integriert, dass sie der Kampfesweise ihrer Vorfahren nun ähnlich hilflos gegenüberstanden wie die Polen und Russen weiter im Norden. Am 15. März erreichten mongolische Späher Pest und begannen die Umgebung zu plündern. Béla verbot seinen Truppen sie anzugreifen, da das Heer noch nicht bereit war. Als sein Verbündeter Friedrich, der seinen Beinamen nicht von ungefähr trug, eine kleine Vorausabteilung schlug, blamierte er damit den König und untergrub Bélas ohnehin bereits angeschlagene Autorität. Danach sah der Babenberger seine Bündnispflicht als erledigt an und zog ab, vorgeblich, um mehr Unterstützung im Heiligen Römischen Reich zu werben. Béla stand nun unter Zugzwang. Er entschloss sich, den Mongolen die Schlacht anzubieten und ging damit in die groß angelegte Falle, die Subutai ihm gestellt hatte. Dieser befahl seinen Kriegern, sobald er vom Aufbruch des Königs erfuhr, vor dem ungarischen Heer zurückzuweichen. Die politische Klugheit dieser Entscheidung ist ein weiteres Indiz, dass Subutai über die inneren Verhältnisse Ungarns genau Bescheid gewusst haben muss. Die scheinbare Flucht der Mongolen bestärkte nämlich die ungarischen Adeligen in ihrer Einschätzung, dass die rätselhaften Reiterkrieger aus der Steppe keine wirkliche Gefahr darstellten und der König aus Feigheit – nicht Vorsicht – so lange zugewartet hatte. Die Ungarn verausgabten sich, um mit den zurückweichenden Steppenreitern Schritt zu halten. Nach mehreren Tagen anstrengender Märsche hielten sie am Fluss Sajó inne, um zu rasten und dem weit zurückgebliebenen Tross die Möglichkeit zu geben aufzuholen. Noch im eigenen Land sahen sich die Magyaren dem Problem gegenüber, das alle Armeen von Sesshaften plagt, die Nomaden gegenüberstehen: Man konnte sie schlicht nicht erwischen, wenn sie es darauf anlegten. Die bewaldeten Ufer des Sajó verbargen aber etwas viel Schwerwiegenderes vor den ca. 15.000 Ungarn: die mongolische Hauptarmee von beinahe 30.000 Mann. Subutai hatte sie in dem unübersichtlichen Gelände versteckt, und wartete auf den nächsten Zug des Feindes. Doch in Béla stand ihm ein ebenso vorsichtiger Stratege gegenüber. Der König befahl die Errichtung einer befestigten Wagenburg und sah seine wichtigste Aufgabe darin, seinen Truppen Erholung zu verschaffen und einen Überblick über die Lage zu gewinnen. Subutai hatte vielleicht gehofft, dass die Ungarn einen ähnlichen Fehler wie die Russen und Kumanen an der Kalka machen würden, sodass er sie bei der Flussüberquerung überraschend angreifen konnte. Nun musste er seinerseits die Initiative ergreifen und den breiten Strom im Angesicht des Feindes überschreiten.

Um seine Chancen zu verbessern, bediente er sich eines weiten Umgehungsmanövers, das typisch für die Kriegführung in der Steppe ist. Er überließ es Batu Khan, die Hauptstreitmacht für den Frontalangriff über den Fluss zu führen und übernahm selbst das Kommando über den kleineren Teil, der flussabwärts über eine Behelfsbrücke den Sajó überqueren sollte. In der Zwischenzeit glaubten die ungarischen Adeligen immer weniger an einen bevorstehenden mongolischen Angriff.

Eine Kolonne von Rittern und Kriegsknechten stolpert durch die dunkle Nacht vom 10. auf den 11. April 1241. Es ist Koloman, Fürst von Slawonien und Bruder von König Béla, der in Begleitung des Obersten der Templer Rembald de Voczon und des Erzbischofs Ugrin Csák auf dem Weg zur Brücke über den Sajó ist.

Seit halb sieben ist es dunkel. Jetzt ist es kurz vor Mitternacht und die Brücke nicht mehr weit. Da! Geräusche in der Dunkelheit. Verhaltene Stimmen, das Schnauben von

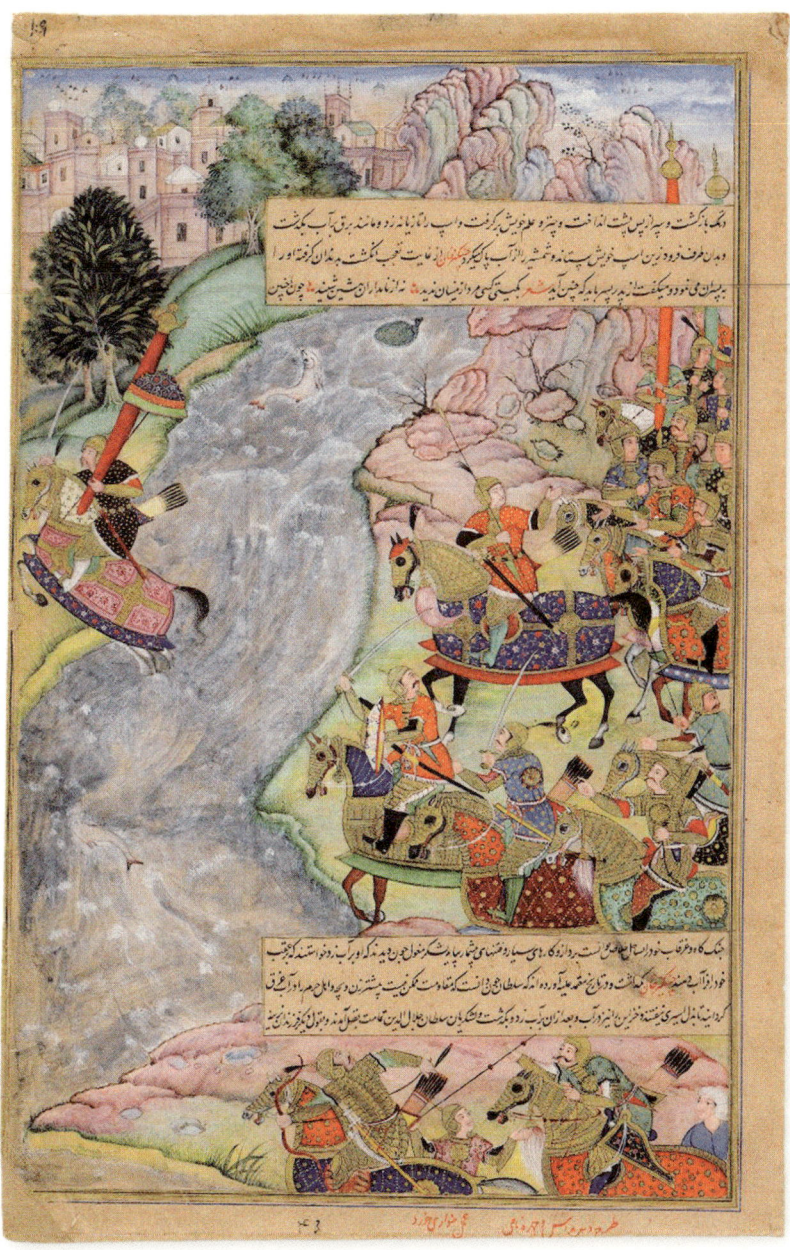

Reiterkrieger: Wer sie bekämpfen will, muss sie imitieren. Persische Krieger aus Choresmien südlich des Aralsees in der typischen Bewaffnung der Steppenreiter.
Jalal a-Din Khwarazm-Shah überquert den Fluss Indus auf der Flucht vor Dschingis Khan, Aquarell von Dharm Das, um 1597; London, British Museum

unruhigen Pferden, das verräterische Klirren von Waffen. Der Feind ist da! Koloman und Ugrin erreichen die Brücke gerade, als das erste mongolische Kontingent dabei ist, sie im Schutze der Dunkelheit zu überqueren. Man kann davon ausgehen, dass die Steppenreiter nicht in der Nacht das befestigte Lager angreifen wollten. Berittene Bogenschützen vermeiden Nachtangriffe, da ihnen die Dunkelheit den Vorteil der Fernwaffe nimmt. Sehr wohl aber wollten sie im Schutze der Nacht sicher die andere Flussseite erreichen und im Morgengrauen, mit der Sonne im Rücken, das gerade erwachende Lager angreifen. Daraus sollte nichts werden. Koloman geht entschlossen vor. Die große Länge der Brücke – über 200 Meter – und die Überraschung sind auf seiner Seite. Vor allem die ungarischen Armbrustschützen richten unter den leicht gerüsteten Mongolen verheerende Verluste an. Wieder ziehen sich die flinken Reiter zurück. Wieder unterschätzen die Ungarn die wahre Stärke des Feindes. Koloman lässt die Fußtruppen als Wache an der Brücke und kehrt mit seinen Männern ins Lager zurück, um sich und seinen Sieg zu feiern.

Subutai hält sich zu diesem Zeitpunkt noch im Lager der Mongolen auf. Rasch passt er seinen Plan an die neue Lage an. Ein kleines Kontingent unter Sejban reitet in der Dunkelheit nach Norden, um bei einer kleinen Furt den Fluss zu überqueren und die Brückenbesatzung von hinten anzugreifen. Er selbst macht sich nun auf dem Weg nach Süden und errichtet eine Behelfsbrücke. Es ist cirka vier Uhr in der Früh, als es an diesem Frühlingstag dämmrig zu werden beginnt. Die Brücke ist fertig und Subutai lässt seine Truppen übersetzen. Gleichzeitig regnet es Steine auf die Brückenbesatzung weiter stromaufwärts. Begierig hatte Subutai, der Sohn des Schmieds, jede technische Innovation aufgenommen, die ihm auf seinen zahllosen Feldzügen in die Hände fiel. Handwerker, die kriegsverwertbare Kenntnisse besaßen, wurden regelmäßig bei den Massakern, die sonst jedem mongolischen Sieg begleiten, geschont. Dementsprechend stehen ihm an diesem Morgen sieben große Wurfmaschinen zur Verfügung, mit denen Batu Khan nun loslegt. Unter diesem Beschuss weichen die Ungarn zurück und retten sich in ihr Lager, als ihre Lage durch die nun eintreffende Vorausabteilung unter Sejban unhaltbar wird. Das mongolische Hauptheer überquert daraufhin ungehindert die Brücke.

Inzwischen sind die Fliehenden im Lager eingetroffen. Koloman und die Templer reiten erneut hinaus, zuversichtlich mit ähnlicher Leichtigkeit siegen zu können wie schon in der Nacht zuvor. Als sie in Sichtweite der rasch über den Fluss setzenden

Horde kommen, ist ihnen klar, dass dies kein kleines Scharmützel wird. Koloman befiehlt trotzdem den Angriff und ein heftiger Kampf entbrennt, in dem die
ungarischen Ritter auf ihren größeren, schweren Pferden und mit ihren besseren
Rüstungen schwere Verluste unter den Mongolen anrichten, ehe sie sich vor der
Übermacht zurückziehen müssen. Zu ihrem Entsetzen stellen sie, als sie im Lager
eintreffen, fest, dass keinerlei Anstalten für einen Gegenangriff gemacht wurden.
Bischof Ugrin bezichtigt den König in aller Öffentlichkeit der Feigheit. Aber was
sollte König Béla tun, dem – noch bestärkt durch den kürzlich errungenen Erfolg
seines Bruders – ohnehin keiner glauben wollte, dass der Feind eine ernste Bedrohung darstellt?

So macht sich die ungarische Armee bereit zum Ausfall. Die Verzögerung gibt Batu
inzwischen Zeit, seine Truppen über den Fluss zu bringen. Um acht Uhr stehen sie
auf der anderen Seite des Flusses bereit für den Angriff. Nun zeigt sich erneut, dass
die leichten, berittenen Bogenschützen auf ihren kleinen Pferden in einer direkten
Konfrontation den westlichen Rittern unterlegen sind. Batus' Streitmacht, die in
etwa nur so groß ist wie die ungarische Armee als Ganzes, ist zwischen dem Fluss
und dem Feind eingekesselt. Es bleibt ihm kein Raum zum Manövrieren; für die
bewegliche Kriegsführung der Steppenkrieger keine gute Voraussetzung. Seine Verluste sind dementsprechend verheerend. In zwei Stunden Handgemenge verliert er
dreißig Mann seiner persönlichen Leibgarde, als er die ungarische Vorhut angreift.
Und er kann nur mit Mühe verhindern, dass seine Armee vor einem Sturmangriff
der abendländischen Ritter die tödliche Flucht in den Fluss antritt. Die Lage muss
ihm verzweifelt erschienen sein, als die eisengepanzerten Feinde erneut zu einer
Attacke ansetzen.

Doch dann breitet sich Verwirrung in den Reihen der Ungarn aus. Subutai, durch
späteren Aufbruch und Brückenbau aufgehalten, greift die Gegner von hinten an.
Selbst in dieser gefährlichen Lage agiert König Béla überlegt. Er ist wahrhaft ein
würdiger Gegner für den alten Mongolengeneral. Um der Gefahr einer völligen Ein-
schließung durch eine nun deutliche Übermacht zu entgehen, gibt er den Befehl, sich
in das Lager zurückzuziehen.

Auf dem Schlachtfeld treffen der junge Khan und der alte General aufeinander.
Batu ist rasend vor Zorn. Er gibt Subutai die Schuld an den schweren Verlusten
seines Flügels und weigert sich den Ungarn nachzusetzen. Erst nach einem heftigen

Wortgefecht und der Drohung sonst allein anzugreifen, gelingt es Subutai, ihn wieder zur Räson zu bringen.

Im ungarischen Lager herrscht Panik. Die Mongolen sind nun endlich in ihrem Element und überschütten die Wagen, Zelte und Menschen mit einem Hagel aus Brandpfeilen. Pferde werden panisch und gehen in den ohnehin gedrängten Verhältnissen durch. Vereinzelte Ausfälle der erschöpften Ritter werden erfolglos zurückgewiesen. Schließlich – es ist inzwischen Nachmittag – haben die Mongolen auch ihre Wurfmaschinen herangeschafft und beginnen das Lager zu beschießen. Der einzige Vorteil der verzweifelten Lage ist, dass die ungarischen Adeligen, die unter anderen Umständen ihren König längst verlassen hätten, genauso gefangen sind wie der Rest der Armee. Die Wagenburg ist umzingelt.

Doch da! In den Reihen der Steppenreiter klafft eine breite Lücke. Die ungarischen Ritter sehen ihre Chance zur Rettung und greifen dort an. Subutais letzte Kriegslist an diesem Tag hat funktioniert.

Statt in ihrem Lager bis zum letzten Mann zu kämpfen, suchen die Ungarn ihr Heil in der Flucht durch die von dem alten Schlitzohr absichtlich eröffnete Gasse. Auf dem offenen Feld werden sie zur leichten Beute für die wendigen Reiter. Nur wenige, darunter der König und sein Bruder Koloman, der indes kurz darauf an seinen Wunden verstirbt, kommen mit dem Leben davon. Die Ohren, die die Mongolen den Gefallenen abschneiden, um ihre Zahl zu erfassen, sollen neun große Säcke gefüllt haben. Ihre eigenen Verluste waren hoch, doch die ungarische Streitmacht wurde zur Gänze aufgerieben. Ungarn liegt nun schutzlos vor ihnen und in den kommenden Monaten werden die Mongolen dort keinen Stein auf dem anderen lassen. Nur wenige wohlbefestigte Städte überstehen den „Mongolensturm" unbeschadet. Schätzungen gehen davon aus, dass etwa die Hälfte aller Siedlungsplätze in Ungarn in diesem Jahr 1241 zerstört werden und ein Viertel der Bevölkerung den Tod findet. Das Alföld, die große Zentralebene Ungarns, soll sogar gänzlich entvölkert gewesen sein.

Davongekommen

Europa hielt den Atem an. Auch wenn aus verschiedenen politischen Gründen kein Herrscher im Westen bereit war, den geschlagenen Ungarn und Polen unmittelbar

Hilfe zu leisten, war man sich durch die Niederlagen bei Liegnitz und Muhi der Gefahr bewusst geworden. Der Papst rief einen Kreuzzug gegen die Mongolen aus und der Kaiser verkündete einen Landfrieden im Heiligen Römischen Reich, um die Hände für militärische Aktionen frei zu bekommen. Ein gewaltiges Heer sammelte sich bei Nürnberg. Und dann, im Winter 1241/42, verschwanden die Reiter aus der Steppe so plötzlich, wie sie gekommen waren. Die Zeitgenossen machten die Kriegsvorbereitungen des Kaisers dafür verantwortlich, vielleicht auch die Hilfe Gottes. Tatsächlich war der Großkhan der Mongolen, Ögedei, verstorben und die Khane eilten zurück in die Heimat, um bei der zukünftigen politischen Ordnung des Riesenreichs mitzubestimmen. Europa ist so noch einmal davongekommen.

Und Subutai? Er hatte den Khanen widersprochen. Hatte sie angefleht, die Eroberungen im Westen nicht aufzugeben um den Preis einer unsicheren Machtstellung zuhause. Vergebens. Er versuchte noch Batu, seinen jungen Protegé, zu überreden, an der Wahl zum Großkhan teilzunehmen. Doch Batu lehnte ab. Der neue Großkhan Güyük misstraut dem jungen Batu und will nicht, dass er den fähigsten General der Mongolen weiterhin an seiner Seite hat. Also sendet er Subutai mit siebzig in einen Krieg gegen die Song. 1248 kehrt er aus dem Feldzug zurück. Seine letzten Tage verbringt er in seinem Heim nahe dem Fluss Tuul. Dort schloss er für immer die Augen, die mehr von der Welt gesehen hatten als die der meisten Menschen seines Zeitalters.

Nachlese

Die einzige echte Biographie Subutais ist Richard A. Gabriels: „Subotai the Valiant: Genghis Khan's Greatest General" (Westport 2004). Ein eindringliches Bild der mongolischen Eroberungen bietet: Hansgerd Göckenjan: „Der Mongolensturm. Berichte von Augenzeugen und Zeitgenossen 1235–1250" bei Styria (Graz 1985). Die Schlacht bei Muhi ist ausführlich geschildert in: Frank Pleyer: „Die Schlacht bei Mohi am 11. April 1241", in: Siebenbürgische Semesterblätter 2 (1988), S. 150–162. Wer sich für die Steppenreiter und ihre historische Rolle in einem breiteren Kontext interessiert, sei immer noch auf René Grousset: „Die Steppenvölker. Attila, Dschingis Khan, Tamerlan" aus dem Jahr 1970 verwiesen.

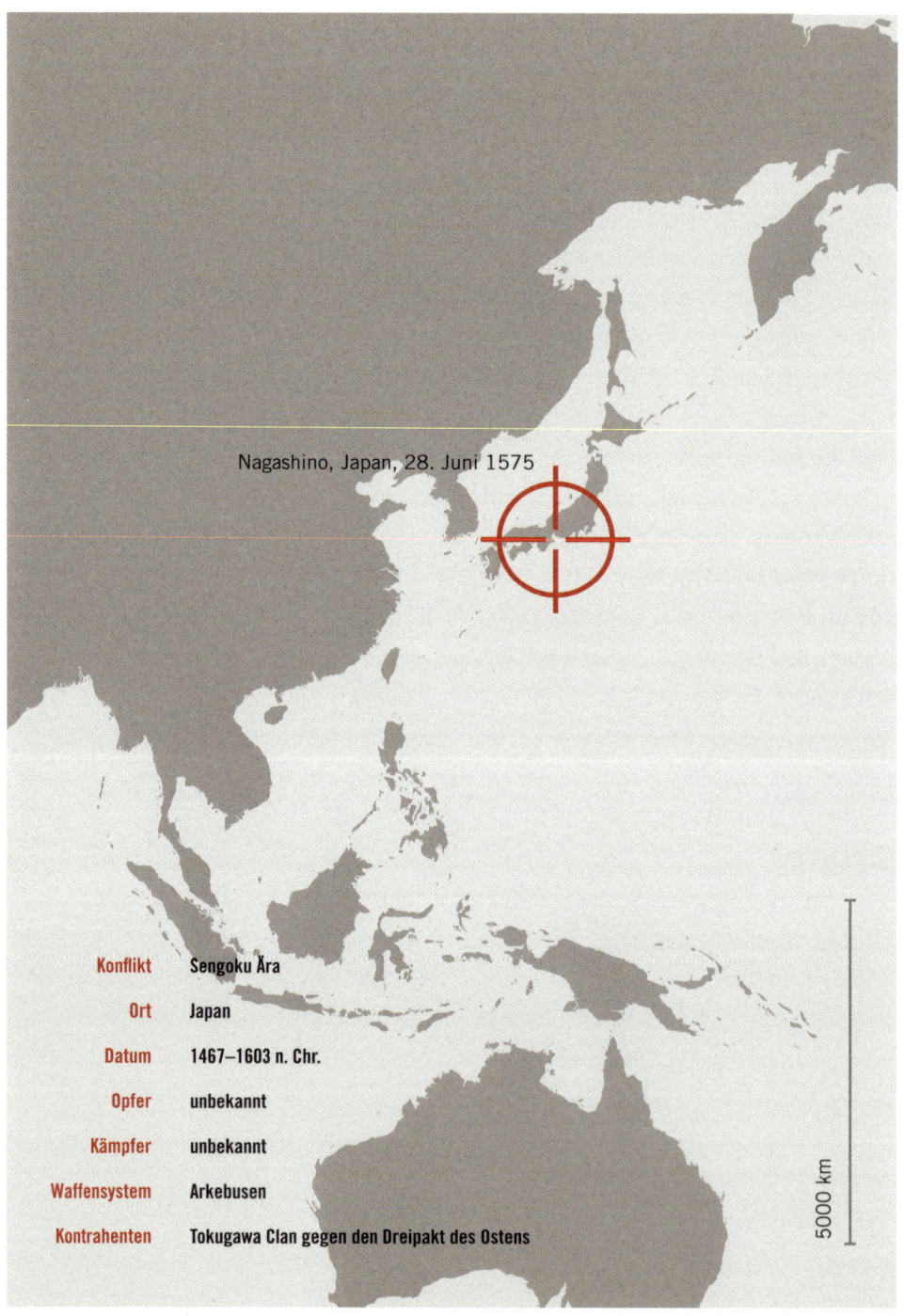

Nagashino, Japan, 28. Juni 1575

Konflikt	Sengoku Ära
Ort	Japan
Datum	1467–1603 n. Chr.
Opfer	unbekannt
Kämpfer	unbekannt
Waffensystem	Arkebusen
Kontrahenten	Tokugawa Clan gegen den Dreipakt des Ostens

5000 km

DER KRIEGSHERR
Oda Nobunaga

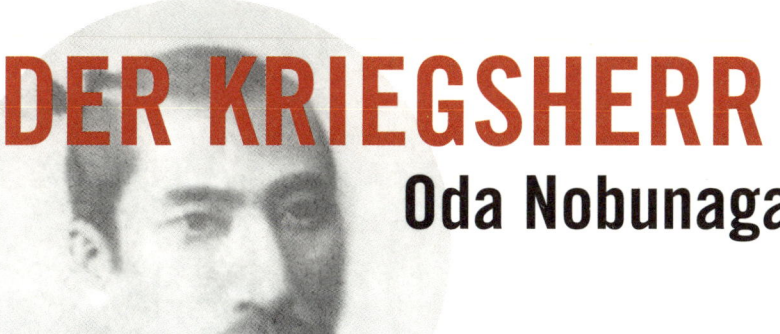

* 23. Juni 1534, Burg Nagoya
† 21. Juni 1582, Kyōto

Von der Mitte des 15. Jahrhunderts an tobte Japans hundertjähriger Krieg: Diese lange kriegerische Epoche ging als die „Zeit der Streitenden Länder", japanisch sengoku-jidai, in die Geschichte ein. Etwa 200 lokale Feudalherren – daimyōs – hatten während des Machtverfalls des Ashikaga-Shōgunats die Kontrolle über die Provinzen an sich gerissen. Ihre Stellung beruhte nun nicht mehr auf der Anerkennung durch die machtlose Zentralregierung in Kyōto, sondern auf Landbesitz und militärischer Stärke. Von ihren befestigten Burgen aus kontrollierten sie die umliegenden Territorien und fochten in ständig wechselnden Koalitionen blutige Fehden mit ihren Nachbarn aus. Mitte des 16. Jahrhunderts, nach zwei Generationen Krieg, hatte sich eine Handvoll als führende Kontrahenten um die Hegemonie in Japan herauskristallisiert. Einer von ihnen war Nobunaga aus dem Klan der Oda. Nobunaga war schon von Jugend an für seine exzentrische Persönlichkeit berüch-

tigt. Doch bewies er nicht nur militärisches Geschick, sondern auch politische Intelligenz jenseits der starren Grenzen des herrschenden Kastensystems: Nobunaga förderte Talente aus niederen Schichten, zerschlug den ökonomischen Würgegriff der privilegierten Gilden, führte das Berufssoldatentum ein und ließ christliche Missionare in seinem Herrschaftsbereich wirken. Sein Kampf als Verbündeter des ersten Reichseinigers Tokugawa Ieyasu erlaubte ihm, seine persönliche Macht zu festigen. Als dessen Alliierter marschierte Nobunaga vor die Burg Nagashino, wo er der gefürchteten Kavallerie der Takeda, Höhepunkt der Reiterkriegertradition der Samurai, gegenüberstand. 3000 tanegashima, nach portugiesischem Vorbild hergestellte Gewehre, sollten an diesem Tag in der ersten modernen Schlacht Japans den Ausschlag geben. Das Zeitalter der Feuerwaffen war angebrochen. Das Jahrhundert der daimyōs neigte sich seinem Ende zu.

Sich auf einen Kampf einzulassen, bedeutete für die längste Zeit der Menschheitsgeschichte, dass man den eigenen Körper, verlängert um eine Waffe, in die Reichweite
des Körpers eines anderen Menschen und seiner Waffe bringen musste. Selbst Fernwaffen waren nur Verlängerungen des menschlichen Körpers. Die in ihnen gespeicherte Energie musste zuerst durch den Anwender in sie investiert werden. Stärkere
Krieger konnten Bögen mit mehr Zugkraft spannen, genauso wie sie schwerere
Nahkampfwaffen mit mehr Wucht auf das Haupt des Gegners niederfahren lassen
konnten. Das Kriegshandwerk – genauso wie andere Schwerarbeit – schrieb sich
in den Körper des Kämpfers ein: Bogenschützen erkennen Anthropologen noch an
ihrem Skelett an den Ansatzpunkten für die hypertrophen Muskeln der Arme und
Schultern. Die physische Kraft des Kriegers war ein wesentlicher Faktor, weswegen
Krafttraining, aber auch Ernährung, Größe und sogar die körperlichen Unterschiede zwischen den Geschlechtern kleine, aber kumulative Faktoren in der tödlichen
Gleichung waren, die über Sieg und Niederlage in einem Zweikampf entschied. Ein
einziger kritischer Treffer bestimmte meist den Ausgang. Der folgende Todesstoß
brachte den Kampf dann nur noch zu Ende.

Neben der körperlichen Kraft des Kriegers war die Gewandtheit der zweite Faktor
im Umgang mit der Waffe. Ein potentieller Treffer mochte noch so wuchtig sein, wurde er nicht erfolgreich gelandet, blieb er wirkungslos. Hier zeigte sich durchwegs,
dass lebenslanges, schon in früher Kindheit einsetzendes Training in der Kriegskunst
wie auch im Leistungssport ausschlaggebend für einen Erfolg sind. Individuelles
Talent war hilfreich, aber selten ausreichend. Hoch entwickelte Kampfesweisen wie
der Lanzenstoß vom Pferd, der gezielte Schuss des berittenen Bogenschützen, der
Schwertkampf zu Fuß – all das vorzugsweise in schwerer Rüstung – erforderten die
körperliche Verinnerlichung anforderungsreicher Bewegungsabläufe, was eben nur
durch jahrelanges, intensives Training möglich ist. Ritter und Samurai übten von
Kindesbeinen an mit den Waffen ihrer Wahl. Letztere fanden in zen-buddhistischen
Meditationstechniken die ideale Ergänzung der traumwandlerischen Sicherheit, die
für die Beherrschung einer Kampfkunst notwendig ist. Nicht zu denken, sondern
zu tun, war immer das Geheimnis des erfolgreichen Kriegers. Nicht der Verstand,
sondern antrainierte Reflexe entscheiden über Leben und Tod.

Krieg ist aber auch ein „Mannschaftssport". Deswegen sind begabte Einzelkämpfer nur
so gut, wie die sie umgebende Truppe. Ihr Einfluss auf den Ausgang der kriegerischen

Ein Samurai: Nach der Öffnung des Landes 1853 fangen Fotografen das alte Japan ein, in dem scheinbar die Zeit stehenblieb, das aber in Wirklichkeit nur darauf wartete, wachgeküsst zu werden.

Begegnung nimmt ab, je weniger ein Einzelner in Hinblick auf das Ganze auszurichten vermag. Je größer Armeen werden, desto weniger bedeutet die Waffenkunst des Einzelnen, umso mehr entscheiden Disziplin und Zusammenhalt der Truppe über den Ausgang der Schlacht. Die Quantität des Truppenkörpers siegt ab einer gewissen Größe über die Qualität des individuellen Kriegers. Napoleon brachte diesen Umstand während seines ägyptischen Feldzuges auf den Punkt, als er die Leistung der besser disziplinierten, aber individuell weniger trainierten französischen Kavallerie über die ägyptischen Mameluken, Angehörige einer traditionellen Kriegerelite, beschrieb: „Zwei Mameluken waren drei Franzosen unbedingt überlegen; 100 Mameluken standen 100 Franzosen gleich; 300 Franzosen waren 300 Mameluken gewöhnlich überlegen, 1.000 Franzosen warfen jedesmal 1.500 Mameluken."

In dem Moment, wo die Qualität des einzelnen Kriegers mit der Größe der Armeen an Bedeutung verliert, passiert etwas Epochales: Quantität schlägt in Qualität um. Eine Revolution findet statt.

Streitende Länder

Nagashino ist eine Festung auf der Ebene von Shitaragahara in der Provinz Mikawa im regenreichen, bergigen Zentrum der japanischen Hauptinsel Honshu. Durch ihre Lage zwischen den Hauptstädten Kyoto und Edo begünstigt, lebte die Region in Friedenszeiten gut vom Handel. Nun, in Zeiten der Anarchie und des Krieges, war sie in zahlreiche Kleinherrschaften zerfallen, die zwischen den mächtigen Fraktionen der Zeit der streitenden Länder aufgerieben wurden. So wurde Mikawa zum Austragungsort heftiger Kämpfe zwischen dem örtlichen Ableger des Ashikaga-Klans, den Imagawa, die ihren Hauptsitz auf der gleichnamigen Burg hatten, und dem dominanten Kriegsherren der Gegend, Tokugawa Ieyasu. In der Schlacht von Okehazama 1560 schlug dessen Vasall, Oda Nobunaga, die örtliche Opposition und machte sich mit demselben Streich zum mächtigsten Feudalherren in der Region und zu Ieyasus wertvollstem Verbündeten.

Fünfzehn Jahre gingen ins Land. Nobunaga schlug sich tapfer im Auftrag seines Herrn, köchelte aber, wie fast jeder Kriegsherr dieser unruhigen Zeit, nebenher an seinem eigenen Süppchen. Am Beginn der 1570er Jahre sahen sich die Tokugawa einer Allianz von Clans unter der Führung der ehrwürdigen Takeda gegenüber, welche die mächtigsten Häuser des Ostens, die Hōjō und Imagawa, zu Verbündeten hatten. Takeda Shingen, der bedeutendste Kriegsherr seines Hauses, hatte einige Zeit zuvor die Kavallerie der Takeda reformiert und den vorher individuell kämpfenden Samurai beigebracht, in geschlossener Formation anzugreifen. Die neuesten taktischen Entwicklungen auf dem Schlachtfeld, vor allem der Einsatz immer größerer Einheiten von in Formation kämpfenden Fußsoldaten, hatten diese Reform notwendig gemacht. Shingen galt als der einzige Kriegsherr Japans, dem ein erfolgreicher Widerstand gegen die Tokugawa und ihre Verbündeten zuzutrauen war. Seine anfänglichen Erfolge bestätigten diese Hoffnung. In der Schlacht von Mikatagahara bezwang er 1572 Tokugawa Ieyasu in offener Feldschlacht. Der einziger seiner Zeitgenossen, dem das gelingen sollte. Doch dann, am 12. März 1573, starb er überraschend in seinem Feldlager. Manche sagen, eine alte Wunde hätte sich entzündet, andere behaupten, ein Heckenschütze hätte die Hoffnung der Takeda tödlich verwundet. Sein Sohn und Erbe Takeda Katsuyori setzte den Feldzug des Vaters fort. Die Glückssträhne der Takeda schien zu halten. 1574 gelang ihm die Einnahme der Festung Takatenjin, an der sein Vater noch gescheitert war. Sein nächstes Ziel war Nagashino.

Der Verteidiger von Nagashino war Okudaira Sadamasa. Für ihn war die Belagerung eine ganz persönliche Angelegenheit: Takeda Shingen hatte die Okudaira, frühere Vasallen der Tokugawa, gezwungen sich nach einer Niederlage seiner Seite anzuschließen. Eine Politik, die alle Kriegsherren dieser Ära betrieben. Pflichtgetreu marschierte Sadamasa in den Krieg um Mikawa, um dann beim Tod seines Bezwingers rasch wieder die Seiten zu wechseln und seine Leute in das Lager der Tokugawa zurückzuführen. Takeda Katsuyori ließ als Sühne für den Verrat Sadamasas Frau und seinen Bruder, die er als Geiseln hielt, kreuzigen. Als die 15.000 Mann der Takeda vor den Toren der Festung aufmarschierten, wusste der Überläufer, mit Gnade ist nicht zu rechnen. Mit entsprechend verzweifelter Sturheit verteidigte er daher die Burg, was Tokugawa Ieyasu und Oda Nobunaga Zeit gab, eine beeindruckende Entsatzstreitkraft von 38.000 Mann heranzuführen; darunter 3.000 mit Arkebusen ausgerüstete Soldaten Nobunagas.

Arkebusen

Arkebusen sind sogenannte Luntenschlossgewehre. Die Japaner nannten sie *teppō* („Eiserne Kanone") oder *tanegashima*, nach dem Ort, an dem sie zuerst von portugiesischen Händlern ins Land gebracht wurden. Die glühende Lunte, ein langsam brennendes Stück imprägnierter Schnur, ist in einer Halterung, dem „Hahn", eingespannt, die durch einen Auslöser freigegeben wird. Eine Feder schnellt den Hahn und damit die Lunte nach unten, wo sie auf die Pulverpfanne, eine Art Schüsselchen an der Seite des Laufes, trifft. Sie entzündet – im Durchschnitt aber nur jedes zweite Mal – das Schießpulver in der Pfanne, dessen blitzartige Verbrennung sich durch

Nobunagas Arkebusen in der Schlacht von Nagashino.

eine Bohrung in den Lauf ausbreitet und dort die Hauptladung zündet. Im Bruchteil einer Sekunde verbrennt diese und setzt dabei Gase frei, welche aufgrund der Verbrennungshitze das 3600fache des Raumes des ursprünglichen Pulvers einnehmen. Dieser plötzliche Volumenszuwachs des expandierenden Gases treibt das vorsorglich im Lauf deponierte Geschoss – eine Bleikugel von der Größe einer Murmel – in einer Zehntausendstelsekunde zur Mündung und beschleunigt es dabei auf eine Geschwindigkeit, die jedes von Menschenhand abgeschossene Projektil weit in den Schatten stellt. Selbst in Anbetracht der Tatsache, dass ein oft unregelmäßig gegossenes und durch die brutale Beschleunigung meist schon deformiertes Bleikügelchen geradezu erbärmliche aerodynamische Eigenschaften hat, erreicht es doch in etwa dieselbe Reichweite wie gängige Bögen oder Armbrüste und fliegt dabei aufgrund der hohen Anfangsgeschwindigkeit auf eine lange Strecke mehr oder weniger geradeaus, ehe Luftwiderstand und Schwerkraft ihre Wirkung entfalten.

Die Zielgenauigkeit der Waffe ist im Vergleich trotzdem miserabel, und ihre Fehleranfälligkeit hoch: Kugeln verklemmen sich im Lauf. Im schlimmsten Fall fliegt dem Schützen die Waffe um die eigenen Ohren, weil der Gasdruck nicht anders entweichen kann und den Lauf sprengt. Pulver zündet nicht, weil sich die Komponenten

– Holzkohle, Salpeter und Schwefel – durch schlechte Lagerung entmischt haben. Bei feuchtem Wetter ist die Waffe unbrauchbar, weil entweder die Lunte ausgeht oder das Pulver aufgrund von Unreinheiten im Salpeter Feuchtigkeit angezogen hat und sich damit nicht länger entzünden lässt. Die dauernd brennende Lunte verrät den Schützen im Hinterhalt bei Tag durch Rauch und bei Nacht durch einen weithin sichtbaren Lichtpunkt – wie eine glimmende Zigarettenspitze.

Der Pulverdampf brennt in den Augen, kratzt im Hals, hängt träge in der Luft und hüllt nach wenigen Salven das Schlachtfeld in einen graugelben Nebel, der den Schützen vollends die Sicht nimmt.

Der Ladevorgang ist kompliziert und langwierig. Er erfordert, dass der Schütze die Lunte aus dem Schloss entfernt und in sicherer Entfernung von der Pulverladung, mit der er nun zu hantieren beabsichtigt, hält. Danach füllt er die Pulverpfanne aus seiner Pulverflasche, verschließt sie mit einem eigenen kleinen Deckel, damit das Pulver nicht herausfällt, wenn er nun die Waffe absetzt. Von oben füllt er Pulver, die Kugel und ein kleines Stück zusammengeknülltes Papier in den Lauf ein und stößt alles mit einem Ladestock, den er einer Halterung unter dem Lauf entnommen hat, nach unten. Das Papier verhindert, dass die Kugel, deren Durchmesser natürlich geringer sein muss, als der des Laufs, bei Neigung der Waffe wieder herausrollt! Nachdem der Ladestock wieder an seinem Platz verstaut ist, wird die Waffe angelegt und die Lunte wieder in den von Hand gespannten Hahn geklemmt. Vorsorglich bläst man sie an, damit das Feuer in ihr wieder zum Leben erwacht. Der Deckel der Pulverpfanne wird geöffnet. Die Arkebuse ist erneut schussbereit. Eine halbe Minute ist unter idealen Bedingungen seit dem letzten Schuss vergangen.
Während dieser ganzen Zeit steht der Schütze aufrecht auf dem offenen Schlachtfeld, feindlichem Beschuss und dem Angriff von mit Nahkampfwaffen ausgerüsteten Gegnern, besonders solchen, die sich rasch zu Pferd nähern können, schutzlos ausgeliefert, während er mechanisch immer wieder denselben Vorgang wiederholt: laden, anlegen, schießen. Es gibt kaum eine Art der Kriegsführung, die so viel Kaltblütigkeit verlangt; kaum eine, die weniger mit individuellem Können oder Heldentum zu tun hat. Der Tod in einem Feuergefecht ist zufällig. Die Kugel trifft, wen sie will, die fliegenden Boten des Todes machen keinen Unterschied; edel oder gemein, mutig

oder feige. Die Feuerwaffe ist der große „Gleichmacher" – lange schon vor Samuel Colt.

Schießpulver

Der Weg des Schießpulvers nach Japan führte über Europa. Begonnen hat er aber in China. Es besteht heute kein Zweifel mehr, dass das explosive Gemisch aus Salpeter, Schwefel und Holzkohle im 9. Jhd. n. Chr. von chinesischen Alchemisten erfunden worden war, die sich auf der Suche nach dem Elixier des ewigen Lebens befanden. Unter zahlreichen Gemischen mit ungewöhnlichen Eigenschaften findet sich in alchemistischen Werken dieser Zeit eines, das als „Feuerdroge" bezeichnet wird und bereits – noch verunreinigt durch im Endeffekt unnötige Zutaten – diese drei Grundkomponenten enthält. Da aber Salpeter, der Hauptbestandteil, chemisch am schwierigsten zu beherrschen war, sollte es noch einige Jahrhunderte dauern, bis aus einem rasch unter großer Rauchentwicklung verbrennenden Gemisch ein echter Sprengstoff werden sollte. Entgegen verbreiteter Vorurteile entwickelten die Chinesen auch die militärischen Anwendungen ihrer Feuerdroge weiter, nutzten sie aber vorzüglich als Brand- und Sprengwaffe und erst in zweiter Linie, um Projektile abzufeuern. Ihre Hauptgegner, die Reiternomaden der eurasischen Steppen, ließen sich durch Raketen, Feuerlanzen und Bomben eher beeindrucken als durch Kanonen töten. Dafür standen sie einfach nicht lange genug still.

Durch Vermittlung der Araber gelangte die Feuerdroge im 13. Jhd. nach Europa, wo ihr eine steile, militärische Karriere bevorstand. Dort, am anderen Ende der großen, eurasischen Landmasse, hatten in den vergangenen tausend Jahren gepanzerte Reiterkrieger die Schlachtfelder beherrscht, gegen die Fußtruppen nur unzureichend bestehen konnten. Die Armbrust hatte das Gleichgewicht in spezifischen Nischen – etwa bei Belagerungen – erschüttert, doch blieb die Stärke europäischer Herrscher im Wesentlichen immer noch davon abhängig, wie viele gepanzerte Ritter sie ins Feld führen konnten. Das defensive Gegenstück zum Panzerreiter war über lange Jahrhunderte hinweg die Burg. War das Zahlenverhältnis ungünstig, konnte man sich hinter den so gut wie uneinnehmbaren Mauern verschanzen. In den folgenden zähen Belagerungen spielten die Qualitäten der Ritterschaft nur eine sehr untergeordnete Rolle. Ein wesentlicher Teil ritterlicher Kriegsführung, die sogenannten *Chevauchée*, hatte folglich den Zweck, durch systematische Plünderung und Brandschatzung den Feind zum Verlassen seiner festen Plätze und zur offenen Feldschlacht zu „ermuntern". Krieger aus Regionen außerhalb von Europas feudalem Kern, denen keine große Zahl an Rittern zur Verfügung stand, hatten bewiesen, dass disziplinierte Fußtruppen mit Stangenwaffen in der Lage waren, einem Ritterangriff zu widerstehen. Die Engländer hatten die Nützlichkeit von massenhaft eingesetzten, gut trainierten Bogenschützen kennengelernt. Im europäischen Hundertjährigen Krieg zwischen den Kronen Englands und Frankreichs setzten sie diese Waffe mehrfach erfolgreich ein, um überlegenen Ritterheeren Paroli bieten zu können. Flamen, Schotten und Schweizer entdeckten, dass dichte Haufen von Fußtruppen mit Stangenwaffen einem Reiterangriff widerstehen konnten. Stangenwaffen und Langbogen waren die ersten Instrumente, mit deren Hilfe die Gesetzmäßigkeit von Quantität und Qualität ausgenutzt werden konnte. Handfeuerwaffen erschienen erst in nennenswerter Zahl auf den Schlachtfeldern, als die Revolution schon voll im Gange war; sie hatten einen Umweg über Belagerungen genommen und so geholfen, die andere Komponente des feudalen Militärsystems Europas in Trümmer zu legen.

Der Weg der Kanone

Belagerungen waren eine mühsame und langwierige Sache. Auf so gut wie jeder Burg, die man heute besichtigen kann, wiederholt der Führer stereotyp, dass sie nie eingenommen wurde. Das trifft auch zumeist zu, war die gewaltsame Erstürmung eines befestigten Platzes doch das letzte, was Belagerer wie Verteidiger erleben wollten. Für die Belagerer bedeutete es eine mörderische Attacke unter dauerndem Beschuss, die Gefahr von Steinen zermalmt, siedendem Öl verbrannt oder von einer lächerlich wackeligen Leiter gestoßen zu werden. Für die Verteidiger wartete nach der Einnahme nur der Tod, wurde die Besatzung von Burgen, die sich nicht ergeben wollten, doch gemäß dem Kriegsrecht massakriert. Den Frauen und Angehörigen stand dasselbe und noch Schlimmeres bevor. Deswegen wurden die meisten Burgen und befestigten Städte, in denen noch viel mehr Menschen viel mehr zu verlieren hatten, nach „angemessen" langem Widerstand übergeben.

Belagerungen waren also vor allem ein „Wartespiel", bei dem Belagerter wie Belagerte damit blufften, wie lange sie durchhalten könnten. Zwar baute man Belagerungsmaschinen und setzte sie auch ein, um Mauern, Tore und Ziele innerhalb der Befestigung zu beschießen, doch waren diese mechanischen Wurfmaschinen aufgrund ihrer ballistischen Eigenschaften nicht wirklich geeignet, eine gut gebaute Festungsmauer oder gar eine günstig gelegene Burg sturmreif zu schießen. All das änderte sich mit der Kanone.

Die Nachteile der ersten Bombarden – so nannten sich diese meist gewaltigen, eisengeschmiedeten oder bronzegegossenen Geschütze, die ab dem 14. Jahrhundert in Erscheinung treten – waren Unbeweglichkeit und Langsamkeit. Manche konnten maximal ein paar Schuss pro Tag abgeben. Doch das spielte im Wartespiel der Belagerung keine wesentliche Rolle. Ihre psychologische Wirkung andererseits konnte sich hier voll entfalten: Die Langsamkeit, mit der sie gezogen durch Dutzende Ochsengespanne herbeigeschafft, aufgebaut und vorbereitet wurden. Das Dröhnen des Schusses, des lautesten menschengemachten Geräusches ihrer Zeit – promethischer Donner, durch infernalische Kunst vom Himmel geholt –, das man ebenso mit dem Körper spüren wie mit den Ohren hören konnte. Der Einschlag der gewaltigen Steinkugel, der die Mauern erbeben ließ. Das Wissen um die ruinösen Kosten, die jeder einzelne Schuss bedeutete; ganz zu schweigen von denen für die Herstellung des Geschützes und den Unterhalt der Geschützmeister, Helfer und Zugtiere, die zu seiner Bedienung notwendig waren. All dies suggerierte dem Belagerten, dass es der Angreifer sehr, sehr ernst meinte. Und mehr brauchte es in vielen Fällen gar nicht.

Die neue Technologie entwickelte sich während des 15. Jahrhunderts an mehreren Fronten weiter. Fortschritte in der Metallurgie ermöglichten es, kleinere und damit beweglichere Geschütze zu bauen, da man nicht mehr auf dieselbe große Wandstärke wie bei den Bombarden angewiesen war, um dem Gasdruck zu widerstehen. Ebenso konnte man die von den Wurfmaschinen übernommenen Steinkugeln durch gegossene Eisenkugeln ersetzen, die bei gleichem Kaliber ein Vielfaches an Gewicht und damit Zerstörungskraft besaßen. Schließlich entwickelte man im frühen 16. Jahrhundert einen Prozess zur künstlichen Gewinnung von Salpeter, der bisher das kostspielige Nadelöhr beim Gebrauch von Feuerwaffen gewesen war. Durch die gleichzeitige Einführung eines zuerst sicherheitsbedingten Zwischenschrittes bei der gefährlichen Pulverherstellung stieß man zufällig darauf, dass gekörntes Pulver, also Schießpulver, das nicht als feiner Staub, sondern als winzige Klümpchen vorlag, eine ungleich höhere Kraft entfaltete, weil sich so die für die Verbrennung wichtige Oberfläche des Gemisches vervielfachte. Dies wiederum ermöglichte es,

Die Burg von Osaka vor der modernen Skyline der Stadt. Die Kriegsherrn der Sengokuzeit überzogen Japan mit Festungen, deren ausgedehnte Areale – heute von Bäumen gesäumt – ihren zahlreichen Gefolgsleuten Schutz boten.

mit noch leichteren Geschützen mit entsprechend widerstandsfähigeren Rohren und kleineren Mengen des teuren Pulvers dieselbe Wirkung zu erzielen wie mit den alten Riesengeschützen. Der massenhaften Herstellung und Einsatz von Kanonen – *canna*, lateinisch, ist das „Rohr", wie in Schilfrohr – stand nun nichts mehr im Wege. Aus der technischen Aufgabe war eine bloße Kostenfrage geworden.

Dieselben Innovationen, die leichtere Geschütze ermöglicht hatten, brachten schließlich Leute auf die Idee, sehr leichte Feuerwaffen herzustellen, die ein Mann allein tragen und auch einsetzen konnte. Sie kamen gerade rechtzeitig, um auf den Schlachtfeldern Europas eine nützliche Rolle zu spielen. Diese wurden mittlerweile von Blöcken von Fußtruppen, sogenannten „Haufen", beherrscht, die sich aus den spießbewaffneten Formationen des Spätmittelalters entwickelt hatten.

Wie konnte aber eine Waffe wie die Arkebuse – deren Nachteile wir schon ausführlich kennengelernt haben – hier die geeignete Lösung sein? Der Krieg, scheint es, macht seine eigenen Gesetze und zehntausend Kilometer weit weg, am anderen Ende

Eurasiens, gibt er dieselben Antworten auf dieselben Fragen.

Böse Banden

Während diese Entwicklungen in Europa abliefen, ging in Japan das Ashika-ga-Shogunat im sogenannten Ōnin-Krieg (1467–1477) unter, der die Bühne für das Sengoku-Zeitalter bereiten sollte. Die Hintergründe dieses früheren Kriegs spielen hier keine Rolle, bedeutsam ist, dass der Ōnin-Krieg ähnliche taktische und daraus folgende politische Entwicklungen in Gang setzte, wie die Kriege in Europa ein Jahrhundert zuvor. Die japanischen Ritter, die Samurai, waren ebenso wie ihre europäischen Standesgenossen Vasallen mächtiger Herren, die ihre Dienste durch Zuweisungen von Land und Einnahmequellen entlohnten. Anders als ihre westlichen Gegenstücke

war ihre bevorzugte Kampfesweise die des berittenen Bogenschützen. Die Zweitwaffe war das Schwert, das – nicht anders als in Europa – zur Verkörperung des Kriegers selbst wurde, zur „Seele des Samurai". Als Bogenschützen hatten sie keine Hand frei, um einen schützenden Schild zu führen. Deswegen entwickelte sich schon bald eine Vollkörperrüstung, die aber – dem Klima des Landes und der Bedrohung durch Pfeile und Schwerter angepasst – leichter ausfiel als am anderen Ende des Kontinents, wo die Rüstung schon früh dem wuchtigen Lanzenstoß und tödlichen Armbrustbolzen widerstehen musste. Wie in Europa wurden die Samurai von aus der Bauernschaft ausgehobenen Fußtruppen unterstützt, die sich lange als ähnlich unterlegen erwiesen wie ihre westlichen Kollegen. Regelmäßig wurden ihre lockeren Formationen von berittenen Samurai zersprengt und die verstreuten Fußkrieger gnadenlos niedergeritten. Hier wie dort zeigte sich im Laufe des 14. Jahrhunderts, dass Massen

Die Schlacht an der Schiffsbrücke über den Nagaragawa. Das Zeitalter der „Bösen Banden" und Massenheere der Sengoku-Zeit wirft seine Schatten voraus. Japan ist auf dem Weg in die militärische Moderne.
Farbholzschnitt von Utagawa Kuniyoshi (1797–1861), um 1842/43

von mit Speeren bewaffneten Fußkämpfern unter den richtigen Bedingungen Reiterangriffen standhalten konnten. *Akutō* – „Böse Banden" – nannte man sie bald, stellten sie doch die Vorherrschaft des Samurai-Adels auf den Schlachtfeldern keck in Frage. Kein Wunder, dass man ihnen auch sonst alle möglichen Untaten zutraute – oder zumindest zuschrieb.

Mit dem Ōnin-Krieg treten ihre Nachkommen unter dem neuen Namen *Ashigaru* („Leichtfüßige") in Erscheinung und bilden Fußtruppen, die zuerst als leichte Plänkler ihr Unwesen treiben, mit dem Fortgang der Sengoku-Periode aber immer disziplinierter und besser ausgerüstet, vor allem aber zahlreicher werden. Und sie nehmen, wie ihre westlichen Kollegen, eine neue Waffe an, die Pike, einen Speer von mehreren Metern Länge, der sich nur in einer Formation von vielen, gleich bewaffneten disziplinierten Kriegern sinnvoll einsetzen lässt. Ihre Überlegenheit über Kavallerie konnten sie in den Kämpfen um die Hauptstadt Kyoto unter Beweis stellen. Auch in Japan beherrschen also am Ende des 15. Jahrhunderts Haufen von Pikenieren die Schlachtfelder und die einst kriegsentscheidende Kavallerie konnte sich nur mehr in kleineren Scharmützeln beweisen, bis Takeda Shingen sie zu einer ebenso disziplinierten Kampfesweise erzog, wie die verachteten Fußtruppen sie vorgemacht hatten. Alle Faktoren für den Siegeszug der Arkebuse waren nun vorhanden: Die großen Formationen und die Disziplin der Fußtruppen sowie die Notwendigkeit, sie rasch und zahlreich aus der Zivilbevölkerung auszuheben. Wo große Formationen von dicht gedrängten Pikenieren oder geschlossene Reiterabteilungen sich als Ziel anbieten, kommt bald jemand auf die Idee, auf sie zu schießen. In Japan, wo trotz des chinesischen Vorbildes die Armbrust keine Rolle spielte, ist die einzige dafür verfügbare Fernwaffe der Bogen. Samurai sind im Gebrauch dieser Waffe trainiert, Ashigaru wurden ebenfalls an ihr ausgebildet. Der hochtrainierte Samurai übte von Kindesbeinen und brachte es zu einer dementsprechenden Treffsicherheit. Die einzig effektive Weise, aus der Zivilbevölkerung ausgehobene Ashigaru am Bogen auszubilden, war, ihnen wie den englischen Langbogenschützen das Salvenfeuer auf vorgegebene Distanz beizubringen.

Masse, nicht individuelle Treffsicherheit, machte hier die Wirkung der Waffe aus. Bei dieser Einsatzweise treten nun aber die Vorteile der Feuerwaffe zutage.

Die in ihr gespeicherte Kraft entspringt der chemischen Energie der Schießpulverreaktion. Die physische Stärke des Schützen spielt keine Rolle. Unterernährte, untrainierte, vom Marsch ermüdete Fußtruppen können eine Arkebuse mit derselben tödlichen Wirkung abfeuern wie ein hochgezüchteter Kämpfer seinen Bogen unter den besten Umständen. Die Routine von Laden-Anlegen-Schießen ist eine monotone und ermüdende, bei Weitem aber nicht so anstrengende Arbeit wie Bogenschießen. Treffsicherheit spielt bei den in Masse schießenden Ashigaru hier wie dort keine wirkliche Rolle. Trotzdem ist es leichter, einen Mann an der Arkebuse als am Bogen auszubilden. Der Bogenschütze muss mit jeder Faser des Körpers erlernen, welche Kraft, Körperhaltung und Ausrichtung des Bogens den Pfeil auf die gewünschte Schussbahn befördert. Der Arkebusier lernt lediglich eine Routine von Abläufen. Jeder Sportler weiß: Das Hirn lernt schneller als der Körper. Zwölf Jahre lang dauert es, so sagen westliche Quellen, um einen guten Bogenschützen auszubilden. Eduard III. von England verbot daher seinen Untertanen jeden anderen Sport und zwang sie, jeden Sonntag mit dem Bogen zu üben. Um einen Arkebusier zu drillen, reichen zwölf Wochen.

Die Herstellung einer Arkebuse ist – sind die notwenigen metallurgischen und mechanischen Kenntnisse einmal vorhanden – durchaus nicht aufwändiger als die eines guten Bogens. Und nur ein guter Bogen, von einem starken Mann gespannt, kann mit der Zerstörungskraft der Feuerwaffe mithalten. Das Geschoss schließlich, das diese entfaltet, ist in einem Fall eine komplexe Konstruktion aus einem möglichst geraden Schaft, einer geschmiedeten, eisernen Spitze und ausgewählten Federn, die von spezialisierten Handwerkern mit Hilfe von Klebstoff und Schnur präzise zu einem Pfeil verbunden werden müssen. Im anderen Fall handelt es sich um eine Bleikugel, die in einem Gussvorgang massenhaft hergestellt werden kann. In der Eisenspitze eines Pfeils steckt mehr Energie, Metallwert und Arbeitskraft als in einem Dutzend Bleikugeln. Unter den Gesetzmäßigkeiten der großen Zahl erst beweist die Arkebuse also ihre Überlegenheit über den Bogen.

Oda Nobunaga war nicht der erste japanische Feldherr, der Feuerwaffen einsetzte. Sein unkonventioneller Verstand indes war es, der ihn die neue Waffe auch in einem neuen Licht sehen ließ und der ihn dazu brachte, sie nicht einfach als billigen Ersatz für den Bogen, sondern nach ihren eigenen Regeln anzuwenden.

Nagashino

In der Nacht hatte es heftig geregnet. Juni ist Regenzeit in Japan. Der 28. Juni 1575 versprach heiß und schwül zu werden. Morgendunst stieg von der feuchten Erde auf. Der Boden war matschig, doch das relativ offene Schlachtfeld schien ideal für den Einsatz von Kavallerie. Etwa ein Drittel der 12.000 Takeda waren beritten. Die Entsatzarmee hatte in der Nacht Position bezogen. Ihre Front verlief hinter dem Fluss Rengogawa von Norden nach Süden. Etwa 50 Meter vor der Hauptmacht hatte Oda Nobunaga eine Palisade aus Holz errichten lassen, hinter der seine 3.000

Arkebusiere in Stellung gingen. Das Kommando über sie hatte er sieben Mitgliedern seiner persönlichen Leibwache anvertraut. Die oft unzuverlässigen Gemeinen durften an diesem Tag keinesfalls wanken!

Um sechs Uhr morgens gab Takeda Katsuyori den Angriffsbefehl. In drei Gruppen zu je 3.000 Mann stürmten seine Truppen über das offene Gelände. Voran die gefürchtete Kavallerie der Takeda. Sie sollte die feindliche Streitkraft werfen. Das im Lauf folgende Fußvolk hatte dann nur mehr die Aufgabe, die zersprengten gegnerischen Truppen zu erledigen. Der Fluss verlangsamte ihren Ansturm. In diesem Moment eröffneten die Schützen der Oda das Feuer. Die Angreifer hatten Erfahrung mit Feuerwaffen. Vielleicht hatten sie deshalb noch mit einer langen Pause zwischen zwei Salven gerechnet, in der nachgeladen wurde. Doch unmittelbar nach der ersten folgte die nächste. Oda Nobunaga hatte seinen Truppen einen neuen Drill beigebracht: Sie feuerten in mehreren Reihen. Während die eine nachlud, war die nächste schon feuerbereit. 25 Jahre bevor Ähnliches in Europa ausprobiert werden sollte, hatte der Querkopf aus Japan die Logik der Feuerwaffen verstanden. Unter dem mörderischen Beschuss kam der Angriff der Takeda zum Stehen. Vereinzelte mutige Samurai, welche es bis an die Palisade schafften, wurden gnadenlos niedergemacht.

Beweis für den individuellen Mut der Krieger, wie für die geistige Starrheit ihrer Anführer, ist, dass sie es bis 9 Uhr vormittags noch mehrere Male mit derselben Taktik versuchten, bis Takeda Katsuyori selbst seine Reserve in die Schlacht warf und an der Spitze seiner Leibgarde angriff. Die Schlacht wurde zu einem blutigen Handgemenge, aus dem sich die Takeda erst lösen konnten, als Nobunaga seinen Truppen gegen ein Uhr mittags den Befehl gab, sich auf die Palisade zurückzuziehen. In der anschließenden Verfolgung der zurückweichenden Feinde fielen zahlreiche weitere Krieger. Etwa 10.000 Tote ließen die Takeda auf dem Schlachtfeld zurück. Die Oda hatten Verluste in der Höhe von 6.000 Kriegern. Viel wichtiger als die Niederlage und der folgende Rückzug Takeda Katsuyoris war aber die taktische Innovation dieses Tages. Oda Nobunaga hatte eine Methode entwickelt, die die Nachteile der Feuerwaffen durch Drill und kluge Vorbereitung ausglich. Sie sollte in den folgenden Kämpfen, die zur Einigung Japans unter dem Shogunat der Tokugawa führen wied, eine entscheidende Rolle spielen.

Schießpulver-Imperien

Nobunaga hatte die Logik des Schießpulvers intuitiv verstanden. Seine Reformen waren indes nicht einzigartig. Auch am anderen Ende Eurasiens siegten Disziplin und Zahl über individuelle kämpferische Fähigkeiten und bessere Ausrüstung. Zum ersten Mal seit der Antike wurde auch hier die Vorherrschaft des adeligen Reiterkriegers und seine feudale Macht in Frage gestellt.

Burgen, feste Plätze, ummauerte Städte waren im Feudalsystem die Garanten der Autonomie gewesen. Die Herrscher waren auf die Kooperation ihrer Vasallen mit ihren Panzerreitern angewiesen, denn wer sich hinter einer Mauer verstecken konnte, konnte die eigene Freiheit – das Mittelalter spricht von „Freiheiten" und meint damit Privilegien, die man dem Feudalherren so abzutrotzen vermochte – gegen seinen Lehnsherren jederzeit behaupten. Mit der Kanone wurde alles anders. Nun vermochte eine Batterie von Geschützen jede noch so feste Burg in kürzester Zeit zu knacken. Doch nur Herrscher über große Territorien, die sich die notwendigen Anfangsinvestitionen leisten konnten, waren in der Lage, einen entsprechenden Geschützpark aufzufahren. Das Gleichgewicht der Kräfte verschob sich so von den zentrifugalen Tendenzen im Feudalsystem zu den zentralisierenden Tendenzen der entstehenden nationalen Monarchien. Mit ihren Kanonen setzten die Könige und Fürsten ihre Macht durch und schufen ganz nebenbei eine neue politische Ordnung, in der die Krone allein die militärischen Machtmittel in der Hand hielt. In Europa wie in Japan waren die neuen, großen Armeen aus Fußtruppen und ihr beständiger Bedarf an Sold der Motor, welche die Verdichtung des Herrschaftsapparates vorantrieb und es den großen Fischen im Teich ermöglichte, die kleineren zu schlucken. Aus der feudalen Anarchie des Spätmittelalters erhoben sich nationale Monarchien – England, Frankreich, Spanien, Portugal – als Vorgänger der späteren Nationalstaaten.

Der Moderne Staat ist ein Kind des Kriegs; die Kanone seine Geburtshelferin.

Überall auf der Welt wurden Imperien im Feuer der Geschütze geschmiedet. Die Osmanen bezwangen die Mauern von Konstantinopel mit gewaltigen Bombarden, die sie sich noch von christlichen Renegaten gießen lassen mussten, doch schon bei ihrem weiteren Vorstoß auf dem Balkan marschierte im Kern ihrer Armee die „Neue

Oda Nobunaga als Manga-Held: Einäugig, schlampig gekleidet, mit wilden Haaren und einem irren Grinsen: Sein exzentrischer Charakter ist also in Erinnerung geblieben.
Erschienen bei Panini Manga. Drifters © Kohta Hirano 2016

Truppe" – Yeñiçeri; die gefürchteten Janitscharen, die Ende des 15. Jahrhunderts
bereits mehr Feuerkraft ins Feld führen konnten als die meisten westlichen
Armeen. Andere islamische Dynastien wie die Moguln in Nordindien, die persischen
Safawiden und die Sultane von Marokko folgten ihrem Vorbild. In Westafrika
handelten die Aschanti Sklaven gegen Musketen und stiegen so zur größten Militär-
und Handelsmacht in dieser Region auf. In der Neuen Welt zwang die mächtige
Irokesen-Konföderation ihre Nachbarn mit den Feuerwaffen in die Knie, die sie von
europäischen Händlern gegen Pelze eingehandelt hatte. Überall träumten Herrscher
unter dem Einfluss der „Feuerdroge" von Macht und Herrschaft. Doch statt des ewigen Lebens brachte sie tausendfachen Tod.

Nachlese

Über die Bedeutung des Schießpulvers ist natürlich eine Menge geschrieben worden. Detaillierte
und differenzierte Darstellungen stammen etwa von Kenneth Chase: „Firearms. A Global History
to 1700" (Cambridge 2003) und Jack Kelly: „Gunpowder: Alchemy, Bombards, and Pyrotechnics:
The History of the Explosive that Changed the World" (New York 2006). Zu den globalen Entwicklungen, die hier nur kurz angedeutet werden konnten, empfiehlt sich: Jeremy Black: „War in
the Early Modern World" (London 1999). Die aktuelle Biographie Nobunagas ist Jeroen Lamers:
„Japonius Tyrannus: The Japanese Warlord Oda Nobunaga Reconsidered" (Leiden 2000). Wer
bildgewaltig – aber natürlich mit der geziemenden künstlerischen Freiheit – die Schlacht von Nagashino sehen will, der schaue sich Akira Kurosawas „Kagemusha" an. Einen sehr guten Eindruck
von den Kriegen und Intrigen der Sengoku-Zeit gibt „Ran", Kurosawas Interpretation von
Shakespeares „König Lear".

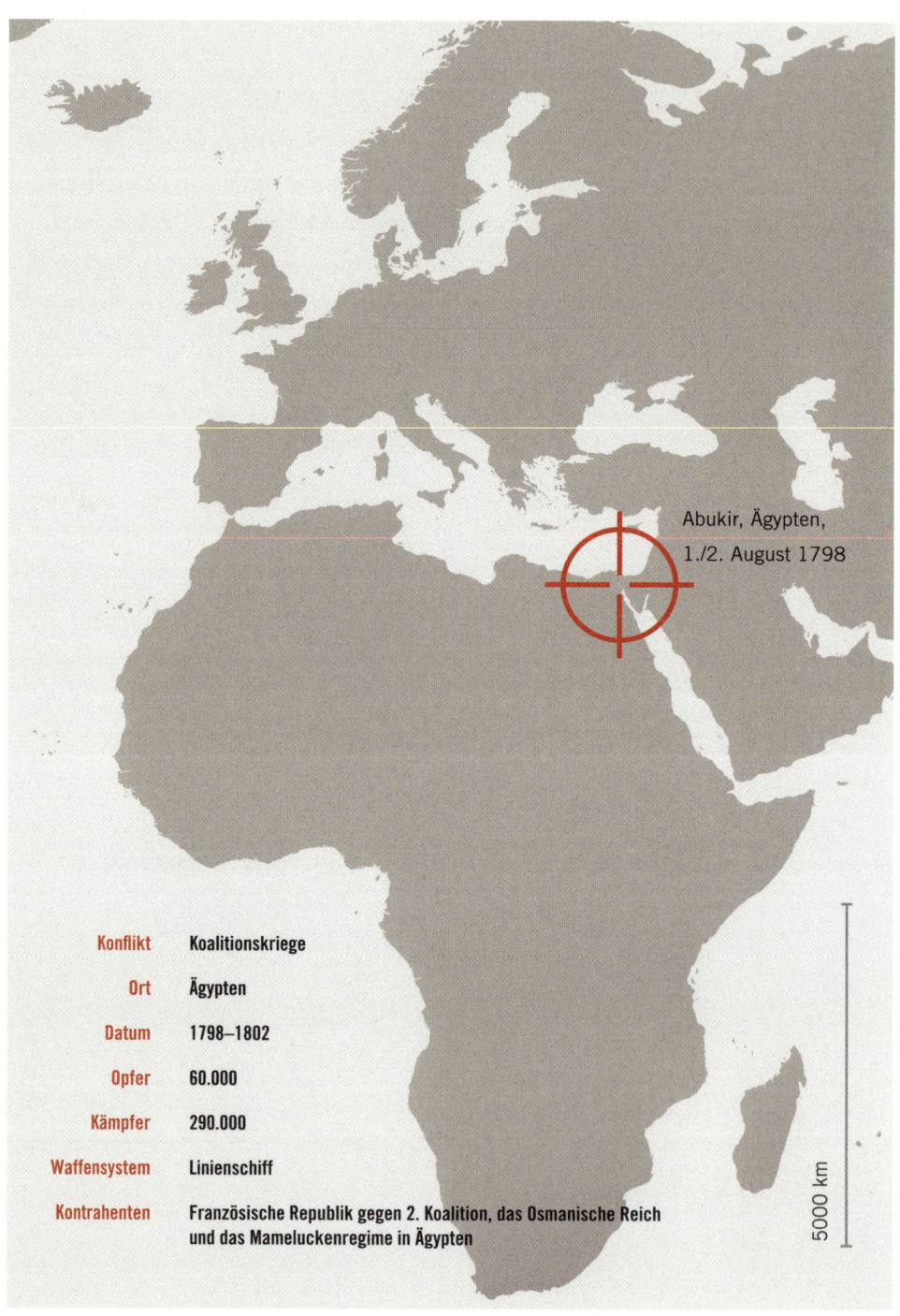

Abukir, Ägypten,
1./2. August 1798

Konflikt	Koalitionskriege
Ort	Ägypten
Datum	1798–1802
Opfer	60.000
Kämpfer	290.000
Waffensystem	Linienschiff
Kontrahenten	Französische Republik gegen 2. Koalition, das Osmanische Reich und das Mameluckenregime in Ägypten

5000 km

DER SEEOFFIZIER
Horatio Nelson

* 29. September 1758, Burnham Thorpe
┬ 21. Oktober 1805, Kap Trafalgar

Gerade 1,65 groß bei 60 kg Körpergewicht: ein schmächtiger Mann mit nur einem sehenden Auge und ohne rechten Arm – zeitlebens schwer seekrank. Ein nervöser Charakter, definitiv etwas hypochondrisch, der unter der Last der Verantwortung an Schlafstörungen und Appetitlosigkeit litt. Geboren in einem Pfarrhaus führte er eine skandalöse Dreiecksbeziehung mit einer verheirateten Frau, mit der er eine Tochter hatte, die er sogar öffentlich anerkannte. Das war der größte Seeheld Britanniens, ein Mann, den die Nation verehren sollte, wie keinen anderen und dessen Statue hochaufrecht auf der Säule in der Mitte des Platzes steht, der nach seinem größten Sieg benannt ist: Trafalgar Square. Dieser Mann wuchs in der Schlacht über sich selbst hinaus. Eiskalt, furchtlos, ein brillanter Taktiker, der gleichzeitig, entgegen der Tradition der ehrenwerten Institution der Royal Navy, jederzeit bereit war, Eigeninitiative seiner Offiziere zuzulassen und der sich in seiner Karriere mehr als einmal über die Befehle seiner Vorgesetzten hinweggesetzt hatte. Als erster Admiral besprach er sich regelmäßig mit seinen Kapitänen und diskutierte mit ihnen alle taktischen Szenarios, anstatt schwerwiegende Entscheidungen nur mit sich selbst auszumachen. Wenn man die schmächtige Gestalt aufrecht im feindlichen Feuer auf dem Achterdeck stehen sah, konnten keiner zweifeln, dass größere und stärkere Männer zu zumindest derselben Kaltblütigkeit fähig sein müssten. Kein Zufall also, dass er die Männer, die unter ihm dienten, zu geradezu fanatischer Loyalität animierte und seine Offiziere darum wetteiferten, seinen Beifall zu gewinnen. Am Höhepunkt seines Ruhmes – nach seinem Tod in der Schlacht – wurde er posthum zu einer frühen Pop-Ikone: Erinnerungsbildchen, Gedenkmedaillen, bemalte Trinkkrüge und Nippes mit seinem Konterfei wurden zu Tausenden hergestellt und begierig erworben. Horatio Nelson – Superstar!

Überall auf der Welt hatten schlaue Köpfe die Bedeutung des Schießpulvers verstanden und sich die neuen Feuerwaffen zu Nutzen gemacht. Schießpulver-Reiche sprossen allenorten auf und begannen, die Ökumene untereinander aufzuteilen. Das Feuerelixier hatte die Kriegsführung in der Alten Welt auf eine neue Stufe gehoben und die feudale Zersplitterung zugunsten zentralisierter Herrschaftsgebilde beseitigt, verlieh aber keiner Seite einen dauerhaften, unüberwindlichen Vorteil. Die Kanonen und Musketen der Habsburger und der Osmanen duellierten sich auf dem Balkan unter lautem Getöne von „Jihad" und „Verteidigung des Abendlandes". Gleichzeitig bekämpfte die spanische Linie der Habsburger mit den gleichen Waffen den höchstchristlichen König von Frankreich und die persischen Safawiden gingen mit denselben Mitteln auf ihre osmanischen Glaubensbrüder los. Die Spirale drehte sich auf einer neue Stufe weiter, während sich im Schatten der Kämpfe der großen kontinentalen Imperien eine Entwicklung vollzog, die Weltreiche schaffen sollte.

Hölzerne Mauern

Der europäische Schiffbau hatte zwei Kinderstuben: Eine milde seichte, aber zu Flauten neigende im Mittelmeer; und eine stürmische rauere, aber mit konstanten Winden gesegnete im Atlantik. Die eine brachte flache, lange Galeeren, die andere hochbordige, runde Segelschiffe hervor, die sich, wo die beiden Meere sich treffen, an der Südwestküste der iberischen Halbinsel, zu einem neuen Typ vereinten. Die Portugiesen waren die ersten, die kleine hochseetüchtige Schiffe auf das Meer sandten, die das Beste beider Traditionen verbanden. Diese Karacken, Naos und die leichteren Karavellen waren kurz, rund, hochbordig, mit geschlossenen Decks und hatten hohe Aufbauten an Bug und Heck, wie ihre nordeuropäischen Vorfahren. Von ihren mittelmeerischen Ahnen erbten sie die Bauweise mit glatten Planken und die gemischte Takelage mit viereckigen Rahsegeln und dreieckigen Lateinersegeln. Mit Schiffen dieses Typs tasteten sich die ersten Entdecker an den Küsten Afrikas vor, und mit dem Nao *Santa Maria* segelte Kolumbus über den Atlantik auf der Suche nach einem westlichen Seeweg nach Indien, der bekanntlich in einer weitaus folgenschwereren Entdeckung mündete. Die beiden iberischen Vorreiter – Portugal und Spanien – kamen zu diesem Zeitpunkt natürlich nicht von ungefähr auf die Idee, ihr Schicksal dem wechselhaften Ozean anzuvertrauen, den die Menschen des Abendlandes seit jeher als Ende der Welt angesehen hatten. Natürlich glaubte in dieser Zeit niemand mehr wirklich, dass man weiter draußen von der Scheibe fallen könnte; vor allem, weil kaum noch jemand an die Scheibenform der Welt glaubte. Diese Frage hatten schon die alten Griechen entschieden, und die standen gerade bei gebildeten Kirchenmännern in hohem Ansehen.

Was die Mächte am atlantischen Rand Europas bisher davon abgehalten hatte, dem Meer vor ihrer Haustüre vermehrte Aufmerksamkeit zu schenken, war schlicht die Tatsache, dass anderswo reichere Beute zu holen war. Doch Ende des 15. Jahrhunderts gingen den Streitern der Reconquista die Mauren aus. 1492, in dem Jahr, in dem Kolumbus segeln sollte, beendeten die Kanonen von Ferdinand von Aragon die Eroberung Granadas, des letzten muslimischen Bollwerkes auf der iberischen Halbinsel. Die Portugiesen waren schon seit einiger Zeit aus dem Rennen, nachdem sie die Kastilier mit der Eroberung Andalusiens vom direkten Kontakt mit dem Erbfeind abgeschnitten hatten. Wenn man den Kreuzzug fortsetzen wollte, brauchte man Schiffe. Das logische Ziel war die Küste Nordafrikas, doch war dort wenig zu holen und die wilden berberischen Stämme des Hinterlandes hatten zwei Mal ihre iberischen Glaubensbrüder vor dem Untergang gerettet. Die Christen hatten wenig Lust, sich diesen stolzen Kriegern aus dem unwegsamen Atlas und der gnadenlosen Wüste Sahara auf ihrem Heimatterrain zu stellen. Zwar gaben die Portugiesen und Spanier die nordafrikanische Option nie ganz auf, doch sollten sich ursprüngliche Nebenschauplätze ihrer Seeunternehmen bald als unendlich attraktiver erweisen: Für die Spanier die Neue Welt, für die Portugiesen Indien.

1498 landete Vasco da Gama bei Calicut an der Malabarküste, nachdem seine Flotte als erste seit den phönizischen Seefahrern der Antike das Kap der Guten Hoffnung und damit Afrika umschifft hatte. Schnell zeigte sich indes, dass die begehrte Anbindung an den reichen Handel des Orients seine Tücken hatte. Die armen Reisenden von der Peripherie der eurasischen Ökumene hatten den unvergleichlich reicheren Herrschern Indiens schlicht nichts zu bieten. Gedemütigt kehrte Da Gama heim und verfiel auf seiner zweiten Reise auf den ältesten Trick, den seefahrende Händler – mit denen niemand handeln will – kannten: Er wurde zum Seeräuber. Odysseus und die Wikinger hätten ihm Beifall gezollt. Nun mag der Versuch, in den Gewässern Indiens durch Gewalt jene Reichtümer zu rauben, die man durch gutes Zureden nicht erwerben konnte, tollkühn erscheinen, wenn man nichts hatte als eine kleine Flotte weitab der Heimat, umgeben von berechtigtermaßen verärgerten Herrschern. Doch

Das Weltsystem: Mithilfe ihrer kanonenbewehrten
Schiffe zwingen die europäischen Mächte dem Globus
ihre Ordnung auf.
Portugiesische Weltkarte, 16. Jh.

hatte die Arroganz der Portugiesen eine solide
Grundlage: Kanonen.

Sobald Feuerwaffen auf den Schlachtfeldern
Europas erschienen waren, begann man mit
ihnen herumzuexperimentieren. Es erwies sich
bald, dass die neuen Fernwaffen gut geeignet
waren, um Mauern und Festungen zu verteidigen. Der Sprung auf das Schiff war von dort
aus nur logisch. Immer schon hatte es lediglich
zwei Möglichkeiten gegeben, wie man an ein
Seegefecht herangehen konnte: Entweder man
benutzte das Schiff als Waffe, und versenkte
dem Gegner den schwimmenden Untersatz
unter den Füßen und beraubte ihn so seines
Kampfmittels, oder man bekämpft die Gegner im Boot durch Entern und verwandelte so
das Seegefecht in eine Landschlacht auf dem
Wasser. Die Galeerenflotten des Mittelmeeres
beherrschten die erste Strategie seit der Antike
hervorragend, den Segelschiffen Nordeuropas
mangelte es aber an der notwendigen Wendigkeit und dem Rammsporn, der diese Taktik erst
ermöglichte. Stattdessen bevorzugte man dort
den Enterkampf. Die hochbordigen Schiffe waren dazu auch bestens geeignet, war
doch jedes eine kleine schwimmende Burg auf dem Wasser, wozu die hohen Aufbauten
an Bug und Heck – nicht umsonst Kastelle genannt – ihren Teil beitrugen. Mittelalterliche Seeschlachten muteten daher oft wie Belagerungen auf dem Wasser an. Kein großer geistiger Sprung, die neuen Feuerwaffen auch im nassen Milieu auszuprobieren.

Schon die großen Karacken am Beginn des 16. Jahrhunderts – die schottische *Great Michael*, der Heinrich VIII. von England die *Henri Grace á Dieu* und die *Mary Rose* entgegenstellte – waren mit Dutzenden moderner Bronzekanonen – Eisen tat das Salzwasser gar nicht gut – ausgestattete schwimmende Festungen. Auf ihnen finden sich zum ersten Mal auch Stückpforten – verschließbare Löcher in der Bordwand, durch die

Ein Duell zwischen Burgen auf dem Wasser: Die Seeschlacht von Sluys 1340.
Detail einer Miniatur aus Froissarts Chronik des Hundertjährigen Krieges, 15. Jh.

man auch unter Deck Kanonen aufstellen konnte. Damit war die Breitseite geboren.

Vasco da Gamas fünfzehn Schiffe, die vergleichsweise klein waren und Geschütze nur auf dem Oberdeck und in den Kastellen trugen, wirken neben diesen Riesen eher bescheiden, doch schafften sie es 1502 in einer mörderischen Seeschlacht vor der Malabarküste durch den Einsatz ihrer Kanonen, die einhundert Schiffe starke Flotte einer Allianz muslimischer und indischer Potentaten vom Meer zu fegen. Eine zukunftsweisende Kombination hatte ihren ersten Auftritt: Hochseetüchtige Segelschiffe, die jeden Ort der Welt erreichen konnten – da Gamas Landsmann Magellan umsegelte 1522 erfolgreich die Erde –, waren durch Breitseiten von Kanonen in die Lage versetzt, jedes Ziel auf dem Wasser und an der Küste zu bedrohen. Durch ihre hohe Bauweise waren sie vor Enterangriffen vergleichsweise sicher und konnten daher mit relativ kleinen Mannschaften segeln, was die weiten Reisen versorgungstechnisch überhaupt erst ermöglichte. Ihr kriegerisches Potential führten sie in Gestalt von metallenen Kanonen, Kugeln und Schießpulver mit sich, das unterwegs weder Nahrung brauchte, noch krank wurde, noch in einem nennenswerten Ausmaß verdarb. Das mit Geschützen bestückte Segelschiff war zu seiner Zeit der effizienteste Mechanismus zur Projektion militärischer Gewalt über weite Distanzen. Ein paar hundert Seeleute mit einigen waffenstrotzenden Schiffen konnten mächtigen Reichen ihre Bedingungen diktieren! In den folgenden Monaten erzwang da Gama folgerichtig durch die systematische Unterbindung des Handels und die Bombardierung von Häfen und Küstenstädten ein faktisches, portugiesisches Handelsmonopol im Arabischen Meer und sicherte es durch die Errichtung von befestigten Außenposten an der Küste Indiens und Afrikas.

Mit Kanonen bewehrte Festungen wurden die Angelpunkte, mit Kanonen bestückte Schiffe die Hebel, mit denen die Portugiesen die alte ökonomische Weltordnung umstürzten. Auf ihren Spuren folgten nach und nach Holländer, Franzosen und Briten.

Das Zeitalter der europäischen Seeherrschaft war angebrochen. Systematisch zwangen die Seefahrer nun aus dem fernen Westen allen Küsten der Erde ihre „terms of trade" auf.

Auf den Weltmeeren, den Lebensadern der vormodernen Weltwirtschaft, bewegte sich bald nichts mehr, wenn es die örtlich vorherrschende abendländische Seeräubernation nicht zuließ. Einst vielfach reichere Ökonomien wie die arabische Welt, Ostafrika, Indien, Südostasien oder China wurden gezwungen, den Westlern ihre Häfen zu öffnen und ihre Bedingungen zu akzeptieren. Man kann den Erfolg dieser Politik am exponentiellen Wachstum der Tonnage der europäischen Handelsflotten ablesen, bei gleichzeitigem – oft wörtlichem – Untergang aller konkurrierenden Anbieter. Bisher isolierte Regionen des Globus – die Amerikas, weite Teile Westafrikas, im 18. Jahrhundert schließlich Australien und der Pazifik – wurden, ob sie es wollten oder nicht, dem neuen weltumspannenden Handelsnetz angeschlossen. Das Zentrum des Welthandels begann sich, zum ersten Mal in der Geschichte der Menschheit, aus dem Indischen Ozean und dem Mittelmeer in den Atlantik zu verschieben. Antwerpen und schließlich London, nicht mehr Venedig und Alexandria, wurden die Warenumschlagplätze und Bankenmetropolen der Welt. Die Wirtschaft des einst peripheren westlichen Anhängsels Eurasiens erfuhr ein nie dagewesenes Wachstum. Silber und später Zucker, Tabak und Baumwolle aus Amerika, Sklaven und Gold aus Afrika, Seide und Gewürze aus Asien wurden nun auf europäischen Schiffen transportiert oder doch zumindest unter von Europäern diktierten Bedingungen gehandelt. Die gewaltigen Summen, die nun plötzlich durch die Hände westlicher Kaufleute und Bankiers gingen, erschufen eine neuartige Ökonomie, in der der Reichtum nicht mehr in statischen Kisten voller Edelmetall, sondern in den ewig fließenden Einträgen in den Hauptbüchern gemessen wurde. Indem sie sich gewaltsam der Warenströme auf den Ozeanen bemächtigten, leiteten die Handelsherrn Europas die Geldströme der Weltwirtschaft durch ihre Kontore um. Von da Gamas Erpressung des Zamorin von Calicut bis zu den Opiumkriegen der Engländer im 19. Jahrhundert setzten die westlichen Seemächte die erste Welle jener Globalisierung durch, deren aktuelle Auswirkungen uns noch heute alltäglich betreffen. Die Idee, dass die gesamte Erde ein durch ein Netzwerk von (See-)routen verbundenes Ganzes ist, auf dem Waren und Güter, Kapital, Menschen und Ideen zirkulieren und durch eine unsichtbare Hand geleitet und gelenkt werden, wird nicht von ungefähr von den klassischen Nationalökonomen am Höhepunkt dieser Epoche formuliert. Mit typisch britischem Gemeinsinn gingen sie selbstverständlich davon aus, dass dies zum Vorteil aller und mit gebührendem Anstand zu geschehen habe, weswegen die Durchsetzung des freien Handels durch die Royal Navy (gegen Piraten und renitente Isolationisten) eigentlich bloß einer notwendigen Erziehungsmaßnahme gleichkam. In den vier Jahrhunderten nach da Gama konnte auf der internationalen Bühne folgerichtig nur mitspielen, wer in der Lage war, eine schlagkräftige Flotte aus vor Kanonen strotzenden Segelkriegsschiffen auf Kiel zu legen. Doch das kostete Geld. Glücklicherweise war dieses plötzlich reichlich vorhanden.

Die Sehnen des Krieges

Dass Geld die Sehnen des Krieges ausmacht, wussten schon die alten Römer. In der frühen Neuzeit in Europa erlangte diese Wahrheit indes eine weiterreichende Bedeutung als bisher. Im Feuer der Schießpulverära wurde ein neuer sozialer Organismus geboren, eine neue Form der Machtausübung: der Moderne Staat. Erinnern wir uns an die großen Wandlungen, die das Schießpulver verursacht hatte. Die neuen Kanonen hatten den mächtigsten unter den Fürsten die Möglichkeit gegeben, die Privilegien ihrer Vasallen außer Kraft zu setzen, indem sie ihre festen Plätze – Städte und Burgen – von einem Tag auf den nächsten obsolet machten. Dieses historische Fenster war nur kurze Zeit offen gewesen, denn schon bald kam aus Italien eine neue Befestigungstechnik, die in der Lage war, den Kanonen zu widerstehen. Doch die Monarchen, denen es in dieser Phase gelang, ihre Konkurrenten auszuschalten, hatten nun gute Karten in der nächsten Runde des Spiels. Die Könige von England und Frankreich waren ganz vorne dabei. Spanien und Portugal, die rebellischen spanischen Provinzen, aus denen die Niederlande hervorgehen sollten, folgten dichtauf, die skandinavischen Königreiche und schließlich Russland mit deutlicher Verzögerung. Polen verspielte seine Chance und im Heiligen Römischen Reich und in Italien sorgten die europäischen Machtkonstellationen dafür, dass sich das Fenster schloss, ehe sich eine Vormacht durchsetzen konnte. Maximilian, der Letzte Ritter, und sein Enkel Karl V. hatten es versucht, doch spätestens mit dem verheerenden Dreißigjährigen Krieg war der Rückstand nicht mehr aufzuholen. Die Einigung Deutschlands sollte, sehr viel später, von einem peripheren Territorialstaat erzwungen werden, der die Lektionen des neuen Zeitalters in kleiner, aber feiner Form konsequent umgesetzt hatte: Preußen.

Die aufblühende Wirtschaft, der expandierende Handel, mit dem späten 18. Jahrhundert die Anfänge der modernen Agrarwirtschaft und schließlich die Industrialisierung, erhöhten die Produktivität und die Gesamtumsätze der europäischen Volkswirtschaften. Staaten, die in mittelalterlicher Tradition ihre Einnahmen vor allem aus den mageren Überschüssen der Landwirtschaft geschöpft hatten, begannen zunehmend in Handel und Gewerbe die eigentlichen Quellen des Reichtums zu erkennen. Das sich rasch entwickelnde Bankwesen erlaubte es den Kronen Europas durch langfristige Kredite Investitionen zu tätigen, wenn diese notwendig, und nicht wenn die Speicher nach der Ernte zufällig voll waren. Um mit der komplexer werdenden Wirtschaft mithalten zu können und die gewünschten Steuern abzuschöpfen, wurde auch die Staatsverwaltung ausgebaut. Der Moderne Staat mit seinen Ministerien und Bürokratien nahm Gestalt an. Ab dem 17. Jahrhundert machte sich die beginnende Aufklärung auch wissenschaftlich Gedanken über die Staatsfinanzen. Merkantilisten, Physiokraten und Vertreter des Freihandels konkurrierten mit ihren Plänen um die Gunst der Regierenden. Das Steueraufkommen der europäischen Monarchien vervielfachte sich. Aber wohin floss das ganze Geld?

Die Macht der Könige und Fürsten Europas beruhte auf kostspieligen Investitionen in immer größere Armeen aus zuerst noch mit Piken und Arkebusen, später, nach Erfindung des Bajonetts, nur mehr mit Musketen ausgerüsteten Infanteristen, unterstützt durch eine zunehmend an Bedeutung verlierende Kavallerie und zahlreiche bewegliche Feldgeschütze.

Mehr als 90 % der Staatseinnahmen gab so gut wie jeder europäische Staat dieser Zeit für den Unterhalt seiner Streitkräfte aus. Mirabeaus berühmtes Bonmot, dass Preußen eine Armee sei, die sich ein Land hält, hätte auf jeden frühmodernen Staat des Kontinents zugetroffen.

Die Armeen Europas wuchsen von einigen tausend Mann am Ende des Mittelalters über die etwas über 10.000 Mann umfassenden Formationen des Dreißigjährigen

Menschliche Ware war eines der profitabelsten Güter in dem neuen Handelsnetz, das durch die europäischen Seemächte geschaffen worden war.
Plan eines Sklavenschiffs, handcolorierter Kupferstich aus Friedrich Johann Bertuchs (1747–1822) Bilderbuch für Kinder; Weimar, 1805.

Krieges zu den Heeren der Kabinettskriege des 18. Jahrhunderts heran, die regelmäßig mehrere Zehntausend umfassten. Bei Fontenoy, 1745, standen sich auf dem Höhepunkt des Österreichischen Erbfolgekrieges jeweils ca. 50.000 Mann gegenüber. In Kunersdorf 1759 ca. 70.000 Russen und Kaiserliche gegen allein 50.000 Preußen. Die Koalitionskriege in Gefolge der Französischen Revolution brachten durch die allgemeine Wehrpflicht eine erneute Steigerung: Austerlitz 1805: ca. 73.000 Franzosen gegen ca. 85.000 Verbündete, an der Beresina 1812 75.000 Franzosen gegen 49.000 Russen und schließlich 1813 in der „Völkerschlacht" bei Leipzig 190.000 Franzosen und Verbündete gegen 205.000 Gegner.

Auf dem Meer verhielt es sich ähnlich. Die berühmte Armada, die 1588 versuchte, ein kleines, armes und dünn bevölkertes Inselkönigreich dem Willen des spanischen Weltreiches zu unterwerfen, war die größte Flotte – und Invasionsarmee – ihrer Zeit: 30.000 Soldaten, 130 Schiffe mit 25.000 Seeleuten, 2.500 Kanonen, also ca. 20 pro Schiff. Trotzdem war ihnen die englische Flotte bereits zahlenmäßig überlegen: 200 Schiffe, darunter bereits 34 „Ships of the Tower", der Kern der späteren Royal Navy. Als die Briten sich in den 1650ern mit den Holländern um die wirtschaftliche Vormacht auf den Meeren stritten, standen sich regelmäßig Flotten von 120 Schiffen gegenüber, von denen jedes mittlerweile auf mehreren Kanonendecks bis zu 70 Geschütze trug. Die Entwicklung ging in den folgenden Jahren in diese Richtung weiter. Taktisch hatte sich mittlerweile herausgestellt, dass die effektivste Weise, Segelkriegsschiffe anzuordnen, eine Linie war, in der ein Schiff dem anderen folgte. So konnte man das Feuer auf feindliche Einheiten konzentrieren und folgenschwere Missgeschicke, wie etwa den Beschuss eigener Fahrzeuge, verhindern. Als sich herausstellte, dass kleinere Einheiten mit weniger Kanonen gegen stärker bestückte und viel massiver gebaute Schiffe keine Chance mehr hatten, zerfielen die Flotten in jene Einheiten, die im Gefecht in der Linie bestehen konnten – Linienschiffe also – und alle anderen, die nur mehr für Aufklärungs-, Stör- und Geleitaktionen geeignet waren. Ausschlaggebend für die Optionen eines Verbandes in der Schlacht war die Richtung des Windes. Hatte man den Wind im Rücken, konnte man den Zeitpunkt des Angriffes bestimmen. Hatte man ihn gegen sich, war man in der Lage, das Gefecht zum günstigsten Zeitpunkt abzubrechen und sich vom Feind zu lösen. Darüber hinaus – und darauf legte die Royal Navy seit der Mitte des 17. Jahrhunderts befehlsgemäß äußersten Wert – galt es nur, die Linie aufrechtzuerhalten und die Kadenz der Breitseiten zu erhöhen, damit in dem Zeitraum, den man brauchte, um an einem feindlichen Schiff vorbeizufahren, möglichst viele eigene Kugeln ins Ziel gebracht werden konnten.

In den Seeschlachten des 18. Jahrhunderts schrumpfte die Zahl der teilnehmenden Einheiten so auf einige Dutzend, doch war jedes dieser Schiffe mittlerweile mit bis zu 100 Geschützen ausgestattet. Ein solches Linienschiff erster Klasse kostet die unglaubliche Summe von 100.000 Pfund Sterling. Zum Vergleich: Der nicht so sehr wegen seines Charakters, sondern vor allem wegen seines Reichtums begehrenswerte Mister Darcy in Jane Austens „Stolz und Vorurteil" hat ein Jahreseinkommen von 10.000 Pfund. Und das wiederum ist schon 300-mal so viel wie das Jahreseinkommen des durchschnittlichen Briten und entspricht ziemlich genau dem Mittelwert der 400 reichsten Familien des Königreichs in dieser Zeit. Während des langen Kriegs gegen das revolutionäre und später napoleonische Frankreich hatte die Royal Navy auf dem Höhepunkt ihrer Aufrüstung 1799 ca. 145 Linienschiffe, 20 Schiffe vierten Ranges, die nur bedingt für den Kampf in der Schlachtlinie geeignet waren, 175 Fregatten und 300 Unterstützungsschiffe.

Jedes Linienschiff war selbst das Produkt globaler Handelsketten. Bis zu 2.500 Eichen wurden zu den Spanten und Planken des Schiffes verarbeitet. Die meisten importierte das mittlerweile weitgehend abgeholzte England zu dieser Zeit schon aus Übersee. Gerade gewachsene Tannen, vorzüglich aus den eben unabhängig gewordenen ehemaligen Kolonien in Nordamerika, brauchte man wegen ihrer Elastizität für die Masten. Bis zu 16.000 Quadratmeter Segeltuch konnten gesetzt werden. Dazu wurden Flachs und Hanf aus dem Baltikum eingeführt. Die Royal Navy, Garantin des britischen Welthandels, war selbst zutiefst von diesem abhängig.

Ein Linienschiff erster Klasse wie die *Victory* , die Nelson später bei Trafalgar befehligen sollte, von denen auch die Royal Navy kaum ein Dutzend besaß, konnte in einer Breitseite mit 200 kg Schießpulver ca. eine halbe Tonne an Geschossen auf eine Entfernung von anderthalb Kilometer verschießen. Die Wirkung war verheerend: Die Kugel eines 32-Pfund-Schiffsgeschützes, des größten an Bord der meisten Schiffe, konnte selbst auf diese Distanz noch immer 60 cm Eichenholz durchschlagen, was der Stärke des Stützskeletts der meisten Linienschiffe entsprach. Noch erschreckender, wenn man bedenkt, dass Gefechte bevorzugt auf einen Abstand von unter einhundert Metern geführt wurden. Mehr Gefahr als von den Kugeln selbst ging dabei von den Holzsplittern aus, die nach einem Treffer wie Schrapnell durch die engen

Kanonendecks geschleudert wurden. In diesen arbeiteten hunderte Kanoniere mechanisch ihre Routine ab: Geschütz einholen, laden, ausrammen, feuern. Das Tempo, die Fehlerlosigkeit in der Exekution des Drills war es, was eine gute Geschützmannschaft ausmachte.

Die Linienschiffe der Segelschiffära waren die ersten echten Kriegsmaschinen, die komplexesten Mechanismen, die in ihrer Zeit existierten.

Ihre Mannschaften waren die ersten, die die unmenschliche Disziplin im Takt der Maschine erfuhren, die bald die Arbeitswelt zuhause erreichen sollte. In ihnen waren die Menschen nur der Leit- und Bedienungselemente der gewaltigen Konstruktionen, ihr Sterben und Überleben nur insofern von Bedeutung, wie es auf die Einsatzfähigkeit der Maschine Auswirkungen hatte. Das Schiff war der Gegner, nicht die Mannschaft, weswegen sich ein seltsames Nebeneinander von erbittertem Vernichtungswillen und großherziger Kameradschaft zwischen Feinden einstellte. Die Besatzung des Schiffs, das man gerade noch mit Feuer und Stahl vernichtet hatte, fischte man selbstverständlich aus dem Meer, wenn es die Gefechtslage zuließ. Die Übergabe eines kampfunfähigen Fahrzeuges galt als nicht ehrenrührig für den kommandierenden Offizier. Die große Zahl von Prisen, die während der Seekriege des 18. Jahrhunderts genommen wurden, ist beredtes Zeugnis dafür, dass zahlreiche Kapitäne eher das Leben ihrer Mannschaft retteten, indem sie rechtzeitig die Fahne strichen, anstatt mit einem kampfunfähigen Schiff unterzugehen. Manche Schiffe wechselten so mehrfach die Seiten, und auch die Mannschaften waren in dieser Hinsicht flexibel. Die meisten waren ohnehin mit Gewalt zum Dienst gepresste Matrosen – oder wen auch immer man sonst in der Hafenkneipe betrunken auflesen konnte –, denen es oft herzlich gleichgültig war, auf wessen Schiff sie Dienst taten. Die Disziplin an Bord war dementsprechend brutal. Auspeitschungen selbst wegen geringer Vergehen standen an der Tagesordnung und die Lebensbedingungen in den hölzernen Monstern waren grauenhaft, auch wenn, zumindest die Royal Navy, sich niemals den Vorwurf machen musste, ihre Seeleute nicht mit ausreichend Rum zu versorgen. Das Leben – und Sterben – wäre für die „eisernen Männer" auf den „hölzernen Schiffen" sonst wahrscheinlich kaum auszuhalten gewesen. Allein von den Offizieren verlangte man, dass sie sich wie Gentlemen verhielten und ihrem Souverän treu blieben. So

waren die Schiffe des 18. Jahrhunderts mikrokosmische Abbilder der Standesgesell-
schaft zuhause, in der das aristokratische Offizierscorps auf dem Achterdeck Tee
aus feinstem Porzellan trank und selbst im Gefecht Anweisungen mit ausgesuchter
Höflichkeit formulierte, während im Schiffbauch die ungewaschenen Massen schuf-
teten. Dies war der Stand der Dinge, als ein schmächtiger Jüngling aus Norfolk sich
entschloss, als Seekadett in die Marine seiner Majestät einzutreten.

Horatio Nelson

Der junge Mister Nelson, der auf den wenig geläufigen Namen Horatio getauft
worden war, stammte aus einer Pfarrersfamilie im ländlichen Norfolk. Die einzige Beziehung der Familie zur Seefahrt war ein Onkel mütterlicherseits, Maurice
Suckling, weswegen es verwundern mag, dass sich Horatio 1770 mit zwölf Jahren
– einem durchaus üblichen Alter – für den Dienst in der Marine entschied, vor allem,
weil er damals – und zeitlebens – an Seekrankheit litt! Onkel Maurice, der später in
der Marine rasch befördert wurde, förderte die Karriere seines Neffen nach Kräften.
Die Royal Navy war eine bürgerliche Institution. Die Sprösslinge des Adels zog es
noch immer bevorzugt in die prestigeträchtigen Regimenter der Armee. Die Flotte,
deren Wurzeln zu Kaufleuten und Fischern zurückreichte, hatte nie den Odem des
„Handwerks" verloren, und ein Handwerk übt ein Gentleman eben nicht aus! Zwar
galten Marineoffiziere mittlerweile als gesellschaftsfähig, bei Hof traf man sie aber
kaum an. Anstelle der Bevorzugung nach Geburt und Herkunft pflegte die Royal
Navy ein verworrenes Klientelwesen, in dem Verwandte, Freunde und Vorgesetzte
ihre Schützlinge protegierten, während gleichzeitig das Avancement nach Dienst-
alter dem Ganzen ein starres Korsett anlegte. Die Marine war damit eine mögliche
Aufstiegsleiter, aber auch eine mühsame. Gescheiterte Karrieren waren weit häufiger
denn gelungene.

Auch Horatio wäre beinahe auf das Abstellgleis geraten, als sein erstes Schiff, auf
dem er als Seekadett Dienst tat, ausgemustert wurde. Onkel Maurice sorgte dafür,
dass er auf einem Handelschiff in die Karibik anheuern konnte, wo er wieder der
königlichen Marine beitrat. 1773 nahm er an einer erfolglosen Expedition in die
Arktis auf der Suche einer Nordostpassage um Asien herum teil und diente danach
auf einer Fregatte in Indien, wo er so stark an Malaria erkrankte, dass er selbst
und ihm nahestehende Personen schon ein Ende seiner Karriere auf See oder gar

Schlimmeres befürchteten. 1777, mit 19 Jahren, legte er indes seine Leutnantsprü-
fung ab und segelte auf verschiedenen Schiffen der Marine in der Karibik. 1778 erhielt er sein erstes Kommando auf dem Schoner *Little Lucy*. Ein Jahr später wurde er
Kapitän einer Fregatte. Er kommandierte ein Landungsunternehmen in Nicaragua,
bei dem er sich mit Gelbfieber infizierte und krank nach England zurückgebracht
werden musste. Nach einem Jahr Erholungsurlaub kreuzte er mit einer weiteren
Fregatte in der Ostsee, vor Quebec und New York. Danach brach 1783 unerwartet
der Frieden aus und Kapitän Nelson wurde wie viele Seeoffiziere zeitweilig aus dem
aktiven Dienst entlassen. Die britische Marine reduzierte so ihre laufenden Kosten,
und Horatio nutzte den kurzen Frieden, um in Frankreich seine Beherrschung der
damaligen europäischen *lingua franca* zu verbessern. Leider mit wenig Erfolg, wie
er selbst einräumte.

1784 ging er auf der Fregatte *Boreas* wieder in die Karibik, wo er sich bei den lokalen
englischen Plantagenbesitzern und Kaufleuten höchst unbeliebt machte, weil er
strikt die Unterbindung des Schmuggels mit den abtrünnigen amerikanischen Kolonien durchsetzte, die von den lokalen Behörden sonst geduldet wurden und an denen
nicht wenige der örtlichen Honoratioren gut mitverdienten. Ein anhängiger Ge-
richtsprozess wegen illegaler Beschlagnahme hinderte Nelson für acht Monate sein
Schiff zu verlassen, da er sofort verhaftet worden wäre, wenn er den Fuß auf festes
Land gesetzt hätte; bis die britische Regierung schriftlich erklärte, dass er rechtens
gehandelt habe. Immerhin fand er auf der Insel Nevis seine erste Liebe und heiratete
1787 die junge Witwe Frances („Fanny") Nisbet. Horatio wollte häuslich werden. Die
beiden kehrten nach England zurück. Er nahm seinen Abschied vom aktiven Dienst
und das junge Paar lebte fünf Jahre auf Halbsold im Pfarrhaus. Das Haus, in dem
Horatio aufgewachsen war.

Inzwischen waren die Franzosen mit dem gefährlichen, revolutionären Virus ange-
steckt worden, der den Briten schon ihre Kolonien in Nordamerika gekostet hatte
– wozu dieselben Franzosen militärisch ihren Teil beigetragen hatten. Dann schlugen
sie noch ihrem König den Kopf ab, was die Briten, die sehr darum bemüht waren,
vergessen zu machen, dass sie hundertfünfzig Jahre zuvor dafür den Präzedenzfall
geliefert hatten, dazu bewog, der Koalition europäischer Herrscher beizutreten, die
diese Gräuel austilgen wollte. Der Privatier Nelson in Norfolk wurde reaktiviert und
bekam das Kommando über seiner Majestät Schiff *Agamemnon*, ein Linienschiff

dritten Ranges mit 64 Kanonen. Mit ihr segelte er ins Mittelmeer, wo die Briten Toulon, Frankreichs wichtigsten Kriegshafen, blockierten. Auf einer diplomatischen Mission im verbündeten Neapel lernte er die Gattin des britischen Botschafters in Neapel, Emma Hamilton, kennen. Bei einem Angriff auf Korsika büßte er das Augenlicht seines rechten Auges ein. Erste öffentliche Aufmerksamkeit gewann er indes durch die Seeschlacht bei Kap St. Vincent (1797), bei der er – unter Missachtung des Befehls seines Vorgesetzten – den Sieg für England rettete. Im selben Jahr zum Admiral befördert, verlor er bei einem unüberlegten Angriff auf Teneriffa seinen rechten Arm. Inzwischen hatte ein anderer kleiner Mann einen kühnen Plan geschmiedet, der die beiden – zumindest indirekt – zusammenführen würde.

Napoleons Ambitionen

Napoleon Bonaparte war noch nicht einmal dreißig und bereits der starke Mann Frankreichs. Seine militärischen Talente hatten ihn in die Führungsriege der durch die Revolution arg gebeutelten Nation katapultiert. Überzeugt, dass ein Sieg Frankreichs im Krieg gegen die Koalition der europäischen Könige nur möglich sei, wenn England aus dem Spiel wäre, entwarf Napoleon den ebenso kühnen wie weitsichtigen Plan, Britanniens wertvollste Kolonie anzugreifen: Indien. Der Weg dahin führte über Ägypten, das als leichtes Ziel erschien. Nominell unter osmanischer Herrschaft wurde es von der traditionellen Militärelite der Mamelucken regiert, deren veraltete Armee Napoleon leicht überwindlich erschien. Unter strengster Geheimhaltung wurden Truppen, Vorräte und Schiffe zusammengezogen und im Hafen von Toulon konzentriert. 55.000 Seeleute und Soldaten, 1.000 Feldgeschütze, 700 Pferde sowie 500 Spezialisten – Landvermesser, Gelehrte, Ingenieure – wurden auf 130 Transporter verladen, die im Schutz von 13 Linienschiffen, 42 Fregatten und anderer kleinerer Einheiten segeln sollten.

Den Briten entgingen die französischen Vorbereitungen in Toulon und den kleineren Mittelmeerhäfen natürlich nicht, doch hielt die Geheimhaltung und die Admiralität hatte keinen Schimmer, wohin die Armada aufbrechen würde: Irland, das immer als Britanniens rebellischer Hinterhof gegolten hatte? England selbst? Der Erste Seelord der Admiralität, Earl Spencer, befahl dem britischen Geschwader, das vor Cadiz lag, sich bereitzuhalten, wenn die Toulon-Flotte aus dem Mittelmeer in den Atlantik auslaufen sollte. An Ägypten dachte niemand.

Die britische Mittelmeerflotte begann nun eines jener Manöver, das charakteristisch für das Zeitalter der Segelschiffe war. Nachrichten bewegen sich nicht schneller als die Schiffe selbst und in die Weiten des Ozeans, selbst im verhältnismäßig kleinen Mittelmeer ein feindliches Schiff, selbst einen Flottenverband aufzuspüren, war äußerst schwierig. Deswegen fanden die meisten Seeschlachten auch in der Nähe von Häfen, Kaps oder Meerengen statt. Dort gab es eine überschaubare Seefläche, auf der man den Feind stellen konnte.

Es war Horatio Nelson, der damit beauftragt wurde herauszufinden, wohin die Toulon-Flotte unterwegs war. Dass seine Mission mit drei Linienschiffen wegen eines Sturms beinahe schon am Anfang gescheitert wäre, verweist darauf, dass bei aller Gefahr durch den Feind der Seemann zu jedem Zeitpunkt einem noch gnadenloseren Gegner gegenüberstand: dem Meer und dem Wetter selbst. Nachdem er sein angeschlagenes Geschwader in Sardinien überholt hatte, brachte er einen Kauffahrer aus Marseille auf, dessen Kapitän unter Androhung von Gewalt zugab, dass die Flotte Toulon bereits verlassen habe. Doch wohin? Die Fregatte, die Nelson als Aufklärer zugeteilt worden war, war während des Sturms abgetrieben worden und ohne sein Wissen nach Gibraltar zurückgekehrt. Am vereinbarten Treffpunkt nahe Toulon tauchte sie nicht auf, dafür die Brigg *Mutine*, die ihm die gute Nachricht brachte, dass bei der Mittelmeerflotte Verstärkung eingetroffen sei und sich zehn Linienschiffe und eine Fregatte Nelsons Geschwader anschließen würden. Am 7. Juni 1798 trafen diese ein. Man beschloss nach Neapel zu segeln und dort nach der französischen Flotte zu suchen. Vor der Küste Siziliens erfuhr man von einem Handelsschiff, dass der Feind in der Zwischenzeit die Insel Malta eingenommen und damit so nebenbei dem letzten Kreuzfahrerstaat des Malteser Ritterordens – vormals bekannt als Johanniter – ein Ende gesetzt hatte. Nelson beriet sich mit seinen Kommandanten. Die meisten waren der Ansicht, dass – wenn die Franzosen nicht in Sizilien waren, was man nun ausschließen konnte – das logische Ziel Ägypten war. Napoleons ehrgeiziger Plan lag jetzt auf der Hand. Nelson ließ sich von dieser Einschätzung überzeugen und nahm direkten Kurs auf Alexandria.

Am 19. Juni war die französische Flotte von Malta aus wieder in See gestochen. Sie konnte sich nur mit der Geschwindigkeit der langsamsten Transportschiffe bewegen, die kaum drei Knoten betrug. Mit dieser Geschwindigkeit würde die Reise nach Ägypten zwei Wochen dauern. Napoleon war seekrank und der Kommandant der Flotte, Admiral Françoise Paul de Brueys, besorgt. Dem Admiral war klar, dass die französische Marine schwer angeschlagen war, nicht durch die Einwirkung des Feindes, sondern durch die ihrer eigenen revolutionären Regierung. Unter dem *Ancien Régime* war die Marine eine Domäne des niederen Adels gewesen. Eine eigene Stelle im Marineministerium stellte sicher, dass Bewerber für die Marineakademie von Geblüt waren. Dementsprechend hatte die Guillotine in den Rängen der Seeoffiziere verheerend gewütet und zwei Drittel von ihnen waren inzwischen tot oder ins Ausland geflohen. Die französischen Schiffe waren durch ein ehrgeiziges Bauprogramm noch unter der alten königlichen Regierung moderner und solider gebaut als die meisten britischen und hatten so in den vorhergehenden Konflikten – wie etwa während der amerikanischen Revolution – durchwegs die Oberhand behalten. Doch mit dem erbärmlichen Rest des Offizierscorps und hastig eingezogenen ehemaligen Kauffahrern, die mit Artilleriebedienung, Signalwesen und Seetaktik nur unzureichend vertraut waren, war gegen die erfahrene britische Flotte nicht anzukommen. Gerade die taktischen Innovationen, die in den vergangenen Jahrzehnten Erfolge gegen die konservative Royal Navy ermöglicht hatten, waren durch den Aderlass des Offizierscorps größtenteils verloren. Nun behinderte noch dichter Nebel die Sicht und Brueys hörte im Grau, das auf dem Meer Geräusche seltsam verzerrt und es unmöglich macht, ihre Richtung und Entfernung einzuschätzen, den dumpfen Hall vieler Kanonenschüsse, mit denen sich Schiffe eines Flottenverbandes bei schlechter Sicht gegenseitig ihre Lage mitzuteilen suchen. Aufgrund der Zahl und Häufigkeit konnten das nur die Briten sein. Sie waren irgendwo da draußen. Ganz in der Nähe.

Am 28. Juni traf Nelsons Flotte vor Alexandria ein. Von den Franzosen war nichts zu sehen. Im Nebel hatte der von Jagdfieber getriebene kleine Admiral – ohne es zu bemerken – die französische Flotte überholt!

Nelson war entsetzt. Hatte er eine verhängnisvolle Fehleinschätzung begangen? Waren die Franzosen nach Westen gesegelt, vielleicht schon durch die Straße von Gibraltar und auf dem Atlantik, auf dem Weg wer weiß wohin? Er befahl nach Westen zu laufen. Wieder ein Fehler. Am 1. Juli 1798 landete Napoleon von den Engländern ungestört seine Armee bei Alexandria. Bevor er von Bord ging, hatte er eine heftige Auseinandersetzung mit Admiral Brueys. Dieser wusste aus lokalen Quellen, dass vor zwei Tagen eine große, britische Flotte vor der Stadt gesehen worden war. Er wollte unter

Die andere Schlacht von Abukir: Napoleon schlägt am 25. Juli 1799 ein türkisches Expeditionsheer von 18.000 Mann.
Die Schlacht von Abukir zwischen Türken unter Mustafa und Franzosen unter Napoleon am 25. Juli 1799, zeitgenössisches Gemälde (Ausschnitt) von Louis François Lejeune (1775–1848).

keinen Umständen im Hafen von Alexandria auf Napoleon warten und dort eventuell eingeschlossen werden. Viel lieber wäre er nach Korfu oder Kreta ausgelaufen, um die Initiative und volle Bewegungsfreiheit zu behalten. Man einigte sich auf einen Kompromiss. Brueys blieb in der Nähe, ankerte seine Flotte aber in der Bucht von Abukir.

Abukir

Abukir erschien Brueys als idealer Ort, um die englische Flotte zu erwarten. Er konnte seine Flotte in einer langen Linie mit Untiefen im Rücken vor Anker gehen lassen. Geschützt durch das Kap am Eingang zur Bucht und eine Sandbank, auf der er eine Batterie errichten ließ, bildeten seine 13 Linienschiffe eine schwimmende Festung, die jeden sich nähernden Feind mit dem Feuer aus 500 Kanonen empfangen konnte.

Nelson war in der Zwischenzeit nach Syrakus auf Sizilien zurückgelaufen und schäumte vor Wut, als ihm klar wurde, dass er die Franzosen abermals verloren hatte. Erst als er seine Suche auf die griechischen Gewässer ausdehnte, wurde er fündig. Eine französische Flotte war südlich von Kreta gesehen worden. Kurs Süd. Also doch Ägypten. Er machte kehrt und segelte wieder nach Alexandria, über dem mittlerweile die Trikolore wehte und dessen Hafen voller französischer Transportschiffe war. Doch wo war die Flotte? Nelson folgte der Küste nach Osten.

Es war der späte Nachmittag des 1. August. Nelsons Magen war wieder einmal angeschlagen. Er hatte schreckliche Zahnschmerzen und konnte nichts essen. Da signalisierte das Führungsschiff der Flotte: „Feind in Sicht!" Während um ihn die Geschütze bereitgemacht wurden und die Zimmerleute die Wände und Möbel der Kapitänskajüte abbauten, beruhigte sich Nelsons empfindliches Verdauungsorgan. Er beschloss, doch noch etwas zu essen. Auch die Zahnschmerzen waren wie weggeblasen. Admiral Brueys auf der *Orient* bekam jetzt gerade Bauchschmerzen. Wahrscheinlich hatte er sich mit Ruhr infiziert. Oder weil er vom Deck seines Flaggschiffs die britische Flotte in die Bucht einfahren sah und weil sie keine Anstalten machte, wie er es vorausgesehen hatte, der Schlacht zumindest wegen der nahenden Dunkelheit auszuweichen. Vielmehr liefen die Briten, während vom Bug des Führungsschiffs beständig Lotleinen ausgeworfen wurden, in die tückische Bucht ein. Die beiden Flotten waren gleich stark, doch Brueys hatte einen verheerenden, seemännischen Fehler begangen: Seine Schiffe waren nur an den Bugankern befestigt. Ursprünglich waren sie dicht vor den Untiefen am Westufer der Bucht gelegen. Als sich der Wind aber drehte, verlagerten sie langsam ihre Position, so dass zwischen der Linie der Schiffe und den Untiefen eine Fahrrinne entstand. Es war ein Glücksfall, das Kapitän Thomas Foley auf der *Goliath* an der Spitze der britischen Linie dies erkannte und als einziger eine halbwegs verlässliche Karte der Bucht an Bord hatte: einen zwanzig Jahre alten französischen Atlas. Doch in diesem waren die Untiefen genau eingezeichnet, und Foley war durch Nelsons Führungsstil dazu ermuntert, jede Chance zu nutzen, dem Feind zu schaden. Als auf dem Admiralsschiff nun noch das Signal „Ran an den Feind!" hochgezogen wurde, setzte die *Goliath* alle Segel, zog am französischen Führungsschiff, der *Guerrier*, vorbei und eröffnete mit der ersten Breitseite etwas nach sechs Uhr abends das Gefecht. Vier weitere britische Schiffe folgten Kapitän Foley auf die Leeseite der feindlichen Linie und deckten die französische Vorhut mit einem verheerenden Feuer ein, das vom Rest der Flotte auf der anderen Seite der feindlichen Linie verdoppelt wurde. Je drei britische Schiffe konzentrierten ihre Breitseiten auf ein französisches, während die weiter südlich liegenden Einheiten des Gegners ohnmächtig zusehen mussten, da ihnen der vorherrschende Wind ein Eingreifen so gut wie unmöglich machte.

Während die Sonne sank, verwandelte sich die Bucht von Abukir in ein Inferno. Pulverdampf und Dunkelheit ließen die gegnerischen Schiffe zu bloßen Silhouetten verblassen, aus deren Stückpforten mit jeder Breitseite Feuer und Tod hervorleuchteten.

Kapitän Miller auf der *Theseus* war Foley gefolgt und lief nun am Bug der schwer angeschlagenen *Guerrier* vorbei. Als er das Feuer eröffnen ließ, war die gesamte Länge des vor Anker liegenden Schiffs der Wirkung seiner Geschütze ausgeliefert. Die nachfolgende *Orion* tat es ihm gleich. Von der britischen Taktik überrumpelt, versuchte der Kapitän der im flachen Wasser liegenden französischen Fregatte *Sérieuse* einzugreifen und ließ auf die *Goliath* feuern. Foley, wegen der Anmaßung mehr wütend als besorgt, befahl: „Versenkt den Flegel!" und eine Breitseite des Linienschiffes tat ihre verheerende Wirkung.

Auf den Schiffen hatte das Bluten und Sterben begonnen. An Bord der *Orion* war eine Frau, Nancy Perriam, die, wie andere auch, von ihren Ehemännern oder Geliebten an Bord geschmuggelt worden war. Sie ging dem Schiffsarzt zur Hand und erinnerte sich an einen jungen Midshipman, wie alle Seekadetten nicht mehr als ein Teenager, dem ein Geschoss das Schultergelenk zertrümmert hatte. Er ertrug die unvermeidliche Amputation mit schockstarrer Ruhe. Als alles vorbei war, frage er Nancy: „Hab ich es nicht wie ein Mann ertragen?" – kurz darauf starb er in ihren Armen.

An Bord der *Goliath* wurde der schottische Küfer John Nicol, der wie viele Seeleute in den Dienst gepresst worden war, Zeuge einer gespenstischen Szene. Ein junger Matrose saß ruhig auf einer Kartuschenkiste und sprang nicht gleich auf, als es ihm der Kanonier befahl. Sein Kamerad stieß ihn an und er kippte leblos von seinem Platz. Der Explosionsdruck eines nahen Treffers hatte ihn getötet. Auf der *Orient* wurde Admiral Brueys zuerst von einem Splitter am Kopf verletzt. Eine Kugel traf ihn im Leib, ehe ihm eine weitere ein Bein abriss. Er weigerte sich, das

Linientaktik malerisch schön exekutiert. Die französische Flotte liegt in der Bucht von Abukir. Das
Inferno fängt gerade an.
Die Seeschlacht bei Abukir am 1. August 1798,
zeitgenössisches Gemälde von Nicolas Pocock
(1740–1821)

Kommandodeck zu verlassen. „Ein französischer Admiral", meinte er gleichmütig,
„sollte auf seinem Achterdeck sterben."
Was er dann auch tat. Auch Nelson erlitt
eine Verletzung an der Stirn, befürchtete,
sein letztes Stündlein sei gekommen, doch
fing er sich unter Deck wieder und wollte
seinem Sekretär schon die Siegesmeldung
diktieren, doch zitterte dieser so stark,
dass seine Schrift unleserlich war. Als der
Schiffskaplan eintraf, der ihn ersetzen
sollte, hatte der Admiral bereits selbst die
Feder ergriffen.
Mittlerweile war es halb zehn. Überall auf
den französischen Schiffen brannte es und
auf der *Orient* war ein gewaltiges Feuer
ausgebrochen. Während sich die Mannschaften von den oberen Decks vor der
drohenden Explosion des Pulvermagazins
über Bord retteten, feuerten die unteren
Geschützdecks unbeirrt weiter. Nelson fragt, wie viele der Beiboote noch einsatzbe-
reit seien, um die Überlebenden zu retten. Doch ehe eines zu Wasser gelassen werden
konnte, verschwand die *Orient* in einem Feuerball. Holztrümmer, brennendes Segeltuch und zerfetzte menschliche Leiber regneten auf die Bucht nieder. Für Minuten
schwiegen die Geschütze, ehe das Gemetzel weiterging. Von den eintausend Mann
an Bord der *Orient* konnten lediglich sechzig geborgen werden. Einer schaffte es aus
eigener Kraft: Kapitän Hallowell auf der *Swiftsure* staunte nicht schlecht, als ihm ein

nasser, nackter Mann mit einem französischen Offiziershut vorgeführt wurde. „Wer zum Teufel sind Sie denn?" fragte er. „Lt. Charles Berthclod von der *Orient*," antwortete die Erscheinung. Der Leutnant hatte sich aus dem unteren Batteriedeck des Schiffes gerettet, sich zum Schwimmen seiner Kleider entledigt, den Hut aber aufbehalten. Wie hätte man ihn auch sonst als Offizier und Gentleman erkennen sollen? Die Schlacht von Abukir ging die ganze Nacht hindurch weiter. Die Franzosen wehrten sich mit dem Mut der Verzweiflung. Erst im Morgengrauen verstummten die

Victory in a Bottle: Der anglo-nigerianische Künstler Yinka Shonibare stellt sein mit farbenfrohen Stoffen aus seiner Heimat besegeltes Modell von Nelsons Flaggschiff 2010 auf dem Trafalgar Square aus.

Kanonen. John Nicols, der von seinem Posten an Deck gekommen war, erinnert sich: „Die ganze Bucht war voller toter Leiber, verstümmelt, verwundet und verbrannt." 1.700 Franzosen und 200 Engländer starben in der Schlacht, darunter auch eine Frau. Sie alle wurden auf einer Sandbank unter einem gemeinsamen Kreuz bestattet. Von den dreizehn Linienschiffen der französischen Flotte strichen sechs ihre Flagge, vier liefen auf Grund, das Flaggschiff wurde vollständig vernichtet. Nur zwei Schiffen gelang die Flucht, eines davon die *Guillaume Tell*, unter dem Kommando von Pierre Villeneuve. Er und Nelson sollten sich wiedersehen: bei Trafalgar.

Nelsons Ruhm war durch den Sieg begründet, Napoleons ehrgeiziger Plan in Ägypten zum Scheitern verurteilt. Am 22. September 1798 lief die britische Flotte, nachdem sie durch schweren Sturm arg mitgenommen worden war, in Neapel ein. Fünfhundert Vergnügungsboote mit Schaulustigen drängten sich im Hafen. Die Stadt war mit Blumen und Fahnen geschmückt und konkurrierende Blaskapellen spielten „Rule Britannia" und „See the Conquering Hero". Der König selbst empfing den siegreichen

Admiral, während die Königin, eine Schwester der auf der Guillotine hingerichteten Marie Antoinette, nervlich so mitgenommen war, dass sie den Palast nicht verlassen konnte. Dafür hatte sie auch allen Grund, hatten die Franzosen doch deutlich zu erkennen gegeben, dass ihr Königreich unter der Sonne Italiens ihr nächstes Ziel sein würde. In einem überschwänglichen Brief schrieb sie an ihren Botschafter in London: „Die gesamte Mittelmeerküste Italiens ist gerettet; und das verdanken wir einzig den großmütigen Engländern. Diese Schlacht, diese völlige Vernichtung des Geschwaders der Königsmörder, ist das Verdienst dieses tapferen Admirals, dem eine Flotte zu Gebote steht, die der Schrecken ihrer Feinde ist." Auch ihre enge Vertraute Lady Hamilton fiel, als sie an Bord von Nelsons Flaggschiff *Vanguard* ging, der Ohnmacht nahe, in den einen noch verbliebenen Arm des Triumphators. In den folgenden Tagen pflegte sie aufopfernd seine bei Abukir erlittene Kopfwunde und trug auch ihren Teil dazu bei, sein empfindliches Nervenkostüm zu kurieren.

Nachlese

Biographien des großen britischen Seehelden gibt es zahlreiche, auf Deutsch relativ neu ist: Jann M. Witt: „Horatio Nelson – Triumph und Tragik eines Seehelden" (Hamburg 2005). Ebenso unüberschaubar ist die Literatur zur Seekriegsführung des 18. Jahrhunderts, die gerade im englischen Sprachraum immer wieder einmal Wellen der Popularität erlebt. Ein Klassiker bleibt: „Der Einfluss der Seemacht auf die Geschichte 1660–1812" von Alfred Thayer Mahan, erhältlich in diversen Reprint-Ausgaben. Der historische Kontext des *fiscal-military state* und die Rolle des Militärs und der Staatsfinanzen in der Entstehung des Modernen Staates ist Thema einer eigenen, umfangreichen Fachliteratur, seit John Brewer diesen Begriff für Großbritannien geprägt hat. Die Arbeit von Charles Tilly: „Coercion, Capital, and European States, AD 990–1992" (Oxford 1992) ist wegen der Einbettung in die weitere historische Entwicklung besonders hervorzuheben. Die Seekriegsführung des 18. Jahrhunderts hat auch ein ganz eigenes Genre der Unterhaltungsliteratur hervorgebracht, dessen herausragende Vertreter die „Horatio Hornblower"-Romane von C. S. Forester und Patrick O'Brians „Aubrey/Maturin"-Serie sind, die mehrfach verfilmt wurden, wobei „Master and Commander – Bis ans Ende der Welt" (Peter Weir, 2003) sicher die beeindruckendste filmische Umsetzung bietet. Der geneigten Leserin, dem geneigten Leser sei empfohlen, die Lektüre mit den besseren Werken aus der Flut an modernen Jane Austen-Epigonen zu kombinieren, um ein vollständiges literarisches Bild der englischen Gesellschaft an der Wende zum 19. Jahrhundert zu gewinnen.

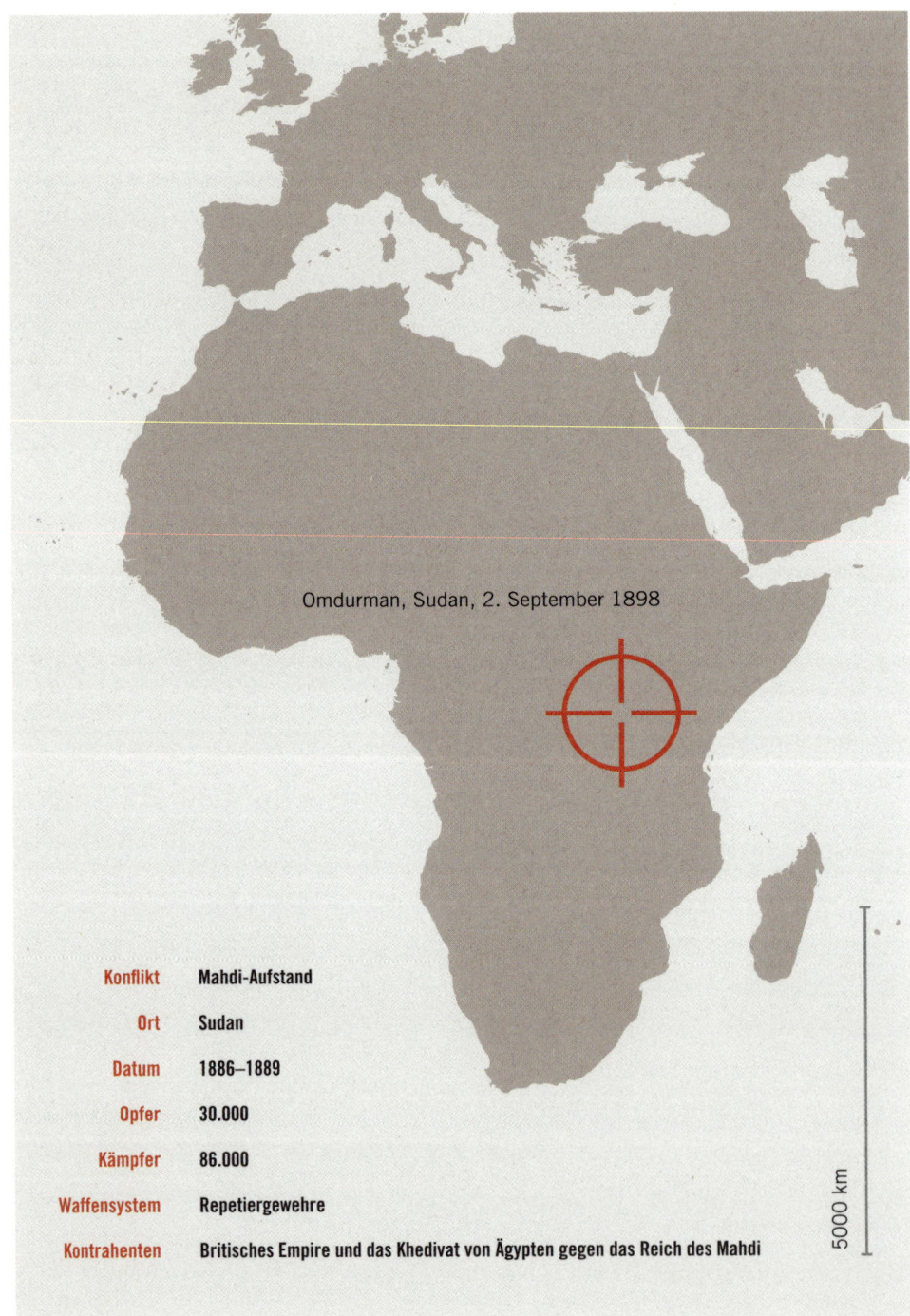

Omdurman, Sudan, 2. September 1898

Konflikt	**Mahdi-Aufstand**
Ort	**Sudan**
Datum	**1886–1889**
Opfer	**30.000**
Kämpfer	**86.000**
Waffensystem	**Repetiergewehre**
Kontrahenten	**Britisches Empire und das Khedivat von Ägypten gegen das Reich des Mahdi**

5000 km

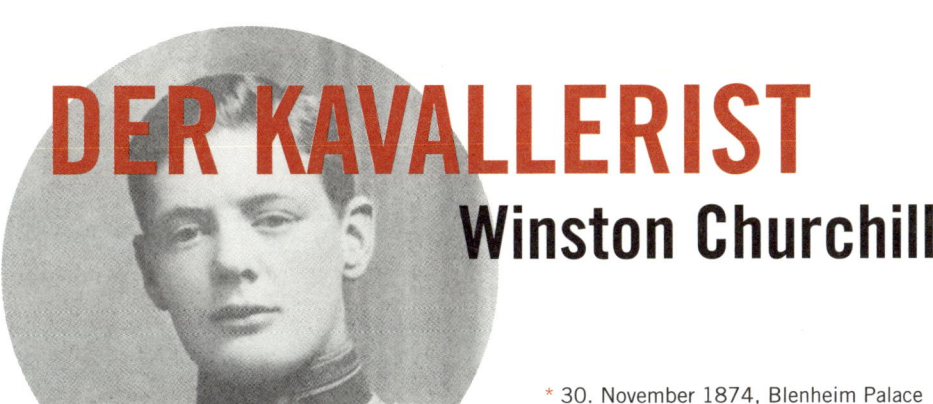

DER KAVALLERIST

Winston Churchill

* 30. November 1874, Blenheim Palace
† 24. Jänner 1965, London

Der junge Mann in der Husarenuniform sollte eigentlich so schneidig wirken, wie ein junger englischer Aristokrat in dieser dandyhaftesten aller Uniformen nur wirken kann. Doch da ist etwas Verkrampftes in seiner Haltung. Die Augen auf dem Schwarzweißfoto sind dunkel, der Blick demnach nicht zu deuten, die Finger am Heft des Säbels erscheinen vielleicht auch nur aus fotografischen Gründen weiß, nicht weil sie besonders fest um den Griff der archaischen Waffe geschlossen sind. Der junge Mann ist Winston Leonard Spencer-Churchill, auf diesem Bild noch weit entfernt von seinem untersetzten, hängebackigen, zigarrenrauchenden späteren Selbst, als das er in Britanniens dunkelster Stunde seine „finest hour" erleben wird. Zu diesem Zeitpunkt ist er durch den frühen Tod seines Vaters davon überzeugt, selbst

kein langes Leben vor sich zu haben, und daher wild entschlossen, der Welt seinen Stempel aufzudrücken. Die Voraussetzungen dafür sind günstig. Das britische Empire ist auf dem Höhepunkt seiner Macht. Königin Viktoria, die schon zeitlebens einer Epoche ihren Namen aufprägt, regiert bald sechzig Jahre. Die Vorbereitungen zu ihrem diamantenen Thronjubiläum laufen bereits, als sich der junge Kavallerieoffizier ablichten lässt. Wie es zum Klischee gehört, hat der Herr Leutnant kein Geld. Deswegen beginnt er zu schreiben, für Zeitungen, als Kriegsberichterstatter. Deswegen muss er in den Krieg, egal, wo im weltumspannenden Imperium der gerade stattfindet. So kommt er in den Sudan und nimmt an der letzten entscheidenden Attacke teil, die die britische Kavallerie reiten wird.

Es hatte mit den Schiffen begonnen. Die Händler-Piraten vom westlichsten Rand Eurasiens, die der Welt ihre kommerziellen Regeln mit Kanonenkugeln aufprägten und sich während desselben Zeitraumes von spätfeudalen Monarchien zu modernen Staaten wandelten, globalisierten nicht nur ihre Ökonomie, sondern zunehmend auch ihre Staatlichkeit. Weltumspannende Imperien entstanden. Größtenteils waren diese frühneuzeitlichen maritimen Reiche nichts weiter als feine Gespinste, deren Lebensfäden durch kanonenstarrende Flotten beschützte Seehandelsrouten und deren Knotenpunkte befestigte Stützpunkte waren. „Feitoria" – Faktoreien – nannten die Portugiesen, die das erste derartige Netzwerk um die Küsten Afrikas und über den Indischen Ozean aufspannten, die ihren. Der Begriff deutet zurück auf die mittelalterlichen Handelsimperien der italienischen Seestädte Venedig und Genua oder der deutschen Hanse, die als ferne Vordenker des Kolonialismus gelten können. Folgerichtig wurden manche der ersten Kolonien gar nicht von der Krone, sondern durch privilegierte private Handelsgesellschaften aufgebaut. Die *Merchant Adventurers*, die Westindische und die später so mächtige Ostindische Kompanie aus England, die durch Misswirtschaft am Ende so erbärmlich heruntergekommene niederländische VoC – *Vereenigde Oost-Indische Compagnie* – die französische *Compagnie française pour le commerce des Indes orientales* waren die ersten multinationalen Konzerne. Die VoC war das erste Unternehmen, das Aktien ausgab, die Wertpapierbörse von Amsterdam dadurch die erste der Welt.

„The flag follows the trade" könnte man in Umkehrung des neo-imperialistischen Slogans vom Ende des 19. Jahrhunderts sagen. Doch tatsächlich gehen die beiden Hand in Hand. Kommerzielle Interessen waren von Anfang an mit militärischen Mitteln etabliert worden – gegen die Einheimischen und europäische Mitbewerber. Indem der sich entwickelnde Moderne Staat im Laufe des 18. Jahrhunderts das Monopol der militärischen Gewaltausübung durch königliche Flotten – HMS – *His Majesty's Ship* – und stehende Armeen an sich zog, musste er notwendigerweise seine staatliche Autorität auf die fernen Gestade ausdehnen, an denen Händler, Piraten und Abenteurer sich in seinem Namen festgesetzt hatten. Ein Blick auf die heute noch vorhandenen Überseedepartements Frankreichs und Hollands und Britanniens verbleibende Inselkolonien offenbart einen fernen Abglanz dieser weltumspannenden Imperien. Heute haben sich die letzten Außenposten in der Karibik einer anderen Form der Piraterie zugewandt: Off-Shore-Konten.

Ein Schiff der VoC – der niederländischen Ostindienkompanie – auf einem japanischen Druck.
Die VoC besaß über Jahrhunderte das Monopol auf den Handel mit Japan und ihr Logo war die erste
globale Trademark.

Während am Anfang des 19. Jahrhunderts das erste flächendeckende koloniale Imperium schon wieder zerbrach – die spanischen Kolonien in Lateinamerika machten
sich unabhängig – und die Kolonialzeit in Nordamerika durch die amerikanische
Revolution schon früher zu Ende gegangen war, schickten sich die europäischen
Kolonialmächte an, eine neue Welle der globalen Eroberung auszulösen, an deren Ende, kurz vor dem Ersten Weltkrieg, von einer Hand voll widerstandsfähiger

Ausnahmen abgesehen, die ganze Erde Europa Untertan war. Die ungeheure wirtschaftliche Dynamik des Westens, die durch die erste koloniale Expansion angefacht und durch die Industrialisierung auf eine nie dagewesene Stufe gehoben worden war, in Verbindung mit einem Bevölkerungswachstum, das die moderne landwirtschaftliche Revolution ermöglicht hatte, verschaffte den europäischen Großmächten einen gewaltigen Vorteil gegenüber allen Mitbewerbern und gab ihnen die Mittel in die Hand, den gesamten Erdkreis unter sich aufzuteilen. Westliche Armeen standen nun überall auf der Welt Gegnern gegenüber, die buchstäblich aus der Vergangenheit zu stammen schienen. Die Gleichzeitigkeit des Ungleichzeitigen erhob im Krieg sichtbar ihr Haupt.

Asymmetrien

Kriege waren immer schon mal asymmetrisch, auch wenn der Ausdruck erst für die sogenannten „Neuen Kriege" nach dem Ende des langen, Kalten geprägt wurde. Immer wieder trafen ungleiche Militärsysteme aufeinander, die ihre spezifischen Stärken mehr oder weniger erfolgreich zu nutzen, die spezifischen Schwächen des Gegners mehr oder weniger geschickt auszunutzen verstanden. Die persischen Unsterblichen zerbrachen an der griechischen Phalanx, Steppenreiter konnten Ritterheere besiegen, Kanonen Burgen knacken, Arkebusen Kavallerie auslöschen.
Die lange Geschichte des Krieges ist eine Geschichte wechselseitiger Anpassung. Man lernt in der harten Schule des Feindes. Lernt man schnell, kann ein oberflächlicher taktischer Vorteil schon in der nächsten Schlacht ausgeglichen werden. Als Eduard I. seine Ritter an den schottischen Speeren scheitern sieht, bricht er die unbeweglichen Haufen in der nächsten Schlacht durch Bogenschützen auf. Die französische Ritterschaft braucht einen blutigen hundertjährigen Krieg lang, um ihre Lektion aus den Niederlagen gegen die englischen Langbogenschützen zu lernen. Oft dauern solche Prozesse, weil hinter der Armee und ihrer Taktik, die sich in der Schlacht bewährt – oder eben nicht – ein System, eine Lebensweise, eine Ideologie steht, die tief in der Gesellschaft verwurzelt ist. Die Armee zu verändern bedeutet dann, die Gesellschaft zu verändern; mit oft unvorhersehbaren Folgen. Marius wollte nur die Legionen reformieren und legte den Grundstein für die Militärdiktatur Cäsars, die das Ende der Republik einläutete. Welche weitreichenden Folgen notwendige Reformen des Militärs haben können, zeigt, wie bedeutsam es als gesellschaftliche Kraft zu allen

Zeiten war und wie weit seine direkten und indirekten Einflüsse in der Gesellschaft reichten.

Am Anfang war die Überlegenheit des Westens noch organisatorischer Natur und nur bedingt waffentechnisch gewesen – hier sei an Napoleons Beobachtung über die Mamelucken erinnert. Ein Gleichziehen war da noch durch institutionelle Reformen machbar. Doch mit dem beispiellosen industriellen *Take off* und den wissenschaftlichen Fortschritten, die diesen begleitete, kam im Laufe des 19. Jahrhunderts ein technologischer Faktor hinzu, der eine Asymmetrie schuf, die bis heute nicht überwunden ist. Nur Nationen, die in der Lage waren, das westliche, industrielle Modell zu kopieren, hatten eine Chance. Die anderen lebten bald ein, zwei Welten entfernt von den entwickelten Industrienationen.

„Whatever happens, we have got / The Maxim gun, and they have not"

fasst die Figur des Captain Blood in Hilaire Bellocs Gedicht „The Modern Traveller" den technischen Abgrund trocken zusammen, der bald Kolonialherren und Kolonisierte trennt. Dieses erste Maschinengewehr war zwar bei Weitem nicht so schlachtentscheidend in den Kolonialkriegen, wie es im populären Mythos gerne hingestellt wurde, illustriert aber vortrefflich die Natur des Grabens, der sich zwischen dem Westen und dem Rest der Welt aufgetan hatte. Die Militärtechnologie offenbart, nur stellvertretend für viele andere Bereiche, dass sich hier Welten auseinanderbewegten.

Am Beginn der Schießpulverrevolution konnte abendländische Technologie noch im Kopf des Experten die Kulturgrenzen überspringen. Ein wahrscheinlich ungarischer Renegat goss für Mehmed den Eroberer die Kanonen, die die tausendjährigen Mauern Konstantinopels brachen; doch das Gießen, die Herstellung der Bronze, der Kugeln, die bauliche Verankerung der gewaltigen Geschütze besorgten osmanische Handwerker. Alle Fertigkeiten, die dazu benötigt wurden, waren vor Ort vorhanden. Der Westen war wortwörtlich nur eine Idee weiter als der Rest der Welt. Am Ende der Schießpulverrevolution im 18. Jahrhundert sah es noch so aus, als könnte man den westlichen Vorsprung aufholen. Doch dazu musste man bereits die eigenen Leute in Kompetenzen ausbilden lassen, die es nur im Westen gab, damit sie überhaupt die westlichen Erfindungen nachbauen konnten. Osmanen und Moguln beschäftigten europäische Militärberater und Ingenieure, ließen Marine- und Artillerieschulen eröffnen. Doch schnell zeigte sich, dass dem schon zu diesem Zeitpunkt schwerwiegende Hindernisse entgegenstanden. Komplexe Maschinen – und all diese neuen Technologien beruhten auf komplexen Maschinen – bestehen aus Einzelteilen, die von verschiedenen Spezialisten hergestellt werden müssen. Um zu einem funktionierenden Ganzen zusammengefügt werden zu können, müssen sie passen. Dies erfordert Präzision. Traditionelle handwerkliche Produktionsweisen können diese nicht liefern. Je komplexer die Technologien wurden, die nachgebaut werden sollten, umso mehr offenbarten sich tiefer liegende Defizite: Einem Zimmermann, der nicht lesen konnte, war mit einem noch so ausgeklügelten Linienriss eines Kriegsschiffes nicht geholfen. Ein Schlosser, der nicht rechnen konnte, war nicht in der Lage, das gasdichte Gewinde für ein Geschütz richtig zu dimensionieren. Moderne Waffensysteme standen am Ende einer langen Zulieferkette, in der jedes Glied wiederum von technischen und gesellschaftlichen Innovationen abhängig war, die in Westeuropa als Produkt einer speziellen historischen Entwicklung sozusagen von selbst entstanden waren, im Rest der Welt aber erst mühsam hergestellt werden mussten. Lesen und Rechnen etwa hatten auch schon die anderen europäischen Monarchien ihren Untertanen am Vorabend der industriellen Revolution massenhaft beibringen lassen – etwa durch die Einführung der allgemeinen Schulpflicht durch Maria Theresia in Österreich (1774) –, wenn sie nicht aus eigenem Antrieb, wie in England oder Holland, schon eine hohe Alphabetisierungsrate aufwiesen. Vielfach mussten dafür Widerstände überwunden werden, weil selbst die weniger entwickelten Nationen Kontinentaleuropas oft strukturell ganz anders aufgestellt waren als die Vorreiter der Moderne im Westen. Zar Peter der Große zerrte Russland sozusagen an den Bärten der Bojaren ins Zeitalter der Aufklärung und der weniger machtvollkommene aber nicht minder radikale Joseph II. scheiterte in Österreich am Widerstand der Konservativen. Solch nachholende Modernisierungen brauchten Zeit, die die Nachzügler zunehmend nicht mehr hatten, während England, Frankreich, die Niederlande, die USA und später Deutschland sowie der Rest Europas mit Volldampf jeden Tag den Abstand vergrößerten. Bis Japan nach der gewaltsamen Öffnung des Landes 1853 zu seiner rasanten Aufholjagd ansetzte, gab es niemanden auf der Welt, der auch nur den Hauch einer Chance zu haben schien, auch wenn einzelne Nationen und Herrscher wie der osmanische Sultan Mahmud II. oder der

Vickers Sons & Maxim Gun Factory, eine der Waffenschmieden der Welt, deren industrieller Vorsprung die Macht der Großmächte im Zeitalter des Imperialismus stützte.

ägyptische Khedive Muhammad Ali Pascha, sich gegen alle inneren Widerstände redlich bemühten.

Die westlichen Industriestaaten wurden eben deswegen zur Werkbank der Welt, weil nur hier die notwendigen Voraussetzungen gegeben waren, die neuen fortschrittlichen Produkte überhaupt herzustellen. Diese waren im wahrsten Sinne des Wortes konkurrenzlos.

Nichts, was irgendwo sonst auf der Welt hergestellt werden konnte, vermochte sich mit ihnen zu messen. In der Waffentechnik zeigt sich dieser Graben nur deutlicher als in anderen Bereichen. Um die Mitte des 19. Jahrhunderts kamen daher alle zeitgemäßen Waffensysteme aus westlichen Fabriken. Versuche, mit dem Westen gleichzuziehen, erforderten tiefgreifende Reformen, die schwere gesellschaftliche Spannungen auslösen konnten; das letzte, was ein ohnehin von den Zumutungen der Kolonialherren bedrohter Herrscher brauchen konnte. Also kaufte er in Manchester oder in Essen Kanonen, um der Kanonenbootpolitik aus London oder Berlin etwas entgegensetzen zu können. Nachdem außereuropäische Staaten im Grunde nicht anders gestrickt sind als europäische, ging ein großer Teil der Staatsausgaben für Rüstung drauf, was den Gewinnen von Krupp gut tat, die Nationen des Südens aber mit massiven Außenhandelsdefiziten und hohen Schuldenbergen zurückließ.

Der heute oft so abstoßende Hochmut der Viktorianer gegenüber „Wilden" und Orientalen war ihr Urteil über eine Welt, in der ihnen niemand auch nur annähernd das Wasser reichen konnte; ihr unverhohlener Rassismus ein kruder Erklärungsversuch, warum ihnen gegeben war, woran scheinbar alle anderen Nationen scheiterten.

Die Problematik war den Eliten jener orientalischen Kulturen, die noch vor kurzen verächtlich auf die Westler herabgeblickt hatten, zum Teil klar, zum Teil verschlossen sie die Augen vor dieser unangenehmen Realität oder hofften auf Gottes Hilfe. In der islamischen Welt etwa fühlte Muhammad ibn Abd al-Wahhab schon 1740 in der arabischen Provinz die wachsende Unsicherheit des osmanischen Herrschaftsanspruches angesichts des zunehmenden Vorsprunges des Westens und wurde zum Begründer einer puritanischen Islamauslegung, des nach ihm benannten Wahhabismus.

Dort, genauso wie in China und in Japan schon lange zuvor, war die Reaktion auf die Anmaßungen der Westler die radikale Rückbesinnung auf die eigenen Traditionen, welche doch in der Vergangenheit immer die eigene Überlegenheit garantiert hatten. Es war unvorstellbar, dass die Barbaren plötzlich die Nase vorne haben könnten; vorstellbar allein war, dass man selbst vom rechten Weg abgekommen war und dafür von Gott gestraft wurde.

Eine Rückkehr zu den wahren Werten würde sicher alles wieder ins Lot bringen. Die ersten Opfer dieser rückwärtsgewandten Reformer waren dann meist jene unter ihren Mitmenschen, die versuchten, vom Westen zu lernen, um ihn mit seinen eigenen Waffen schlagen zu können.

Die Industrienationen unterwarf das beispiellose Wirtschafts- und Bevölkerungswachstum der Zeit eigenen Zwängen: Der Hunger der Fabriken nach Rohstoffen wuchs jeden Tag, der Hunger der Fabrikarbeiter nach billigen Nahrungsmitteln ebenso, der Hunger der Fabrikanten nach neuen Absatzmärkten und der der Investoren nach neuen Anlagemöglichkeiten war ohnehin unstillbar. Die europäischen Mächte richteten begehrlich ihren Blick auf die verbleibenden weißen Flecken der Weltkarte, die jüngst unabhängig gewordenen Staaten Lateinamerikas und auf die in verbleichendem Glanz schlummernden Reiche des Ostens. In ihrem zunehmend von nationalistischen Tönen aufgeladenen Wettlauf um diese Territorien hetzten die Kolonialmächte einander in die große Katastrophe, die das Zeitalter des Imperialismus beenden sollte. In jenen entlegenen Weltgegenden, auf die sie ihre gierigen Hände legten, ahnte niemand, welche Kriegsmaschinerie auf sie losgelassen werden sollte.

Ägypten

In Großbritannien, das aus der ersten Phase der europäischen Expansion nach der Überwindung Napoleons definitiv als Sieger hervorgegangen war, nannten sich die Vertreter dieses neuen, etwas hysterisch anmutenden Expansionismus „New Imperialists". Ihr industrieller Vorsprung, die Kontrolle der Weltmeere und ihre strategische Unabhängigkeit erlaubte den Briten in *splendid isolation* dem Gerangel der anderen Mächte zuzusehen, bis sich mit der deutschen Einigung 1871 erste Misstöne in das „Europäische Konzert", das Metternich und die anderen Sieger der Revolutionskriege auf dem Wiener Kongress (1814/15) so mühsam gezimmert und gegen jede liberale Aspiration verteidigt hatten, einschlichen. In der neuen Konkurrenzsituation wurden große Eroberungspläne geschmiedet, immer auch, um den Aspirationen der anderen Mächte zuvorzukommen. Der nervöse Friede, der noch bis 1914 dauern sollte, war nicht nur von manifesten Konflikten gestört, sondern auch von potentiellen, die dadurch zustande kamen, dass man schon auf mögliche Züge des Gegners mit prophylaktischen Gegenzügen reagierte.

Ein Dreh- und Angelpunkt der britischen Strategie war Ägypten. Bereits Napoleon hatte die Bedeutung des Landes am Nil für die Machtstellung Großbritanniens in der Welt erkannt. Zwei Seerouten führten von den regnerischen Inseln zum Juwel in seiner Krone unter der Sonne Indiens: Die lange um das Kap der Guten Hoffnung, die die Portugiesen einst erschlossen hatten, und eine zweite durch die Straße von Gibraltar und das Mittelmeer nach Alexandria, von dort nilaufwärts bis Kairo, durch die Wüste nach Suez und von dort aus wieder mit dem Schiff durch das Rote Meer in den Indischen Ozean. Der englische Abenteurer Thomas Fletcher Waghorn hatte sie mühsam etabliert und damit die Reisezeit auf ein Drittel verkürzt. Vor allem die kritische Postverbindung lief über Ägypten und die Mehrzahl der britischen Verwaltungsbeamten, Militärs und ihre Familien, die zwischen Indien und der Heimat pendelten, bedienten sich ihrer. Mit der Eröffnung des Suezkanals 1869 war die ägyptische Route konkurrenzlos und die Bedeutung Ägyptens für das britische Empire wuchs noch einmal deutlich an.

Das Land am Nil war indes ein kompliziertes politisches Konstrukt. Nominell war es ein Teil des osmanischen Reiches, doch de facto unabhängig unter der von Muhammad Ali gegründeten Dynastie. Sultan Mahmud II. hatte den aus einer albanischen Militärfamilie stammenden Gouverneur einst nach Ägypten gesandt, um Napoleon zu vertreiben, doch den hatten bereits die Briten durch Nelsons Sieg bei Abukir kaltgestellt. Prompt erklärte sich der Statthalter zum Alleinherrscher und nahm den Titel Khedive (etwa „Vizekönig") an. Dem Sultan blieb nichts übrig, als die Fakten anzuerkennen. Muhammad Ali umgekehrt ging vom baldigen Zusammenbruch des osmanischen Reiches aus: „Ich bin mir darüber sehr wohl im Klaren, dass das (osmanische) Reich jeden Tag seinem Untergang näher kommt, ... auf seinen Trümmern werde ich ein großes Reich ... bis zum Euphrat und Tigris errichten."[1] Dazu wandelte er Ägypten in einen Militärstaat um, holte sich westliche Berater ins Land und dehnte seine Macht auf die angrenzenden Gebiete im Nahen Osten, vor allem aber im Sudan aus, die ohnehin nur mehr lose unter der Oberhoheit der Hohen Pforte standen. Sein Griff nach dem Sultansthron wurde durch westliche Interventionen gerade noch verhindert. Vor allem der alte Feind Russland zog das schwächelnde Haus Osman einem ehrgeizigen Aufsteiger mit modernen Ideen vor. Muhammad Alis Nachfolger folgten seinem Beispiel und das quasi-unabhängige Ägypten wurde zu einer bedeutenden Regionalmacht. Doch dazu waren gewaltige Kredite nötig, die die Herrscher auf dem internationalen Kapitalmarkt aufnahmen. Da die Mehrheit der Investitionen ins Militär gingen, und damit vor allem für den Ankauf von modernen Waffen und westlichem Know-how ausgegeben wurden, hatten sie keine nachhaltige Wirkung auf die ägyptische Wirtschaft. Ein Baumwollboom, der durch den Amerikanischen Bürgerkrieg (1861–65) ausgelöst worden war, als die Baumwolle aus den Südstaaten durch die Seeblockade der Union vom Weltmarkt abgeschnitten wurde, verleitete den regierenden Khediven Ismail – der nicht ohne Ironie als „der Prächtige" in die Geschichte einging – zu noch extravaganteren Ausgaben und völlig verantwortungslosen Kreditaufnahmen. Allein zwei Millionen Pfund – in heutigem Geld etwa Dreihundert Millionen US-Dollar – gab er für die Festlichkeiten zur Eröffnung des Suezkanals aus. Zeitgenossen nannten sie die „Party des Jahrhunderts". Für die Eröffnung seines Opernhauses in Kairo gab er bei Verdi die Oper „Aida" in Auftrag. Das Honorar: 150.000 Goldfranken, das bis dahin wohl höchste Honorar für einen Komponisten. Folglich stand Ägypten Ende der 1870er mit der fantastischen Summe von einhundert Millionen Pfund Sterling in der Kreide! Der Verkauf der ägyptischen Anteile am Suezkanal an Großbritannien brachte gerade mal schwache vier Millionen ein. Die Staatseinnahmen reichten schon lange nicht mehr aus, die Kredite zu bedienen. So sprangen die Investoren – allen voran britische Kapitalgeber – ein und übernahmen effektiv die Finanzverwaltung Ägyptens und die Kontrolle über den Kanal. Die folgende wirtschaftliche Öffnung und die sich bietenden geschäftlichen Chancen brachten zahlreiche westliche Geschäftsleute ins Land, die bald die ägyptische Wirtschaft dominierten. Gegen diesen ausländischen Einfluss regte sich Widerstand – Steuereintreiber und Geschäftemacher waren noch nie beliebt, Ungläubige im Sold von ausländischen Kapitalisten noch weniger – weswegen es 1881 zu einer Rebellion kam, die den Khediven beinahe gestürzt hätte, wenn England und Frankreich nicht interveniert hätten. Von nun an regierte eine britische Schattenadministration – poetisch als „verschleiertes Protektorat" bezeichnet – hinter dem Thron das Land. Der neue Khedive Tawfiq, den die Westmächte nach der Abdankung seines Vorgängers auf den Thron gesetzt hatten, war beim Volk unbeliebt und religiös wie national gesonnene Kreise in Ägypten und im Sudan sahen in ihm eine Marionette der Ausländer, die er zweifellos auch war. Da die meisten britischen Truppen im Norden des Landes um Alexandria, Kairo und den Kanal konzentriert waren, blieb dieser Teil des Landes ruhig. Militärischer Widerstand regte sich im Süden: im Sudan.

Des weißen Mannes Bürde

Gouverneur des Sudan unter nominell ägyptischer Herrschaft war in den 1870ern der britische Militär und Abenteurer Charles George Gordon. Seine Karriere war bezeichnend für viele Westler, die ihren Lebensunterhalt mit dem verzweifelten Nachholbedarf außereuropäischer Staaten verdienten. Er sammelte militärische Erfahrung im Krim-Krieg und ging danach nach China, wo er die „Allzeit Siegreiche Armee" gegen die Taiping-Revolte, einen anderen Aufstand gegen westliche Bevormundung, kommandierte. Die Presse gab ihm den Spitznamen „China Gordon" und 1873 trat er mit Billigung der britischen Regierung in die Dienste des Khediven. Seine Mission war die Erfüllung des Traumes von einem Nil-Imperium, das vom Delta bis zu den Quellen des Nils im Viktoriasee reichten sollte. Gordon war ein widersprüchlicher Charakter, der Abenteuerlust mit einer seltsam steifen Persönlichkeit verband und wahrscheinlich seine unterdrückte Homosexualität durch religiösen Eifer und geradezu manische Geschäftigkeit zu sublimieren versuchte. Er war zweifellos kompetent, talentiert, ungewöhnlich aufrichtig in seinen Überzeugungen und erfüllt von einem christlich-humanitären Sendungsbewusstsein, das ihn auffällig von dem sonstigen Haufen ruhmsüchtiger, geldgieriger, gescheiterter Existenzen absetzte. Er ging mit der gewohnten Energie ans Werk und geriet bald mit dem System in Konflikt, das er eigentlich etablieren sollte. Die ägyptische Verwaltung war ein Abbild der osmanischen, in dem die Gouverneure vor allem daran interessiert waren, sich selbst durch Korruption zu bereichern, während sie ihre Provinzen auspressten. Im Sudan nahm diese Ausbeutung die Gestalt des Sklavenhandels an, an dem die örtliche Oberschicht gut verdiente, indem sie die nicht-muslimischen „schwarzen" Stämme des Südens versklavten, wie es ihnen der Prophet auch erlaubt und geboten hatte. Sie selbst, für europäische Augen nicht minder „schwarz" wie ihre Sklaven, sahen sich übrigens als Araber. Rassismus ist immer irgendwie absurd.

Gordons entschlossenes Vorgehen gegen diese Praxis brachte ihm die Feindschaft der lokalen Elite ein und bestärkte diese in ihrer Überzeugung, dass, was auch immer an westlichen Einflüssen von der Zentrale in Kairo in den Süden gelangte, von Übel und mit der Religion unvereinbar sei. In Europa wurde er als „Sklavenbefreier" von der Presse gefeiert, doch schließlich wurde der Druck zu groß und er kehrte – vorgeblich aus gesundheitlichen Gründen – nach London zurück. Der Khedive beschwor ihn, seine Aufgabe als Generalgouverneur fortzuführen. Doch auch auf diesem höheren Posten war die Situation für ihn gleichermaßen frustrierend. Seine Versuche, eine effektivere und etwas humanere Verwaltung zu etablieren, scheiterten an den finanziellen Interessen der ägyptischen Bürokraten – und den nicht minder windigen europäischen Abenteurern, die neben ihm in der Administration und Armee dienten. Die Unterdrückung des Sklavenhandels beraubte die islamischen Eliten im Nordsudan ihrer wirtschaftlichen Grundlage und führte zu Unruhen. Außerdem brach Ägypten einen Krieg mit Äthiopien vom Zaun, der die Region zusätzlich destabilisierte. Dieser trug auch zum drohenden Staatsbankrott bei. Gordon reiste übrigens nach Kairo, um sich mit der Kommission zu treffen, die die Interessen der ausländischen Banken wahren sollte. Sein Vorschlag, den Ägyptern ein Moratorium für ihre Schuldenzahlungen zu ermöglichen, damit sie den Staat stabilisieren und ihre Wirtschaft in Schwung bringen könnten, interessierte dort niemanden. Die Banken wollten ihr Geld. Was mit Ägypten passierte, scherte sie herzlich wenig. Während der ägyptische Staat in den Bankrott schlitterte, schlug sich Gordon weiterhin tapfer, ehe er 1880 den Dienst quittierte und zur Erholung nach Europa zurückkehrte. Ein Mitreisender auf dem Dampfer beschrieb ihn als einen gebrochenen Mann. Er selbst bezeichnete sich nach dieser Erfahrung als „einen wandelnden Leichnam".

Der Mahdi

Nach dem Ende von Gordons Statthalterschaft vermischten sich im Sudan zahlreiche Faktoren zu einem explosiven Gemisch. Die Bekämpfung des Sklavenhandels hatte die Wirtschaft im Sudan geschädigt. Die Beschäftigung ausländischer Experten und die Bevormundung durch die Kreditgeber verärgerte die Nationalisten. Die lokalen Traditionen eines volkstümlichen, mystischen Sufismus gegenüber der trockenen und eher laxen Islamauslegung der Osmanen erregte den Widerstand der Religiösen. All diese Widerstandsmomente in einer Bewegung vereinen konnte Muhammad Ahmad, der selbsternannte Mahdi, ein lokaler Prediger, der religiöse Erneuerung und nationale Befreiung zu einer Ideologie verband. Hunderttausende sollten ihr folgen. Der Mahdi ist eine Gestalt aus der islamischen Endzeiterwartung, ein von Gott gesandter Führer, der das nahende Ende der Welt ankündigt. Vor 140 Jahren im Sudan wird erstmals ein Drama aufgeführt, dessen Wiederaufnahmen wir noch heute tagtäglich mitansehen können:

Alte Eliten sehen im Angesicht der Moderne ihre kleine Welt im Wandel und entscheiden, dass, wenn ihre Vorrangstellung wankt, auch gleich die Welt als Ganzes enden muss.

Fanatismus erwächst aus Zeitnot, denn wenn dies die letzte Schlacht ist, ist nichts anderes mehr von Bedeutung und das eigene Leben, geschweige denn das von anderen, nichts wert, wenn es nicht dem Erlösungswerk dient. Im Namen Gottes kämpfen die Sklaven für ihre eigene Unterdrückung, damit die alten Herren etwas länger Herren bleiben können. Ihre geistlichen Stichwortgeber und die, die arm sind im Geiste, sind oft die einzigen wahren Gläubigen in dem traurigen Schauspiel. Muhammad Ahmad stammte aus einer Familie von Bootsbauern, am großen Strom Afrikas ein ehrwürdiges und bedeutsames Handwerk, zu dem er sich aber wenig hingezogen fühlte. Stattdessen wandte er sich religiösen Studien zu und wurde nach deren Abschluss als begabter Prediger bekannt. Sein Islam war deutlich geprägt von der wahhabitischen Rückbesinnung auf die Werte des Koran und das Beispiel des Propheten. Er sammelte rasch eine größere Gemeinde um sich und setzte sich in den internen Machtkämpfen der religiösen Orden durch, vor allem, weil seine charismatische und bescheidene Art den Volksmassen zusagte.

1881, in einem radikalen Schritt, beanspruchte er für sich selbst den Titel des Mahdi, der den Weg für die Erfüllung der endzeitlichen Prophezeiungen bereiten sollte, und begann unter seinen Anhängern jene ideale, islamische Ordnung zu etablieren, die der ursprünglichen Situation zur Zeit des Propheten entsprechen sollte. Konservative Geistliche, deren Nähe zu den ägyptischen und osmanischen Machthabern ihnen diese Position auch nahelegte, verurteilten ihn als Abweichler, mussten aber eine theologischen Eiertanz aufführen, um die an sich orthodoxen Glaubenssätze, die Muhammad Ahmad benutzte, nicht per se in Frage zu stellen. Mit dem Argument „Alles, was du sagst, ist richtig, außer dass DU der Mahdi bist!" lässt sich natürlich in einer aufgeheizten Debatte schwer der Sieg davontragen. Trotzdem entschied sich die ägyptische Verwaltung, ihn auf Basis religiöser Aufwiegelei inhaftieren zu lassen. Der Mahdi reagierte damit, dass er alle Vertreter des Regimes – auch und insbesondere die Muslime unter ihnen – zu Abtrünnigen vom Glauben erklärte: „Ich bin der Mahdi, der Nachfolger des Propheten Gottes. Hört auf, den abtrünnigen Türken Steuern zu bezahlen und jeder, der einem Türken begegnet, soll ihn töten, denn die Türken sind vom Glauben abgefallen."[2] Auch darin folgte der Mahdi lediglich der traditionellen Auslegung der Schrift.

Mit seinen engsten Anhängern marschierte er nach Kordofan, wo er eine große Gefolgschaft um sich scharte. Als militärisch bedeutsam erwies sich dabei besonders die Unterstützung durch die Baggara, eine große, kriegserfahrene Stammeskonföderation arabischer Herkunft, die einen Großteil seiner Truppen stellen sollte, und den nomadischen Hadendoa, deren beeindruckende Haartracht und Mut sie zu den wahrscheinlich auffälligsten Kriegern im Heer des Mahdi machte. In einem cleveren Schachzug benutzte Muhammad Ahmad gerade die Sklaverei, die traditionell einen Keil zwischen die muslimischen und nichtmuslimischen Stämme des Sudan getrieben hatte, um auch Letztere für seine Sache zu gewinnen. Er erklärte, dass Nichtmuslime, die sich seinem Jihad anschlossen, nicht mehr versklavt werden durften. Muslimen, die durch ihren Widerstand gegen den Gesandten Gottes ja bewiesen hatten, dass sie vom Glauben abgefallen waren, drohte ohnehin der Tod. Angesichts der wachsenden Macht des Mahdi

Ein Krieger der Hadendoa – von den Briten wegen ihrer imposanten Haartracht „Fuzzy Wuzzys" genannt.

und der Schwäche der ägyptischen Präsenz in der Region nicht auf dieses „Angebot" einzugehen, kam Selbstmord gleich, und immerhin bot es den nichtmuslimischen Stämmen den Vorteil, durch ihren Anschluss an das Mahdireich von den Sklavenjagden verschont zu werden. Konkurrierende muslimische Autoritäten – vor allem aus den traditionell uneinigen Sufi-Orden – wurden gleichgeschaltet oder vertrieben. Nachdem nun das *Nation-building* im Laufen war, überwältigten die Mahdisten im Herbst 1883 eine schlecht geführte ägyptische Armee und bemächtigten sich ihrer Waffen. In der Logik des asymmetrischen Krieges, die hier schon ihre Schatten vorauswarf, sind die lokalen Kämpfer immer darauf angewiesen, sich ihre zeitgemäße Bewaffnung von jenen zu beschaffen, die sie legal auf den internationalen Märkten erstehen können – oder auf die Kooperation mit Waffenschiebern –, da sie selbst kaum etwas Gleichwertiges herstellen können. Auch die Armee des Mahdi war bestenfalls in der Lage, sich auf mittelalterlichem Niveau mit Speeren, Bögen, Schwertern, Schilden und der gelegentlichen antiken Muskete zu bewaffnen. Wie bei den „Boxern" in China einige Jahre später oder zeitgleich den Anhängern des Geistertanzes im amerikanischen Westen wurde dieser eklatante Mangel an Kriegsmaterial durch magische Praktiken ausgeglichen, die die Krieger unverwundbar für die Kugeln der Feinde machen sollten. Ihre kollektive Bereitschaft, sich für die Sache ins Feuer zu werfen, wurde damit zweifellos gesteigert, ihre individuelle Fähigkeit, diesem zu widerstehen, eher nicht.

Weitere Siege über kleine ägyptische Armeen – meist unter Führung britischer Offiziere in ägyptischen Diensten – folgten und verbreiteten den Ruf des Mahdi und damit seine Macht über den gesamten Sudan. Nun entschloss sich Großbritannien zu handeln. Gordon wurde wieder in den Sudan entsandt, mit dem Auftrag, die europäischen und ägyptischen Truppen und Zivilpersonen aus dem Landesinneren zu evakuieren. Die Briten hatten kein Interesse, den kostspieligen Traum der Khediven von einem Nilimperium zur unterstützen, sondern rieten, sich auf ein paar Häfen am Roten Meer und Khartum zurückzuziehen. Für sie war Ägypten nichts weiter als ein Umsteigehafen auf dem Weg nach Indien. Gordon erreichte die Stadt im Februar 1884. Da er einen Rückzug für nicht machbar hielt, ersuchte er in Kairo um Unterstützung, die ihm versagt wurde. So bereitete er sich nach der Evakuierung der meisten Ausländer auf die Belagerung vor, die im April 1884 auch wie erwartet begann. Auch hier offenbarte sich ein seltsames technisches Ungleichgewicht; war Gordons kleine Garnison doch in der Lage, die Stadt gegen die in die Zehntausende gehende Armee des Mahdi zu halten, weil diese die Landminen und Annäherungshindernisse, die Gordon hatte errichten lassen, scheuten und von Kanonenbooten auf dem Nil in Schach gehalten wurden. Die gewaltigen Reserven an Waffen und Munition, die Gordon einlagern hatte lassen, taten ein Übriges. Unter dem wachsenden Druck der Öffentlichkeit musste die britische Regierung unter Gladstone schließlich einer Entsatzoperation zustimmen. Ein Teil der schon im Land befindlichen Interventionstruppen wurde in Bewegung gesetzt, kam aber so langsam voran, dass Gordon selbst dazu riet, eine Vorausabteilung zu entsenden. Diese wurde auf dem Weg nach Süden mehrmals von zehnfach überlegenen Truppen der Hadendoa angegriffen, die sich zwar selbstmörderisch tapfer schlugen, gegen die Feuerdisziplin der britischen Truppen aber keine Erfolge zeitigen konnten. In der Schlacht von Abu Klea zeigte sich bereits das offensichtliche Ungleichgewicht: 1.300 tote Hadendoa gegenüber 76 getöteten und 82 verwundeten Briten, die meisten davon durch feindliche Scharfschützen während des Nachtlagers und beim morgendlichen Aufmarsch. Obwohl es in dem felsigen Gelände schwierig war, die Formation beizubehalten und das Maschinengewehr der Briten nach nur 70 Schuss den Geist aufgab, da Wüstensand den Mechanismus verklemmte, verwandelte die geballte Feuerkraft und die Professionalität der Soldaten das Gefecht in ein Gemetzel. Es dauerte ganze fünfzehn Minuten! Für Gordon kam die Hilfe indes zu spät. Am 26. Jänner 1885 fiel Khartum und Gordon wurde auf den Stufen des Gouverneurspalasts niedergehauen. Zuhause löste der Tod eines Engländers in einem Wüstennest weit, weit weg einen riesigen Aufschrei in der Presse aus. Gladstone erlitt

Gordon auf den Stufen des Gouverneurspalasts in Khartum. Von George William Joy verewigt wurde dieses Motiv zu einer der Ikonen des New Imperialism.
1885; Leeds City Art Gallery

einen massiven Prestigeverlust und verlor die nächste Wahl. Das britische Desinter-
esse blieb dennoch bestehen. Der Mahdi starb kurz nach seinem Sieg an Typhus, sein
Reich wurde durch innere Streitigkeiten unter seinen Nachfolgern gelähmt und die
Briten waren froh, sich wieder raushalten zu können.

Unter direkter, wenn auch „verschleierter" britischer Regierung wurde Ägypten in
den nächsten Jahren wieder auf die Beine gebracht. Es hatte seinen Anspruch auf
den Sudan nie aufgegeben und unter dem Eindruck der aktuellen internationalen
Situation waren die Kolonialherren schließlich 1898 bereit, diesem Anspruch Nachdruck zu verleihen. Man wollte den Franzosen, die Gewinne am oberen Nil gemacht
hatten, zuvorkommen und den Italienern, die in Äthiopien nicht gerade ein gutes
Beispiel westlicher Kriegskunst abgaben, unter die Arme greifen. So erhielt der neue
Oberbefehlshaber der anglo-ägyptischen Armee, Horatio Herbert Kitchener, im März
dieses Jahres seinen Marschbefehl. Bewaffnet mit den modernsten Waffen und unterstützt von Kanonenbooten auf dem Nil rückte die Streitmacht von 8.200 britischen
und 17.600 ägyptischen Soldaten in den Sudan ein. Ihr Vorstoß war langsam und systematisch; man baute sogar parallel zwei Eisenbahnlinien aus, um die Expedition zu
versorgen. Bei Omdurman trafen sie auf 60.000 „Derwische", wie sie die Anhänger
des Mahdi wegen ihrer Herkunft aus den Sufiorden nannten. Mit dabei war der junge
Leutnant Winston Churchill.

Omdurman

Seit seinem Fototermin ein paar Jahre zuvor war Churchill viel herumgekommen.
Er war in Kuba gewesen, als es für seine Unabhängigkeit kämpfte, und hatte davon
für den *Daily Telegraph* berichtet. Dort soll er auch seine lebenslange Vorliebe für
Havanna entwickelt haben. 1896 wurde er nach Indien versetzt, wo er, sonst nie ein
gelehriger Schüler, viel Zeit hatte, sich eine umfangreiche Bildung anzulesen, da die
Aufgaben eines jungen Offiziers im Kolonialdienst in Bangalore nicht gerade fordernd
waren. Sein Versuch, wiederum als Kriegsberichterstatter in den Griechisch-Türki-
schen Krieg von 1897 geschickt zu werden, scheitert daran, dass der Krieg vorbei war,
ehe er eintraf. Zurück in Indien nahm er an Kampfhandlungen an der immer unruhigen Northwestern Frontier – im Hindukusch nach Afghanistan hin – teil, für die er
auch wieder für den *Daily Telegraph* und andere Zeitungen berichtete. Schon dort
beobachtete er, dass die islamische Welt aus seltsam Kommunizierenden Gefäßen zu

bestehen schien: Lokale Wanderprediger am Khaiberpass, die nie aus ihrer kleinen
Welt aus Stammesloyalitäten und engen Bergtälern herausgekommen waren, sahen
sich durch vage Gerüchte vom Erfolge muslimischer Waffen an fernen Orten wie
dem Sudan oder Balkan bestärkt und interpretierten ihre lokalen Reibereien mit der
Kolonialmacht als Teil eines weltweiten Kampfes zwischen dem *Dar al-Islam* und
dem gottlosen Feind. Die Meinung des jungen Churchill über den Islam, die er auch
andernorts bestätigt sah, war wenig schmeichelhaft. Aus späteren Neuauflagen seiner
Werke ließ er sie tilgen, heute liest sie sich aus tagespolitischen Diskussionen beunruhigend vertraut, wenngleich politisch höchst unkorrekt. Zurück in der Etappe landete er mit diesen Artikeln einen Buchvertrag, der ihm immerhin sechshundert Pfund
einbrachte, das Doppelte seines Jahresgehalts in der Armee. Danach sah es so aus, als
würde es im Sudan losgehen und Churchill setzte Himmel und Hölle in Bewegung,
um nach Ägypten zu kommen. Erst als ein Offizier unerwartet verstarb, gelang ihm
das und er schloss sich einer Abteilung der 21. Lanzenreiter an, die sich auf den Weg
in den Sudan machte, um Kitcheners Armee bei ihrem entscheidenden Angriff auf
die Hauptstadt der Mahdisten zu verstärken. Einen Reportagevertrag für die *Morning
Post* hatte Churchill schon in der Tasche – 13 Artikel, 15 Pfund für jeden, die Aussicht
auf einen weiteren *book deal* inklusive.

Am 31. August traf die anglo-ägyptische Armee vor Omdurman ein: 22.000 Mann,
44 Kanonen, 20 Maschinengewehre und eine Flotte von Kanonenbooten, von denen
zumindest zehn gepanzert waren. Die Kanonenboote hatten eine kleine Abteilung
Irregulärer auf der anderen Seite des Nils dabei unterstützt, die Ortschaften am
Fluss von Mahdisten zu säubern. An der rechten Flanke hob die Kavallerie vereinzelte Widerstandsnester aus. Am 1. September 1898 lagerte die Hauptarmee bei der
Ortschaft Egeiga, als Kavallerieaufklärer die Hauptmacht des Gegners auf der Ebene
westlich von Omdurman entdeckten. Die Mahdisten lagerten aber ebenfalls, anscheinend überrascht von Kitcheners raschem Vormarsch. Die Briten legen in Erwartung
eines Nachtangriffes Feldbefestigungen an. Doch die Nacht vergeht ruhig.

Am nächsten Morgen, dem 2. September, melden Vorposten um 6:20 Uhr, dass der
Feind vorrückt. Um 6:40 Uhr wird das Kriegsgeschrei der Mahdisten bei den britischen
Linien hörbar, die in einer breiten Formation, nur zwei Mann tief, hinter einfachen
Feldbefestigungen aus Gräben und Verschlägen aus Dornbüschen aufgestellt sind.
Kitchener beabsichtigt, auf diese Weise die maximale Feuerkraft aus seinen Truppen

Die „dünne rote Linie", seit Wellingtons Sieg bei Waterloo Synonym für die britische Armee, erscheint im Bild zwar noch als solche, in der Wirklichkeit hatte die Moderne sie längst eingeholt: Die Truppen in Omdurman trugen bereits khakifarbene Uniformen. Die lange Feuerlinie der Briten hüllt die Todeszone vor ihren Gewehrläufen in gnädigen Pulverdampf. Chromolithographie der Schlacht von Omdurman, von A. Sutherland, 1898

herauszuholen. Verlässliche britische Einheiten schützen die Flanken der unerfahrenen ägyptischen Bataillone und der sudanesischen Verbündeten. Die Kavallerie ist, um ihre Bewegungsfreiheit zu erhalten, großteils auf einem Höhenrücken vor der Hauptformation aufgestellt. Die 21. Lancer mit Leutnant Churchill stehen an der linken Flanke zu Aufklärungszwecken deutlich vorgeschoben auf einer Anhöhe. Von ihrem Standpunkt aus kann man den Aufmarsch des Gegners bestens überblicken. Sie sehen, was den Truppen in der Hauptkampflinie verborgen bleibt: dass ein großer Teil der feindlichen Kräfte hinter den Hügeln vorrückt bzw. in Deckung bleibt. Nur ein kleiner Teil – etwa 8.000 Mann – marschieren in einer ausgedehnten, halbmondförmigen Formation, die dadurch zustande kommt, dass die Kämpfer an den Rändern mehr Bewegungsfreiheit haben und daher schneller vorankommen, während das Gedränge im Zentrum den Vormarsch verlangsamt, auf einer Breite von eineinhalb Kilometern auf die Front der anglo-ägyptischen Armee zu. Auch sie sind vorerst von dort nur zu hören, ehe sie auf breiter Front sichtbar werden und rasch über das offene Gelände vorrücken. Zu ihrer Linken werden sie von einer doppelt so großen Abteilung flankiert, die offenbar die gegnerische Formation umfassen soll. An ihrer rechten Flanke bewegt sich eine dritte Formation; Churchill nennt sie wegen ihrer zahlreichen, mit Koranversen beschrifteten Feldzeichen die „Weißen Fahnen", um die Anhöhe herum, auf der die 21. Lancers Position bezogen haben und zwingt sie zum Rückzug hinter die eigenen Linien. Mit der Nachricht über die Disposition des Gegners kehren die Kavalleristen in den Schutz der eigenen Armee zurück und verbringen, wie Churchill zugibt, relativ sicher den Großteil des ersten Akts des bevorstehenden Dramas am Nilufer. Dort tränken sie ihre Pferde. Die „Derwische" scheinen zwei Taktiken einsetzen zu wollen, die ihnen bisher schon öfter gut gedient haben: Zum einen die Fähigkeit ihrer Truppen, sich im Buschland der Halbwüste erfolgreich selbst in großer Zahl zu tarnen und erst aus der Deckung aufzutauchen, wenn die Feind schon nahe ist. Zum anderen die erstaunliche Geschwindigkeit ihres Ansturms, bei dem die laufende Masse der Fußtruppen sogar unter Einhaltung der Formation selbst mit den Berittenen Schritt halten kann. Beides in Kombination geschickt angewandt gibt dem Gegner nur wenig Zeit, seine überlegene Feuerkraft einzusetzen. Die Mahdisten selbst haben nämlich nur eine beschränkte Zahl an Feuerwaffen: ca. 14.000 Gewehre, die sie ein Jahrzehnt zuvor von den Ägyptern erobert haben; damals schon nicht mehr neu und mittlerweile hoffnungslos veraltet. Außerdem fehlt es ihnen an Übung im effektiven Einsatz der Waffen. Ihre Neigung, den Lauf der Gewehre

Ostafrika bringt bis heute die begnadetsten Lauftalente hervor. Diese jungen Männer laufen für ein besseres Leben, nicht länger gegen einen Feind an, den sie nicht besiegen können.

zu kürzen – weil man dann besser mit ihnen laufen kann –, die beschränkte Munition und schlechte Wartung tun ein übriges, dass selbst diese Beutewaffen kaum einen Unterschied machen. Statt sie in Masse zum Salvenfeuer einzusetzen, wie es entsprechend trainierte westliche Armeen tun, feuern einzelne Schützen mit geringem Effekt auf die gegnerische Formation. Mehr Ärgernis als Gefahr. Auch die von den Ägyptern erbeutete Artillerie – darunter mehrere Maschinengewehre – leidet unter denselben Problemen. Die Bedienmannschaften sind ungeübt, Ersatzteile gibt es nicht und Munition ist knapp. Die nur fünf Geschütze, die bei Omdurman zum Einsatz kommen werden, scheinen dementsprechend auch keine nennenswerte Wirkung entfaltet zu haben.

Im Zentrum spielt sich nun ein grausiges Schauspiel ab. Während die Schützen der Mahdisten auf den Anhöhen bleiben und unter dem Feuer der britischen Artillerie ihrerseits wenig effektiv auf die feindlichen Linien schießen, versuchen Welle um Welle fanatisierter Krieger mit nichts als Speeren und Schwertern die britischen

Linien zu erreichen. Dort exekutieren trainierte Infanteriebataillone und die Mannschaften der Maschinengewehre eiskalt ihren mörderischen Drill. Die britischen und
ägyptischen Truppen feuern so rasch, dass die Gewehre zu heiß werden und ausgetauscht werden müssen. Kein sudanesischer Krieger wird lebend näher als 50 Meter
an die anglo-ägyptische Formation herankommen. Die Hälfte der im Zentrum aufmarschierten Krieger sterben innerhalb der nächsten schwachen Stunde. Churchill
beschreibt die Wirkung der Maxim-Gewehre drastisch:

**„Ein Dutzend Derwische stehen auf einer sandigen Anhöhe. Da beginnt
der Staub vor ihnen aufzuspritzen, und dann schmilzt das Häufchen
Reiter zu einem Wirrwarr auf dem Boden zusammen und ein paar
verschreckte Überlebende hasten in Deckung."**

Unter dem mörderischen Feuer der Infanterie gehen die Mahdisten hinter jeder sich
bietenden Bodenerhöhung in Deckung. Nun beginnt ein Zusammenspiel der Waffengattungen, welches die Europäer selbst in wenigen Jahren auf den Schlachtfeldern
des Ersten Weltkrieges erfahren werden: Artillerie beschießt die in Deckung liegenden Feinde mit Granaten. Von dem aus dem Stahlgewitter über ihren Köpfen her-
abregnenden Schrapnell aus der Deckung getrieben, werden sie mit Gewehren und
Maschinengewehren niedergemäht. Dies wiederholt sich so lange, bis man sich sicher
sein kann, dass sich auf einer Breite von einer halben Meile vor den eigenen Linien
kein kampffähiger Feind mehr befindet.
Die einzige kritische Situation entwickelt sich, als das britische Kamel-Corps durch
die Übermacht an der Flanke beinahe von der Linie abgeschnitten wird, doch retten
die Geschütze auf den Kanonenbooten dort die Situation. General Brandwood, der
an dieser Flanke die britische Kavallerie kommandiert, zieht die linke Flanke des
Gegners durch ausweichende Manöver hinter sich her und verhindert so, dass sie sich
an dem Generalangriff auf die Infanterie beteiligen kann. Doch selbst ein erfolgreich
abgestimmt ausgeführter Angriff der Mahdisten hätte, nach Einschätzung der Zeitgenossen vor Ort, den Ausgang der Schlacht nicht verändern können. Lediglich die
Verluste auf der anglo-ägyptischen Seite wären vielleicht etwas höher gewesen.
Als sich auf Seite der Mahdisten nichts mehr auf der Ebene bewegt als die
Verwundenden und Sterbenden, entschließt sich Kitchener, seine Kavallerie

vorzuschicken, um den Weg nach Omdurman zu säubern. Er erwartet, dass sich die Feinde nach den verheerenden Verlusten in die Stadt zurückziehen werden. Um einer möglicherweise langen Belagerung zuvorzukommen, will er möglichst rasch vorrücken.

Dreihundertfünfzig Kavalleristen, in ihren Tropenhelmen und Kaki-Uniformen schon Wegbereiter der Moderne, mit ihren Lanzen, Wimpeln und Säbeln noch einer ehrwürdigen Tradition verpflichtet, die seit Jahrtausenden Menschen und Pferde in der Schlacht vereinte, stoßen hinter der ersten Anhöhe auf eine Gruppe von etwa siebenhundert desorganisiert wirkenden Mahdisten. Niemals hätte eine Reitertruppe gezögert, die doppelte Anzahl aufgelöster Fußtruppen anzugreifen. So auch nicht die 21. Lancer. Unter ihnen Leutnant Churchill.

So schildert er, was nun passiert: „Eine tiefe Senke im Boden – ein trockener Wasserlauf, ein *Khor* – tauchte auf, wo zuvor alles als flache Ebene erschienen war; und aus ihr sprang, mit der Plötzlichkeit eines Pantomimen und einem schrillen Schrei, eine dichte weiße Masse von Menschen, fast so lang wie unsere eigene Front und zwölf Mann tief. Ein Dutzend Reiter und bunte Fahnen erhoben sich wie durch Magie aus der Erde." Die Mahdisten hatten ihren alten Trick wieder einmal erfolgreich angewandt, doch die britische Kavallerie war bereits im Trab. Den Angriff zu stoppen war unmöglich. So wurde der junge Offizier, der zu diesem Zeitpunkt eigentlich schon beschlossen hatte, seine militärische Karriere zu beenden und sich vollends dem Schreiben zuzuwenden, in den letzten siegreichen Reiterangriff getragen, den die britische Kavallerie hinlegen sollte.

Binnen Sekunden spielt sich nun noch einmal ab, was auf Schlachtfeldern seit der Antike wieder und wieder passierte. Die Reiter beschleunigen, die feindlichen Schützen schießen bis zuletzt und werden dann durch den Ansturm auf die eigene Hauptmasse zurückgeworfen. Mit einem Schrei wie aus einer Stimme trifft die Kavallerie auf die stehende Formation des Gegners.

„Die Kollision war gewaltig," schreibt Churchill, „beinahe dreißig Lanzenreiter, Männer und Pferde, kamen zu Fall, und zumindest einhundert Araber. Der Schock war für beide Seiten betäubend, und für zehn wundersame Sekunden kümmerte sich keiner um den Feind. Verängstigte Pferde steckten in der Menge fest, zerschrammte und verstörte Männer, in Haufen übereinander, rauften sich, verwirrt und blöde, wieder auf und blickten sich um … Dann und erst dann, begann das Morden; und danach erst sah jeder Mann die Welt nur mehr entlang der Lanze, unter seinem Säbel oder durch die Kimme seiner Pistole."

Wie es sich für einen erfolgreichen Reiterangriff gehört, stößt ein großer Teil der 21. Lancers durch die feindlichen Linien hindurch, nur wenige bleiben stecken oder kommen zu Fall und werden vom Feind prompt niedergemacht. Der Rest formiert sich auf der anderen Seite der gegnerischen Abteilung neu. Doch nun fordert die Moderne ihr Recht. Statt zu einem weiteren heroischen, aber selbstmörderischen Ansturm anzusetzen, umgehen die Kavalleristen die gegnerische Formation, die unsicher versucht, den Reitern ihre Front zuzuwenden, und eröffnen aus sicherer Entfernung mit Karabinern das Feuer. Als den Anführern der „Derwische" klar wird, dass sie die Reiter nicht zum Kampf stellen können, ziehen sie sich zurück. Leutnant Churchill hat, wie er fast etwas bedauernd zugibt, keinen einzigen Kratzer abbekommen. Im Moment des Angriffes, schreibt er, könne er sich an keinen Ton erinnern. Wie ein Stummfilm lief alles ab, was in Wirklichkeit eine Kakophonie aus Schüssen, Pferdegetrampel, dem Klingen von Stahl auf Stahl und den Schreien von sterbenden und verwundeten Menschen und Pferden gewesen sein muss. Der menschliche Verstand, scheint es, blendet aus, was zu viel ist.

Die Schlacht von Omdurman ist noch nicht zu Ende. Kitchener wird seine defensive Position verlassen und auf der Ebene von der zurückgehaltenen Hauptmacht des Mahdi angegriffen werden. Wieder werden überlegene Disziplin und überlegene Waffen unter grauenhaften Verlusten der Angreifer den Sieg davontragen. Um halb zwölf setzt der britische Oberbefehlshaber seinen Feldstecher ab und bemerkt trocken, dass der Gegner eine „ausreichende Tracht Prügel" erhalten habe. Von den beinahe 52.000 sudanesischen Kriegern, die an diesem Morgen aufmarschiert sind, ist zu diesem Zeitpunkt niemand mehr in der Lage, geordneten Widerstand zu leisten. 12.000 sind tot, 13.000 verwundet, 5.000 in Gefangenschaft, der Rest auf der Flucht. Auf anglo-ägyptischer Seite: 47 Tote, 382 Verwundete. Asymmetrie – in der Tat!

Anmerkungen

1   Georges Douin, Hg. : „Une Mission militaire française auprès de Mohamed Aly, correspondance des Généraux Belliard et Boyer" (Kairo 1923) S. 50.

2   Holt, P.M.: „The Mahdist State in Sudan" (Oxford 1958) S. 51.

Nachlese

Ein wunderbar bitter-süßes Gemälde des britischen Empire zum diamantenen Thronjubiläum von Königin Viktoria schreibt Jan (vormals James) Morris in „Pax Britannica: The Climax of Empire" (New York 1968), 2002 neu aufgelegt. Kritischere Reflexionen über das Zeitalter des Imperialismus gibt es viele, wobei das Werk des Altmeisters Eric J. Hobsbawm: „Das imperiale Zeitalter 1875–1914" bei Fischer (Frankfurt a. M. 2004) zu empfehlen ist, ebenso wie das etwas mühsamere, aber mit Verweisen auf weitere Literatur übervolle Werk von Gregor Schöllgen: „Das Zeitalter des Imperialismus" (Oldenbourg, Grundriss der Geschichte, Bd. 15, 4. Auflage, München 2000). Zu Omdurman kann man natürlich den Zeitzeugen selber lesen: Winston Churchill: „The River War: An Account of the Reconquest of the Sudan." (dt. „Kreuzzug gegen das Reich des Mahdi"); Frankfurt am Main 2008, (englische Originalausgabe 1899, gekürzt 1902) oder eines der unzähligen eher militärgeschichtlichen Werke, wie es die Briten zu so gut wie jedem Scharmützel, in das sie jemals verwickelt waren, gern publizieren, z.B. Donald Featherstone: „Omdurman 1898: Kitchener's Victory in the Sudan" bei Osprey, London 1993.

Sowohl Gordon's *last stand* in „Khartoum" (GB, 1966 mit Charlton Heston und Laurence Olivier) wie auch die Schlacht von Omdruman („Die Vier Federn" 1939 und 1955, nicht in der Verfilmung von 2002, die die Handlung zeitlich vorverlegt) wurden verfilmt, ebenso wie das Leben des jungen Churchill unter dem Titel: „Young Winston" (1972).

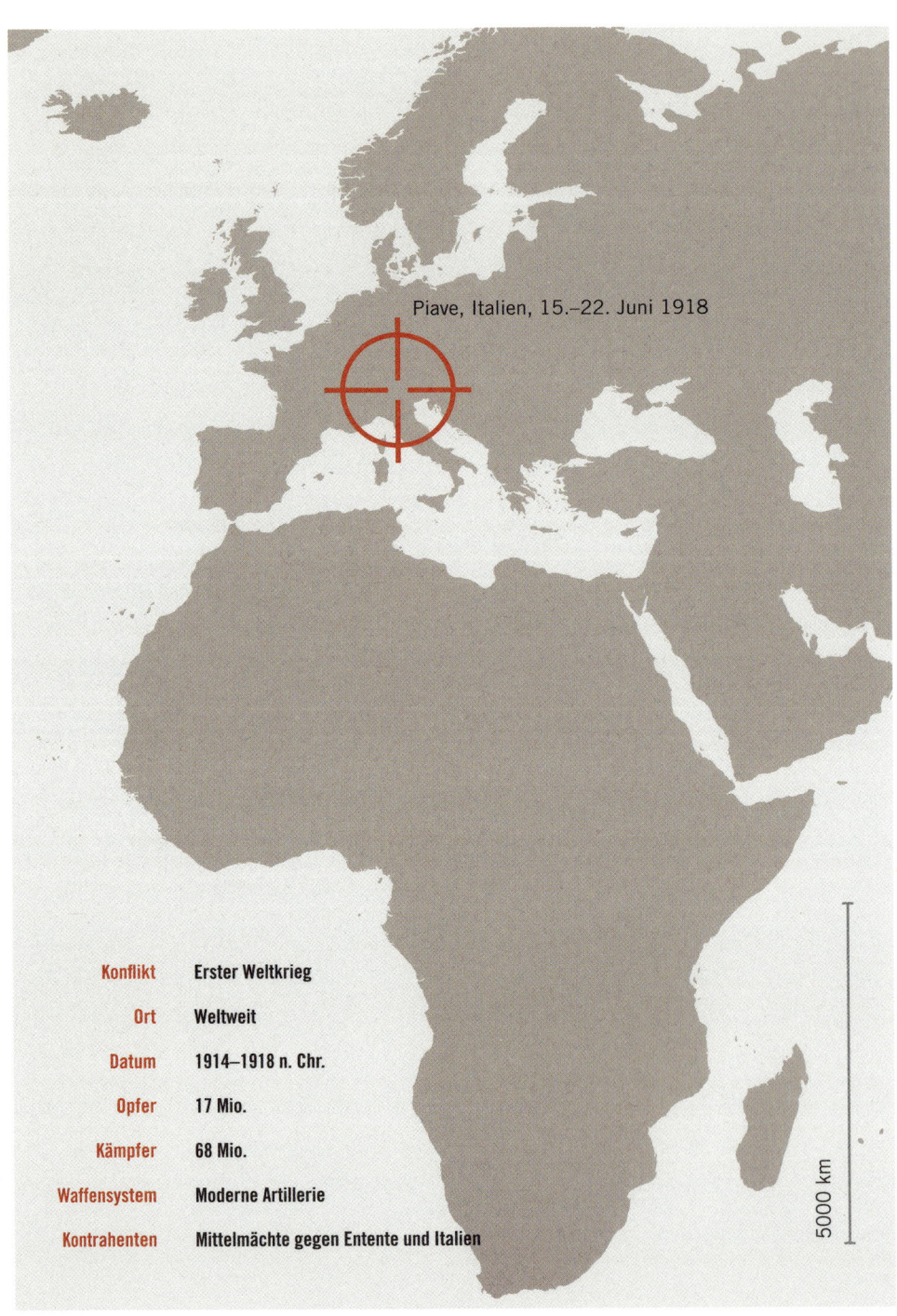

Piave, Italien, 15.–22. Juni 1918

Konflikt	**Erster Weltkrieg**
Ort	**Weltweit**
Datum	**1914–1918 n. Chr.**
Opfer	**17 Mio.**
Kämpfer	**68 Mio.**
Waffensystem	**Moderne Artillerie**
Kontrahenten	**Mittelmächte gegen Entente und Italien**

5000 km

DER SANITÄTER

Ernest Hemingway

* 21. Juli 1899, Oak Park, Illinois
† 2. Juli 1961, Ketchum, Idaho

Der junge Ernest Hemingway will Journalist werden. Er ist gerade mal 18 Jahre alt, gerade aus der High School. Er schreibt für ein Blatt – den „Kansas City Star" –, dessen Stilfibel seine literarische Sprache prägen sollte: „Benutzen Sie kurze Sätze. Benutzen Sie kurze erste Absätze. Benutzen Sie ein lebhaftes Englisch. Seien Sie positiv, nicht negativ." So sehr er Ersteres beherzigt, so wenig wird er Letzteres durchhalten können, denn er zieht in den Krieg, nach Italien, an die Front, wo sich die Italiener und das Vielvölkerheer Österreich-Ungarns in den Flussläufen von Isonzo und Piave und im Eis der Berge Tirols seit 1915 abschlachten. Es ist nur ein Schauplatz in dem blutigen Fanal, in dem die „Welt von Gestern" seines Literatenkollegen Stefan Zweig ihrem Ende entgegenstolpert. Viele haben im heraufziehenden Stahlgewitter Sinn und Läuterung gesucht, einen reinigenden Schauer, der die Schwüle des Fin de siècle vertreiben sollte, die sich nach vierzig Jahren Frieden angestaut hatte. Manche hatten den Krieg als das Feuer herbeigesehnt, das die innerlich zerrissene Monarchie noch einmal zusammenschweißen sollte. Sie ernteten einen Wirbelsturm, der die Welt nicht nur die vier Jahre des „Großen Krieges" gefangen halten würde, sondern fast eine Generation lang: Der zweite Dreißigjährige Krieg, Urkatastrophe des 20. Jahrhunderts, die zwischenzeitlich in Bürgerkriegen, Revolutionen und politischen Massakern von rechts und links dahinbrodelt, ehe sie in einem zweiten, noch grausigeren Gemetzel alles das hinwegfegen wird, was einst als sicher galt. Eine ganze Generation wird verlorengehen, wörtlich oder metaphorisch. Einige werden im Schreiben einen Weg finden, das Erlebte zu verarbeiten. Auch den jungen Amerikaner Hemingway lässt der Krieg nicht mehr los. Er wird zum journalistischen Beobachter und literarischen Chronisten der Selbstzerfleischung Europas und der seelischen Folgen der blutigen ersten Hälfte des 20. Jahrhunderts.

Bleiben wir bei den Literaten: Stefan Zweigs „Welt von Gestern": „... war das goldene Zeitalter der Sicherheit ... Niemand glaubte an Kriege, an Revolutionen und Umstürze. Alles Radikale, alles Gewaltsame schien bereits unmöglich in einem Zeitalter der Vernunft." Man sollte sich diese Epoche in Erinnerung rufen, denn sie erschien den Zeitgenossen ebenso alternativlos und unerschütterlich wie hundert Jahre später ihren Nachkommen die ihre.

Krieg war etwas, das anderen passierte, weniger aufgeklärten Völkern auf dem Balkan oder dunkelhäutigen Menschen irgendwo in den Kolonien. Der lange Friede in Europa seit dem Deutsch-Französischen Krieg 1871, der die momentane politische Großwetterlage hergestellt hatte, war ein lokales Ereignis, wie auch der in Amerika seit dem Ende des blutigen Bürgerkriegs zwischen Nord und Süd. An anderen Orten waren die Großmächte mehr oder weniger ständig in ihre kleinen, asymmetrischen Kriege verwickelt oder reichte das Auftauchen von ein paar Kanonenbooten, um eine lokale Krise beizulegen. Die fortschreitende Ausdehnung der Interessensphären führte aber auch immer häufiger dazu, dass sich die Truppen der Großmächte dabei direkt gegenüberstanden – wie im Fall der Faschoda-Krise 1898 in Gefolge von Kitcheners Expedition in den Sudan. In dem kleinen Ort Faschoda am Weißen Nil kollidierte der Britische Kap-Kairo-Plan mit dem französischen Kongo-Nil-Projekt. Doch auch diese Krise konnte friedlich beigelegt werden, führte sogar indirekt dazu, dass sich die beiden kolonialen Rivalen annäherten, was wiederum das Misstrauen des deutschen Reiches verstärkte und zur nächsten Krise führte: Marokko 1905. Doch auch diese und etliche folgende konnten am Verhandlungstisch gelöst werden. Für den Beobachter in der westlichen Welt konnte leicht der Eindruck entstehen, die Großmächte würden nie mehr zum barbarischen Mittel des offenen Krieges greifen. Das europäische Konzert schien noch harmonisch, auch wenn es lauter geworden war und nationalistische Trommler und das hysterische Trompeten der Imperialisten in letzter Zeit vernehmlicher zu hören waren.

Die Herrscher der Großmächte waren ohnehin eine große Familie, alle irgendwie verwandt, oft über die Person der britischen Königin Viktoria – der Großmutter Europas, deren Ära fast pünktlich mit dem Jahrhundert zu Ende gegangen war. Noch am Vorabend des Fanals, im heißen Sommer 1914, meinten „Willy" und „Nicky" in Berlin beziehungsweise Petersburg die Lage durch ein Gespräch unter Männern wieder ins Lot bringen zu können. Die europäischen Eliten unterschätzten überall

das Momentum der Strukturen, die sie zu lenken vermeinten, deren Eigengesetzlichkeiten aber längst das Runder übernommen hatten.

Für die Bewohner der „Welt von Gestern" war ihr Universum friedlich, geordnet und
berechenbar. Diese Welt war klar in ihren Regeln und Erwartungen. Die Schreckens-
geschichten der vorherigen Generation vom revolutionären Anfang des Jahrhunderts, von europäischen Kriegen, Terreur und Jakobinertum hatten in der Elite eine
Abneigung gegen das Radikale erzeugt, die sich mit einem grundsätzlichen Fort-
schrittsglauben verband: Die Welt würde sich verändern, doch kanalisiert, gelenkt,
gezähmt, ohne die herrschende Ordnung noch einmal so zu erschüttern. Kapitalis-
mus und Demokratie waren die Systemkonstanten. Mehr oder weniger waren alle
westlichen Nationen konstitutionelle Monarchien oder stolze Republiken, nur in
Russland regierte noch die alte Autokratie; doch waren viele, selbst Fortschrittliche,
der Meinung, dass die Russen das eben so brauchten. Das riesige Bauernvolk war
nichts anderes gewohnt und das Land einfach zu groß. Doch selbst dort existierten
zumindest die äußerlichen Versatzstücke des Parlamentarismus und der Rechtsstaatlichkeit. Und in Anbetracht der rasanten Modernisierung, die das Land seit der
Jahrhundertwende durchmachte, rechnete man im Westen damit, dass auch der
Gigant im Osten sich in absehbarer Zukunft in die Familie der aufgeklärten Nationen
voll integrieren würde.

Nach innen erschienen diese alten Reiche so sicher und unerschütterlich, wie man es
sich nur vorstellen konnte. Selbst die große Frage des 19. Jahrhunderts, die soziale,
schien man in den Griff bekommen zu können. Allerorts bemühte man sich, die Verwerfungen zu glätten, die die Industrialisierung hervorgerufen hatte. Der Sozialstaat
existierte schon, zumindest im nach-bismarckschen Deutschland, anderswo in Ansät-
zen. Bieder wirkt diese Zeit vielleicht aus heutiger Sicht, doch das kommt daher, dass
man mehr auf den äußeren Schein achtete; dahinter brodelte das Allzumenschliche.
Diese Welt war modern, ihr Glaube an Fortschritt und Rationalität noch ungebrochen, das Vertrauen in die Institutionen groß. Die Emanzipation erhob ihr Haupt.
Zwar wurden die Suffragetten noch vielfach verlacht, doch beschäftigte das britische
Colonial Office bereits seit über einem Jahrzehnt „Lady Typewriters". Ärztinnen
praktizierten schon zahlreich, und auch wenn man sich über die Form streiten mochte, dass die Frauen im wirtschaftlichen und öffentlichen Leben zukünftig eine größere Rolle spielen würden, war es in liberalen Kreisen unwidersprochen. Überhaupt

war der Liberalismus mit seinen gesellschaftlichen und ökonomischen Ideen die prägende Einstellung des Zeitalters gewesen, nur jüngst durch radikale Strömungen wie Sozialisten, Nationale und Religiös-Konservative an den Rand gedrängt, seitdem die Ausweitung des Wahlrechts den Massenparteien eine Wählermasse gab, die man umwerben konnte. An den Ängsten eben dieser Massen, von der allzu raschen Modernisierung an den Rand gedrängt zu werden, die eigenen, traditionellen Werte und Wertungen nicht in das neue Jahrhundert mitnehmen zu können, nährten sich die Rechten und Konservativen; von der Forderung der Proletarier, einen gerechten Anteil an den Segnungen des neuen Zeitalters zu bekommen, die gemäßigten Linken, die in den meisten Parlamenten Europas vertreten waren. Radikale – Linke, Anarchisten wie Nationale – schmiedeten inzwischen Revolutionspläne und verunsicherten die europäische Öffentlichkeit gelegentlich mit Terroranschlägen. Wirtschaft, Intelligenz und Kultur waren international, zumindest europäisch, doch billigte man jedem, der sich die westliche Kultur aneignete, zu, Teil der globalen Zivilisation zu sein. Der indische Anwalt Mohandas Karamchand Gandhi musste nach Südafrika fahren, um dort offene Diskriminierung zu erfahren und zu keinem Zeitpunkt war Europas jüdische Bevölkerung so sehr im Zentrum angekommen, wie in der Abenddämmerung der Alten Welt. Der Sohn eines Konvertiten – Benjamin Disraeli – war britischer Premierminister gewesen. Die Wiener Moderne war mehr oder weniger das Projekt des jüdischen Großbürgertums. Wo offener Antisemitismus zutage trat, wie in der Dreyfus-Affäre, wurde er mittlerweile nicht mehr einfach hingenommen, sondern bekämpft. Die Reaktion war zwar stark, doch schien die Zeit auf Seiten der Progressiven. Die europäische Gesellschaft war auf dem Weg, offener, freier, internationaler zu werden – auch wenn dieser natürlich noch lange sein sollte. Wirtschaft und Kultur waren ohnehin international. Man fuhr nach Brighton, Biarritz und Karlsbad, ohne einen Pass zu benötigen und jeder schöne Ort der Alten Welt hatte seine Kolonie von Ausländern, die regelmäßig oder dauerhaft dort ansässig waren. Große internationale Unternehmen hatten Niederlassungen in allen Ländern und das Patentrecht stellte sicher, dass für jede Platte Panzerstahl, die in britischen Werften zu einem *Dreadnought* (Schlachtschiff) der Royal Navy verarbeitet wurde, eine Lizenzgebühr zu Krupp nach Essen überwiesen wurde. Die Briten hatten den Freihandel gefördert, und Britannien beherrschte immer noch die Meere, über die dieser Handel abgewickelt wurde, auch wenn Deutschland und die USA, was den industriellen Ausstoß und die Tonnage der Handelsflotten betraf, rasch aufholten. Überhaupt waren die Jahre seit der Jahrhundertwende wirtschaftliche Boomjahre gewesen, vor allem in den sich nachholend industrialisierenden Ländern der k.u.k-Monarchie, Russlands und Südosteuropas. Das österreichische und russische Schienennetz wuchs fast exponentiell und die Hälfte aller Unternehmen in Serbien, die 1914 aktiv waren, waren erst 1910 gegründet worden. Die Nähe der wirtschaftlichen Elite zu den Regierenden war groß. Für den Fall, dass der Kaiser auf Besuch in die Villa Hügel kommen sollte, hatte der Fabrikant eine eigene Bahnstation. Weder Kaiser noch Krupp war, trotz aller vollmundiger Rhetorik, die vor allem Wilhelm gerne von sich gab, daran gelegen, das Boot zum Schaukeln zu bringen. Es schien unvorstellbar, dass dieses Gefüge, das auf so vielen Ebenen die Nationen miteinander verband, zerbrechen könnte.

Kakanien

Es war einmal ein Reich im Herzen Europas. Es ist lange verschwunden. So gründlich wurde kein anderes Staatsgebilde von der europäischen Landkarte gewischt. Gelegentlich findet man noch seine Fossilien: Das überall gleiche Gelb der Stuckfassaden oder versteinerte Doppeladler. Dieses Reich war eines von dreien – Russland und das Osmanische Reich die beiden anderen –, die noch in der Tradition der Vielvölkerimperien der frühen Neuzeit standen, deren Zusammenhalt durch eine Dynastie und den Staatsapparat, nicht zuletzt durch die Armee, hergestellt wurde, nicht durch nationale Bande. Doch das Nationale war zum Sprengstoff und dauernden Zankapfel geworden in einem Reich, dessen Institutionen und Elite so übernational waren, wie es nur möglich war. Das eigentliche Problem war nach dem Ausgleich mit Ungarn 1867 die Rolle der slawischen Völker in der nun doppelten Monarchie. Der erste ungarische Ministerpräsident – Graf Andrássy – hatte das Konzept der Unterordnung der slawischen Völker unter die deutsche bzw. magyarische „Herrenrasse" noch salopp in dem Satz „Ihr kümmert euch um eure Slawen, und wir uns um unsere" zusammengefasst. Dass die ungarischen Magnaten, der landbesitzende Adel des immer noch vor allem agrarischen östlichen Teils der Monarchie – jenseits des Flusses Leitha, in Transleithanien – durch jede politische Berechtigung der nationalen Minderheiten in ihrer Hälfte des Doppelstaates viel zu verlieren hatte, zeigt schon der Blick auf den erbärmlichen Rest, der vom Königreich der Stephanskrone nach dem

Krieg übrigbleiben sollte. Ihr Widerstand war dementsprechend zäh wie, angesichts des oben geschilderten Zeitgeistes, schlussendlich aussichtslos, was ihm, wie ähnliche verlorene Posten, zu einer umso zäher verteidigten Bedeutsamkeit verhalf. Doch auch im Westen war das Beharren der Deutschösterreicher auf ihren Privilegien nicht minder groß. Als die Regierung Badeni 1897 in den böhmischen Ländern Tschechisch als zweite gleichberechtigte Amtssprache einführen will, gehen in der deutschnationalen Presse die Wogen hoch. Im Parlament beschwört der deutschböhmische Abgeordnete Karl Hermann Wolf gleich den drohenden Untergang des Deutschtums und beschuldigt den Ministerpräsidenten des Verrats an der Nation. Angst vor der eigenen Auslöschung ist immer der Kampfruf der Nationalen, die Herrenrasse ein überraschend schwaches Pflänzchen, dessen Überlegenheit, entgegen den Regeln des Darwinismus, scheinbar gerade nicht in ihrer Überlebensfähigkeit zu liegen scheint. Sie entlarvt die ganze Rhetorik als Ränke, die versucht, die Masse derer, die durch den Zufall der gemeinsamen Nationalität erreichbar ist, für die Interessen Weniger einzuspannen. Im konkreten Fall sind das die deutschsprachigen Eliten Böhmens, etwa die Beamten, die mehrheitlich des Tschechischen nicht mächtig sind, im Gegensatz zu ihren tschechischen Kollegen, die alle Deutsch können.

Es geht um Karrieren, Avancements und Posten. Im Herzen der rechten Rhetorik steht, zukunftsweisend, die kleinbürgerliche Abstiegsangst.

Schon hier entlarvt sich der Chauvinist als weinerlicher Versager, der, um den Vorteil der Bevorzugung aufgrund Herkunft gebracht, an seine Konkurrenzfähigkeit gegenüber den „anderen", die er im selben Satz als minderwertig abqualifiziert, nicht wirklich glauben kann. Chauvinismus ist der Elitismus der Letztklassigen, die außer ihrer zufälligen Zugehörigkeit zum imaginierten Herrenvolk keinerlei Qualitäten vorzuweisen haben. Gerade deswegen ist sein Appeal für die Massen so groß. Er ist gleichermaßen der kleinste gemeinsame Nenner, auf den man eine politische Forderung herunterbrechen kann. Das funktioniert ähnlich gut mit Religion, doch nur vermittels der Permutation des Internationalismus mit Klassen – wie die Sozialisten rasch herausfanden.

Badeni scheitert am Sprachenstreit, nachfolgende Regierungen nähern sich dem Problem mit einer Zwei-Schritte-vor-ein-Schritt-zurück-Strategie. Man wurstelt sich durch, wie es eben dem österreichischen Weg entspricht. Dem kam entgegen, dass auch auf der Gegenseite, bei den Nationalisten, nur ein radikaler Rand wirklich die Eigenstaatlichkeit und Auflösung der Monarchie anstrebt. Die meisten, gemäßigten Nationalisten gehen bis zuletzt von einer Lösung innerhalb einer wie auch immer umzugestaltenden Monarchie aus. Die josephinische Erwartungshaltung, die Zentrale müsse eine Lösung herbeiführen, die Reform muss von oben kommen, führt dazu, dass die nationalen Interessengruppen Wien mit Maximalforderungen bombardieren, gleichzeitig aber keinerlei Dialog zwischen den Volksgruppen stattfindet, der über wüste Beschimpfungen und wilde Verdächtigungen hinausginge. Im Nachhinein erweist sich die Herausforderung als eine, auf die es keine richtige Antwort zu geben scheint: Weder die österreichische Lösung der weitgehenden Gleichberechtigung bis hin zum allgemeinen Männerwahlrecht, noch die ungarische der nationalen Unterdrückung und zwangsweisen Magyarisierung waren geeignet, das Problem zu lösen. Der Thronfolger Erzherzog Franz Ferdinand ist ein ausgesprochener Vertreter der trialistischen Lösung, der Errichtung eines südslawischen dritten Teilreichs aus den kroatischen, bosnischen und dalmatinischen Kronländern. Die Ungarn sind strikt dagegen, zum einen weil es ihre Position schwächen würde und weil der Großteil des neuen Königreiches aus ungarischen Territorien gebildet werden würde. Doch den Thronfolger stört das wenig, er kann die Ungarn ohnehin nicht leiden. Weit mehr als die Ungarn stört diese Idee aber die neu an die Macht gekommene, ultranationalistische Regierung in Belgrad. Die Existenz eines nationalen, kroatischen Staates, wenn auch innerhalb der habsburgischen Monarchie, wäre das Ende des Traums von der Vereinigung aller Südslawen unter der serbischen Krone. Die katholischen Slowenen und Kroaten sowie die muslimischen Bosniaken haben – nebenbei – wenig Lust, in ein orthodoxes, serbisches Großreich eingegliedert zu werden. Noch weniger, nachdem die politische Stimmung in Belgrad zunehmend national-radikaler wird und die serbische Armee in den während der Balkankriege besetzen Gebieten die nationale Reinheit mit Vertreibungen und Massakern durchzusetzen versucht. Dabei hatte Serbien bis zur Jahrhundertwende die Kooperation mit Wien gesucht, ehe die vormalige Dynastie mit Gewalt gestürzt wurde. Unter den neuen Herrschern aus dem Haus Karađorđević hatten die nationalistischen Offiziere, die den Putsch seinerzeit herbeigeführt hatten, freie Hand. Nicht einmal die offizielle, serbische Regierung hätte, selbst wenn sie es ernsthaft gewollt hätte, gegen die tiefen Strukturen in der Armee

und ihre geheimen Vorfeldorganisationen regieren können. Die Konfrontation mit
Wien schien auch machbar, weil Russland Belgrad – zunehmend enthusiastischer –
Rückendeckung zusicherte. In Petersburg war nämlich nach der Niederlage gegen
Japan 1905 eine Fraktion an der Macht, die auf dem Balkan die vorrangige imperiale
Expansionszone Russlands und folglich in Österreich-Ungarn den Hauptgegner sah.
Nebenbei entspannte die Abwendung von der „asiatischen" Politik auch das Verhält-
nis zu Großbritannien. Das „Great Game" im Hindukusch wurde abgepfiffen, das auf
dem Balkan konnte beginnen.

Die Krisen der Nullerjahre, wie etwa der „Schweinekrieg" von 1906 und die bos-
nische Annexionskrise von 1908, bestärkten die Serben in ihrer Überzeugung,
dass ihre nationale Mission nur über eine Konfrontation mit Österreich-Ungarn
zu erfüllen sei. Serbische Organisationen entfalteten dementsprechend eine rege,
subversive Tätigkeit, während die offizielle serbische Politik in den Balkankriegen
der 1910er Jahre ihre Machtstellung ausbaute. Die Ereignisse führten aber zu einer
weit verhängnisvolleren Entwicklung: In der Albanienkrise von 1913 zwang Wien
Belgrad zum Rückzug. Es zeigte sich aber, dass die anderen europäischen Mächte die
Sicherheitsinteressen der Doppelmonarchie, ihre staatliche Integrität, seit dem Westfälischen Frieden 1648 eine tragende Säule des Systems der internationalen Politik,
nicht länger als unangreifbar betrachteten. Österreich-Ungarn wurde zum zweiten
„kranken Mann" in Europa erklärt, was einer Freigabe zum Abschuss gleich kam und
in Wien berechtigt Panik erzeugte. Indem so ein Stein im Gebäude des internationalen, politischen Systems zur Demontage preisgegeben wurde, ließen die Mächte
stillschweigend zu, dass das ganze Haus in sich zusammenbrechen könnte.
Absurderweise verstärkte das auf der österreichischen Seite die Position jener, die in
einem Krieg auf dem Balkan die Rettung für die Monarchie sahen. Gerade der Chef
des Generalstabs Franz Conrad von Hötzendorf war ein Vertreter dieser Linie, die
aus einer Gemengelage von Hoffnungen und Ängsten erwuchs, wie sie nur aus der
verworrenen Innenpolitik der Habsburgermonarchie geboren werden konnte. Die
einen hofften durch ein entschiedenes Auftreten auf dem Balkan die eigene Position
als Großmacht wieder zu festigen und damit den Schutz des europäischen Kon-
zerts für die eigenen, berechtigten Interessen zurückgewinnen zu können. Andere
glaubten, dass ein Sieg über Serbien eine Regelung der Situation auf dem Balkan im
österreichischen Interesse tatsächlich ermöglichen würde. Und einige erwarteten

sich von einem – natürlich kurzen und erfolgreichen – Krieg einen nationalen Schul-
terschluss, der auch zur Lösung der inneren Krise der Monarchie beitragen sollte. Es
wäre nicht Österreich, hätte es unter den Falken nicht auch einige gegeben, die einfach nur mit Anstand untergehen wollten, doch von einem erweiterten Selbstmord
eines moribunden Staatswesens auszugehen ist eine arge Überzeichnung, die dem
späteren Ausgang mehr verdankt als der konkreten Situation im Sommer 1914.

Die widerwillige Weltmacht

Über die Ursachen und den genauen Ablauf der Ereignisse, die nach den Schüssen
von Sarajevo 1914 in den Großen Krieg führten, ist anlässlich des hundertsten Jah-
restages mehr als genug geschrieben worden, doch was bringt nun einen Jungen aus
dem mittleren Westen der USA an den Piave? Einerseits sein persönlicher Entschluss,
den Krieg zu sehen, der Hemingway dazu veranlasste, sich zum Roten Kreuz zu
melden. Andererseits ein fundamentaler Wandel in der Außenpolitik der Vereinigten
Staaten.

Während der ersten gut hundert Jahre ihrer staatlichen Existenz haben sich die
USA an die Maxime ihres ersten Präsidenten George Washington gehalten, sich
aus Verwicklungen in europäische Bündnisse herauszuhalten. Zwar führen auch
die Vereinigten Staaten Kriege, gelegentlich – wie 1812 – sogar gegen europäische
Staaten, doch im Konzert der Mächte der Alten Welt spielt man nicht wirklich mit.
Im Sinne der Monroe-Doktrin beschränkt man die eigenen Expansionspläne auf die
westliche Hemisphäre. Noch im Sezessionskrieg vermeidet Washington tunlichst eine
Konfrontation mit Großbritannien. Die französische Intervention in Mexiko – die zur
Inthronisation des unglücklichen Habsburgers Maximilian als Kaiser führte – löst
man durch Unterstützung der Opposition im Land und diplomatischen Druck auf
Frankreich.

Die letzten Jahrzehnte des 19. Jahrhunderts waren das „Gilded Age" der USA, wie
Mark Twain es ironisch genannt hatte. Die sozialen Probleme, die auch Europa
erschütterten und die, welche für die USA eigentümlich waren, wie etwa die Rassen-
frage, blieben hinter einer „vergoldeten" Fassade immensen wirtschaftlichen Aufschwungs, der endgültigen Erschließung des Westens und langdauernden Friedens
verborgen. Denker formulierten die Idee des „Amerikanischen Exzeptionalismus",
die hoffen ließ, dass den USA aufgrund ihrer geopolitischen Lage die sozialen und

„Speak softly and carry a big stick." Theodore Roosevelts Zugang zu einer aktiven US-Außenpolitik sollte sich nicht durchsetzen. Wilsons Pazifismus führte die USA trotzdem in den Krieg, den keiner wollte.

nationalen Spannungen der Alten Welt erspart bleiben würden. Stärker noch als in
Europa waren der Glaube an den Fortschritt, die „Manifest Destiny" den Kontinent
in seiner ganzen Breite zu besitzen und ein ausgeprägter Zukunftsoptimismus, der
vor allem in individuellen Erfolgsgeschichten wie etwa der eines John D. Rockefeller
bestand, prägend für das amerikanischen Denken jener Zeit. Auch die USA hatten
ihre eigene Version der New Imperialists, die darauf drängten, die isolationistische
Außenpolitik aufzugeben und sich ebenfalls an der kolonialen Aufteilung der Welt
zu beteiligen. Die Argumente waren dieselben wie in Europa: Rohstoffe und Absatz-
märkte. Der eigenen revolutionär-republikanischen Tradition entsprechend, wurden vor allem solche Weltregionen zu Zielen der US-Politik, in denen man sich als
Befreier und Überwinder veralteter Strukturen darstellen konnte. Dementsprechend
„befreiten" die USA im Spanisch-Amerikanischen Krieg 1898 Kuba von der spanischen Herrschaft und wandelten es in einen amerikanischen Satellitenstaat um. Die
Philippinen, Guam und Puerto Rico wurden direkt unter US-Verwaltung gestellt. Im
gleichen Jahr wurde Hawaii den Vereinigten Staaten angeschlossen. Ansonsten inter-
venierte Washington in der Karibik und setzte auf informelle Mittel, vor allem um die
Interessen von US-Unternehmen in den lateinamerikanischen Staaten durchzusetzen,
die zunehmend als „Hinterhof" der USA angesehen wurden. Der Bau des Panamaka-
nals unter amerikanischer Ägide markierte die Karibik endgültig als Einflusssphäre
der USA. So begannen die Vereinigten Staaten im Konzert der Mächte mitzuspielen,
was sich zum Beispiel daran zeigte, dass sie sich 1900 an der Niederschlagung des
Boxer-Aufstands in China beteiligten. Die US-amerikanische Armee tat, im Gegen-
satz zur durchaus respektablen Flotte, gut daran, sich nur an solch eingeschränkten
Operationen zu beteiligen, war sie doch im Vergleich zu den Armeen der anderen
Großmächte sowohl technisch wie auch zahlenmäßig eher bescheiden.
Doch schon kurz nach der Jahrhundertwende verlor die US-Politik wieder ihr Inte-
resse an ihren imperialen Besitzungen und wandte sich unter den nun dominanten
Progressives schlussendlich wieder einer isolationistischen Außenpolitik zu. Die
Entscheidung fiel bei der Wahl 1912 am Vorabend des Großen Krieges gegen den
philanthropischen Internationalismus eines Theodore Roosevelt für den neuen,
stark pazifistisch geprägten Isolationismus Woodrow Wilsons. Unter seiner Präsidentschaft schien eine Verwicklung der Vereinigten Staaten in einen europäischen
Konflikt, wie auch immer er aussehen könnte, so gut wie ausgeschlossen.

Als der Krieg dann tatsächlich ausbrach, blieben die USA erwartungsgemäß neutral. Der Kriegsbeginn fiel mit dem Ende einer längeren Rezession der US-Wirtschaft zusammen. Die Exporte in die kriegführenden Nationen wirkten sich zusätzlich positiv auf das Anspringen der Konjunktur aus und der erhöhte Bedarf der Entente-Mächte nach Krediten zur Kriegsfinanzierung wurde mit Hilfe von J. P. Morgans Bankhaus bald zu einem wesentlichen Teil auf dem amerikanischen Kapitalmarkt gedeckt.

Ob man es in Washington wahrhaben wollte oder nicht, eben jene weitgehende Verflechtung der Welt auf allen Ebenen, die noch vor dem Krieg als ein Garant des Friedens erschienen war, machte es den USA mittelfristig unmöglich, sich aus dem europäischen Konflikt herauszuhalten.

> **Die Globalisierung war so weit fortgeschritten, dass jeder Konflikt, an dem wichtige Knoten des globalen Netzes beteiligt waren, früher oder später alle erreichen würde.**

Eben weil die Fäden des Netzes so zahlreich und stark geworden waren, konnte man sie nicht mehr einfach kappen und sich abkoppeln. Die auslösenden Ereignisse, die die Stimmung in der amerikanischen Öffentlichkeit und Politik entsprechend kippen lassen würden, sodass sich die USA am 6. April 1917 zur Kriegserklärung gegen Deutschland entschlossen, hatten indirekt mit diesen ökonomischen Strukturen zu tun. Der U-Boot-Krieg der kaiserlichen Marine gegen den britischen und neutralen Handel mit England beruhte auf der nationalökonomischen Einsicht, dass Großbritannien von Importen von Rohstoffen und vor allem Lebensmitteln abhängig war. In einem selbst gewollten Freihandelssystem die Werkbank der Welt zu sein, hatte logisch zu dieser Entwicklung geführt. Nachdem die Briten ihrerseits ihre Überlegenheit zu See nutzten, um die Mittelmächte von Importen abzuschneiden, kam man in der Berliner Flottenleitung zu der Ansicht, dass man „dieses Spiel auch spielen könne", wie es Admiral Tirpitz formulierte. Ironischerweise sollte sich später herausstellen, dass die deutsche Marine nie eine Chance hatte, auch nur annähernd genug Schiffsraum zu versenken, um den Handel und die Wirtschaft Großbritanniens nachhaltig zu schädigen. Allein der Nachbau an Schiffsraum übertraf in den meisten Monaten die Verluste. Die britische Wirtschaft wuchs während des Krieges um satte 7 %, während das deutsche Nationalprodukt unter der erfolgreichen britischen Blockade um mehr als ein Viertel einbrach und Inflation und Hungerwinter die Auswirkungen des Wirtschaftskrieges bis in die Städte trugen. Die Entscheidung, für den Handelskrieg die neue U-Boot-Waffe zu benutzen, war aufgrund des Kräfteverhältnisses zwischen den britischen und deutschen Flotten die einzig praktikable. Dass sie – als neues Waffensystem – mit dem herrschenden Seerecht, das für Oberflächenschiffe gedacht war, nicht kompatibel sein würde, stellte sich schnell heraus. Auch die Briten brachten amerikanische Schiffe, die versuchten ihre Blockade zu durchbrechen, auf. Der Unterschied war, dass sie aufgrund ihrer Kontrolle über die Meeresoberfläche die völkerrechtlichen Formen wahren konnten – auch wenn sie, wie es Wilsons oberster Militärberater Colonel Edward M. House formulierte: „… so weit gegangen sind, wie es nur irgendwie ging, ohne die Rechte von Neutralen zu verletzen; auch wenn sie es auf sehr höfliche Art und Weise getan haben."[1] Die Deutschen, denen außer den U-Booten kein Mittel zur Verfügung stand, das den britischen Handel treffen konnte, waren durch die technisch-taktischen Einschränkungen der Unterseeboote gezwungen, das Seerecht zu verletzten: Ein U-Boot konnte nicht auftauchen, um ein Schiff auf Konterbande zu untersuchen, es hätte sich damit selbst ans Messer jedes auch nur leicht bewaffneten Frachters geliefert und war auch im Fall einer gerechtfertigten Versenkung nicht in der Lage, Kriegsgefangene zu machen. Die deutsche Regierung wich mehrfach vor Protesten der USA gegen den U-Boot-Krieg zurück, doch am Ende kalkulierten die beiden de facto Militärdiktatoren im Reich, Paul von Hindenburg und Erich Ludendorf, eiskalt damit, dass die USA ohnehin ein militärisches Leichtgewicht wären. Sie ordneten im Jänner 1917 den uneingeschränkten U-Boot-Krieg an, wohl wissend, dass das Washington mit in den Konflikt ziehen würde. Die Versenkung der „Lusitania" spielte da eigentlich keine Rolle, die lag schon fast zwei Jahre zurück und hatte dazu geführt, dass die deutsche Flottenleitung anordnete, keine Passagierschiffe mehr anzugreifen! Es war die mangelnde Bereitschaft der Deutschen, auf die Interessen der amerikanischen Exportindustrie Rücksicht zu nehmen, die mittlerweile ein kriegsbedingtes Wirtschaftswachstum von 20 % des Nationalproduktes gegenüber 1914 hingelegt hatte und ihre Produktionskapazitäten um fast ein Drittel ausgebaut hatte. Das führte schließlich den Kriegseintritt der Vereinigten Staaten herbei. Außerdem standen die Ententemächte inzwischen

Ein deutsches U-Boot: Aufgetaucht lässt es sich zwar fotografieren, aber auch leicht versenken. Deswegen gibt es, genau wie von den Grabenkämpfen, von den U-Boot-Angriffen kaum zeitgenössische Bilder.

bei amerikanischen Banken mit fantastischen Summen in der Kreide: Am Ende des Kriegs schuldete Großbritannien viereinhalb Milliarden Dollar, Frankreich vier Milliarden. Rückzahlungen von Staatsanleihen aus diesen Kreditaufnahmen werden bis zum heutigen Tag ausbezahlt! Durch den Krieg hatten sich die internationalen Kapitalflüsse umgekehrt. London und Paris, gerade noch die Kreditoren der Welt, waren zu den größten Schuldnern geworden. Indem die finanzielle Oberhand aus der City of London an die Wallstreet in New York wanderte, begann sich nach dem Krieg auch das politische Gewicht der USA in der Welt zu manifestieren.

Piave

Der Kriegseintritt der USA war ein Planungsdesaster und fast konnte man glauben, dass die Geringschätzung der deutschen obersten Heeresleitung berechtigt gewesen war. Doch schon die erste absurd erscheinende Nachricht zeigte den wahren Charakter der Sache: Es lag nicht daran, dass die USA nicht die nötigen Kapazitäten hatte, ganz im Gegenteil: Die amerikanischen industriellen Ressourcen übertrafen alles, was die ausgelaugten Kriegswirtschaften des alten Kontinents noch hergeben konnten. Man war nur nicht besonders erfahren darin, sie im Sinne einer modernen Kriegswirtschaft in Bewegung zu setzen. So kam es gleich nach der Kriegserklärung 1917 zu einer Kohlekrise, nicht etwa weil nicht genug Kohle, der wichtigste Energieträger der Zeit, gefördert wurde, sondern weil sich die reichlich vorhandenen Kohlezüge in einem der größten Eisenbahnstaus der Weltgeschichte verheddterten! Die Aufstellung eines Expeditionscorps für Europa erfolgte unter der Leitung von General Pershing so langsam, wie die Deutschen erwartet hatten. Vor allem aber, weil Pershing darauf bestand, den Soldaten eine gute Ausbildung zukommen zu lassen, ehe sie nach Übersee geschickt wurden und weil die Amerikaner im Rücken der Westfront eine ganze, eigene Infrastruktur aufbauten, um Truppen anzulanden und an die Front zu bringen. Ihr militärisches Gewicht machte sich daher erst 1918 bemerkbar. Doch dann war es erdrückend und das Timing perfekt.

Insgesamt schien die Lage Ende 1917 die Mittelmächte zu begünstigen. Russland war aufgrund der revolutionären Wirren am Zurückweichen und würde mit dem Frieden von Brest-Litowsk im März 1918 offiziell aus dem Krieg ausscheiden. Auf dem italienischen Kriegsschauplatz, zu dem der junge Krankenwagenfahrer Hemingway nun unterwegs war, hatten die Österreicher im Herbst 1917 die Italiener im Zuge der 12. Isonzoschlacht so weit zurückgedrängt, dass die italienische Armee kurz vor dem Zusammenbruch stand und die römische Regierung schon die Flucht nach Neapel erwog. Nur die Verlegung von 240.000 britischen und französischen Soldaten an die Italienfront verhinderte die Katastrophe für Italien. Die k.u.k.-Armee war von ihrem eigenen Erfolg so überrascht, dass sie nicht in der Lage war, ihre Chancen zu nutzen. So stand im Frühsommer 1918, als auch Hemingway dort ankam, eine restrukturierte italienische Armee einer bereits schwer unter den Folgen des Wirtschaftsembargos leidenden österreichischen gegenüber, die sich anschickte, in einem letzten Ansturm die Wende zu erzwingen.

Während der amerikanische Rotkreuzhelfer Zigaretten und Schokolade an die italienischen Truppen verteilte, waren die meisten Soldaten auf der anderen Seite der Gräben unterernährt. Sie hatten kaum mehr Unterwäsche zum Wechseln, was in den ungezieferverseuchten Gräben ein ernstes hygienisches Problem war, da es zur rasanten Ausbreitung von durch Läuse und Flöhe übertragenen Seuchen wie Typhus führte. Die Soldaten mussten mit Kriegsmaterial in die Schlacht ziehen, das wegen des Mangels an notwendigen Rohstoffen oft nicht mehr richtig funktionierte. Die

Die Gräben am Piave. Bilder von den Kämpfen des Ersten Weltkrieges zeigen meist das Danach.

Rohre der meisten Geschütze etwa waren längst „ausgeschossen", hätten also dringend ersetzt werden müssen, was sich nicht nur auf ihre Zielgenauigkeit auswirkte, sondern die eigene Waffe zu einer ständigen Bedrohung machte.
Eine Artilleriegranate aus einem solchen Geschütz explodiert am 8. Juli 1918 in der Nähe des Rettungsfahrers Hemingway. Die Granate detoniert nur wenige Meter entfernt. Die Druckwelle löscht für Sekunden jeden Ton aus, überschüttet die Umstehenden mit Dreck und einem Hagel von tödlichen Granatsplittern. Zweihundert Stück wurden in Hemingways Beinen später diagnostiziert. Ein italienischer Soldat, näher an der Explosion, ist sofort tot, einem anderen reißt sie die Beine ab. Hemingway ist betäubt:

„Da war eines von diesen lauten Geräuschen, die man an der Front manchmal hört. Ich starb da. Ich fühlte, wie meine Seele oder irgendetwas anderes aus meinem Körper herausglitt ... Sie flog davon und kam zurück und wieder hinein und ich war nicht mehr tot."

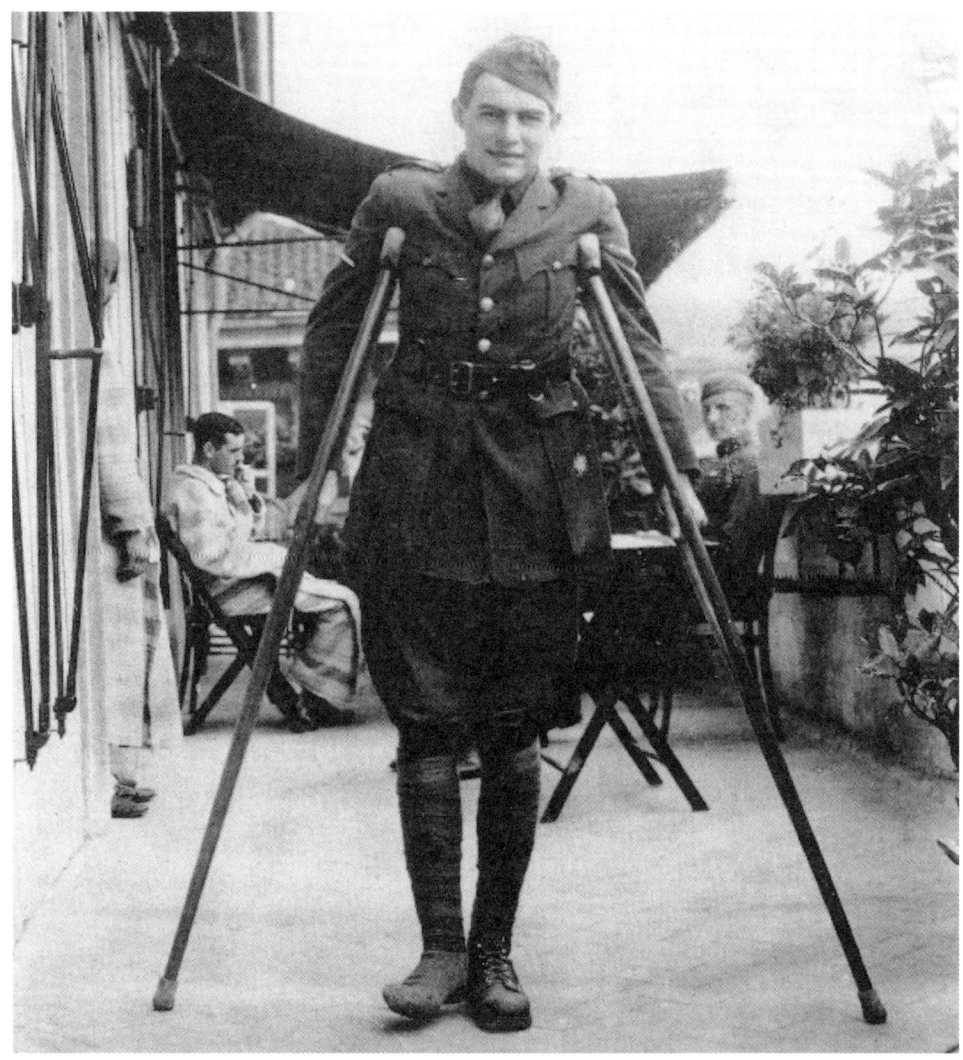

Der rekonvaleszente Hemingway: Äußerlich wiederhergestellt sollten ihn seine Kriegserfahrungen – wie viele der „Lost Generation" – sein Leben lang verfolgen.

Als er – Sekunden, Minuten? – später wieder zu Bewusstsein kommt, findet er sich in einer Hölle aus explodierenden Granaten, Maschinengewehrfeuer und schreienden, verstümmelten Menschen wieder. Trotz der eigenen Verletzungen, die ihm, wie viele es aus ähnlichen Situationen berichten, weniger bewusst waren, als das Leiden anderer vor seinen Augen, kommt er einem italienischen Soldaten zu Hilfe und zerrt ihn von der Front zur rettenden Verbandsstation in den hinteren Gräben. Doch der Raum oberhalb der Schützengräben kommt einer Todeszone gleich. Hemingway wird von mehreren Maschinengewehrkugeln getroffen, schafft es aber trotzdem, den Kameraden in Sicherheit zu bringen und beharrt darauf, vor Ort zu bleiben, bis die anderen Verwundeten geborgen sind. Der Sanitäter Hemingway hat seine Pflicht erfüllt, und dabei das Leben des Menschen Hemingway riskiert.

Es ist wahrscheinlich gerade diese Selbstentsagung, die uns in der hyperindividualistischen Postmoderne so provoziert. Wenn die Welt nur ein subjektives Konstrukt aus den eigenen Wahrnehmungen ist, bedeutet das eigene Ende das Ende der Welt. Der Altruismus steht heute dementsprechend nicht hoch im Kurs, zumal er immer zwei Seiten hatte: Er fördert die Bereitschaft für das Kollektiv zu sterben ebenso wie für es zu töten. Im Ersten Weltkrieg wurde beides in einem schrecklichen Übermaß zur Realität, die in der kollektiven Psyche der westlichen Welt massive Verwerfungen hervorrufen wird. Als erste Gesellschaft der Geschichte beginnt der Westen über eine Welt ohne Krieg ernsthaft nachzudenken. Vordenker fanden sich schon vor der Katastrophe, wie die österreichische Nobelpreisträgerin Bertha von Suttner oder eben der amerikanische Präsident Wilson, doch bedurfte es offenbar der realen Vorführung des grausamen Schauspiels, dass daraus auch politische Handlungen folgten.

Für den Amerikaner Hemingway ist der Krieg hier zu Ende, für die Welt erst ein halbes Jahr später. Präsident Wilson wird bei den Friedensverhandlungen unermüdlich darauf hinarbeiten, eine Nachkriegsordnung zu schaffen, die zukünftige Kriege verhindern soll. Er hatte seine Nation nur mit der Begründung, den „Krieg zu führen, der alle Kriege beenden soll" in das blutige letzte Kapitel der *Welt von Gestern* führen können. Seine hehren Pläne einer internationalen Friedensordnung durch den Völkerbund werden nicht zuletzt durch den wiedererstarkten Isolationismus seiner eigenen Landsleute torpediert. Die USA wollen erneut ihre Rolle nicht wahrnehmen, die ihnen im globalen Netz aufgrund ihres Gewichts mittlerweile zukommt; und die Europäer sehen den Ausgang des Kriegs, wie den aller europäischen Kriege zuvor, lediglich als eine weitere Runde im ewigen Spiel der Mächte. Dementsprechend zielen die Bedingungen der Verträge nicht auf eine dauerhafte Friedensordnung ab, sondern darauf, sich für die nächste Runde möglichst gute und dem wahrscheinlichen Gegner möglichst schlechte Ausgangsbedingungen zu schaffen. Wie hundert Jahre davor in Wien soll der Höhenflug einer einzelnen

Otto Dix „Der Krieg" (1929–32) Eine ganze Generation von Künstlern arbeitete sich an der Erfahrung des Großen Krieges ab. Seine Versatzstücke
– Stahlhelme, Gasmasken, Gewehre mit Bajonetten
– wurden zu Symbolen des Kriegs an sich.
Galerie Neue Meister, Dresden

Macht – diesmal Deutschlands – zurechtgestutzt werden. Ganz anders als Frankreich auf dem Wiener Kongress sitzt Deutschland in Versailles nicht am Tisch und wird vorläufig nicht wieder als gleichwertiges Mitglied ins Konzert aufgenommen. Stattdessen wird es in der neuen Nachkriegsordnung marginalisiert, ein Zustand, der bei einem Millionenvolk im Herzen Europas mit jenem ökonomischen Gewicht, das sich vor dem Krieg bereits abzuzeichnen begann, nur zu Verwerfungen größter Tragweite führen kann. Dies ist die andere Seite des Pazifismus: Denn, wenn der Krieg ein Verbrechen ist, und nicht mehr die berechtigte *ultima ratio regum* dann werden Friedensverhandlungen zu Gerichtsverhandlungen und es muss einen Schuldigen geben, der bestraft werden muss. Auf verhängnisvolle Weise verbindet sich die Logik der Alten Welt mit der der Neuen und bereitet das Feld für zukünftige Schrecken.

Siebzehn Millionen Tote sind nicht das Ende, sondern der Anfang des zweiten Dreißigjährigen Krieges. Hemingway liegt im Spital in Mailand und verliebt sich dort in die britische Krankenschwester Agnes von Kurowsky. Ihre unerfüllte Beziehung wird zur Grundlage seines ersten großen Romans „In einem anderen Land". Als er 1961 seinem Leben ein Ende setzt, ist die Geschichte bereits ihren verhängnisvollen Weg gegangen, auf den sie am Ende des ersten Großen Krieges des 20. Jahrhunderts gelenkt wurde. Hemingway hat diese Ära mit weiteren bedeutenden Werken aus der Sicht des Literaten und Zeitzeugen kommentiert, doch schon in seinem ersten Kriegsroman, findet er Worte, die dem Leben und Sterben so vieler in diesem halben Jahrhundert ein fatalistisches Pathos verleihen: *„Wenn Menschen soviel Mut auf die Welt mitbringen, muß die Welt sie töten, um sie zu zerbrechen, und darum tötet sie sie natürlich. Die Welt zerbricht jeden, und nachher sind viele an den zerbrochenen Stellen stark. Aber die, die nicht zerbrechen wollen, die tötet sie. Sie tötet die sehr Guten und die sehr Feinen und die sehr Mutigen; ohne Unterschied. Wenn du nicht zu diesen gehörst, kannst du sicher sein, daß sie dich auch töten wird, aber sie wird keine besondere Eile haben."*[2]

Anmerkungen

1   Edward House: „The intimate papers of Colonel House" Bd. 2 (1928) S. 73.

2   E. Hemingway: „In einem anderen Land" (rororo) S. 263.

Nachlese

Hemingways große Kriegsromane „In einem anderen Land", „Wem die Stunde schlägt" und „Über den Fluss und in die Wälder" liegen natürlich nahe, eine Sammlung seiner einschlägigen Kurzgeschichten wurde unter dem Titel „Hemingway on War" 2003 bei Scribner herausgegeben, die auch seine journalistischen Texte enthält, die sonst oft schwer aufzufinden sind. Zur Geschichte des Ersten Weltkriegs erscheint gegenwärtig so viel, dass jede Literaturangabe schon veraltet sein wird, ehe dieses Buch die Regale der Buchhändler erreicht. Christopher Clarks „Die Schlafwandler – Wie Europa in den Ersten Weltkrieg zog" hat zurecht einen Hype ausgelöst, den wissenschaftliche Sachbücher dieses Umfangs sonst selten erzeugen. Die österreichische Seite und vor allem das Ende des Kriegs schildert immer noch maßgeblich Manfried Rauchensteiners „Der Tod des Doppeladlers". Ein interessanter Zugang ist die Alternativ-Geschichte „Archduke Franz Ferdinand Lives!" von Richard Ned Lebow, die die Tragweite des Ersten Weltkriegs auslotet, indem die Frage gestellt wird, wie das 20. Jahrhundert ausgesehen hätte, wenn der Krieg verhindert worden wäre.

Alle österreichischen Literaten der „Lost Generation" aufzuzählen wäre vermessen, die Namen von Roth, Musil – und wer den Geist der alten Monarchie etwas humorvoller erfahren will: Roda-Roda – brauchen nicht extra erwähnt zu werden.

Der Erste Weltkrieg verblasst in der filmischen Aufarbeitung natürlich deutlich neben dem Zweiten. Stanley Kubricks „Wege zum Ruhm" mit Kirk Douglas von 1957 ist und bleibt ein Klassiker, von den neueren Verfilmungen benutzt die britisch-deutsche Produktion „Deathwatch" von 2002 bewusst die Erzählmittel des Horrorfilms, um die Dehumanisierung in den Schützengräben für das heutige Publikum spürbar zu machen.

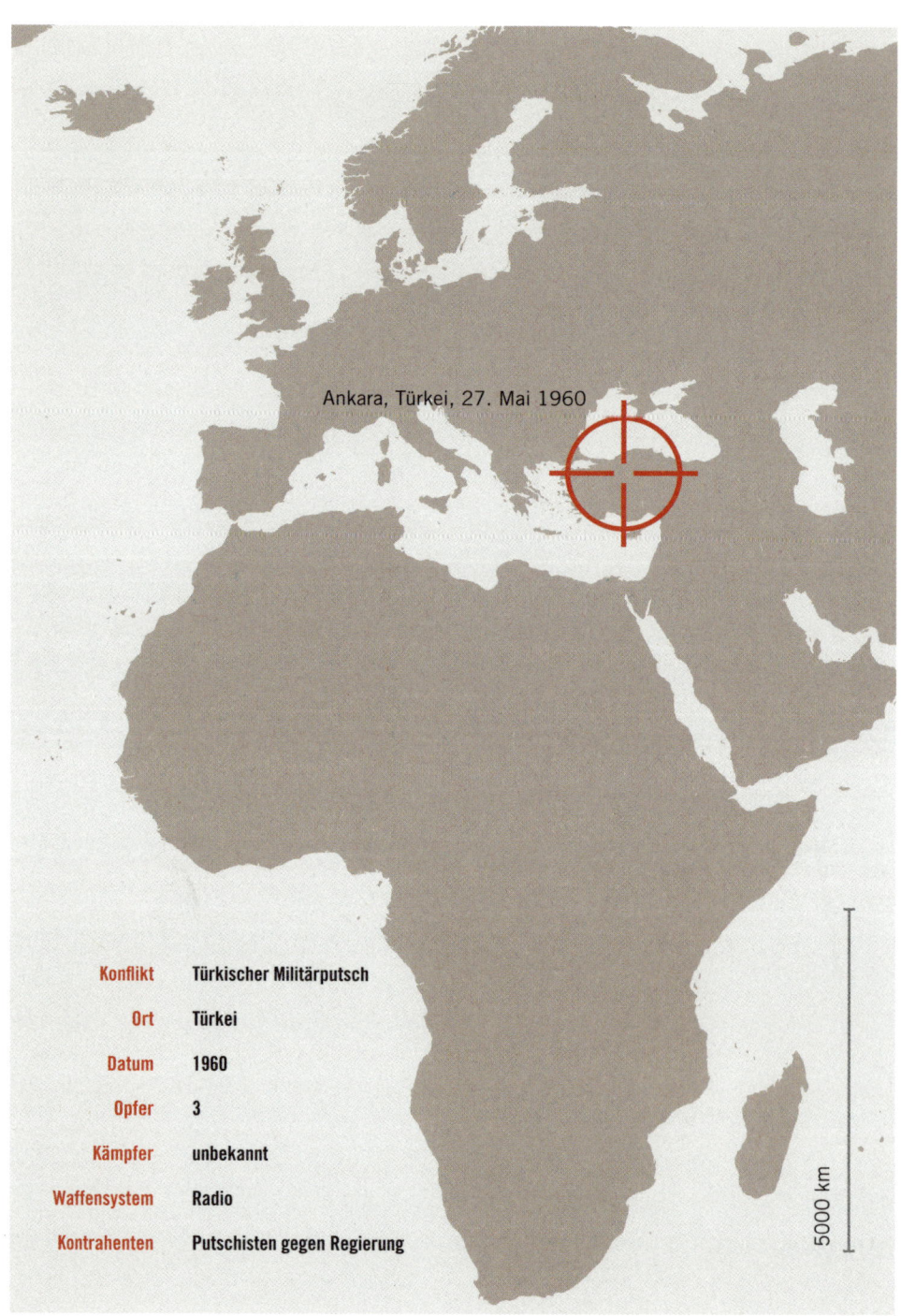

Ankara, Türkei, 27. Mai 1960

Konflikt	Türkischer Militärputsch
Ort	Türkei
Datum	1960
Opfer	3
Kämpfer	unbekannt
Waffensystem	Radio
Kontrahenten	Putschisten gegen Regierung

5000 km

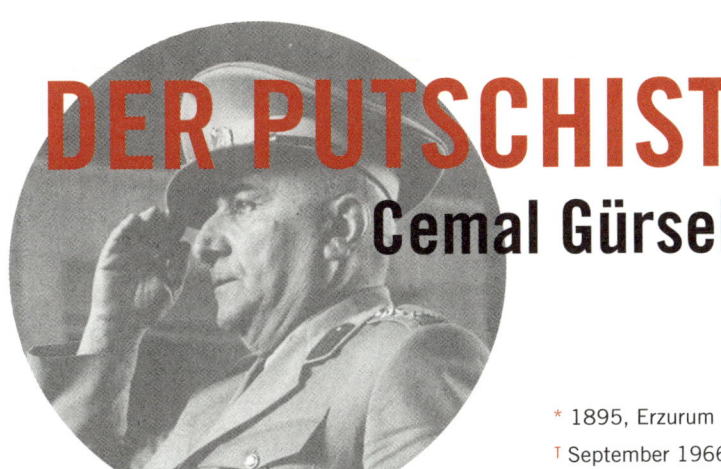

DER PUTSCHIST
Cemal Gürsel

* 1895, Erzurum
† September 1966, Ankara

Am 27. Mai 1960 übernimmt eine Junta aus Armeeoffizieren die Macht in der Türkei. Sie beendet damit die erste Phase der Regierung durch eine nicht-kemalistische Partei in der türkischen Republik. An die Spitze der durch die Putschisten eingesetzten Militärregierung kommt General Cemal Gürsel, nicht weil er an dem Umsturz – der vornehmlich von jungen, unzufriedenen Subalternoffizieren geplant und durchgeführt worden war – maßgeblich beteiligt war, sondern weil die Armeeführung eine Person sucht, die der Junta ein menschliches Gesicht geben kann. Gürsel, wegen seines Humors und seiner väterlichen Art von Kollegen und Untergebenen geschätzt, erfüllt genau diese Anforderung. Einmal an der Macht stellt er die radikalen Elemente im sogenannten „Komitee der nationalen Einheit" kalt, indem er ihre Wortführer als Militärattachés an Botschaften in alle Welt versetzen lässt und leitet umgehend einen Kurs ein, der die Nation zurück auf den Weg der Demokratie bringen soll. Unter seiner Ägide wird eine Verfassungskommission einberufen, die die autoritären Züge der kemalistischen Verfassung reformieren, aber auch die Grundprinzipien der laizistischen türkischen Republik stärken soll. Dem Militär räumt die neue Ordnung eine Wächterrolle ein, die es bis in die jüngste Vergangenheit mit recht unterschiedlichem Erfolg und Mitteln wahrgenommen hat.

Die längste Zeit der Menschheitsgeschichte war es keine Frage, dass Machtwechsel mit gewaltsamen Mitteln herbeigeführt oder vereitelt werden. Die Gewaltmittel, die zur Abwehr von Feinden von außen dienten, wurden genauso regelmäßig, wenn nicht noch häufiger gegen die Opposition im Inneren eingesetzt. Rebellion und Fehde, mit der Waffe in der Hand dem eigenen Machtanspruch und rechtlichen Forderungen Nachdruck zu verleihen, war im feudalen System des alten Europa nicht das Ende, sondern lediglich ein weiteres Argument in einer politischen oder rechtlichen Meinungsverschiedenheit. Wenn die Barone von England sich gegen Johann Ohneland erheben, die flämischen Städte ihren Grafen vertreiben, Götz von Berlichingen dem Bischof von Bamberg die Fehde erklärt oder die oberösterreichischen Bauern sich mit Sensen und Heugabeln zusammenrotten, ist dies lediglich die Fortsetzung der Verhandlungen mit anderen Mitteln. Im Machtgefüge des Mittelalters gibt es kein Gewaltmonopol, allenfalls Aufforderungen, vorübergehend auf Gewaltausübung zu verzichten: Das nennt sich dann „Landfrieden" und wird meist erlassen, wenn eine äußere Bedrohung oder das Ausmaß der Fehden im Inneren die Existenz des Gemeinwesens bedrohen. Die einfache Formel, dass ein starker König gemeinsam mit seinen loyalen Verbündeten zumindest so viel militärische Stärke besitzen müsse, wie die größtmögliche Allianz von potentiellen Rebellen, galt über Jahrhunderte als Grundlage kluger Staatskunst.

Europa erlebte das letzte Aufflammen des alten Rechts auf gewaltsame Interessendurchsetzung in den katastrophalen Religionskriegen, die Frankreich im 16. und Deutschland und England im 17. Jahrhundert verheerten. Der Ausgang dieser Krise schafft drei ganz unterschiedliche Staatswesen: Die parlamentarische Monarchie Englands, das absolutistische Frankreich des Sonnenkönigs und jenes hohle Gebilde, über das Voltaire gewohnt spitzzüngig meinte, es wäre „weder heilig, noch römisch, noch ein Reich". Doch in allen drei setzt die Krone – oder im Reich die Territorialherrschaft – nach Innen das Prinzip durch, dass allein sie über militärische Machtmittel verfügen und sie legitim einsetzen dürfe. Das Militär als monopolistisches Gewaltorgan nimmt Gestalt an. Indem den Eliten in Gestalt von Höfen und Parlamenten gleichzeitig die Möglichkeit gegeben wird, ihre Konflikte mit dem Herrscher auf zivilem Weg auszutragen, werden die alten Störenfriede geschickt domestiziert. Die Oberschicht sitzt mit dem Monarchen von nun an in einem Boot und hat kein Interesse mehr, dieses durch allzu heftige Gewaltausbrüche zum Schaukeln zu bringen.

Der König allein entscheidet nun über Krieg und Frieden: *Ultima ratio regum* – „Das letzte Argument der Könige" – lässt Kardinal Richelieu folglich auf die Kanonen seines königlichen Herren prägen.

Mit der Aufklärung verbreitet sich die Überzeugung, dass diejenigen, die die Waffen in Händen halten, dies im Auftrag des Gemeinwesens tun und nicht das Recht haben, diese Waffengewalt einzusetzen, um ihre eigenen politischen Vorstellungen durchzusetzen. Hobbes, Rousseau, Tocqueville und andere entwerfen die Idee vom Staat als Instrument des Gemeinwesens zur Regelung seiner inneren Beziehungen und zum Schutz seiner Bürger gegen Gewalttäter von innen und von außen. Dieser Moderne Staat bringt das Militär als Gewaltorgan hervor und vertraut ihm jenes Machtmittel an, das in traditionellen Gesellschaften immer die Voraussetzung für politische Mitbestimmung war: Waffen. Dies kann er sich nur erlauben, weil er sich sicher sein kann, dass Offiziere und Mannschaften von demselben Bürgersinn oder derselben Loyalität gegenüber der Krone durchdrungen sind, wie die gesamte Bevölkerung. Patriotismus ist die Voraussetzung für ein funktionierendes Militär.

Folgerichtig funktioniert die politische Neutralisierung des Militärs dort am besten, wo sich das Personal dieser Institution entweder aus der breiten Bürgerschaft rekrutiert oder es von einem aristokratischen Offizierscorps geführt wird, das seine Loyalität gegenüber dem gekrönten Souverän als Teil seiner Standesehre ansieht. In beiden Fällen teilt die militärische Führung die Ideologie der staatstragenden Schicht. Dort, wo das Militär eine eigene, in sich geschlossene soziale Klasse ist oder das Offizierscorps andere Überzeugungen oder Loyalitäten als die zivile Elite besitzt, entstehen Spannungen, in denen die Versuchung für die Generale, die ihnen anvertrauten Gewaltmittel zur Durchsetzung ihrer politischen Überzeugung auch einzusetzen, zu groß werden kann.

Putsch!

Militärputsche sind eine gängige Begleiterscheinung des Modernen Staates. So gut wie alle westlichen Staatswesen und etliche andere, die dem westlichen Weg der Modernisierung gefolgt sind, haben so etwas seit der Wende zum 19. Jahrhundert erlebt. Das Wort „Putsch" schenkt uns, vielleicht zur Bekräftigung dieser Behauptung, ausgerechnet die älteste Demokratie Europas: die Schweiz. Am 6. September 1839 stürzt ein bewaffneter Mob die liberale Regierung des Kantons Zürich. In der Stunde

Francisco de Goya malte und zeichnete
schonungslos die Schrecken von Krieg, Guerilla und Besatzung in Spanien zur Zeit der
Revolutionskriege.
Die Erschießung der Aufständischen, Gemälde,
1808; Madrid, Prado

der Krise übernimmt der Oberst Paul
Carl Eduard Ziegler die Regierung und
setzt ein konservatives Regime ein. Der
Züriputsch von 1839 war streng genom-
men kein Militärputsch, sondern noch ein
klassischer Volksaufstand, brachte aber
der deutschen Sprache durch die mediale
Berichterstattung über die Ereignisse
das schwyzerdütsche Lehnwort „Putsch".
Der Begriff steht für den gewaltsamen
Umsturz einer demokratisch gewählten
Regierung – meist, aber nicht immer,
durch rechte oder konservative Kräfte mit
Hilfe des Militärs.
Echte Machtergreifungen militärischer
Führer häufen sich anscheinend in Kri-
senzeiten. In der langen Phase politischer
Instabilität in Europa nach der Französischen Revolution ergreift der kleine Korse
Napoleon Bonaparte gestützt auf seinen
Rückhalt in der Armee die Macht in der
französischen Republik. Ähnlich wie eine
ganze Generation von südamerikanischen
Caudillos, die wenig später in den jüngst
unabhängig gewordenen ehemaligen spanischen Kolonien an die Macht kommen,
versucht er ein persönliches Regime zu

errichten, in dem Militär zwar eine bevorzugte Rolle zukommt, die Regierungsgewalt aber in der Hand des Diktators allein liegt. Spanien, das sich seit 1808 im Widerstand gegen die napoleonische Besatzung erhebt, steuert bei dieser Gelegenheit den Ausdruck für die Herrschaft einer Gruppe von autoritären Machthabern bei: „Junta". Derartige Juntas, gebildet sehr häufig aus Offizieren, oft aber auch unter Einschluss ziviler Vertreter meist rechter oder konservativer Gesinnung, treten in der Folgezeit oft dort in Erscheinung, wo Gesellschaften unter den inneren Spannungen leiden, die durch Modernisierung und Liberalisierung hervorgerufen werden. Schon der Züriputsch war Ausdruck des Widerstandes der konservativen, ländlichen Bevölkerung des Kantons Zürich gegen die säkularen Reformen der liberalen Regierung, die ihren Rückhalt in der bürgerlichen Stadtbevölkerung hatte. Programmatisch versicherte die neue Regierung, dass sie sich nicht aus „wissenschaftlich gebildeten," sondern „gottesfürchtigen" Männern zusammensetze.

Derartig gewaltsame Umstürze sind daher häufig Ausdruck des Unbehagens traditioneller Eliten und konservativ gesonnener Bevölkerungsschichten gegenüber den Anmaßungen der Moderne.

Auch die spanische Junta, oft als „nationale" Befreiungsbewegung verstanden, war wesentlich getragen vom Widerstand breiter, vor allem ländlicher Bevölkerungsschichten gegen die durch das revolutionäre Frankreich durchgesetzten liberalen Reformen, wie etwa die Abschaffung der heiligen Inquisition. Auch Österreichs Alpenguerilla Andreas Hofer rebellierte gegen die progressive und anti-religiöse Politik der bayerischen Regierung, nicht gegen die Fremdherrschaft aus München per se! Die Revolte kommt des Öfteren auch mal von rechts und wenn sie durch die Armee vorgetragen wird, nimmt sie dann die Gestalt eines Putsches an. Der Putsch – meist als gewohnt generalstabsmäßig geplante „Besatzung nach innen" – ist dann gewissermaßen der Ersatz für den Volksaufstand. Statt dass revolutionäre Kämpfer gegen die Gewaltmittel des Staates die Kontrolle über dessen Organe – Parlamente, Ministerien, Gerichte, Medien, Infrastruktur – erobern, übernehmen die staatseigenen Gewaltorgane in einer konzertierten Aktion die Kontrolle über die Institutionen. Militärputsche sind daher meist kürzer, effizienter und unblutiger als Revolutionen. Sie werden schließlich von Experten geplant und ausgeführt. Was danach kommt – Säuberungen, Unterdrückung der Opposition, eine neue, häufig autoritäre Machtstruktur –, ist in beiden Fällen selten harmlos. Militärs behandeln Politik meist als eine lang dauernde „counter insurgency"-Operation und beantworten anhaltenden Widerstand deswegen in vielen Fällen mit Eskalation der Gewaltmittel. Die in der klugen Politik notwendige Fähigkeit zum Kompromiss wird an Offiziersschulen nicht gelehrt und wer in der politischen Opposition den militärischen Feind sieht, den es zu unterwerfen gilt, findet schwerlich den Weg zum Interessenausgleich. Man kann Putsche also als das Ergebnis ideologischer Widersprüche in der Machtstruktur des Modernen Staates verstehen. Natürlich hat jeder von ihnen darüber hinaus eine individuelle Geschichte und einen oft tiefen historischen Kontext.

Das Erbe der Osmanen

Das Osmanische Reich war eines jener Schießpulver-Imperien, die sich in der Frühen Neuzeit die islamische Welt untereinander aufteilten und dann über diese hinaus zu expandieren begannen. Über viele Jahrhunderte war es der Albtraum der christlichen Herrscher des Abendlandes, allen voran der österreichischen Habsburger, die den Eroberungsbestrebungen der Osmanen auf dem Balkan im Weg standen. Das Osmanische Reich war zu seiner Blütezeit ein außergewöhnlich gut organisiertes und klug geführtes Imperium, das vor allem gegenüber seinem habsburgischen Gegner recht fortschrittlich erscheint. Der Sultan in Konstantinopel konnte sich auf eine effiziente Finanzverwaltung und ein zentral versorgtes Riesenheer stützen, dessen Kern eine Elitetruppe von dem Sultan fanatisch ergebenen Berufssoldaten, den Janitscharen, war. Sein kaiserlicher Gegner in Wien musste sich dagegen mit renitenten Landständen und Magnaten um die Finanzierung seiner oft unzuverlässigen Söldnertruppen herumstreiten, selbst wenn deren eigene Ländereien in den von den osmanischen Streifscharen bedrohten Grenzprovinzen Österreichs und Ungarns unmittelbar durch den Feind verwüstet wurden. Die steirischen und Kärntner Stände und die Magnaten des sogenannten „königlichen" Ungarns weigerten sich die Zentrale in Wien mit den nötigen Geldmitteln auszustatten und beschwerten sich, gleichzeitig bitterlich, dass die Türkenabwehr nicht wie versprochen funktionierte! In der jüngeren Geschichtsforschung wird das Osmanische Reich auch gerne als Hort der Toleranz dargestellt, in dem die verschiedenen Völker und Religionen des Imperiums unter der durch den Propheten selbst verordneten islamischen Achtung der anderen Buchreligionen vergleichsweise harmonisch zusammenlebten. Dieser Eindruck kann angesichts der wenig toleranten Haltung zeitgleicher christlicher Herrscher durchaus entstehen: Als der spanische König um 1500 die sephardischen Juden aus seinem Reich vertreiben lässt, heißt der osmanische Sultan Bayezid II. sie willkommen. Er kommentiert das Ereignis mit dem Bonmot, dass jeder Untertan, den der König von Spanien, sein Feind, verliert, ein Gewinn für ihn, jeder, der in sein Reich übersiedelt also ein doppelter sei. Nichtsdestotrotz war diese osmanische „Toleranz" vor allem politisches Kalkül und Ausdruck einer klaren Hierarchie der Religionen und Nationen. Die Osmanen fusionierten beides in dem Begriff *millet*, der in etwa „Religionsgemeinschaft" bedeutet. An der Spitze standen die Muslime mit einer eigenen Hierarchie, denen allein der Zugang zu den wichtigsten Ämtern offen stand und die auch im Alltag in vielerlei Hinsicht privilegiert waren. Unter ihnen folgten die verschiedenen christlichen (armenisch, orthodox, katholisch und andere Religionen) und die jüdische Bevölkerung, die ihre „Duldung" durch Sonderabgaben und eine eingeschränkte Rechtsfähigkeit erkauften. Als clevere Herrscher spielten die osmanischen Sultane und ihre Minister, die oft selbst aus den unterworfenen Völkern stammten und sich durch Konversion zum Islam den Zugang zum Staatsdienst erkauften, die einzelnen Millets gegeneinander aus. Sie gewährten denen Privilegien, die sich als loyal und nützlich erwiesen und ließen die durch ihre Nachbarn drangsalieren, deren Kooperation mit der Hohen Pforte zu wünschen übrig ließ. So perfektionierten die Osmanen das „Teile und Herrsche"-Prinzip und wandten es über viele Generationen erfolgreich an, während an ihnen vorüberging, dass in Westeuropa ein anderer Weg der Integration durch nationale Zentralisierung und Vereinheitlichung ausprobiert wurde. Die Vertreibung der spanischen Juden und Muslime, die Bayezid II. als offensichtliche Dummheit verspottet hatte, war ein erster Vorbote jener brutalen Homogenisierungsprozesse gewesen, mit denen die westeuropäischen Staaten jene innere politische, konfessionelle und kulturelle Geschlossenheit herstellten, durch die sie sich dann am Ende „Nationen" nennen konnten. Den Preis zahlten zuerst jene Minderheiten, wie die französischen Hugenotten, die Salzburger Protestanten oder die katholischen Iren, die konfessionell nicht mit der Zentrale konform gingen, später dann die ethnischen Minderheiten wie die gälisch sprechenden Highlander Schottlands oder die Bretonen in Frankreich, die sich dem nationalen Einigungswerk nicht so ohne Weiteres eingliedern ließen.

Dagegen erscheint uns das osmanische Nebeneinander heute akzeptabler. Es führte aber im Endeffekt lediglich dazu, dass die vielen Völker des Osmanischen Reichs den grausamen Prozess der Nationswerdung und ethnischen „Selbstsäuberung" zu einem späteren Zeitpunkt durchmachen mussten, als man versucht, auf einen Kurs einzuschwenken, der sie dem erfolgreichen westeuropäischen Ergebnis näher bringen sollte.

Die osmanischen Eliten waren hoch gebildet, weltläufig und – was man von zeitgleichen europäischen Monarchien auch nicht immer behaupten konnte – zeigten eine überraschende Tendenz, fähige Leute auch aus einfachen Schichten nach oben kommen zu lassen. Dementsprechend war ihren Vertretern schon während des 16. Jahrhunderts, noch in der Zeit ihrer Blüte, klar geworden, dass die Ungläubigen im Westen in verschiedenen Bereichen beunruhigende Tendenzen zeigten, die Osmanen zu übertreffen. Vor allem die wachsende westliche Überlegenheit zur See – evident durch das Auftauchen der Portugiesen und später der Holländer, Engländer und Franzosen im Indischen Ozean – beunruhigte die Osmanen schon früh. Der osmanischer Geograph Ömer Talib warnte den Sultan schon damals, dass die Europäer damit die Wirtschaft des Osmanischen Reichs massiv schädigen könnten. Die venezianischen Gesandten, deren Handelsmonopol mit den Gütern des Orients an demselben seidenen Faden hing, pflichteten ihm bei. Doch noch weit nach der Niederlage der Osmanen vor Wien 1683 und dem folgenden Frieden von Karlowitz 1698 am Ende des im Westen sogenannten „Großen Türkenkrieges" galten diesbezügliche Äußerungen am Sultanshof als Jammern auf hohem Niveau. Man tat sich augenscheinlich schwer einzugestehen, dass der Westen in verschiedenen Bereichen an der islamischen Welt und ihrer Vormacht vorbeigezogen war.

Renaissance, Humanismus, Reformation, die Anfänge der Naturwissenschaften, die Aufklärung formten den Westen massiv um, gingen indes weitgehend spurlos am Osmanischen Reich vorüber.

Das einzige medizinische Werk, um ein Beispiel zu nennen, das bis ins 18. Jahrhundert aus einer westlichen Sprache ins Osmanische übersetzt wurde, war eine Abhandlung über die Syphilis, die Sultan Mehmed IV. 1655 vorgelegt wurde. Kein Wunder, hatte die Krankheit, die sich seuchenartig über die ganze Alte Welt ausbreitete, ihren Ursprung doch in der Neuen Welt und kam durch europäische Seefahrer in den Nahen Osten. In dem Fall schien es angemessen, gegen eine westliche Krankheit auch ein westliches Heilmittel zu suchen, sonst aber vertraute man auf die seit Jahrhunderten erwiesene Überlegenheit der eigenen Kultur und der einzig wahren Religion. Nur im militärischen Bereich war man bereit, westliche Innovationen zu übernehmen. Osmanische Bürokraten, die auf eine lange Tradition kritischer Denkschriften zurückblicken konnten, bemühten sich in zahlreichen Memoranden auf jene Punkte aufmerksam zu machen, bei denen sie meinten, dass Aufholbedarf bestand. Man zögerte auch nicht, westliche Experten ins Land zu holen und ihnen ihre Mühen teuer zu bezahlen. Wie in vielen derartigen Fällen „defensiver Modernisierung", die man ähnlich bis in die Gegenwart beobachten kann, versuchten die herrschenden Eliten vor allem Schlüsseltechnologien in den Bereichen Militär, Industrie oder Infrastruktur zuzukaufen, um international konkurrenzfähig zu bleiben. Gleichzeitig scheuten sie aber vor den ungewollten Nebenwirkungen auf Kultur und Gesellschaft zurück, die diese Innovationen mit sich bringen konnten.

Während in Frankreich die Französische Revolution ausbrach und Europa in die Koalitionskriege taumelte, kam in Konstantinopel der junge Sultan Selim III. an die Regierung. Angesichts der dramatischen Ereignisse im Westen schritt er nun seinerseits daran, Reformen energisch umzusetzen. Neben Eingriffen in die Verwaltung und das Finanzwesen konzentrierte er sich zunächst auf das Militär. Er gründete eine Seefahrts- und eine Ingenieursschule, für die er westliche Experten als Lehrer anwarb. Hier zeigt sich ein weiteres Phänomen, das in nichtwestlichen Ländern, die sich modernisieren, häufig auftritt. Zukünftige Offiziere, gerade in den technologielastigen Waffengattungen wie Marine, Artillerie, Pioniertruppe und später der Luftwaffe, sind oft die ersten, die durch ihre Ausbildung mit der westlichen Kultur in Kontakt kommen. Sie erlernen westliche Sprachen, um Fachliteratur lesen oder dem Vortrag ihrer ausländischen Ausbilder folgen zu können. Sie reisen auf Beobachtungsmissionen oder zur Ausbildung in den Westen. Die intellektuelle Elite des Militärs ist daher häufig das erste Einfallstor für moderne Ideen in traditionellen Gesellschaften. Selim stellte auch eine neue, nach westlichen Vorbildern ausgebildete Truppe auf, die sich in ersten Einsätzen – gegen Rebellen im Inneren – als erfolgreich erwies. Damit jedoch provozierte er die alte osmanische Militärelite: die Janitscharen. Dereinst als moderne, direkt dem Sultan unterstellte Truppe aufgestellt, waren sie zu einer erblichen Elite geworden, die zwar militärisch mittlerweile gänzlich veraltet war, deren politischer und gesellschaftlicher Einfluss indes tief ging. Unter ihrem Druck und dem der islamischen Geistlichkeit, die sich leicht gegen den Einfluss der Ungläubigen mobilisieren ließ, musste der Sultan seine Reformen stoppen. Trotzdem kam es am 29. Mai 1807 zum Militärputsch. Wie in derselben Phase in den europäischen Ländern wehrten sich eingesessene Machteliten im Verein mit dem Klerus gegen jede Reform, die die Ordnung des *ancien regime* in Frage zu stellen drohte. Unter Alemdar Mustafa Pascha formierten sich die Reformer und es gelang ihnen, die Putschisten aus Konstantinopel zu vertreiben. Selim war in der Zwischenzeit ermordet worden. Sein Bruder Mahmud II. sollte sein Werk fortsetzen und setzte seinen Retter als Großwesir ein, nur um mitzuerleben, wie der überzeugte Reformer im folgenden Jahr in seinem brennenden Palast zu Tode kam, als sich der Pöbel von Istanbul – angestiftet durch die Geistlichkeit und die verbleibenden Janitscharen – erneut erhob. Mahmud blieb auf Reformkurs, ging aber mit mehr Fingerspitzengefühl vor. Als die Janitscharen 1826 erneut den Aufstand versuchten, wurden sie in ihren Kasernen von moderner Artillerie massakriert.

In die türkische Geschichte ging dieses Gemetzel als das „Wohltätige Ereignis" ein, befreite es doch die Regierung aus dem Würgegriff der alten Militärelite. Eine neue Armee, in die erstmals auch nichtmuslimische Untertanen der Hohen Pforte eintreten konnten, wurde aufgestellt, doch waren die ständigen Verzögerungen nicht ohne Folgen geblieben. Das Osmanische Reich war gegenüber dem sich rasch industrialisierenden Westen militärisch, wirtschaftlich und kulturell mittlerweile derartig im Rückstand, dass es von einem Akteur auf der internationalen Bühne zum „kranken Mann am Bosporus" geworden war, der nun ernsthaft wegen der separatistischen Tendenzen seiner unterworfenen Völker und der Aspirationen Russlands um seine Existenz fürchten musste. Nur durch die Intervention Großbritanniens und Frankreichs wurde das Osmanische Reich 1853 im Krimkrieg noch einmal gerettet. Vor diesem Hintergrund versuchte man in den sogenannten Tanzimat-Reformen seit 1839 den osmanischen Staat nach westlichem Vorbild umzugestalten.

Die gesamte zweite Hälfte des langen 19. Jahrhunderts bis zum Ersten Weltkrieg, in den das Osmanische Reich auf Seiten der Mittelmächte eintrat, war geprägt vom Ringen mit einem vielschichtigen Dilemma: Zum einen war es keine Frage, dass

Ein Janitschar, als diese Truppe noch militärisch bedeutsam war. Später zu einer privilegierten Elite erstarrt, wehrten sie sich heftig gegen Reformen, die ihnen ihre Vorrechte genommen hätten. Aquarell von Jacopo Ligozzi (um 1546–1626)

man die westliche Militärtechnologie brauchte, um sich international behaupten zu können. Dazu musste der Staat entsprechend reformiert werden, um fiskalisch und administrativ in der Lage zu sein, eine moderne Armee zu unterhalten. Voraussetzung dafür war eine Modernisierung der Wirtschaft, vorzugsweise mit ein wenig Industrialisierung, soweit dies möglich war. Dafür wiederum war die Errichtung einer modernen Infrastruktur notwendig – Häfen, Straßen, schließlich Eisenbahnen. Für all das brauchte es säkular gebildete Beamte, Offiziere und Ingenieure, die westliche, wissenschaftliche Erkenntnisse umsetzen konnten. Dies rief den Widerstand der islamischen Geistlichkeit hervor, die bisher das Monopol auf Bildung besessen hatte, und den neuen Ideen wenig abgewinnen konnte, kamen sie doch von den Ungläubigen oder standen schlimmstenfalls sogar in Widerspruch zu ihren Lehren. Die Einrichtung eines modernen Staatsapparates untergrub darüber hinaus ihre Autorität als Rechtsgelehrte und Richter, die im islamischen Scharia-System immer mit der religiösen Autorität verbunden war.

Gleichzeitig rangen die osmanischen Reformer mit dem Problem, dass sie die ethnisch, religiös und kulturell höchst inhomogene Bevölkerung des Imperiums in ein Korsett pressen wollten, das dem des europäischen Nationalstaates nachempfunden war. Hier befand man sich auf gefährlichem Terrain. Man wollte zwar die Vormachtstellung der osmanischen – will heißen, muslimischen, oft, aber nicht immer, türkischen – Elite nicht in Frage stellen, versuchte aber zugleich die zahlenmäßig großen „Millets" dazu zu bringen, eine Art „osmanischen Patriotismus" zu entwickeln. Dazu bediente man sich verschiedener, mehr oder weniger erfinderischer Mittel: Man holte etwa die Söhne arabischer Beduinenscheichs nach Istanbul in eine eigens eingerichtete Schule, in der man aus jungen Wilden zivilisierte moderne Osmanen machen wollte. Viel einschneidender war aber die schrittweise Gleichstellung aller Untertanen unabhängig von ihrer Religion, wodurch der Staat einen direkten Zugriff auf die Bevölkerung erhielt, vor allem um die neue Wehrpflicht umzusetzen. Gerade dies brachte weite Teile der muslimischen bäuerlichen Bevölkerung Anatoliens gegen die Reformen auf, war ihre bevorrechtete Stellung als Muslime doch oft das einzige gewesen, was sie den meist wirtschaftlich erfolgreicheren christlichen und jüdischen Minderheiten im Land vorausgehabt hatten. Im Verein mit der um ihre Machtstellung bangenden Geistlichkeit kristallisierte sich hier der Ursprung einer religiös-konservativen Opposition heraus, die den Staat als tyrannisch und vom rechten Weg abgekommen ansah. Das Militär, wie keine andere Institution vom Staat verhätschelt und von der Notwendigkeit der Reformen überzeugt, stand von Anfang an in Opposition zu diesen Strömungen von unten und sollte als Klammer und Stütze des Regimes, aber auch als Schild der Reformen fungieren. Mit ähnlichen Schwierigkeiten hatten zeitgleich übrigens die beiden anderen großen Vielvölkerreiche Europas zu kämpfen: Österreich-Ungarn und Russland. In der k. u. k.-Monarchie bildete die Armee und ihr polyglottes Offizierscorps eine ähnliche Klammer und die religiös-konservativen Kräfte hetzten aus ähnlichen niederen Motiven gegen wirtschaftlich erfolgreiche Minderheiten, etwa in Gestalt des christlich-sozialen Wiener Bürgermeisters Karl Lueger gegen die Juden. Der Antisemitismus war auch in Russland an der Tagesordnung, von wo gewaltsame Pogrome die jüdische Bevölkerung in die Emigration trieb. Die Mobilisierung der breiten Masse gegen einen vermeintlichen inneren Feind ist bedauerlicherweise ein erfolgreiches und bewährtes politisches Mittel, um Einigkeit herzustellen und den Frustrationen der Benachteiligten ein Ventil zu bieten. Keines der drei alten Imperien sollte den Ersten Weltkrieg überleben. Der Nationalismus triumphierte – mit den bekannten Folgen; ermöglichte es aber den türkischen Erben der Osmanen, sich auf tragische Weise aus dem Dilemma des Vielvölkerstaates zu befreien.

Junge Türken

In der Militärischen Medizinschule von Istanbul gründeten einige Studenten unter der Führung von İbrahim Temo, İshak Sükûti und Abdullah Cevdet 1889 eine geheime Organisation, die sich *İttihad-ı Osmani Cemiyeti* („Verein für die Einheit der Osmanen") nannte. Sie war dem Geist der Tanzimat-Reformen verpflichtet und strebte ein modernes, liberales und starkes Osmanisches Reich an. Ihr Einfluss wuchs, und in der Öffentlichkeit wurden sie als „Jungtürken" bekannt. Ihre Führungselite setzte sich aus radikalen Intellektuellen, Systemeliten wie Beamten und Militärs und wirtschaftlichen Aufsteigern aus den gebildeten, städtischen Schichten, vor allem aus den Balkanprovinzen des Reiches zusammen. 1908, als die Reste der osmanischen Herrschaft auf dem Balkan unter zunehmenden Druck durch das Streben der dortigen Völker nach Selbstbestimmung kamen, führten sie eine erfolgreiche Revolution gegen den autoritär regierenden Sultan an und erzwangen die Wiedereinführung der liberalen Verfassung von 1876. Überall im Reich verkündeten sie unter dem Motto

Armenier auf dem Weg in Tod und Exil während des Ersten Weltkriegs. Die ethnische Säuberung lastet heute noch schwer auf dem nationalen Gewissen der Türkei, die sie offiziell nicht anerkennen will.

„Vaterland, Freiheit, Gleichheit, Brüderlichkeit" den Beginn einer neuen Ära, in der die Völker des Osmanischen Reiches gleich und brüderlich unter dem Dach von Rechtsstaatlichkeit und konstitutioneller Ordnung zusammenleben sollten. Dahinter verbarg sich indes eine geradezu paranoide Angst der osmanischen Führungsschicht vor dem drohenden Zusammenbruch des Imperiums. Auslöser der Revolution von 1908 waren tatsächlich Gerüchte gewesen, dass bei einem Treffen des englischen Königs und des Zaren die Aufteilung des Reiches unter den Großmächten beschlossen worden wäre. Das jungtürkische Experiment eines konstitutionellen, liberalen Osmanischen Reiches aller Völker scheiterte indes an inneren Widerständen konservativer Kräfte, tiefgehenden Modernitätsdefiziten in weiten Teilen der Bevölkerung und dem – nicht zuletzt von außen geförderten – Nationalismus der Völker, die sich in mehreren Balkankriegen von der osmanischen Zentrale lossagten.

So übernahm 1913 der militärische Flügel der Bewegung unter dem „Triumvirat" Enver Pascha, Cemal Pascha und Talât Pascha in einem Militärputsch die Kontrolle und regierten das Osmanische Reich bis 1918 diktatorisch. Sie wandten sich nach dem Verlust der Balkanprovinzen und den Massakern an der muslimischen, türkischen Bevölkerung durch die Sieger von dem offensichtlich gescheiterten Konzept eines multiethnischen Imperiums ab und ersetzten es durch einen türkischen Nationalismus muslimischer Prägung. Besonders Enver Pascha träumte gar von einem „turanischen" Großreich, das sozusagen als gerechten Ausgleich dem russischen Zarenreich seine muslimischen und großteils turksprachigen Provinzen in Zentralasien abnehmen sollte, so wie die Russen den Osmanen die orthodoxen, slawischen Balkanprovinzen durch das Ausspielen der nationalen und konfessionellen Karte abspenstig gemacht hatten. Durch diesen Verlust war das verkleinerte Restreich durch die Umsiedlung zahlreicher Flüchtlinge vom Balkan nach Anatolien ethnisch türkischer und religiös islamischer geworden, was die Rolle der verbleibenden, christlichen Minderheiten – Armenier und Griechen – zusätzlich prekär machte. Als die Kriegsereignisse, für deren Verlauf Enver Pascha als Kriegsminister entscheidend verantwortlich war, sich dann gegen das Osmanische Reich wandten, wurden die verbliebenen Minderheiten zu Opfern der Paranoia, die die Jungtürkische Bewegung von Anfang an begleitet hatte: Als politisch unzuverlässig wurden sie – vor allem die Armenier – aus ihren Siedlungsgebieten deportiert, wobei der massenhafte Tod der Vertriebenen, wenn nicht beabsichtigt, so zumindest billigend in Kauf genommen wurde. Das Problem, das die türkische Öffentlichkeit bis heute mit diesen Ereignissen hat, wurzelt in der Doppelgesichtigkeit, mit der schon die Zeitgenossen das Grauen ins Werk in die Tat umsetzten.

Atatürk

Das Osmanische Reich gehörte trotzdem zu den Verlierern des Ersten Weltkriegs und kam unmittelbar nach dessen Ende tatsächlich in eine existenziell bedrohliche Situation, in der große Teile der heutigen Türkei nach den Plänen der Siegermächte anderen Staaten hätten zugeschlagen werden sollen. Was übrig blieb, wäre ohne Ostanatolien, die Meerengen mit Istanbul und die Westküste Kleinasiens – wie es vom Rest der ähnlich filetierten Donaumonarchie behauptet worden war – ein kaum lebensfähiger Rumpfstaat gewesen. Dass die Türken Mustafa Kemal Pascha heute noch den Retter ihrer Nation und „Vater der Türken" nennen, ist daher durchaus nicht unbegründet. Der ehemalige Offizier konnte in dem auf das anatolische Kernland reduzierten ethnisch und konfessionell „gesäuberten" Territorium nun endlich jene nationale Staatlichkeit etablieren, an der die osmanischen Reformer bis zuletzt gescheitert waren. Indem die Türkei dieselben schrecklichen Homogenisierungsprozesse durchmachte, die die europäischen Nationalstaaten ein bis zwei Jahrhunderte zuvor erlebt hatten, entstand eine neue Nation, die der neue Machthaber auf ein republikanisches, säkulares und manchmal peinlich bemüht westlich wirkendes Fundament stellen wollte. So verbot er am 30. August 1925 per Hutgesetz das Tragen des Fes sowie aller anderen orientalischen Kopfbedeckungen, um die Kleidung der neuen türkischen Nation auf einen „internationalen und zivilisierten" Stand zu bringen. Diese politischen Leitlinien wurden zur Basis des Kemalismus, der die türkische Politik und Staatsidee während des gesamten 20. Jahrhunderts prägen sollte. Er stützte sich auf den Republikanismus im Sinne der Souveränität des Volks, der Mustafa Kemal auch seinen Aufstieg gegen den Willen der letzten osmanischen Regierung verdankte. Weitere tragende Ideen waren der türkische Nationalismus im Gegensatz zum untergegangenen Vielvölkerreich und Populismus im Sinne einer auf die Interessen des Volkes als ganzes, nicht einzelner Klassen oder Volksgruppen ausgerichteten Politik. Darüber hinaus waren ein ausgeprägtes Bekenntnis zur Notwendigkeit stetiger weiterer Reformen, der Laizismus im Sinne der Trennung von Staat und Religion, im Gegensatz zum osmanischen Prinzip der Einheit von Sultanat und Kalifat, sowie teilweise, staatliche Wirtschaftslenkung besonders in strategisch wichtigen Schlüsselsektoren für diese Ideologie charakteristisch.

Besonders die Durchsetzung des Laizismus trieb einen Keil zwischen die Anhänger des Kemalismus und weite Teile der anatolischen Landbevölkerung. Gerade jene Türken, die ihrer Religion wegen vom Balkan vertrieben worden waren, sahen in der erzwungenen Annahme westlicher Lebensweisen eine persönliche Zumutung. Unter dem Eindruck dieses Widerstandes lösten sich einige frühere Mitstreiter von der kemalistischen „Volkspartei" und gründeten, mit dem Argument der Gewissens- und Glaubensfreiheit – und mit der Billigung Kemals – 1924 die „Fortschrittspartei". In Ostanatolien kam es noch unter dem Eindruck der Abschaffung des Kalifats zu einem ersten, noch mehr religiös als national motivierten Aufstand der Kurden. Die ebenfalls eher im Osten des Landes ansässige muslimische Minderheit der Aleviten schlugen sich dagegen auf die Seite der Reformer und der Zentrale, da sie von einem dezidiert sunnitisch-kurdischen Gemeinwesen nichts Gutes zu erhoffen hatte. Unter

Der Modernisierer im modernen Gewand. Khemal Atatürk versuchte seine Nation in jeder Hinsicht in eine westliche Zukunft zu zerren, ob sie es wollte oder nicht.

dem Vorwand eines inzwischen aufgedeckten Mordkomplotts gegen den Präsidenten wurde die Fortschrittspartei 1925 wieder verboten und effektiv ein Einparteiensystem hergestellt. Durch Ausnahmezustand und Notverordnungen nahm die Republik bald diktatorische Züge an. Ihre Feinde kamen, so zeigte sich an dieser Stelle, aus demselben Lager wie die der osmanischen Reformer zuvor. Deswegen war die Entmachtung der islamischen Geistlichkeit durch Einziehung der umfangreichen Kirchengüter, Verbot religiöser Bruderschaften und staatliche Lenkung der Ausbildung der Geistlichen auch einer der nächsten Schritte der Kemalisten. Mit den neuen, diktatorischen Machtmitteln setzte Atatürk auch sonst umfassende Reformen durch, die in alle Lebensbereiche der Menschen eingriffen und ebenfalls an das Prinzip anknüpften, die eigene Rückständigkeit durch Übernahme von westlichen Einrichtungen quasi *en gros* zu beseitigen. Die junge türkische Republik übernahm als Ersatz für die Scharia mit nur geringen Anpassungen das schweizerische Zivilrecht, das deutsche Handelsrecht und das italienische Strafrecht. Vor allem die Gesetzgebung zur Emanzipation der Frau erschütterte die traditionelle Lebensweise massiv. 1930 durften die Türkinnen bei den Kommunal-, 1934 bei den Parlamentswahlen erstmals ihre Stimme abgeben. Die Durchsetzung der allgemeinen Schulpflicht für Jungen und Mädchen trug dazu wesentlich bei und eine neue Generation von jungen Lehrerinnen, die wenig später das neue Frauenbild bis in die tiefste Provinz trugen, wurde zum kontroversen Sinnbild der neuen Ordnung. Mustafa Kemal, eigentlich ein eingefleischter Junggeselle, heiratete selbst eine emanzipierte Frau, Latife Uşşaki, deren Selbstbewusstsein ihm imponierte. Dass die Ehe mit dem Staatsmann scheiterte, mag mehr an der Persönlichkeit Kemals als an ihr gelegen haben. Der „Vater der Türken" war ein Getriebener und sicher kein einfacher Mensch. Schon 1918 hatte er in sein Tagebuch notiert:

„Sollte ich eines Tages großen Einfluss oder Macht besitzen, halte ich es für das Beste, unsere Gesellschaft schlagartig – sofort und in kürzester Zeit – zu verändern. Denn im Gegensatz zu anderen glaube ich nicht, dass sich diese Veränderung erreichen lässt, indem die Ungebildeten nur schrittweise auf ein höheres Niveau geführt werden."

Und er schreibt weiter: „Mein Innerstes sträubt sich gegen eine solche Auffassung. Aus welchem Grund sollte ich mich auf den niedrigeren Stand der allgemeinen Bevölkerung zurückbegeben, nachdem ich viele Jahre lang ausgebildet worden bin, Zivilisations- und Sozialgeschichte studiert und in allen Phasen meines Lebens Befriedigung durch Freiheit erfahren habe? Ich werde dafür sorgen, dass sie auch dahin kommen. Nicht ich darf mich ihnen, sondern sie müssen sich mir annähern."[1]

Die Wende

1945 bestand Mustafa Kemals türkische Republik zwanzig Jahre. Die junge Generation war schon in der neuen Türkei geboren oder aufgewachsen und kannte nichts anderes mehr. Unter Kemals Nachfolger İsmet İnönü überstand das Land die Wirren des Zweiten Weltkriegs durch eine Politik der strikten Neutralität. Die türkische Wirtschaft hatte sich von den Folgen der Weltwirtschaftskrise, die vor allem den Agrarsektor schwer getroffen hatte, und dem Verlust seiner unternehmerisch aktivsten Bevölkerungselemente durch die Vertreibung der Armenier und Griechen eher mittelprächtig erholt. Dazu hatte der Staat massiv in die Wirtschaft eingegriffen und durch öffentliche Investitionen staatlich gelenkte Schlüsselindustrien geschaffen. Die Verflechtung zwischen mächtigen Bürokraten und Militärs und der Wirtschaft ließ privates Unternehmertum nur in Nischen gedeihen, wo die schwerfälligen staatsnahen Monopolisten nicht agil genug waren. Auf dem flachen Land waren die Segnungen der neuen Zeit nur bedingt angekommen. Die zuerst eher religiös-traditionalistische Abneigung der Landbevölkerung gegen das Regime war auch dadurch bestärkt worden, dass ihrem primären Wunsch, sie von der Ausbeutung durch die

Großgrundbesitzer zu befreien, zögerlich bis gar nicht nachgekommen worden war, da der Staat auf die Unterstützung der Landbesitzer angewiesen war. Stattdessen hatten die traditionellen Grundherrn sich in Agrarkapitalisten verwandelt, die den Grund und Boden ihrer verschuldeten Nachbarn aufkauften, zum Teil mit staatlicher Unterstützung in *cashcrops* wie Baumwolle investierten und dadurch reich wurden – während ihre Nachbarn arm blieben oder noch ärmer wurden. Handel und Gewerbe blieben weiterhin bevorzugt in den Händen der ethnischen Minderheiten oder zogen ausländische Investoren an. Eine der Notmaßnahmen Inönüs während des Weltkriegs erlegte dann auch jenen Gruppen „die inflationäre Profite durch die Ausnutzung der schwierigen, wirtschaftlichen Situation" gemacht hätten eine Sondersteuer auf. Am Ende zahlten vor allem die nichtmuslimischen und nichttürkischen Unternehmer, was viele von ihnen in den Ruin und ins Exil trieb. Des Beifalls der armen Landbevölkerung konnte sich das Regime so sicher sein und den Großgrundbesitzern auf dem Land musste man nicht auf die Zehen treten. Diese, die traditionell den Staat unterstützt hatten, sahen sich aber inzwischen durch die Kriegswirtschaft bedroht, die durch Preisfestlegung ihre Gewinne beschnitt, und gingen daher zunehmend auf Distanz zum Regime. Gleichzeitig verlor der Staat sogar die Unterstützung vor allem der subalternen Beamtenschaft, deren Gehälter eingefroren worden waren und daher mit der kriegsbedingten Inflation nicht mithalten konnten. In der Türkei brodelte es. Der Weltkrieg, den man erfolgreich vermieden hatte, machte die sozialen Bruchlinien dennoch sichtbar.

Trotzdem, oder vielleicht gerade deswegen, entschloss sich Inönü 1944 in einem gewagten Schritt, das Regime zu öffnen und Oppositionsparteien zuzulassen. Wahrscheinlich sah er darin ein Ventil, das es unzufriedenen Elementen erlaubt sich zu artikulieren. Die erste neue Partei war die Demokratische Partei, welche von Dissidenten aus den Reihen der Kemalisten unter der Führung von Adnan Menderes 1945 gegründet wurde. Auch in der alten Einheitspartei war man sich einig, dass das Land Veränderung brauchte. Vor allem die Wirtschaft musste marktwirtschaftlich umgestaltet werden. Die Unterschiede zu den Forderungen der Demokratischen Partei waren daher gar nicht so groß, wie Inönü gerne leutselig durchblicken ließ, doch erlaubte die neue Oppositionspartei es all jenen, die dem Regime aus irgendeinem Grund ablehnend gegenüberstanden, sich zu sammeln. Nach einer turbulenten, vorgezogenen Neuwahl 1946 und heftigen Richtungskämpfen in der kemalistischen Volkspartei setzten sich auch dort die Reformer durch. Dies war nicht unwesentlich dem Umstand geschuldet, dass die Türkei sich zusehends in den Orbit der USA bewegte. Marktwirtschaftliche Reformen waren am ehesten dazu geeignet, die Vormacht der kapitalistischen Welt zu beeindrucken. Ein weiterer Fünfjahresplan nach sowjetischem Vorbild war da das letzte, was man brauche konnte, wollte man von Washington, obwohl durch den Krieg eigentlich nicht direkt betroffen, Gelder aus dem Marshallplan erhalten. In einem erfolgreichen Streich, der der Opposition gewissermaßen die Füße unter dem Leib wegziehen sollte, machte sich die Systempartei einen Teil ihrer Forderungen zu eigen. Der Plan schien aufzugehen; die Demokratische Partei begann sich in Flügelkämpfen untereinander zu zerreißen und 1948 spalteten sich die Radikalen, die dem politischen Islam nahe standen, in der *Millet Partisi* ab. Die Kemalisten gingen siegessicher in die Wahlen 1950 und erlebten eine vernichtende Niederlage. Die Demokratische Partei ging mit einer absoluten Mehrheit von ca. 53 % aus den Wahlen hervor und konnte aufgrund des Wahlsystems, das die Mehrheitspartei favorisierte und bisher der Einheitspartei genützt hatte, 408 Parlamentssitze beanspruchen – gegenüber 69 für die Kemalisten und einem einzigen Sitz für die Millet Partisi!

Inönüs größter Verdienst um die türkische Demokratie kam in dieser Stunde, als er friedlich und geordnet die Macht übergab, obwohl ihm führende Militärs, deren Loyalität gegenüber dem kemalistischen System außer Frage stand, anboten, das beschämende Wahlergebnis durch einen Staatsstreich ungeschehen zu machen.

Zur Aufbruchstimmung unter der neuen demokratischen Regierung unter Menderes kam ein beispielloses Wirtschaftswachstum von bis zu 12 % pro Jahr. Die betraf vor allem den Agrarsektor und stellte die Wiederwahl der Demokraten 1954 mit einem noch deutlicheren Ergebnis sicher. Die nun endlich stattfindende Mechanisierung der Landwirtschaft trieb die Menschen scharenweise in die Städte. Dort trafen sie auf die verbleibenden Reste der nichttürkischen, nichtmuslimischen Bevölkerung, die gemeinsam mit einer kleinen, aber nun recht wohlhabenden türkischen Mittelschicht am ehesten in der Lage gewesen waren, von der Wirtschaftslage zu profitieren. Während durch die Landflucht die Ressentiments in der Provinz nicht weniger wurden, wurden die einst multiethnischen und liberalen Städte, allen voran Istanbul, das zwar nicht mehr Hauptstadt, aber immer noch das urbane Zentrum der Türkei war, durch die Massenzuwanderung „anatolischer" und konservativer. Überraschenderweise hatten die Neuzuwanderer und die wirtschaftlichen Aufsteiger, die sonst wenige Eigenschaften oder Interessen teilten, einen gemeinsamen Nenner in ihrer Religiosität, die im einen Fall traditionalistisch, im anderen Fall ein Produkt des Widerstands gegen die säkularistischen Kemalisten war. Dies waren die Schichten, die der Demokratischen Partei zum Sieg verholfen hatten. Doch einmal an der Macht waren die Demokraten in einem Dilemma. Das Personal der staatlichen Institutionen, die Beamten, Lehrer, Richter, Polizisten und Soldaten waren mehrheitlich Befürworter des abgewählten kemalistischen Systems. Die neue Regierung versuchte dem inneren Widerstand der Institutionen durch eine Säuberung zu begegnen. Hohe Offiziere und Richter wurden ausgetauscht, auch um ihre eigene Klientel mit Posten zu versorgen. Schließlich verspielten die Demokraten sogar die Unterstützung der eher liberalen Universitäten, als sie dort zahlreiche Lehrende zwangspensionierten. Allein ihre religiösen Kundschaft konnte zufrieden sein: Auch wenn sich die Demokratische Partei zum Laizismus bekannte, erlaubte sie doch erstmals Koran-Lesungen im staatlichen Radio und betrieb die Eröffnung von mehr Schulen zur Ausbildung von Vorbetern.

Der Boom, ausgelöst durch billige Kredite und Infrastrukturinvestitionen aus dem Marshallplan, konnte allerdings nicht ewig anhalten. Der Rückbau der Handelsschranken hatte dringend notwendige Importe von Maschinen und Konsumgütern zugelassen, das Land aber gleichzeitig mit einem mächtigen Defizit in der Handels- und Zahlungsbilanz zurückgelassen. Der Versuch, diese durch Kredite der Zentralbank zu decken, trieb die Inflation in die Höhe und dann verweigerten die USA 1955 auch noch einen weiteren Kredit. Die wenigen Türken, die ausreichend Vermögen gehabt hatten, um zu investieren, hatten während des Booms nicht nachhaltig auf die industrielle Entwicklung gesetzt; hier blieb der Staat trotz allem Anti-Etatismus der Demokraten der größte Investor bzw. versucht von den explodierenden Import-Export-Geschäften zu profitieren. Als die Regierung 1955 die Zölle wieder verschärfte, würgte sie auch die erfolgreichen Unternehmen in diesem Sektor ab. Als die Berichterstattung in der Presse bissig wurde, kamen die autoritären Reflexe in der Demokratischen Partei durch und Menderes erließ 1955 ein restriktives Pressegesetz, um kritische Journalisten mundtot zu machen. Auch um von der misslichen Wirtschaftslage abzulenken, ließ die Regierung die Verhandlungen über die Zukunft

Zyperns eskalieren. In Istanbul und Izmir kam es zu Ausschreitungen gegen die verbleibende griechische Bevölkerung. Fuad Köprülü, Außenminister und Mitbegründer der Partei, legte sein Mandat nieder. An der Universität Ankara führte die Entlassung des Dekans wegen einer „politischen" Vorlesung zu Studentenprotesten. Die Demokraten konnten eine vorgezogene Wahl 1957 noch einmal für sich entscheiden, doch verloren sie deutlich an Stimmen. Die kemalistische Opposition schien wieder auf die Füße gekommen zu sein. Der Rückhalt der Demokraten war nach dem Absprung vieler Liberaler, Wirtschaftsleute und Intellektueller jetzt tatsächlich vor allem die Religiösen auf dem Land und in den wuchernden, illegalen Vorstädten.

Die Militärs

Die Unzufriedenheit im Militär speiste sich aus mehreren Quellen. Zum einen war das Prestige der Armee seit dem Ende des Weltkriegs im Sinken begriffen. Die Klasse, die traditionell als Träger und Verteidiger des Staates eine besondere Beziehung zu den Staatslenkern – beide, Kemal und Inönü, waren Offiziere gewesen – für sich beansprucht hatte, litt unter dem Verlust ihrer Vorrangstellung. Gleichzeitig hatte Menderes geradezu panische Angst vor der Macht der „Paschas", der alten Generale, die er mit seinem Vorgänger Inönü assoziierte. Eines seiner ersten Anliegen war daher die Säuberung der Armee gewesen. So schaffte er es zwar, die Führungsstellen mit verlässlichen Leuten zu besetzen, es fehlte ihm aber der Einblick in die inneren militärischen Zustände. Vor allem die jüngeren Offiziere fühlten sich benachteiligt. Ihre Staatsgehälter litten durch die Inflation und sie fühlten sich gegenüber den wirtschaftlichen Aufsteigern, den Profiteuren des Booms, benachteiligt. Gleichzeitig erfuhren sie durch den NATO-Eintritt der Türkei 1952 einen Qualifizierungsschub, wurden sie doch im Ausland ausgebildet, eine moderne, mechanisierte Armee zu führen. Im Vergleich zu ihren westlichen Kollegen, denen sie dabei begegneten, fühlten sie sich doppelt benachteiligt, hatten sie das durchaus berechtigte Gefühl, von ihrer eigenen Regierung mit Misstrauen beäugt zu werden.

Dieses Misstrauen war durchaus nicht unbegründet. Als Inönü 1959 eine Wahlkampftour durch das Land antrat, gab Menderes unklugerweise die Anweisung, Versammlungen durch das Militär auflösen zu lassen. Vor den Augen der Öffentlichkeit zogen die Soldaten unverrichteter Dinge wieder ab. Die Stimmung spitzte sich zu. In Istanbul wurden bei Protesten mehrere Studenten durch die Polizei erschossen.

Die größten Tageszeitungen des Landes druckten schwarze Titelseiten, um auf die Pressezensur aufmerksam zu machen. Ausgerechnet zum Jahrestag der ersten freien Wahlen gingen die Menschen massenweise auf die Straße. Der Ausnahmezustand wurde ausgerufen. Am 27. Mai 1960 verkündete um drei Uhr früh Oberst Alparslan Türkeş über das Radio, dass die Armee die Regierung übernommen habe, um einen „Brudermord" unter den Türken zu verhindern.

Der Staatsstreich

Die Machtübernahme des Militärs wurde in Istanbul und Ankara mit Begeisterung bejubelt, doch auf dem flachen Land mit bitterer Resignation als Rückkehr zu den alten Zuständen unter den Kemalisten empfunden. Die Putschisten beteuerten, lediglich eine Eskalation der Lage verhindern und nach freien Wahlen die Macht wieder an die Gewinner abgeben zu wollen. Ihre Gegner sahen sich aber in ihrer Meinung bestärkt, als die von den Offizieren eingesetzte Verfassungskommission zu dem Ergebnis kam, der Putsch sei gerechtfertigt gewesen, da die Demokratische Partei einseitig Klasseninteressen gefördert und die säkularen Prinzipien des Staates in Frage gestellt habe. Die Putschisten errichteten ein Komitee der Nationalen Einheit unter dem Vorsitz von General Gürsel, der alle entscheidenden Funktionen im Staat in seiner Person vereinigte. Gürsel war von den Mitverschwörern gewählt worden, da er ein konzilianter Mensch war, der mit allen gut konnte und durch seine Position in der Militärhierarchie geeignet war, diese Rolle zu erfüllen. Die Strippen im Hintergrund zogen aber mehrere Fraktionen in dem ca. 35 Personen umfassenden Komitee. Die eine Fraktion bestand aus den „Paschas", vor denen sich Menderes anscheinend zu Recht so geängstigt hatte. Es waren alte Generale, die vor allem über die Zuspitzung der politischen Lage beunruhigt waren. Sie wollten eine Rückkehr zu den gesetzteren, ruhigeren Verhältnissen der Vergangenheit und befürworteten eine rasche Wiederherstellung der verfassungsmäßigen Ordnung. Eine zweite Fraktion stand ihnen nahe. Sie waren vor allem durch die repressive Politik Menderes zu ihrem Schritt motiviert worden, obwohl manche von ihnen den Demokraten durchaus nicht feindlich gegenüberstanden. Sie stießen sich vor allem an den radikalen, marktwirtschaftlichen Reformen der Regierung. Ihr Ziel war eine Fortsetzung der staatlichen Wirtschaftslenkung und eine Ausweitung des Wohlfahrtsstaats. Dies einmal vorausgesetzt, waren auch sie für eine rasche Wiedereinsetzung der demokratischen

Panzer in den Straßen sind meist kein gutes Zeichen. Wenn sich der Militärapparat gegen die Gesellschaft richtet, steht die Zukunft auf dem Spiel. In der Türkei zuletzt 2016.

Verhältnisse. Am radikalsten aber war die dritte Fraktion, der vor allem junge Offiziere unter Oberst Türkeş angehörten. Davon abgesehen, dass sie eine längere Fortsetzung der Militärdiktatur durchaus in Betracht zogen, waren sie vor allem extrem in ihren gesellschaftlichen Vorstellungen. Sie sahen die sozialen Unterschiede, die durch die Boom-Jahre erkennbar geworden waren äußerst kritisch und sprachen sich für die Schaffung eines quasi-sozialistischen, populistischen Systems nach dem Vorbild Nassers in Ägypten aus. Spannungen waren vorprogrammiert.

Die alten Hasen reagierten zuerst. Die „Paschas" führten einen inneren Umsturz herbei, verkleinerten das Komitee und neutralisierten die Radikalen, indem sie sie an türkischen Botschaften im Ausland abkommandierten. Türkeş, ihr Wortführer, fand sich in Neu Delhi wieder. Den Generalen war aber klar, dass sie weiterhin mit Widerstand aus den Reihen der jungen Offiziere zu rechnen hatten, und erkannten klug, dass sie zu deren Ruhigstellung deren soziale Probleme lösen mussten. Dies führte zur Gründung des OYAK (*Ordu Yardımlaşma Kurumu*), einem Pensionsfonds der Armee und einer Art Soldatengewerkschaft. Letztere diente vor allem dazu, dass die unteren Chargen ihrer Stimmung in einer kontrollierten Umgebung Luft machen konnten. Die Generale wollten sichergehen, dass es zu keinem neuen Staatsstreich durch das Militär käme, den sie nicht unter Kontrolle hatten. OYAK sollte aber noch viel größere Bedeutung erlangen. Durch die Beitragszahlungen von 10 % des Monatsgehaltes einer großen Berufsgruppe in einem sonst an Investmentkapital schwachen Land wurde sie rasch zu einem der bedeutendsten Wirtschaftsunternehmen der Türkei. Sie ist heute mit ca. 30.000 Angestellten noch immer unter den drei bis vier größten Konglomeraten des Landes und davon wegen ihrer Steuerbefreiung das profitabelste. Die nachhaltige tiefe Verflechtung des türkischen Militars mit der Wirtschaft der Nation und damit der dauerhafte Einfluss der Streitkräfte über ihre verfassungsmäßige Rolle hinaus wurde auf diesem Weg mitbegründet.

Cemal Gürsel

Von den Ereignissen fast ungewollt an die Spitze des Staates gespült, war Cemal Gürsel freilich kein unbeschriebenes Blatt. Der 1895 geborene Berufsoffizier galt als Anwärter auf den Posten des Generalstabschefs, bis ihm ein Memorandum, das er nach einem offenen Gespräch in der Nacht zuvor an den Verteidigungsminister in der Regierung Menderes sandte, politisch das Genick brach. In dem Schreiben bekannte er offen seine Unterstützung für die demokratisch gewählte Regierung, legte aber einige kühne Vorschläge vor, wie die autoritären Exzesse der jüngsten Vergangenheit durch ausgleichende – rein zivile – institutionelle Reformen eingedämmt werden könnten. Ein politisch denkender Militär war bei der paranoiden Grundstimmung in der Demokratischen Partei das letzte, was man brauchen, geschweige denn an der Spitze des Generalstabes haben wollte. Gürsel wurde also stattdessen zwangsweise in Pension geschickt. In seinem Abschiedsbrief an die Truppe bekräftigte er erneut seine Überzeugung, dass sich das Militär aus der Politik herauszuhalten habe. Die jungen Offiziere waren indes nicht geneigt, auf seine Ermahnungen zu hören.

In der turbulenten Nacht des Putschs, so behaupten unbestätigte Gerüchte, stellte die Armeeführung den Putschisten das Ultimatum, dass sie einen Führer im Generalsrang zu wählen hätten, oder maßgebliche Einheiten würden sich gegen sie stellen. Ihre Wahl fiel erst nach längerer, panischer Suche auf Cemal Gürsel. Noch im Pyjama wurde er per Flugzeug nach Ankara gebracht und am nächsten Tag als Staatschef und Chef des Generalstabes der Öffentlichkeit präsentiert. Die Putschisten hatten in der Zwischenzeit die Köpfe der Demokratischen Partei auf einer Insel im Marmarameer interniert und sie wegen Verletzung der Verfassung vor ein Militärtribunal gestellt, dass sie prompt zum Tode verurteilen sollte. Gürsel konnte die Hinrichtung von Menderes nicht verhindern, schaffte es aber zumindest, zwölf der fünfzehn Angeklagten vor dem Strang zu bewahren. Die radikalen Offiziere auf der Gefängnisinsel unterbrachen kurzfristig sogar die Telefonleitungen, damit Gürsel und İnönü mit ihrer Begnadigung nicht durchkamen, deren Rechtmäßigkeit die Radikalen bestritten.

Ansonsten war der neue Machthaber aber alles andere als leicht auszuspielen. Er entließ sofort zahlreiche politische Gefangene, erlaubte das Erscheinen von über einem Dutzend verbotener Zeitungen wieder und berief eine Verfassungskommission namhafter Juristen ein, die den türkischen Staat so reformieren sollten, wie es Gürsels demokratischen Überzeugungen entsprach. Selbst um den Fortbestand der gestürzten Regierungspartei bemühte er sich, und erlaubte General Ragıp Gümüşpala, ihre Überreste in der neuen Gerechtigkeitspartei zu sammeln. Seine geschickte Beseitigung der jungen Radikalen aus der Junta wurde bereits erwähnt. Dass ihnen nichts Schlimmeres widerfuhr, als auf einen fernen Posten abgeschoben zu werden, zeichnet ein deutliches Bild vom Charakter des Mannes, den seine Freunde und Untergebenen seit der Militärschule oft „Cemal Ağa" (Großer Bruder Cemal) nannten. Einem extremistischen Offizier, der wegen der politischen Richtung, die er dem Regime gab, ein Schussattentat auf ihn verübte, vergab er öffentlich. Außenpolitisch bekräftigte er das Bekenntnis zur NATO und der westlichen Allianz, was ihm im Nachhinein unter seinen radikalsten Gegnern auf Seiten der religiösen Rechten, die – gleich welcher Couleur – eine Neigung zu Verschwörungstheorien zu haben scheinen, bis heute den Vorwurf einbringt: Der Putsch und seine nachfolgende Karriere seien von der CIA und anderen schattenhaften westlichen Mächten geplant gewesen. Nach innen bemühte sich Gürsel um Ausgleich, weit über die Grenzen der nationalistischen, kemalistischen Ideologie hinaus. Er suchte den Dialog mit den verbliebenen religiösen und nationalen Minderheiten und ernannte die Führer der griechisch-orthodoxen, armenischen und jüdischen Gemeinschaften zu Vizestaatsoberhäuptern ehrenhalber. Seine Kandidatur als Präsident in der ersten freien Wahl nach der Zeit der Junta betrieb er nicht selbst, sondern bot stattdessen seine Unterstützung für mehrere hochrangige Akademiker an. Nachdem die unter seiner Ägide entworfene Verfassung durch ein Referendum am 10. Oktober 1961 angenommen worden war, wurde er trotzdem durch die Nationalversammlung zum vierten Präsidenten der Türkei gewählt. Er ernannte İsmet İnönü zum ersten Premier, übergab das Amt aber 1965 ebenso ohne zu zögern an Suleyman Demirel, den neuen Chef der aus der Demokratischen Partei hervorgegangenen Gerechtigkeitspartei, den er selbst politisch gefördert hatte. Durch enge persönliche Kontakte zu Konrad Adenauer und Charles de Gaulle brachte er die Türkei bereits 1963 auf den Kurs in die entstehende Europäische Gemeinschaft. Wegen schwerer Erkrankung wurde er gemäß der Verfassung, am 28. März 1966 vom Präsidentenamt entbunden und starb am 14. September desselben Jahres. Er hatte die Türkei aus einer schweren Krise und innerer Spaltung auf einen Kurs gebracht, der sie auf denselben Weg wie die anderen Staaten Südeuropas in die westliche Moderne und die Europäische Union hätten bringen sollen. Ein Zitat von ihm wird in der Türkei heute noch gerne wiederholt: „Wir haben ein Auto gebaut mit der Mentalität des Westens, und mit der Mentalität des Ostens vergessen, es aufzutanken."

Anmerkungen

1   Nach: Dietrich Gronau: *Mustafa Kemal Atatürk oder die Geburt der Republik* (Frankfurt am Main 1994), 125 f.

Nachlese

Die jüngsten Ereignisse werden zeitgleich mit dem Erscheinen dieses Buches eine Fülle von Literatur über die Türkei im 20. Jahrhundert und der Gegenwart hervorbringen, sodass, was auch immer hier angeführt wird, sicher bald überholt sein dürfte. Zur Vorgeschichte seien als Überblick empfohlen: Frank W. Thackeray u.a. Hg.: „The History of Turkey" (Westport 2001), Meliha Benli Altunisik und Özlem Tür: „Turkey: Challenges of Continuity and Change" (New York 2004) und Şükrü Hanioğlu: „A Brief History of the Late Ottoman Empire" (Princeton 2010). Zu den Versuchen der osmanischen Modernisierung zeichnet Bernard Lewis: „What went wrong?" (Oxford 2002) ein faszinierendes Bild des intellektuellen Klimas in der islamischen Welt, das bis heute von Bedeutung für aktuelle Fragen ist. Zum Militärputsch empfiehlt sich: Walter F. Weiker: „The Turkish Revolution 1960–61: Aspects of Military Politics" (Westport 1980) und zum Thema im weiteren Sinn: Thomas Bruneau und Scott Tollefsonn, Hg.: „Who Guards the Guardians and How: Democratic Civil-Military Relations" (Austin 2006) und Bruce Farcau: „The Coup: Tactics in the Seizure of Power" (Westport 1994), wenn auch bevorzugt am lateinamerikanischen Beispiel abgehandelt.

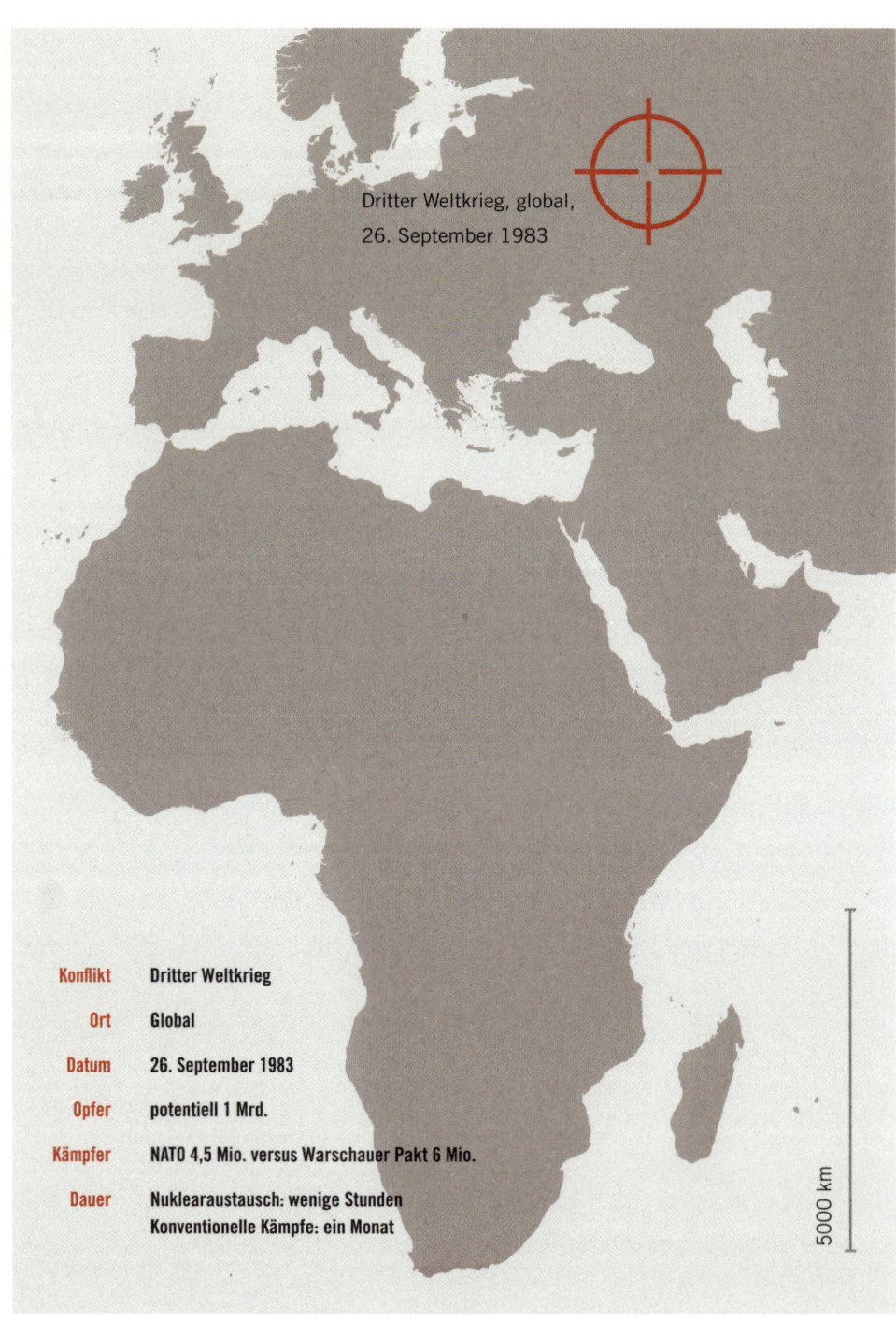

Dritter Weltkrieg, global,
26. September 1983

Konflikt	**Dritter Weltkrieg**
Ort	**Global**
Datum	**26. September 1983**
Opfer	**potentiell 1 Mrd.**
Kämpfer	**NATO 4,5 Mio. versus Warschauer Pakt 6 Mio.**
Dauer	**Nuklearaustausch: wenige Stunden**
	Konventionelle Kämpfe: ein Monat

5000 km

DER KALTE KRIEGER

Stanislaw Jewgrafowitsch Petrow

* 9. September 1939, Ukraine

In einer russischen Kleinstadt etwa 50 km nördlich von Moskau lebt von einer bescheidenen Armeerente ein ehemaliger Offizier der mittlerweile ebenfalls dem Abfallhaufen der Weltgeschichte anheimgefallenen Roten Armee. Er hatte kurz nach Mitternacht an einem Septembertag des Jahres 1983 möglicherweise unser aller Leben gerettet. So wurde er zum Helden in einem Krieg, der nicht geführt wurde: Dem nuklearen Vernichtungskrieg zwischen den Vereinigten Staaten und ihren Verbündeten in der NATO und der ehemaligen Sowjetunion und den im Warschauer Pakt vereinigten realsozialistischen Regimen Osteuropas. Abgesehen von einem Landkrieg in Europa und einigen anderen Schauplätzen, der an Materialeinsatz und Härte den Zweiten Weltkrieg in kürzester Zeit in den Schatten

gestellt hätte. Dieser Krieg, der nicht stattfand, wäre mit einem nuklearen Austausch eingeleitet worden, in dem hochgerüstete Arsenale von Interkontinentalraketen und Nuklearbombern gegnerische Militäranlagen, Infrastrukturknoten und Bevölkerungszentren in Schutt und Asche gelegt hätten. Zu jeder Stunde, zu jeder Minute jedes Tages belauerten sich die beiden Blöcke mittels hochentwickelter und sensibler Überwachungssysteme, die heute nach der rasanten Entwicklung der Computertechnologie geradezu vorsintflutlich erscheinen, um einen Erstschlag des Gegners rechtzeitig zu erkennen und binnen der wenigen Minuten, die bis zur bevorstehenden Kernexplosion verblieben, den eigenen Gegenschlag einzuleiten. Stanislaw Petrow entschied sich in jener Nacht, dies nicht zu tun.

Wer nach dem magischen Datum 1989 geboren oder aufgewachsen ist – heute schon eine ganze Generation, nach der gängigen Rechnung –, tut sich schwer zu verstehen, was es bedeutet hat, im Schatten der Bombe zu leben; befremdlich eigentlich, wenn man bedenkt, dass die Bomben immer noch da sind und die weltpolitische Lage seitdem keineswegs stabiler geworden ist. Das sicherheitspolitische Paradigma indes hat sich geändert. Heute scheint keiner mehr bereit, um irgendeiner Sache willen die Welt zu vernichten. Befremdlich erscheint in unseren Tagen, dass man dazu einmal tatsächlich entschlossen war.

Tausend Sonnen

Angefangen hat alles in der Wüste von New Mexiko. Es ist nicht überliefert, was Joseph Oppenheimer, der Vater des Manhattan-Projektes während des Trinity-Tests, bei dem am 16. Juli 1945, um 5:29:45 Uhr Ortszeit, zum ersten Mal eine funktionstüchtige Atombombe gezündet wurde, tatsächlich gesagt hat. Jahre später in einem Interview fand er auf jeden Fall die richtigen Worte in einem Zitat aus der Bhagavad Gita, einem der ältesten heiligen Bücher des Hinduismus:

„Wenn das Licht von tausend Sonnen / am Himmel plötzlich bräch' hervor / das wäre gleich dem Glanze dieses Herrlichen, und ich bin der Tod geworden, Zertrümmerer der Welten."

Weniger als ein Monat später – am 6. August 1945 – erfährt die Welt dann, welcher Schrecken in sie getreten ist, als über der japanischen Hafenstadt Hiroshima die erste Nuklearwaffe im Kriegseinsatz gezündet wird. Den Befehl dazu hatte der amerikanische Präsident Harry S. Truman im Haus Erlenkamp in Potsdam gegeben. Dort saßen die Siegermächte des Kriegs in Europa zur Konferenz zusammen. Getroffen wurde Japan, gezielt war die neue Waffe aber auf die gerade noch Verbündeten auf der anderen Seite des Tisches in Potsdam: die Sowjets. Truman hatte Stalin noch am 24. Juli beiläufig wissen lassen, dass die Amerikaner eine neue Art Bombe entwickelt hätten, die den Krieg im Pazifik rasch beenden könnte. Der Kremlchef nahm diese Mitteilung äußerlich ungerührt hin; ermunterte sein Gegenüber nur, die Waffe für gute Zwecke einzusetzen. Dabei wusste Stalin längst Bescheid. Ein Spion innerhalb des Manhattan-Projekts hatte die Sowjets über die amerikanischen Erfolge in der

Am 16. Juli 1945, um 5:29:45 Uhr, wird die erste funktionstüchtige Atombombe in White Sands, New Mexico, gezündet. Die Sprengkraft entsprach 21.000 Tonnen TNT. Das aktuelle Nukleararsenal der USA hat eine kumulative Sprengkraft von ca. 550 Millionen Tonnen TNT.

Nuklearforschung auf dem Laufenden gehalten. Noch am selben Abend ließ Stalin Geheimdienstchef Beria wissen, dass das seit 1943 laufende sowjetische Atomwaffenprojekt beschleunigt werden müsse. Inzwischen riet der Oberbefehlshaber in Europa, der spätere Präsident Dwight D. Eisenhower, Truman vom Einsatz der Bombe gegen Japan ab. Die Japaner zeigten Verhandlungsbereitschaft und die von den Militärs wegen der projektierten hohen Opferzahlen gefürchtete Invasion der japanischen Heimatinseln – Operation Overlord – hätte sich durchaus auch anders vermeiden lassen. Doch Truman notierte in seinem Tagebuch: „Ich glaube, dass die Japsen klein beigeben werden, ehe Russland eingreift." Seine Entscheidung war also längst gefällt: Japan musste vor den USA kapitulieren, ehe die Sowjetunion aktiv in den Krieg im Pazifik eintreten und einen Anteil an der Gestaltung der Nachkriegssituation in Ostasien fordern konnte. Gerade in Potsdam, gerade aufgrund der weitreichenden Ansprüche, welche Stalin in Osteuropa durchzusetzen gedachte, und denen Churchill auf der berühmten Serviette in Moskau 1944 noch einen Kompromiss entgegenzusetzen versuchte, wollte Truman, der als international relativ unbekannter Innenpolitiker dem verstorbenen Präsidenten Roosevelt nachgefolgt war, Stärke zeigen. Die Anti-Hitler-Koalition hatten den seit der Oktoberrevolution 1917 bestehenden latenten Konflikt zwischen der Sowjetunion und den westlichen Großmächten lediglich für einige Jahre überdeckt. Nun brach er wieder offen auf. Die Vorzeichen hatten sich durch die neue Waffe jedoch grundlegend geändert.

Eine Nation in Trümmern. Nach Ende des Bombenkriegs ist Deutschland eine Ruinenlandschaft. Experten der US-Air-Force nehmen die Bombenschäden interessiert auf – Manöverkritik für zukünftige Bombenkriege.

Das Zeitalter der Bombe

Der Zweite Weltkrieg hatte einer neuen Waffengattung zu Geltung verholfen: dem Langstreckenbomber. Diese Waffe brachte eine neue Strategie: Nicht die gegnerischen Streitkräfte waren primär Ziel dieses Waffensystems, sondern die gegnerische Infrastruktur, welche in der Logik des von den Nazis erklärten „Totalen Kriegs" jeden Aspekt der Gesellschaft des Feindes umfasste. Das britische Bomber Command führte das abscheuliche Prinzip, das die deutsche Luftwaffe in Coventry und im „Blitz" von London vorgemacht hatte, bis zur letzten Konsequenz fort. Neben Nachschublinien, Eisenbahnen, Verkehrsknotenpunkten, Raffinerien, kriegswichtigen Industrien wurde die menschliche Infrastruktur des Gegners selbst zum Ziel. „Moral bombing" nannte sich die Strategie, den deutschen Widerstandswillen durch die Zerstörung von möglichst viel Wohnraum zu brechen. Mit kalter Effizienz stellten die Militärs ihre Listen von deutschen Städte auf und entwickelten die entsprechenden Verfahren: Sprengbomben – Blockbuster wurden sie genannt – brachen die Dächer und Mauern der Häuser auf, bliesen das Fensterglas aus dem Rahmen, so dass das brennbare Innere offen lag und die Wohnbauten zu löchrigen Kaminen wurden, in denen die danach abgeworfenen Brandbomben ein flammendes Inferno entfachen konnten. In den Häuserschluchten der Großstädte verstärkte sich die Sogwirkung der Brände. Das Feuer saugte alle verfügbare Luft an. Es saugte sie aus den Lungen der Menschen, die in geschützten Bunkern erstickten, ohne je von den Flammen berührt worden zu sein. Es verflüssigte den Asphalt auf den Straßen. Es töte allein durch die Hitze.

Die Strategen im Bomber Command waren beeindruckt von ihrem Vernichtungserfolg. Doch der Preis war hoch. Selbst die schwer zusammengeschossene Luftwaffe und die am Ende von Teenagern – der späteren Flakhelfergeneration – bemannte Luftabwehr forderten unter den tausenden Maschinen der „Bomberströme" schwere Opfer. Davon abgesehen war es ein logistischer Albtraum, die Vernichtungsmaschinerie am Laufen zu halten und mit Bomben, Treibstoff und Männern zu versorgen. Die Ausbeute: Hamburg: 35.000 Tote, 80 % der Innenstadt, 60 % der Bauten im gesamten Stadtgebiet zerstört. Dresden: 25.000 Tote, 90 % der Innenstadt zerstört. 600.000 Tote insgesamt. Deutschland ein Trümmerfeld.

Am 6. August 1945 startet ein einziger B-29-Bomber von der Marianen-Insel Tinian. An Bord hat er eine einzige Bombe. Als er sie über Hiroshima abwirft, sterben

Am 29. April 1937 bombardieren die deutsche und italienische Luftwaffe die baskische Stadt
Guernica, um das nationalistische Regime im spanischen Bürgerkrieg zu unterstützen. Zum ersten Mal
werden Bomber bewusst gegen zivile Ziele eingesetzt. Pablo Picassos berühmtes Gemälde ist künstlerische Auseinandersetzung und Propaganda, war das wandgroße Bild doch Teil einer Wanderaus-
stellung im Auftrag der republikanischen Regierung Spaniens, um Gelder für den Krieg einzuwerben.
Guernica, Gemälde, 1937; Madrid, Museo Reina Sofia

70–80.000 Menschen sofort. 130.000 gehen in den folgenden Monaten an den Verletzungen und der Verstrahlung zugrunde. Von den 76.000 Häusern der Großstadt werden 70.000 – 92 %! – zerstört. Menschen verbrennen nicht, sie verdampfen in Sekundenbruchteilen. Nur ihre Schatten bleiben auf den Wänden zurück. Noch in zehn Kilometer Entfernung gehen Bäume allein durch die Hitzewirkung in Flammen auf. Die Amerikaner verglichen selbst in einem wenig später abgeworfenen Flugblatt, das die japanische Bevölkerung zur Kapitulation überreden sollte, die Wirkung der einen Atombombe mit der von 2.000 regulären Bombenladungen einer B-29. Die Planer im Londoner Bomber Command waren von einem Tag auf den anderen nichts weiter als obsolete Amateure.

Der Schatten der Bombe hing von nun an über der Welt, auch wenn die Amerikaner natürlich nicht durchblicken ließen, wie viele der neuen, schrecklich effizienten Waffen sie zur Verfügung hatten. Der folgende Abwurf über Nagasaki sandte deswegen wieder eine doppelte Botschaft: An die noch immer schockstarren Japaner, nun endlich zu kapitulieren; an die Sowjets: Schaut her, wir haben mehrere von diesen Dingern …

Bis 1949 konnten die Amerikaner das Atombombenmonopol bewahren und benutzten es unter anderem während der Iran-Krise 1946 offen, um die Sowjets politisch zum Einlenken zu zwingen. Trumans neue geopolitische Doktrin der Eindämmung der sowjetischen Einflusssphäre in Osteuropa und Asien stützte sich zuerst sehr klar auf die Abschreckungswirkung der neuen Waffe. In dieser Situation des waffentechnischen Ungleichgewichts sah die amerikanische Strategie vor, im Fall der Eskalation einer Krise, selbst ohne vorherige militärische Aggression seitens der Sowjetunion, zuerst 20, später ca. 130, sowjetische Städte mit Nuklearwaffen zu zerstören – einfach nur, um der eigenen Armee einen Mobilisierungsvorsprung für den erwarteten konventionellen Krieg zu verschaffen. Die durch die Bomber geschaffene Logik des Totalen Kriegs übertrug sich nahtlos auf die neue Wunderwaffe. Die Militärs sahen sie vor allem als eine höchst effiziente Weiterentwicklung des Bombenkrieges. Die schrecklichen Langzeitfolgen der nuklearen Strahlung wurden bis in die späten 50er Jahre ignoriert oder bewusst totgeschwiegen. Diese strategische Asymmetrie überzeugte aber auch die maßgeblichen Denker in der Sowjetunion, dass die einzige Möglichkeit, in einer Welt, in der die USA jederzeit die völlige Vernichtung von Dutzenden Städten mit potentiell Millionen Einwohnern androhen konnte, die eigene weltpolitische Handlungsfähigkeit nur erhalten werden konnte, wenn man selbst über ein entsprechendes Abschreckungspotential verfügt. Die Regeln des neuen geopolitischen Spiels schrieben sich vor den Augen der Entscheidungsträger quasi von selbst. Es oblag den Regierungen nur, wie unter Zwang den jeweils nächsten Zug zu machen. Im Zeitalter der Bombe gab es nur die Option, seine Politik an einer Nuklearmacht auszurichten oder selbst eine Nuklearmacht zu sein. Den wenigsten – Großbritannien, Frankreich, China, Indien, Pakistan, zeitweise Südafrika und mit ziemlicher Sicherheit Israel – gelang dies. Die Alliierten der Supermächte gaben meist ihre Programme auf und begaben sich unter den rasch wachsenden nuklearen Schutzschild ihres jeweiligen Hegemons. Die nukleare Bedrohung fror die internationalen Beziehungen entlang der Fronten dieser globalen Konfrontation ein und reduzierte den politischen Spielraum der nationalen Regierungen massiv. Dreißig Jahre später sehen wir die Konflikte klarer, die durch den eisigen Atem des Kalten Kriegs tiefgekühlt überdauert hatten, weil wir ihren Ausbruch seit seinem Ende – in Jugoslawien und dem Kaukasus, dem Nahen Osten und Afrika – miterlebt haben. In der Zeit davor herrschte eine atemlose Friedhofsruhe, spätestens seit die Doktrin der *Mutual Assured Destruction* – MAD –, seit 1961 zur bevorzugten Nuklearstrategie der USA wurde. Nun hatte man genug Sprengköpfe – etwa 30.000 auf beiden Seiten – um den Gegner mehrmals völlig auszulöschen, d.h. selbst in Fall des Erstschlags musste der Angreifer damit rechnen, durch das redundante Arsenal des Gegners noch selbst vollständig ausgelöscht zu werden. Anfang der 80er Jahre hatten die Amerikaner immerhin noch ca. 20.000, die Sowjets indes sicher über 50.000 Sprengköpfe. Die Beziehungen zwischen den Supermächten hatten in der Zwischenzeit Phasen der Konfrontation, aber auch der Entspannung gekannt. Da direkte Konfrontation – wie sich in Berlin und Kuba gezeigt hatte – allzu rasch auf den apokalyptischen Pfad der globalen Vernichtung führte, versuchten beide Seiten auf zahlreichen Nebenschauplätzen zu punkten: Es war die große Zeit der Spione, der Terroristen, die die Freiheitskämpfer des anderen waren, und der klandestinen Operationen. Man beobachtete jeden Zug des Gegners äußerst genau und konterte mit einer eigenen Finte an einer anderen Front. Kein Ort war entlegen genug, um nicht zum Spielfeld der Supermächte zu werden: Vietnam, Guatemala, Angola oder Afghanistan.

Ein Cowboy als Präsident

Im Frühjahr 1979 kam es in Afghanistan zur Revolution. Die neue Regierung unter
Nur Muhammad Taraki suchte eine Annäherung an die Sowjetunion, um die gesellschaftliche Modernisierung voranzutreiben. Säkularisierung, Bildungs- und Boden-
reform sowie Frauenrechte ließen sich nur gegen den Widerstand der konservativen
religiösen Eliten durchsetzen. Die Regeln des großen Spiels diktierten mehr oder weniger zwangsläufig, dass diese damit Unterstützung von den USA bekommen mussten. Die CIA wurde aktiv und begann Gruppen von Mudschaheddin – religiös fana-
tisierte Widerstandskämpfer gegen die Reformen der Revolutionäre – mit Waffen zu
unterstützen. Taraki, der seine Reformen mit zunehmender Brutalität durchzusetzen
versuchte, ersuchte zunehmend verzweifelt um direkte militärische Unterstützung
durch die Sowjetunion. Doch Moskau zögerte, direkt in einen bewaffneten Konflikt
einzugreifen, selbst als Hafizullah Amin im September Taraki stürzte und Analysten
im KGB davor warnten, der neue Machthaber könnten eine Annäherung an die USA
suchen und NATO-Truppen ins Land holen.

Mit dem NATO-Doppelbeschluss am 12. Dezember 1979 erreichten die Beziehungen
zwischen den Supermächten dann einen erneuten Tiefpunkt. Während darin Abrüs-
tungsgespräche auf strategischer Ebene gefordert wurden, beschloss das nordatlan-
tische Bündnis gleichzeitig die Stationierung nuklearer Mittelstreckenraketen – Pershing II und BGM-109 Tomahawk – in Westeuropa. Diese Trägersysteme untergruben
nach Ansicht der Sowjets ihre nukleare Sicherheitsstrategie, verkürzten sie doch die
Vorwarnzeit bei einem Erstschlag der USA auf wenige Minuten! Zumindest war das
die Einschätzung der sowjetischen Geheimdienste. Die Gefahr eines Enthauptungs-
schlags, durch den die sowjetische Führung ausgeschaltet werden konnte, wurde
damit ihrer Ansicht nach zur Realität. Spätestens jetzt musste man sich über eine
Zweitschlagsoption Gedanken machen, die es der Sowjetunion ermöglichte, auch
nach einem gegnerischen Erstschlag noch handlungsfähig zu bleiben, um zurückzu-
schlagen. Doch das brauchte Zeit. In der Welt des Kalten Kriegs, in der äußerlicher
Schein von Stärke genauso wichtig war wie die Stärke selbst und politischen Gesten große Bedeutung zukam, war aber eine sofortige Reaktion notwendig. Folglich
beendete der Kreml seine zögerliche Haltung und Leonid Breschnew – oder seine
Drahtzieher innerhalb des Parteiapparats – gab grünes Licht für die Intervention
in Afghanistan. Das sowjetische Eingreifen wurde umgehend von westlichen und

Ronald Reagan spielt die Rolle seines Lebens. Seine aggressive Haltung gegenüber der Sowjetunion spielt geschickt mit den Ängsten und dem Misstrauen der Gegner. Schein kann in der paranoiden Politik des Kalten Krieges so viel Schaden anrichten wie Sein.

islamischen Staaten einhellig verurteilt und überschattete die olympischen Spiele 1980 in Moskau/Tallinn, die von zahlreichen Staaten boykottiert wurden.

In den USA war inzwischen Wahlkampf und der Amtsinhaber, der Demokrat Jimmy Carter, wurde unter anderem wegen seiner zögerlichen Haltung in Afghanistan schwer angegriffen. Sein Nachfolger wurde folgerichtig der vormalige Gouverneur von Kalifornien und ehemalige Schauspieler Ronald Reagan. Er konnte in einem vor allem im Süden der USA mit offen rassistischen Signalen geführten Wahlkampf der republikanischen Partei durch das Schmieden einer Koalition aus konservativen Christen, Wirtschaftsliberalen und wertkonservativen Wählern nicht nur die Präsidentschaft und eine solide Mehrheit im Senat sichern, sondern schrieb so auch das Profil der *Grand Old Party* für die kommenden Jahrzehnte fest. Reagan führte auch in der Außenpolitik eine Wende herbei und ersetzte die auf Entspannung ausgerichtete Politik seiner Vorgänger Nixon, Ford und Carter durch eine Politik der Konfrontation mit dem Ostblock. Besonderen Wert legte er auf die Zurückdrängung des sowjetischen Einflusses in der Dritten Welt und die Wiederherstellung eines strategischen Gleichgewichtes auf konventioneller Ebene. Die Unterstützung für die Mudschaheddin in Afghanistan entsprach ganz seiner Doktrin, mit jedem Regime in der Dritten Welt zusammenzuarbeiten, so lange es nur den Kommunismus bekämpfte – ganz gleichgültig, welche Werte und Methoden diese Verbündeten sonst bevorzugten. Auf nuklearstrategischer Ebene initiierte Reagan die *Strategic Defense Initiative* (SDI), die durch die Entwicklung eines Schutzschilds gegen feindliche Raketen das herrschende Gleichgewicht des Schreckens auszuhebeln drohte. Bis heute ist umstritten, ob die vornehmlich durch beeindruckende Animationen von weltraumgestützten Abwehrsystemen – „Star Wars" – in Erinnerung gebliebene Initiative irgendeine realistische Basis hatte. Sie reichte aber auf jeden Fall aus, den Sowjets die Möglichkeit glaubhaft vor Augen zu führen, dass die Amerikaner in absehbarer Zukunft für einen sowjetischen Atomschlag nicht mehr verwundbar sein könnten. In der Logik des Kalten Kriegs war dies gleichbedeutend mit einem offenen Angriff. Eine Reaktion musste erfolgen, doch war sich das Zentralkomitee im Klaren, dass angesichts der zunehmenden wirtschaftlichen Schwierigkeiten und der enormen Belastungen durch den existierenden Militäretat kaum Spielraum für Innovationen vorhanden war. Scheinbare Ausweglosigkeit erhöhte die Nervosität und Reagan war sehr geschickt darin, durch offensive Rhetorik die Verunsicherung der Sowjets weiter zu schüren.

Vor diesem Hintergrund starb der langjährige Kremlchef Breschnew im Herbst 1982. Seine lange Regierungszeit hatte die innere Verknöcherung des Parteiapparats nur gefördert. Sein Nachfolger Jurij Andropow war angesichts des – aus Sicht der Sowjets – wachsenden strategischen Ungleichgewichts von der Gefahr eines amerikanischen Erstschlags überzeugt. Als ehemaliger Geheimdienstler setzte er sofort die größte Spionageoperation in der Geschichte der Sowjetunion in Bewegung: Operation RjaN. Er schaffte es sogar, die notorisch verfeindeten Geheimdienste KGB und GRU zur Kooperation zu verdonnern. Aus den KGB-Residenturen in allen westlichen Ländern schwärmten die Agenten aus, um jedes nur mögliche Anzeichen einer Vorbereitung auf einen Erstschlag zu beobachten: Spione zählten die beleuchteten Fenster in Ministerien und Kasernen, um auf vermehrte Aktivität aufmerksam zu werden – besonders an Wochenenden und Feiertagen – und beobachteten sogar Schlachthöfe, falls der Westen sich in Vorbereitung auf einen Krieg eine strategische Fleischreserve anlegen sollte. Im März 1983 hielt Ronald Reagan seine später berühmt gewordene Rede vor der *National Association of Evangelicals* in Orlando, Florida, in der er die Sowjetunion als das „Reich des Bösen" bezeichnete. Ein langer Sommer folgte, der auf den „Heißen Herbst" 1983 zusteuerte, in dem die Friedens- und Antiatom-Bewegung in Westeuropa hunderttausende Menschen gegen die Stationierung der Mittelstreckenwaffen auf die Straße bringen sollte. Die Sowjets hatten damit, entgegen der Vermutungen mancher Wortführer in der CSU der Bundesrepublik, wenig zu tun.

Nachtdienst

In der Nacht vom 25. auf den 26. September 1983 hat der 44-jährige Oberstleutnant Stanislaw Jewgrafowitsch Petrow um 20:00 Uhr seinen Dienst im Serpuchow-15-Bunker in der gleichnamigen Industriestadt etwa 90 Kilometer südlich von Moskau angetreten. Er hat für einen Kollegen übernommen, der an diesem Abend nicht zum Dienst gekommen ist. Petrow ist der verantwortliche Offizier für die computer- und satellitengestützte Überwachung des Luftraums. Mit ihm sitzen noch acht andere Soldaten im Bunker und konzentrieren sich auf ihre Bildschirme. Achtzig weitere Offiziere und Soldaten auf dem Stützpunkt unterstehen seinem Kommando. Petrow gilt in seiner Einheit als guter Analytiker. Die Dienstvorschrift für das Überwachungssystem hat er selbst beschrieben. Es gibt niemanden, der die Stärken und Schwächen des Systems so gut kennt wie er. Regelmäßig wird es und die Bedienungsmannschaft unangekündigten Tests unterzogen. Wenn das Telefon klingelt und „Erhebe dich, du großes Land" erklingt, ist es wieder einmal so weit. Die Luftverteidigungsstreitkräfte der UdSSR üben den Weltuntergang.

Diese Nacht ist wie jede andere. Alles Routine. Man kümmert sich um die Rechner, kontrolliert die Satelliten. Petrow analysiert die Daten von zwei Satelliten und bereitet die Aktivierung eines dritten vor. Auf seinem Arbeitsplatz laufen die Meldungen des Satellitensystems Kosmos 1382 zusammen. Dieses beobachtet mithilfe von mehreren Frühwarnsatelliten die amerikanischen Raketensilos, die über zahlreiche Militärbasen im weiten Westen der Vereinigten Staaten verteilt sind. Wenn eine Interkontinentalrakete wenige Sekunden nach dem Start die Erdatmosphäre verlässt, zeichnet sich ihr gleißender Antriebsstrahl deutlich vor dem dunklen Hintergrund des Weltalls ab. Diese Leuchtfeuer drohender Vernichtung aufzuspüren und an die Überwachungszentrale in Russland zu melden, ist die Aufgabe des Kosmos-1382-Systems. Dem sowjetischen Raketenoberkommando bleibt danach eine knappe halbe Stunde, um zu handeln, bevor die Gefechtsköpfe ihre Ziele im nuklearen Feuer verbrennen. Die vorgesehene Gegenstrategie kann nur – der eisigen Logik des Kalten Krieges folgend – ein massiver nuklearer Gegenschlag sein. Für einen Zweitschlag fehlt den Sowjets zu diesem Zeitpunkt noch die Möglichkeit. Das notwendige System befindet sich erst im Aufbau. Jedes Zögern kann die nuklearen Optionen des Oberkommandos massiv einschränken, wenn die gestarteten Raketen bekannte sowjetische Abschussrampen zum Ziel haben.

Es ist kurz nach Mitternacht: 00:15 Uhr, Petrow wird diese Uhrzeit zeitlebens in Erinnerung bleiben, als die Sirene aufheult und an der Wand gegenüber von Petrows Arbeitsplatz die Meldung „Raketenstart" in wütenden, blutroten Lettern erscheint.

Daneben flammt eine Landkarte von Nordamerika auf. Petrow erinnert sich, dass sein Blick auf der Suche nach dem Quadrat, das den Abschuss anzeigt, über die Lichtpunkte irrte, die die Ziele sowjetischer Raketen in den USA darstellen: Militärbasen, Häfen, Raffinerien, Fabriken, Städte. Petrow ist wie gelähmt. Das so regelmäßig geübte Szenario ist gerade Realität geworden. Seine Instruktionen sind eindeutig.

Er hat den Start sofort an die militärische und politische Führung der Sowjetunion weiterzumelden. Petrow müsste keine Entscheidung über Leben und Tod treffen. Er könnte sie an die berufeneren Stellen weiter oben in der Hierarchie delegieren. Was kann man von einem einfachen Oberstleutnant in einem Bunker irgendwo im Weichbild von Moskau auch sonst noch Großes erwarten? Doch Petrow zögert. Für fünfzehn Sekunden sitzt er nur da und starrt auf den Bildschirm. Dort teilt ihm das Überwachungssystem mit, dass die Verlässlichkeit des Alarms hoch ist. Die Amerikaner haben eine Minuteman-Rakete gestartet. Petrow steht auf, er beugt sich nach vorne, schaut hinunter auf den Arbeitsplatz vor ihm, wo vier seiner Leute sitzen. Totenbleiche, höllenrot beleuchtete Gesichter starren ihn an. Sie erwarten, dass er handelt. Sie warten auf Befehle. Also handelt Petrow. Er gibt Befehle. Er lässt sich in seinen Sessel fallen und befiehlt all seinen Leuten den sofortigen Rapport. Er ruft im Raktenoberkommando an. Dort weiß man schon Bescheid: „Bleiben Sie ruhig. Tun Sie ihre Pflicht," sagt die Stimme am Telefon. Er sieht sich die verfügbaren Satellitenaufnahmen der amerikanischen Raketenbasis, von der der Abschuss erfolgt sein soll – Malmstrom Air Force Base in Montana – an, kann darauf aber keine Raketen erkennen. Petrow weiß, dass die Fotos ungenau und nicht zuverlässig sind, da sich Malmstrom zum Zeitpunkt der Aufnahme gerade an der Tag-Nacht-Grenze befindet. Die für visuelle Beobachtung zuständigen Experten in seinem Stab bestätigen seine Einschätzung. Auch sie können nichts erkennen. Inzwischen läuft ein Systemcheck des Frühwarnsystems. Dreißig genau festgelegte Einzelschritte sind dazu notwendig. Das Ergebnis wird erst in einigen Minuten eintreffen. Petrow zweifelt. Er ist Systemanalytiker. Er hatte eine zivile Ausbildung. Er ist kein eingefleischter Militär. Er bewahrt kühlen Kopf. Petrow weiß, dass die Verlässlichkeit des Frühwarnsystems jüngst mehrfach in Frage gestellt worden ist, doch eines hatte es noch nie gegeben: einen Fehlalarm! Er weiß, dass er Zeit hat, wenn auch nur Minuten. Das fixe Verfahren legt fest, dass er der übergeordneten Stelle zu berichten hat. Diese wird dann über das Kommandosystem Krokos den Generalstab im Moskauer Stadtteil Arbat alarmieren, der den Generalsekretär der Kommunistischen Partei, Juri Wladimirowitsch Andropow, aus dem Bett holen wird. Nur er kann einen nuklearen Gegenschlag anordnen. Es dauert weniger als eine halbe Stunde, bevor eine Interkontinentalrakete von den USA aus ihr Ziel in der Sowjetunion erreicht. Petrow weiß, für die wirklich wichtigen Entscheidungen über das Schicksal der

Welt muss er den übergeordneten Stellen Zeit geben. Doch dazu muss zunächst er sich Zeit nehmen.

Petrow tut, was die Logik des ganzen Kalten Kriegs für diese Situation eigentlich verbietet: Er bleibt ruhig und denkt. Er denkt in der Logik des Kalten Kriegs. Er denkt, wie unwahrscheinlich es ist, dass die USA einen nuklearen Erstschlag mit einer Rakete beginnen. Er denkt, dass dies eine geradezu selbstmörderische Torheit wäre, wohl wissend, dass die einzige mögliche Reaktion die totale nukleare Vernichtung der Vereinigten Staaten und ihrer Verbündeten ist. Er denkt, dass nicht einmal die amerikanischen Cowboys mit ihrem großmäuligen Cowboy-Präsidenten so verrückt sein können. Er denkt, dass die Amerikaner mindestens genauso hohe Hürden in ihrem System haben wie die Sowjets, um den versehentlichen Start einer Rakete zu verhindern. Er weiß, ein Fehlalarm in dieser Situation könnte verheerende Folgen haben. Wie aufgescheuchte Hähne, so formuliert er selbst es später in einem Interview, die in das Gekrähe eines zu früh erwachten Artgenossen einstimmen, lange bevor die Sonne aufgegangen ist, befürchtet er, dass seine Meldung eine Kettenreaktion in der sowjetischen Militärmaschinerie auslösen könnte: Die Folge: MAD – *Mutual Assured Destruction*. Er denkt weder an persönliche Konsequenzen noch an seine Familie, nur dass seine Entscheidung jetzt eine enorme Tragweite haben könnte. Angst, so sagt er später, habe er keine empfunden.

Zwei Minuten nachdem der Alarm ausgelöst wurde, greift er zum Telefon, das ihn über eine Direktleitung mit dem Führungskommando verbindet, und sagt dem Offizier dort, dass die Informationen des Computers falsch sind. „Verstanden!" antwortet die Stimme am anderen Ende der Leitung. Da geht die Sirene erneut los. Ein weiterer Raketenstart wird gemeldet. Petrow steht auf. Seine Knie, erinnert er sich, waren weich, versagten ihm fast den Dienst. Er geht zu einem anderen Telefon und ruft die Kollegen von der Systemanalyse zuhause an. Während er telefoniert, geht ein dritter, ein vierter, ein fünfter Alarm ein. Alles Starts von derselben Basis in Montana. Inzwischen ist die Systemanalyse abgeschlossen: Das System läuft einwandfrei. Doch für Petrow steht seine ursprüngliche Analyse: Ein nuklearer Erstschlag wird nicht mit einer, zwei, drei, nicht einmal fünf Raketen geführt.

Die nächsten Minuten dehnen sich unendlich. Wenn Petrow falsch liegt, wird etwa 18 Minuten nach der Startmeldung der sowjetische Bodenradar die Gefechtsköpfe erfassen, die in den Luftraum über der UdSSR eintreten. Minuten später werden hunderttausende Menschen den Atomtod sterben. Das Warten ist furchtbar. Um 00:40 Uhr fällt die Last der Welt von Stanislaw Jewgrafowitsch Petrow ab. Der Dritte Weltkrieg findet nicht statt. Nicht heute.

Eine Stunde später erscheint Petrows oberster Vorgesetzter, Generaloberst Jurij Wotinzew, Jahrgang 1919, ein Veteran des Großen Vaterländischen Kriegs, und stellt ihm eine Belobigung für sein besonnenes Verhalten in Aussicht, bemängelt aber, dass Petrow es verabsäumt hat, das Dienstbuch ordnungsgemäß zu führen. Petrow macht seinen Dienst zu Ende und geht nach Hause. Hat er an diesem Morgen seine Frau umarmt? Sagen konnte er ihr nichts. Seine Arbeit unterlag strengster Geheimhaltung. Raissa hat das immer respektiert.

Ein halbes Jahr vergeht. Eine hochrangig besetzte interne Kommission untersucht den Vorfall schonungslos. Neben Wotinzew sitzen in ihr die verantwortlichen Experten für das Frühwarnsystem. Die Untersuchung ergibt, dass der Satellit Kosmos 1382 extrem seltene, ungewöhnlich starke Reflexionen von Sonnenlicht auf Wolken mit den Abgasstrahlen von Interkontinentalraketen verwechselt hat. Dass dies ausgerechnet über einer bekannten, amerikanischen Militärbasis passierte, war ein Zufall von so geringer Wahrscheinlichkeit, dass er bei der Entwicklung des Systems schlicht ignoriert worden war. Petrows Daten waren korrekt gewesen. Sein System lief einwandfrei. Es lag kein Fehler vor, den er hätte entdecken können. Er hatte allein aufgrund strategischer Überlegungen und gesunden Menschenverstandes richtig entschieden. Doch das Ergebnis der Untersuchung war insgesamt verheerend. Dreißig andere potentielle Fehlerquellen im Frühwarnsystem wurden entdeckt. Sie stellten die Verlässlichkeit der gesamten sowjetischen nuklearen Überwachung in Frage. Sofort schlugen bewährte bürokratische Reflexe an, und man versuchte Petrow zum Sündenbock zu machen, doch – nicht zuletzt durch den Einfluss Wotinzews – kam die Kommission schließlich zu dem Ergebnis, Petrow habe sich mehr oder weniger korrekt verhalten.

Wotinzew, selbst schon außer Dienst, machte dann in den 90er Jahren, nachdem der Kalte Krieg offiziell für beendet erklärt war, auf den Verdienst des seinerzeitigen Oberstleutnants Petrow aufmerksam. Dieser hatte zwischenzeitlich die Armee verlassen, um sich um seine kranke Frau Raissa kümmern zu können. Er selbst sagt,

Stanislaw Jewgrafowitsch Petrow in seiner Wohnung in Frjasino. Er hat am 26. September 1983 die Welt vor einem atomaren Inferno gerettet.

dass er für sein Verhalten an diesem 26. September weder belobigt noch bestraft worden war. Als die Geschichte die Runde durch die Presse zu machen beginnt, fühlen sich vereinzelt Personen und Organisationen veranlasst, dem unauffälligen Oberstleutnant a.D. der sowjetischen Luftverteidigungsstreitkräfte, der in der Stadt Fjansino nördlich von Moskau lebt, zu würdigen. 2006 wird Petrow nach New York eingeladen, wo ihm im Gebäude der Vereinten Nationen der World Citizen Award verliehen wird. „Früher hätte ich mich über eine solche Würdigung sehr gefreut," erklärte er in seiner Dankesrede, „heute kann ich nichts dergleichen mehr empfinden. Es ist nett, dass Sie mich für einen Helden halten. Ich weiß aber nicht, ob ich einer bin."

Nachlese

Die erstaunliche Geschichte von Stanislaw Petrow findet man verteilt über zahlreiche Interviews, Zeitungsartikel und Internetseiten, am anschaulichsten aber vielleicht in der dänischen Produktion: „The Man Who Saved the World" von 2014. Die Geschichte des Kalten Kriegs wurde mittlerweile umfassend aufgearbeitet. Empfehlenswert sind „Das Zeitalter der Bombe" herausgegeben von Michael Salewski bei C. H. Beck und John Lewis Gaddis: „Der Kalte Krieg: Eine neue Geschichte" Pantheon, München 2007.

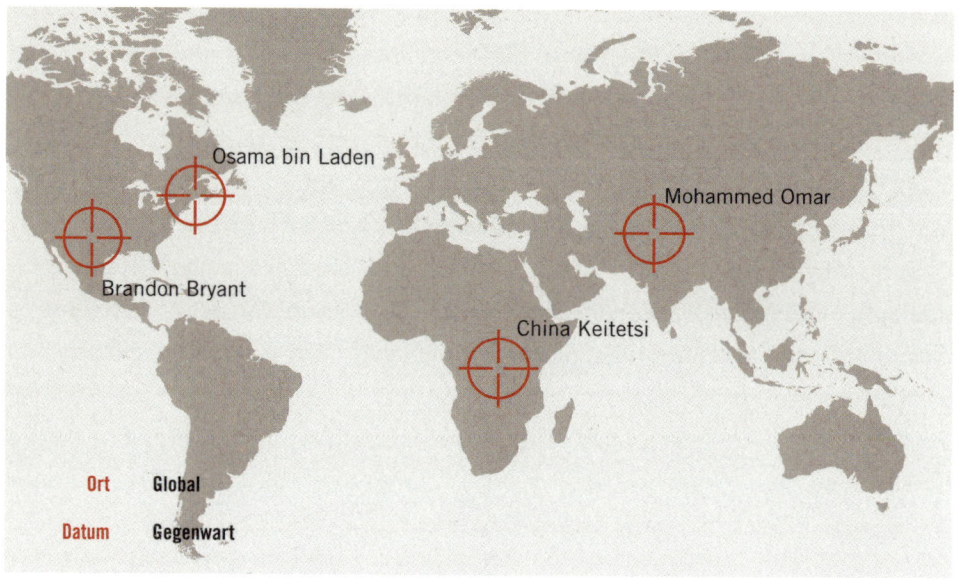

Ort   **Global**

Datum   **Gegenwart**

Im Unterholz des Dschungels von Uganda sitzt ein Mädchen. Sie ist spindeldürr, friert und hat Angst. Aber: Sie hat ein Gewehr und umklammert es wie einen geliebten Menschen. Die Leute, denen sie in die Hände gefallen ist, nachdem sie aus den unerträglichen Zuständen zuhause geflohen war, die sie bekleidet, ernährt, missbraucht und zum Töten gezwungen haben, haben ihr gesagt, sie müsse das Gewehr mehr lieben als ihre Freunde, ihre Eltern, ihre Familie, ihr eigenes Leben. China Keitetsi ist Kindersoldatin – ein Gesicht des Krieges von heute.

In einem staubigen Hof in einem Flüchtlingslager an der pakistanischen Grenze sitzt ein hagerer Mann mit nur einem Auge inmitten eines Kreises von Zuhörern. Er spricht mit ruhiger Stimme. Laute, zornige Worte waren nie das Seine. Er war immer ein eher schüchterner Mensch gewesen. Er spricht davon, dass die Heimat gerettet werden muss, vor den Kriegsherrn, die das Machtvakuum nach dem Abzug der Sowjets ausgenutzt haben, um ihre Schreckensherrschaften zu errichten, die vergewaltigen, morden und die Menschen zwingen, Drogen anzubauen. Seine Schüler hören ihm aufmerksam zu. „Schüler": In Paschtu heißt das „Taliban". Der Mann ist Mohammed Omar – ein Gesicht des Krieges von heute.

In einer Höhle in Afghanistan sitzt ein kranker Mann. Er steht ganz oben auf der Todesliste seiner Feinde, denen er Rache geschworen hat für das, was sie tagtäglich seinen Glau-

DER TERRORIST

Gesichter des Krieges von heute

bensbrüdern antun. Er hat sie in ihrem Herzen getroffen, ihre glänzenden Türme zum Einsturz gebracht und ihnen gezeigt, dass auch sie verwundbar sind. Wie er gehofft hat, haben ihre Führer mit ungehemmtem Zorn reagiert und ihre Truppen in das Wespennest entsandt, das er für sie vorbereitet hat. Nun werden sie sich ausbluten, so sein Plan, so wie sich die anderen Gottlosen ausgeblutet haben, deren Imperium schon gefallen ist. Dieser Mann ist Osama bin Laden, und er ist ein Gesicht des Krieges von heute.

In einem klimatisierten Container irgendwo in der Wüste Nevadas, auf irgendeiner Luftwaffenbasis, sitzt ein junger Mann in der Dunkelheit und starrt auf einen Bildschirm. Er steuert eine Vielzahl von hochkomplexen Ortungssystemen und Kameras, die sich an Bord einer Drohne befinden, die irgendwo über dem Irak, dem Jemen, Afghanistan, Pakistan oder Somalia kreist. Seine Kameras lenken eine der Hellfire-Raketen, die die Drohne trägt, in ihr meist ahnungsloses Ziel. Seine Kameras erlauben ihm auch, alles in Echtzeit mitzuverfolgen, nur ist er mehr als zehntausend Kilometer entfernt. Die Missionen, die er – virtuell – fliegt, sind Teil einer geheimen Operation. Die Regierung seines Landes tötet gezielt Menschen in aller Welt. Oft die Richtigen, manchmal aber auch die Falschen. Nach Dienstschluss fährt er nach Hause, in ein ganz normales Leben. Irgendwann hält er es nicht mehr aus. Er ist Brandon Bryant – und auch er ist ein Gesicht des Krieges von heute.

Wir sind am Ende der Geschichte angelangt. So zumindest wollten es einige politische Analysten sehen, als das Ende des Gegensatzes zwischen westlichen, kapitalistischen Demokratien und dem realen Sozialismus im Machtbereich der Sowjetunion nach über vierzig Jahren Kaltem Krieg gekommen war. Von verschiedenen Seiten hat das so betitelte Buch seinem Autor Kritik, ja Hohn, eingebracht, doch meist, weil eine eher oberflächliche Lesart seiner Argumentation gewählt wurde. Eine bescheidene Deutung von Francis Fukuyama These vom Endsieg der Demokratie ist aber durchaus bedenkenswert: Demokratische Formen sind mittlerweile der verbindliche Standard aller politischen Systeme geworden, selbst von solchen, die mit der westlichen, demokratischen Tradition wenig bis gar nichts gemeinsam haben: Islamisten erheben den Anspruch, dass ihr Gottesstaat die wahre Demokratie sei, Autokraten in aller Welt bemänteln sich mit demokratischer Legitimation oder behaupten sogar die „besseren" Demokraten zu sein, weil sie dem sorgfältig durch Propaganda zuvor hergestellten Willen des Pöbels das Wort reden, die Rechte – gerade in Europa – schreit ständig nach mehr direkter Demokratie, um mit der Zustimmung der verunsicherten Massen Rechtsstaatlichkeit, Meinungsfreiheit und Menschenrechte einschränken zu können, und noch der letzte Wutbürger auf der Straße ist davon überzeugt, dass die Welt besser würde, wenn nur auch seine Stimme endlich gehört würde und wirft den gewählten Repräsentanten des Staats vor, undemokratisch zu handeln, wenn sie auftragsgemäß ihre Funktionen erfüllen, ohne ihn jedes Mal um unmittelbare Zustimmung zu bitten, wenn sie einen Bahnhof umbauen oder eine Umfahrung anlegen wollen. Die demokratische Empfindsamkeit ist manchenorts sogar so ausgeprägt, dass unterlegene Kandidaten in demokratischen Wahlen es als höchst undemokratisch empfinden, unter der Herrschaft der Mehrheit leben zu müssen. Demokratie steht nicht länger für die – immer nur als zeitweilig begriffene – Herrschaft des Willens der Mehrheit, sondern zunehmend für die Weigerung jeder Minderheit, diese zu ertragen. „Demokratie", wie auch immer sie verstanden werden soll, darf heute in keinem legitimen politischen Programm mehr fehlen.
Der zweite Teil der Argumentation Fukuyamas, der heftige Kritik auf sich zog, bezog sich auf die spätestens seit Kant in der politischen Philosophie gängigen Theorie des demokratischen Friedens, die postuliert, dass demokratisch verfasste Staaten eine geringere Neigung haben, Kriege zu führen, weil ihre Regierungen dem Volk gegenüber die Kriegskosten in Menschenleben und Gütern verantworten müssen.

Dazu kommt, dass durch die fortschreitende Pazifizierung des Lebens in modernen, westlichen Demokratien die Bereitschaft, solche Kosten zu tragen, ja nur medial Zeugen von Kriegsereignissen sein zu müssen, rapide gesunken zu sein scheint. Auf Basis dieser These und der erwarteten und auch eingetretenen Verbreitung demokratischer Normen postulierten hoffnungsfrohe Denker also in den frühen 1990ern eine friedliche Zukunft.

Heute, ein Vierteljahrhundert später, würden ihnen die meisten oberflächlichen Beobachter widersprechen, noch mehr vielleicht sogar diejenigen, die sich für gut über die politische Weltlage informiert halten.

Die 24-Stunden-Angst-Maschinerie der Medien liefert uns doch andauernd Bilder vom Krieg: Zu dieser Stunde kämpfen und sterben Menschen in Aleppo und Mossul.

Im schlimmsten Fall entschließen sich Hunderttausende von ihnen, der Kriegshölle in Richtung Europa zu entfliehen. Unter diesen, fürchten manche, sind dann möglicherweise auch wieder ein paar Attentäter, die auf diese Weise ihren Heiligen Krieg in die Friedenszone tragen wollen, wenn sie nicht längst schon dort sitzen. Einen Klick weiter fliegen US-Drohnen im Dauerkrieg gegen eben diesen Terror Angriffe in Afghanistan, wo multinationale Gotteskrieger und lokale Kriegsherren mit wechselnden Interventionsstreitkräften von außerhalb seit über dreißig Jahren um ein ausgeblutetes Land kämpfen. Allerorten hocken eingesessene Terrorgruppen, von Nigeria über Palästina und Kurdistan bis zu den Philippinen, und machen gelegentlich mit einem Anschlag auf sich aufmerksam. Afrika, so scheint es, wenn man sich denn die Mühe macht, sich für den verlorenen Kontinent zu interessieren, ist ein einziger Sumpf aus Rebellen, Kriegsherren, Söldnerbanden und ethnischer Gewalt, aus dem uns die toten Augen von Kindersoldaten anklagend anstarren. In Lateinamerika legt die Guerilla der FARC nach mehr als einem halben Jahrhundert des Kampfes zwar offenbar die Waffen nieder, dafür tobt im Norden Mexikos effektiv Krieg zwischen untereinander verfeindeten Drogenkartellen und der Regierung, die sich der Loyalität von Teilen ihres Apparats scheinbar auch nicht sicher sein kann. Russland marschiert in der Krim und der Ostukraine ein – oder auch nicht, je nachdem ob man sich „Putinversteher" nennen lassen will oder nicht. Die NATO verlegt

Trümmer einer Illusion von Sicherheit: Kaum ein Ereignis erschütterte das Selbstbewusstsein der USA und des Westens so sehr, wie der World Trade Center-Anschlag vom 11. September 2001. Mehr können Terroranschläge auch nicht bewirken, und das nur, wenn man es zulässt.

als Antwort konventionelle Streitkräfte nach Osteuropa und ins Baltikum und weltweit wird aufgerüstet: China hat seine jährlichen Militärausgaben seit dem Jahr 2000
fast verdreifacht und Deutschland, Frankreich und Großbritannien, die drei wichtigsten europäischen NATO-Staaten, geben gemeinsam 2015 ca. 145 Milliarden Dollar
für Rüstung aus; Russland nebenbei bemerkt 66,4, was sich gegenüber den fast 600
Milliarden der USA in beiden Fällen fast bescheiden ausnimmt. Und, wir hatten das
doch alle fast schon vergessen, die USA, Russland, China und eine Handvoll anderer
Staaten sitzen noch immer auf dem apokalyptischen Arsenal des Kalten Kriegs. Es ist
vielleicht ganz gut, dass uns ein hoffnungsvoller – mittlerweile gewählter – Bewerber um das amerikanische Präsidentenamt jüngst daran erinnert hat, indem er sich
wunderte, warum es nicht eingesetzt wird.

Aber halt! Was in dieser Aufzählung fehlt, und das seit 60 Jahren, sind offene Kriege
zwischen Staaten. Ginge man nach der traditionellen, völkerrechtlichen Definition
vor, befänden wir uns im kantschen ewigen Frieden. In dieser Hinsicht hat Fukuyama recht behalten: Ein großer offener Krieg zwischen Staaten, namentlich solchen,
die nennenswerte Wirtschafts- und Militärmächte sind, schon gar nicht zwischen
Staaten, die entwickelte Demokratien sind, hat tatsächlich nicht stattgefunden, nicht
während des Kalten Kriegs und sicherlich nicht seitdem. Krieg führten autoritäre
Diktaturen, junge instabile Demokratien im Rahmen des Nationbuilding und revolutionäre Regime, die ihre Ideologie exportieren wollen. Die meisten bewaffneten
Auseinandersetzungen seit dem Zweiten Weltkrieg waren Bürgerkriege, Aufstände
oder Guerillakriege bzw. Terrorkampagnen ethnischer Separatisten oder politischer
Revolutionäre.

Demokratische Industriestaaten gehen tatsächlich nicht mehr aufeinander los. Kriegerische Gewalt ereignet sich an den Rändern der globalisierten Welt und innerhalb
von hohlen Gebilden, die zwar der völkerrechtlichen Definition nach Staaten sind,
ihre staatlichen Funktionen aber nicht erfüllen, deren erste und oberste die Wahrung
des Gewaltmonopols nach innen und außen ist. Am Ende der Geschichte werden wir
so noch einmal deutlich daran erinnert, dass Sinn und Ursprung des Staats in der
Kontrolle über individuelle vor allem aber kollektive Gewalt zu suchen sind. Staatlichkeit, vor allem die Qualität von Staatlichkeit, scheint mit der Frage, ob man das
Glück hat, in Frieden zu leben, sehr viel zu tun zu haben.

Verstaatlichung

Dass traditionelle Kriege zwischen souveränen Völkerrechtssubjekten bzw. aner-
kannten Insurgenten nur mehr einen kleinen Teil der gewaltsamen Konflikte der
Gegenwart darstellen, hatte sich schon im Laufe der 1990er herumgesprochen, vor
allem vor dem Hintergrund der grausamen Kriege, die die Auflösung Jugoslawi-
ens begleiteten. Dementsprechend wurde die Definition von Krieg seitdem laufend
erweitert und mittlerweile zählen entsprechende Analysen „bewaffnete Konflikte
zwischen staatlichen oder nicht-staatlichen Gruppen". Doch auch – oder gerade –
unter diesem Gesichtspunkt, stellt sich die Gegenwart als unerwartet friedliche Zeit
heraus, vor allem in der längeren Rückschau:

**Seit Anfang des 19. Jahrhunderts nimmt die Zahl der aktiven Kriege pro
Jahr kontinuierlich ab, seit Ende des Zweiten Weltkriegs die der Kriegstoten pro Jahr und seit den 1950ern sinkt auch die Wahrscheinlichkeit
zwischenstaatlicher Konflikte.**

Noch dramatischer ist der Rückgang an nichtstaatlicher Gewalt. Die Staatsverdich-
tung in Europa und die Ausdehnung der Imperien des 19. Jahrhunderts trug maßgeblich dazu bei, dass lokale Gewalthaber unterhalb des staatlichen Levels und endemische Formen der alltäglichen Gewalt wie Blutrache, Banditentum, Fehde, Raubzüge
und Sklavenhandel ausgemerzt wurden. Dehnt man, wie dies jüngere Untersuchun-
gen gemacht haben, den Betrachtungszeitraum maximal aus, wird das Bild noch
deutlicher: Mit der Konsolidierung der Modernen Staaten – und der Ausdehnung
ihrer Macht über den gesamten Erdkreis im Laufe des 19. Jahrhunderts – ging überall
eine drastische Reduktion der Gewalt zwischen Gruppen und Individuen einher. Mit
der gleichzeitigen Konzentration der militärischen Gewalt in der Hand von wenigen
staatlichen Akteuren nahm automatisch die Häufigkeit ab, da schlicht weniger Mit-
spieler auf dem Feld waren. Der Trend lässt sich – mit konjunkturellen Schwankungen – bis an die Anfänge der Sesshaftigkeit zurückverfolgen. In der Welt autonomer
Dörfer, wie wir sie im ersten Kapitel bei den Yanomami und Papuas kennengelernt
haben, lebten die Menschen in einem endemischen Kriegszustand. In den Häuptlingtümern des heroischen Zeitalters herrschte zwar im Einflussbereich des jeweiligen
Häuptlings Ruhe – wenn nicht gerade Individuen oder Sippen in eine Blutfehde

verwickelt waren oder dem allzeit beliebten Viehdiebstahl und Frauenraub frönten
–, doch war der hauptsächliche Zweck dieser sicheren Heimatbasis, den Helden und
ihren Kriegergefolgschaften als Ausgangspunkt für Raubzüge zu dienen. Mit der – oft
gewaltsamen – Konsolidierung der Häuptlingtümer zu antiken Staaten konzentrierte
sich die Macht zwar in der Hand von Königen oder Aristokratien, doch waren diese,
aufgrund der inneren Dynamik ihrer politischen Systeme, zwangsläufig imperialis-
tisch, weil sie entweder ständig Beute und neue Ländereien brauchten, um die Eliten
ruhig zu halten, oder weil sie in einen ständigen Kleinkrieg mit den Barbaren jenseits
ihrer Grenzen verwickelt waren. Stabile Friedensphasen gab es nur dann, wenn
Imperien alle nennenswerten Konkurrenten ausschalten konnten oder sich auf Zeit
ein Gleichgewicht zwischen einer Handvoll vergleichbarer Reiche entwickelte. Diese
endeten aber sofort, wenn die innere Stabilität des Imperiums durch wirtschaftliche,
demographische oder andere Faktoren erschüttert wurde, oder wenn auch nur ein
Stein aus dem internationalen System herausbrach. Regelmäßig verfielen Imperien in
längere Phasen innerer Spaltung, wenn Mitglieder der Elite es lohnender fanden, ihr
eigenes Süppchen zu kochen, als mit der Zentrale zu kooperieren. Zwischen vollstän-
digem Zerfall und maximaler Zentralisierung bewegten sich vormoderne Gesellschaften auf einem Spektrum, das sich oft irgendwo in einem Abschnitt einpendelte,
den man als „feudalen Mittelfeld" beschreiben könnte, mit einem nominellen Zentrum, dem aber immer eine Handvoll teilautonomer Mitbewerber gegenüberstanden,
die ebenfalls militärische Machtmittel einsetzen konnten. Erst mit dem Modernen
Staat kam ein neues Modell ins Spiel.

Die Konjunktur innerer und äußerer Gewalt kann man grob so beschreiben: Extrem
hoch am Beginn, mit einer leichten Abnahme innerer Gewalt, dafür weiter rei-
chender äußerer Gewalt in den Häuptlingtümern, gefolgt von innerer Pazifizierung
und äußerer, imperialistischer Kriegsführung unter den antiken Staaten. Von da
an schwanken die Gemeinwesen der Antike und des Mittelalters zwischen innerer
Befriedung und geringer äußerer Gewalt in den Stärkephasen der antiken Reiche
– wie etwa der *Pax Romana* oder der langen Friedenszeit unter den Tang in China
– und Desintegration – wie etwa während der Völkerwanderung. Früher oder später
pendelten sie sich wieder in der Mitte des Spektrums im „feudalen Mittelfeld" ein,
das durch häufige Kriege nach außen und regelmäßige, sanktionierte Gewalt der

legitimen Machthaber untereinander im Inneren geprägt war. Erfolgreich zentralisierte Reiche konnten die innere Gewalt oft stark zurückdrängen, doch stand die Legitimität der Gewaltausübung durch die subsidiären Eliten nie in Frage, sodass es nur eine Schwächephase der Krone bedurfte, um sie wieder eskalieren zu lassen. In Summe zeigt sich ein deutlicher Abwärtstrend in der Gewalt zwischen autonomen Einheiten seit der Sesshaftwerdung, der mit einer radikalen Abnahme der Zahl der legitim gewaltberechtigten Einheiten einhergeht. Heute gibt es ca. 200 von der UNO anerkannte Staaten. 1648, beim Abschluss des Westfälischen Friedens, der das moderne Staatensystem begründete, bestand allein das Heilige Römische Reich aus über dreihundert souveränen Einheiten.

Pazifizierung

Auch im Inneren sind unsere Gesellschaften friedlicher geworden: Die Wahrscheinlichkeit, in England einem Mord zum Opfer zu fallen, war zu Shakespeares Zeiten fünf Mal so hoch wie heute, und das gefährlichste Pflaster in der Geschichte Großbritanniens war Oxford im Jahr 1340 mit 110 Morden je 100.000 Einwohnern, was in etwa der Mordrate von Caracas und San Pedro Sula entspricht, den beiden gefährlichsten Städten der Gegenwart! Auch mittelalterliche Akademiker – wie alle Männer in vormodernen Gesellschaften – neigten offenbar dazu, ihre Differenzen mit der Waffe auszutragen, was auch leicht ging, trug doch in vormodernen Gesellschaften jeder Mann selbstverständlich immer eine Waffe, wenn er sich in die Öffentlichkeit begab. Eine Maßnahme, die die Gewalt im Inneren demnach stark reduzierte, war das Verschwinden des Degens als modisches Accessoire und Statussymbol im Laufe des 18. Jahrhunderts. Der größte Rückgang von Gewaltdelikten ereignete sich parallel mit der Industrialisierung am Beginn des 19. Jahrhunderts, als in den meisten Staaten effektive Polizeiapparate geschaffen wurde, was die Notwendigkeit für die eigene Sicherheit zu sorgen rasch obsolet machte.

Überhaupt ist unsere gegenwärtige Gesellschaft so intolerant gegenüber individueller Gewalt bzw. der Gewalt von kleinen Gruppen wie noch keine in der Geschichte. Das beginnt mit der gesetzlichen Unterbindung häuslicher Gewalt, geht über Einschränkungen des Waffenbesitzes und endet in der mangelnden Neigung junger Männer – traditionell das Element der Gesellschaft, das die höchste Gewaltbereitschaft aufweist – physische Gewalt auszuüben oder zu erleiden, was sich unter anderem an der stetig großen Nachfrage nach Alternativen zum Dienst an der Waffe zeigt. Dem steht in keiner Weise entgegen, dass Gewalt, und immer extremere Gewalt ein omnipräsentes Thema in den Medien ist, die gerade von dieser Zielgruppe konsumiert werden.

Gewalt wird in eskapistischen Medien deswegen immer präsenter, weil sie in der Alltagswelt immer weniger gelebt wird.

So wie immer die aufregenden Dinge, die der Alltag nicht gewährt – große Gefühle, enthemmte Sexualität, Exotik, Abenteuer, Bewährung gegen natürliche Gefahren und menschliche Feinde – Themen dieses Genres waren, ohne dass die Konsumenten sich wirklich wünschten, sie im realen Leben zu erfahren. Als die Menschen anfingen, in einer industrialisierten, urbanen Umwelt zu leben, lasen sie sich in die ungezähmte Natur der Abenteuerromane, ohne natürlich wirklich an die Frontier oder in die malariaverseuchten Dschungel aufbrechen zu wollen. Nun, in der gewaltfreien Welt der globalisierten Moderne, loggen sie sich in den ewigen Kampf von „World of Warcraft" oder „Counterstrike" ein, ohne jemals selbst die Hand gegen einen Mitmenschen erheben zu wollen. Gewaltexzesse, wie sie durch die extrem seltenen Taten von Einzeltätern dann die Gemüter erregen, sind gerade ein Indikator dafür, dass individuelle physische Gewalt so unerhört geworden ist, dass nur mehr geistig abnorme Individuen zur ihr Zuflucht nehmen.

Wie weit haben wir uns innerhalb von nur wenigen Generationen von einer Öffentlichkeit entfernt, in der Schlägereien zu einem zünftigen Kirchtag gehörten, Jungs, die in einer Rangelci auf dem Schulhof nicht „ihren Mann stehen" konnten, zuhause noch ein Tracht Prügel bekamen, um sie abzuhärten, Kinder auf offener Straße, selbst von Fremden, wegen einer frechen Bemerkung geohrfeigt wurden und das hausväterliche Züchtigungsrecht – gegenüber der Ehefrau – im Gesetz festgeschrieben war? Die Idee, eine Meinungsverschiedenheit „vor der Türe" auszutragen, die eigene Ehre oder die einer Frau mit den Fäusten oder gar in einem Duell mit der Waffe zu verteidigen oder sich mit den Nachbarn spontan zusammenzurotten und einen Störenfried mit Gewalt zu beseitigen, erscheinen uns unzivilisiert, wenn auch noch irgendwie aufregend romantisch, weswegen die Helden unserer modernen Mythen auch oft diese archaischen Praktiken an unserer Stelle ausleben dürfen. Wir haben

noch Phantomschmerzen an den Stellen, an denen uns die individuelle Gewaltbereitschaft amputiert wurde.

Dieser „Prozess der Zivilisation" wurde schon von Norbert Elias beschrieben, der be-
tonte, dass gerade die westliche Moderne in einem außergewöhnlich hohen Maß Mechanismen entwickelt hat, die die individuelle Selbst- und vor allem Affektkontrolle
fördern, was sehr wesentlich auch die Gewaltausübung miteinschließt. Das bedeutet
nicht, wie Kritiker einwandten, dass andere Kulturen dies nicht ebenfalls getan
hätten, nur dass die abendländische Kultur der Neuzeit in dieser Hinsicht auffällig
erfolgreich war und ein Verfahren entwickelte, das weniger von sozialer Kontrolle
als von individueller Selbstkontrolle abhängt und damit auch effektiv ist, wenn keine
Zeugen vor Ort sind. Vergleichbares haben z.B. auch die Kulturen des Fernen Ostens
hervorgebracht, nur erfolgte dort die soziale Disziplinierung des Einzelnen nicht
über das Selbstbild, sondern über die starke Identifikation des Individuums mit dem
Kollektiv und dessen Wahrnehmung in der sozialen Umwelt. Während man in Japan
sein Gesicht wahren will, also dem Ansehen der Gruppe nicht durch offensichtliches
Fehlverhalten schaden möchte, will der Westler ein reines Gewissen haben, also seine Handlungen mit seinem verinnerlichten Wertekanon in Einklang wissen.

Eine wesentliche Rolle in diesem Prozess der Zivilisation scheint das Verhältnis
zwischen den Geschlechtern zu spielen, das heißt, welches Repertoire von Verhaltensweisen in den Geschlechterrollen enthalten ist und als gesellschaftlich akzepta-
bel gilt und wie sich die Rollen von Männern und Frauen – und gelegentlich vorhandenen weiteren Alternativen – aufeinander beziehen. Elias und seine Nachfolger
zeigten, dass die Pazifizierung der Gesellschaft mit einer Zunahme der Macht der
Frauen verbunden war und meist von „oben" kam, d.h. zuerst in der sozialen Elite
praktiziert wurde und sich von dort in anderen Bevölkerungsschichten verbreitete.
Schon im Mittelalter halfen die adeligen Damen vermittels der Minnelyrik aus den
Raufbolden der Dark Ages edle Ritter zu machen; der erste Höhepunkt der Frauen-
macht in adeligen Kreisen kam aber mit den Salons und der höfischen Kultur des
Rokoko, just zu der Zeit, als adelige Männer ihre Degen ablegten und auch sonst
allerlei, was rüpelhaftes männliches Verhalten kennzeichnete: Fluchen, Saufen und
Raufen inklusive wurde in Gegenwart der Damenschaft nicht länger geduldet. Die
oft so empfundene Bigotterie des viktorianischen Zeitalters bestand sehr wesentlich

darin, dass die männliche Hälfte der Bevölkerung „höfliches" Verhalten vor der Damenwelt und in der Öffentlichkeit praktizierte, im Verborgenen aber immer noch so rauf-, sauf- und vor allem sexuell lüstern war, wie zuvor, weil sie gleichzeitig auch noch ehrenhaft, ritterlich und wehrhaft sein mussten. Männliche Gegenwelten in Gestalt von allerlei Männerbünden schossen sozusagen als Reaktion aus dem Boden, als Nischen, wo man den überkommenen Rollenbildern noch huldigen konnte. Doch sobald eine Dame den Raum betrat, war natürlich Schluss; weswegen der Ausschluss der holden Weiblichkeit aus den „Herrenclubs" naturhemäß unabdingbar war. Trotzdem zeigte sich, dass die Einübung „zivilisierten" Verhaltens unter Aufsicht schließlich und endlich auch dazu führt, dass dieses Verhalten verinnerlicht wurde. In dem Moment, wo Männer sich in ihrem Verhalten durch weibliche Präsenz nicht mehr gehemmt fühlen, weil sie sich auch untereinander „zivilisiert" verhalten, steht auch der Teilhabe von Frauen an diesen Aspekten der Öffentlichkeit nichts mehr im Wege, sodass mit der „Zivilisierung" der männlichen Bevölkerung gleichzeitig die Befreiung der weiblichen einhergeht: Eine Frau braucht keinen männlichen Beschützer, um etwa ein öffentliches Lokal aufzusuchen, wenn man davon ausgehen kann, dass alle Männer in dem Lokal so erzogen wurden, dass sie sich zivilisiert gebärden. Und auch für die männliche Hälfte der Bevölkerung, namentlich für jene, denen die alte, wehrhafte, reizbare, physische Maskulinität nie besonders leicht gefallen war, wird das Leben so leichter, müssen sie sich doch nicht ständig gegen ihre aggressiveren Geschlechtsgenossen behaupten.

Das Ei des Leviathan

An dieser Stelle ist es wichtig, Henne und Ei auseinanderzuhalten und in die richtige Reihenfolge zu bringen. Die Kausalität, die hinter einer Korrelation steckt, kann ja recht unterschiedlich aufgefasst werden. Zu welcher Kausalkette man zunehmende Verstaatlichung, abnehmende kriegerische Gewalt, abnehmende individuelle Gewaltbereitschaft und die Veränderung der Geschlechterrollen verknüpft, hat – wie bei vielen Fragestellungen – wesentlich mit dem eignen Standpunkt zu tun, der gewisse Prämissen mit sich bringt. So war die Nachricht von der nachweislichen Abnahme der Gewalt durch den Prozess der Zivilisation ein gefundenes Fressen für die Vertreter der Evolutionären Psychologie, die menschliches Verhalten primär aus der ursprünglichen Anpassungserfahrung unserer hominiden Vorfahren ableiten wollen.

Für sie erwies sich nur als problematisch, dass – wenn der Mensch aufgrund seiner ursprünglichen Anpassung ein aggressiver Affe war – es zwar schön ins Bild passte, dass zunehmende Vergesellschaftung diesen Trieb dämpfte, aber leider so gar nicht, dass dieses Verhalten erst nach Jahrhunderttausenden friedlicher Jäger-und-Sammler-Existenz auftauchte. Wenn etwas eine ererbte angeborene Eigenschaft ist, kann diese nicht vor 10.000 Jahren plötzlich „eingeschaltet" worden sein. Vertreter dieses Ansatzes versuchen daher seit Jahren die Serie der prähistorischen Gewaltexzesse über die Grenze der Sesshaftigkeit hinaus zu verlängern, was ihnen aber – ohne den Evidenzen grobe Gewalt anzutun – nicht gelingen möchte.

Krude feministische Erklärungsversuche sahen die erste Ursache allen Übels in der männlichen Aggressivität, die – hier trafen sie sich mit alten Strömungen aus der Verhaltensforschung – man nur unterdrücken müsse, und individuelle Gewalt und Krieg würden dann wie von selbst verschwinden. Also verbannten engagierte Mütter und Erzieherinnen Kriegsspielzeug aus den Kinderstuben und versuchten die ihnen anvertrauten Jungs möglichst zu Softies zu erziehen. Leider scheitert ihr Ansatz an derselben Problematik wie der der evolutionären Psychologen:

Kriege ist kein Natur-, sondern ein Kulturphänomen. Die Kausalität läuft in die andere Richtung und ein gewaltbereiter männlicher Habitus führt nicht zu Krieg – sondern umgekehrt.

Alles beginnt mit dem Modernen Staat. Der „Leviathan" verhielt sich genau so, wie Thomas Hobbes ihn beschrieben hatte. Er zwang – mit vorgehaltener Waffe – die zahlreichen autonomen Gewalthaber ihm das Gewaltmonopol zu überlassen, nicht weil er den Frieden wollte, sondern weil er das größte Ungeheuer unter vielen war, die den Krieg wollten. Waren die anderen einmal ausgeschaltet, etablierte sich nach Innen jene Friedensordnung, die es zuerst den Adeligen, von denen ohnehin der Großteil der bisherigen Gewalt ausgegangen war, und zunehmend alle anderen Schichten erlaubte, sich zu zivilisieren. Nur mehr ein kleiner Teil der Bevölkerung – das Militär eben und zum Teil die Polizei – musste eine kriegerische Lebensweise und die dazugehörenden Rollenbilder fortführen, was sich auch darin zeigt, dass sich gerade in diesen Kreisen der Habitus traditioneller Männlichkeit am längsten hält. Weil individuelle und kollektive Gewalt im Alltag keine große Rolle mehr spielten, konnte die Mehrheit der männlichen Bevölkerung aufhören, einen kriegerischen Habitus zu kultivieren und stattdessen Verhaltensweisen pflegen, die den Umgang miteinander in anderen Lebenszusammenhängen erleichterten. Mit der Pazifizierung der Gesellschaft nach innen setzt der Prozess der Zivilisation ein, der in der zunehmenden Angleichung der Geschlechterrollen gipfelt. Es bleibt nur noch die Frage zu klären, warum die Leviathane auch immer weniger aufeinander losgehen. Absurderweise hat dies damit zu tun, dass – wenn sie sich zum Kampf stellen – die Kosten durch ihre eigene Größe und den technischen Fortschritt exponentiell gewachsen sind. Die Millionenopfer der Kriege und Massaker des 20. Jahrhunderts sind indirekt ein Zeichen für die Leviathane, dass sich Krieg nicht mehr lohnt, viel mehr noch aber, auch wenn dies frivol klingen mag, die wirtschaftlichen Kosten und Schäden! Die zunehmende Komplexität der modernen Gesellschaften und ihre unvergleichliche Fähigkeit, schreckliche Waffen in riesigen Mengen herzustellen und aus dem Rekrutierungspotential von zig Millionen zu schöpfen, macht Kriege – zumal die totalen, die das 20. Jahrhundert hervorbrachte – schlicht ruinös.

Je weiter zurück wir in der Geschichte gehen, desto „profitabler" ist Kriegsführung. Für einen Krieger in einem jungsteinzeitlichen Dorf ist ein geraubtes Schwein oder eine entführte Sklavin ein Riesengewinn, für den Helden Nestor war eine Viehherde die Mühe wert und römische Legionäre ebenso wie mongolische Steppenreiter zogen, wie noch die Söldner des Dreißigjährigen Krieges, vor allem los, um Beute zu machen. Es lohnte sich, Krieg zu führen, für den Einzelnen und für das Kollektiv bzw. dessen Führer. Der Wandel zeigte sich, wenig überraschend, schon mit dem 18. Jahrhundert. Die großen Kriege der Ära trieben selbst die Sieger in den Ruin: Großbritannien verlor seine amerikanischen Kolonien, weil es die Kriegskosten aus dem siegreichen Siebenjährigen Krieg nicht anders decken konnte als durch die Besteuerung der Siedler. Frankreich rutschte in den Staatsbankrott und die Revolution, nachdem es auf Seite eben dieser rebellischen Amerikaner siegreich gekämpft hatte. Das britische Empire scheiterte an den Kriegskosten des Ersten Weltkriegs und die Sowjetunion ging an den Rüstungsausgaben des Kalten Kriegs zugrunde. Die beginnende Zurückhaltung der Leviathane des 19. Jahrhunderts, die die lange Friedenszeit vor dem Ersten Weltkrieg hervorgebracht hatte, war Ausdruck einer klugen Ahnung, dass der Preis eines Kriegs unter Industriestaaten zu groß sein könnte. Dass das Zeitalter trotzdem im Großen Krieg endete, zeigt nur, dass Einsicht allein nicht reicht, und es gefährlich ist, einen Leviathan zum Abschuss freizugeben. Nachdem sich aber die Verwerfungen, die durch den Ersten Weltkrieg nur verstärkt worden waren, im Zweiten noch einmal blutig ausagiert hatten, ging der Trend ungebrochen, ja noch verstärkt weiter. Zwei Superleviathane – die USA und die Sowjetunion – erlegten mit ihren neuen Klauen, den Nuklearwaffen, die den Preis einer Konfrontation schlussendlich in unvertretbare Höhen getrieben hatten, für ein halbes Jahrhundert der Welt einen eisigen Frieden auf. In ihrem Schatten konnten die kleineren Leviathane an der Errichtung einer Friedensordnung basteln, die ihresgleichen sucht. Die Vereinten Nationen und die Europäische Union sind Ausdruck dieses Bemühens und die geradezu wundersame Tatsache, dass die Nuklearwaffen nicht eingesetzt wurden, der beste Beweis für diese These.

Hier sind keine Drachen!

Während der Stärkephasen der Leviathane kommt es trotzdem zu Kriegen im weitesten Sinn. Die Großmächte des 19. Jahrhunderts führten ihre Kolonialkriege, die Supermächte ihre Stellvertreterkriege und die Großmächte der Gegenwart mischen bei verschiedenen „Neuen Kriegen" mit. Man sollte sich aber davor hüten, davon auszugehen, dass ohne die Einmischung der Großmächte ihrer Zeit im Rest der Welt Frieden und Eintracht herrschen würde. Krieg war und ist dort ebenso wahrscheinlich, wie zu jeder anderen historischen Epoche. Die weltweite Präsenz der Großmächte macht es nur unwahrscheinlich, dass irgendein Krieg stattfindet, ohne dass sie involviert sind, zumal modernes Kriegsmaterial und das notwendige Know-how, um es einzusetzen, nur von Industriestaaten erworben werden kann und die zunehmende Verflechtung der Wirtschaft rasch die Interessen der großen Global Player in jeden lokalen Konflikt hineinzieht. Dementsprechend sind die größten Waffenexporteure der Gegenwart weiterhin die USA, Russland, Frankreich, Großbritannien und Deutschland. Unter den zehn größten Waffenproduzenten sind nur zwei nichtwestliche Länder: China und Israel, auf Platz neun und zehn. Die eigene Hochrüstung, die notwendig ist, um ein Leviathan unter Leviathanen zu sein, lässt sich eben auch zum Teil sehr gut versilbern.

Was alle bewaffneten Konflikte der Gegenwart gemeinsam haben, ist, dass sie dort ausgetragen werden, wo die örtlichen Leviathane nicht stark genug sind, ihr Gewaltmonopol nach innen und ihre Verteidigungsfunktion nach außen aufrechtzuerhalten.

Frieden bedeutet nicht den Verzicht auf militärische Mittel. Dieser populäre Fehlschluss wird den Friedennobelpreisträger Barack Obama viel Unterstützung kosten, nachdem er kurz vor der Preisverleihung mehr Truppen nach Afghanistan verlegen ließ.

„Failing" (also „scheiternde") oder „failed" (also „gescheiterte") Staaten sind die Kriegsschauplätze unserer Zeit. Dabei ist es unerheblich, ob diese Staatsgebilde aus eigener Unvollkommenheit gescheitert sind oder durch Einmischung von außen zum Scheitern gebracht wurden. Dementsprechend erscheinen diese Konflikte oft als Rückfälle in vorstaatliche Zustände in denen alte Bekannte – Kriegsherren, Häuptlinge, Söldner und Plünderer – wieder aus der Mottenkiste der Geschichte auftauchen. Diese „Gleichzeitigkeit des Ungleichzeitigen" macht das Bild der Kriege der Gegenwart aus, und rechtfertigt im Nachhinein die Auseinandersetzung mit vergangenen Formen des Kriegs, deren Eigengesetzlichkeiten wir am lebenden Objekt wiedererkennen werden.

KindersoldatInnen

Ein Mädchen, ein Teenager, hockt im Unterholz und umklammert ein Gewehr. Ihre Ausbilder nannten sie wegen ihrer Schlitzaugen „China". „Uns wurde gesagt," wird

China Keitetsi später schreiben, „das Gewehr ist unser Vater, unsere Mutter, unser Freund, alles. Ich erinnere mich, dass ich meine Waffe 24 Stunden am Tag bei mir hatte. Meine Waffe stand mir näher als alles andere", näher als der beste Freund, näher als das eigene Leben; denn viele Kindersoldaten werden vor die Wahl gestellt, diese Waffe gegen ihre Kameraden, ihre Freunde, ihre Geschwister zu richten, wenn diese den physischen oder psychischen Strapazen nicht mehr standhalten, und viele richten sie gegen sich selbst, wenn es für sie zu viel wird. Mit acht Jahren floh sie aus einer Familie, die der Bürgerkrieg in Uganda zerrüttet hatte, und wurde von der National Resistance Army aufgegriffen und so eine von etwa 300.000 Kindersoldaten, die es nach Schätzungen der UN gegenwärtig weltweit gibt – die meisten davon in Afrika, dem Nahen Osten und Asien.

Warum schickt man Kinder in den Krieg? Zwar haben zu allen Zeiten Kinder die Auswirkungen von Kriegshandlungen zu spüren bekommen, sich militärischen Formationen angeschlossen und in diesen auch an Kampfen teilgenommen – die deutsche Literatur hat mit Grimmelshausens „Simplicissimus" (1669) ein namhaftes Beispiel in ihrem Kanon. Die systematische Rekrutierung von Kindern war jedoch nie die Regel. Sie wäre in der Vergangenheit, wie auch die Heranziehung von Frauen zum Kriegsdienst, nicht sinnvoll gewesen. So lange Nahkampfwaffen und durch Muskelkraft abgeschossene Fernwaffen die Kriegsführung prägten, hätte ein Kind aufgrund seiner physischen Unterlegenheit in einem Gefecht keine Chance gehabt. Auch moderne Armeen rekrutieren keine Kinder, weil es ihnen schlicht an den Fertigkeiten und Kenntnissen fehlt, ein modernes Waffensystem zu bedienen und weil die niedrige Geburtenrate und die hohen Ausbildungsinvestitionen in jeden Jugendlichen im Verhältnis zur geringen Effektivität von Kindersoldaten dies zu einem sehr schlechten Tausch machen würden. Das grausige deutsche Experiment mit SS-Brigaden von Siebzehnjährigen, Flakhelfern und der Hitlerjugend zeigt, dass man selbst Jugendlichen, die eine schulische Ausbildung nach westlichen Standards erhalten haben, bestenfalls einfache Infanteriewaffen anvertrauen kann. Sie können sicher keine Panzer steuern, Geschütze richten oder Jets fliegen. Auf „unfertiges" Menschenmaterial greifen reguläre Streitkräfte nur zurück, wenn die erwachsenen Jahrgänge erschöpft sind, wie es gegenwärtig zum Beispiel die regierungstreuen Kräfte in Syrien tun. Und selbst dann sind Kindersoldaten im Gefecht weniger diszipliniert, ineffektiver und erleiden höhere Verluste – eben weil sie Kinder sind. Kinder haben keine Angst vor dem Tod, weil sie ihn sich (noch) nicht vorstellen können, sind schlecht darin, Risiken einzuschätzen und impulsiver in ihrer Handlungsweise. Alles Eigenschaften, die auf einem modernen Schlachtfeld tödlich sein können.

Unter den speziellen Bedingungen der dauernden, niedrigschwelligen internen Gewalt in den hohlen Staatsgebilden südlich der Sahara und anderswo gilt indes eine andere grauenhafte Ökonomie: Kinder und Jugendliche sind dort die große Mehrheit der Bevölkerung und durch die weiterhin hohe Geburtenrate wird sich das in den nächsten Jahrzehnten auch nicht ändern. Durch die AIDS-Epidemie, ein ohnehin schlechtes Ausbildungssystem und die Abwanderung jedes auch nur halbwegs qualifizierten oder risikobereiten Erwachsenen entweder in die Städte oder in andere Weltregionen ist es kaum möglich, produktive Erwachsene, vor allem in den entlegenen Regionen, wo die Guerilla und Warlords operieren, aus dem Arbeitsleben zu reißen, ohne die lokale Infrastruktur völlig zu ruinieren. Und auf diese sind auch die Kriegsherrn angewiesen. Die weiterhin hohen Geburtenraten machen es, wie in historischen Gesellschaften früher auch anderswo, unmöglich Frauen zu rekrutieren, weil diese fast die Hälfte ihrer erwachsenen Lebenszeit bis zur Menopause entweder schwanger sind oder sich um einen Säugling oder ein Kleinkind kümmern müssen.

Kinder verbrauchen weniger Nahrung und andere Ressourcen, stellen auch sonst weniger Ansprüche und – so ein liberianischer Offizier mit Erfahrung in diesem Bereich – man kann mehr von ihnen auf einen Lkw packen.

Das fehlende Glied ist jetzt nur mehr das massenhafte Vorhandensein leichter, wartungsarmer und robuster Schnellfeuerwaffen, dank der eifrigen Rüstungsexporte der Industrieländer. Eine Elfjährige mit einer Maschinenpistole ist genauso tödlich wie ein ebenso untrainierter Erwachsener. Eine Elfjährige mit einer Maschinenpistole, die mehr per Zufall als durch Können einen gut ausgebildeten Soldaten erwischt, hat ein Vielfaches der Ressourcen vernichtet, die notwendig waren, um sie selbst an diesen Punkt zu bringen. Solche und ähnliche eiskalte Kalkulationen stehen hinter dem massenweisen und konstanten Einsatz von Kindersoldaten, so wie zu allen Zeiten vor allem die in den Krieg geschickt wurden, die man leicht entbehren konnte, vorausgesetzt sie konnten die Waffen der Zeit handhaben. Zu den meisten Zeiten waren dies junge Männer, in vielen Krisenregionen der Gegenwart sind es aus denselben Gründen Kinder.

Zu diesen „harten" Faktoren der Demographie und Ökonomie kommen „weiche": Kinder sind leicht einzuschüchtern und formbar. Sie haben selten die Neigung, ihren Führern, die sich durch grausame Gehirnwäsche und Drogen zu einer Art Übereltern stilisieren, die Herrschaft streitig zu machen. Einmal entsprechend indoktriniert sind sie bereit, jede Grausamkeit mitzumachen und Risiken einzugehen, die Erwachsene vernünftigerweise verweigern würden. Mädchen, immerhin wahrscheinlich 40 % der Kindersoldaten, dienen – wie auch manche Jungen – dann noch als leicht verfügbare Sexualobjekte. Nicht zuletzt kann man im Gefechtsfall damit rechnen, dass reguläre Truppen oft zögern werden, Kinder zu töten, was sie auch als Selbstmordattentäter, Spione und für das Legen von Hinterhalten besonders geeignet macht.

Ein erklecklicher Teil der Kindersoldaten – wie auch China Keitetsi, deren autobiographische Aufarbeitung ihrer Erlebnisse das Phänomen medial bekannt machte – wird dabei nicht zum Dienst gepresst, obwohl Entführung und Zwang eine Rolle spielen, sondern entflieht entweder tristen Lebensverhältnissen oder durch staatlichen Terror oder ethnische Konflikte bereits zerstörten Gemeinschaften. Keitetsi ist eine Tutsi, und der ugandische Präsident Obote beschuldigte diese Volksgruppe die Rebellen zu unterstützen, weswegen ihre Familie gewaltsamen Übergriffen ausgesetzt war. Die Motivation, für die eigene Gruppe – mag diese auch noch so vage definiert sein – gegen „den Feind" zu verteidigen und für eine gute Sache in den Krieg zu ziehen, ist in der oft noch recht schwarzweiß gehaltenen Welt von Kindern stark. Die Machtlosigkeit, die mit dem Kindsein an sich verbunden ist, und die noch drückender wird, wenn man die Ungerechtigkeit der Welt früh erfährt, kann man auch überwinden, indem man sich entschließt zu kämpfen. Muslimische Teenager aus westlichen Ländern, die sich dafür begeistern lassen, den „Islam" in Syrien oder sonst wo zu verteidigen, erliegen derselben Verführung.

Kriegsherrn und Gotteskrieger

Mohammed Omar, genannt Mullah Omar, war zumindest 53 Jahre alt, als er wahrscheinlich 2013 in einem Krankenhaus in Karatschi an Tuberkulose starb. Nachdem über sein genaues Geburtsdatum Unklarheit herrscht, wie über so vieles aus seinem

Leben vor dem langen Krieg in Afghanistan, wird sich sein Alter wohl nicht endgültig klären lassen. Von 1996 bis 2001 war er das nominelle Staatsoberhaupt des Islamischen Emirats Afghanistan gewesen, wie sich der Talibanstaat offiziell nannte. In der Provinz aufgewachsen, wandte er sich früh der Religion zu. Seine Familie stammte aus kleinbürgerlichen Verhältnissen vom Land. Sein Vater, ebenfalls ein Mann des Glaubens, starb früh. Mohammed wurde von seinen Onkeln aufgezogen. Als mit der Saur-Revolution 1978 schließlich ein prosowjetisches Regime an die Macht kommt, ist Mohammed Omar gerade in Pakistan, um an der Jamia Uloom-ul-Islamia, der prestigeträchtigsten Koranschule in Karatschi, zu studieren. Um die Familie zu unterstützen, wird er Mullah in einem Dorf in der Provinz Kandahar. 1982 schließt er sich einer islamistischen Gruppe an, die gegen das von den Sowjets gestützte Regime kämpfen will. Es ist kein Geheimnis, dass diese und ähnliche Mudschaheddin-Gruppen von den USA mit Waffen, Aufklärungsdaten und Logistik unterstützt wurden, wobei der pakistanische Geheimdienst eine undurchsichtige Zwischenträgerrolle spielte. 1992, als das postsowjetische Regime in Afghanistan scheitert, ist Mohammed Omar ein erfahrener Kämpfer und zutiefst desillusioniert von den Kriegsherrn, die das Land nun untereinander aufteilen.

Warlords sind nichts anderes als moderne Reinkarnationen der Häuptlinge einer früheren Epoche. Der zentrale Pfeiler ihrer Macht ist der Krieg selbst und der ungehemmte Raub, den dieser ermöglicht. Man mag mit den Motiven eines Kriegsherrn durchaus sympathisieren, sei es antikolonial, sozialrevolutionär, oder was die nationale Befreiung, die ethnische Selbstbestimmung oder die religiöse Identität betrifft. Man darf sich aber nicht darüber hinwegtäuschen lassen, dass es das Geschäftsmodell ist, das den Kriegsherrn ausmacht: In einer Zone, in der das staatliche Gewaltmonopol ausgehöhlt oder gänzlich zusammengebrochen ist, stellt er den stärksten Gewalthaber dar und benutzt diese Position, um eine krude Umverteilungswirtschaft aufzubauen, in der alle Sektoren der lokalen Ökonomie der Aufrechterhaltung seines Kampfes untergeordnet werden. Seiner Gefolgschaft aus Kämpfern ermöglicht er einen angenehmen Lebensstil und plündert dafür die Menschen, die ihm ausgeliefert sind, indem er Schutzgeld erpresst. Vielfach zwingen Kriegsherren die Bevölkerung in ihrem Einflussbereich Waren für den Schwarzmarkt zu produzieren – Drogen etwa – oder lokale natürliche oder kulturelle Ressourcen auszubeuten. Neben dem Handel mit Drogen, Waffen und Edelsteinen, der Begriff „Blutdiamanten" ging gelegentlich durch die Presse, sind Raubkunst und Sklavenhandel – vor allem die sexuelle Sklaverei – mittlerweile Haupteinnahmequellen dieser Leute. Dabei sind die Kriegsherrn, die am finanziellen Tropf ausländischer Interessen hängen, noch die harmloseren, weil sie sich nicht dazu genötigt sehen, die Menschen vor Ort im selben Maß auszubeuten. Anders als traditionelle Guerilla und historische soziale Banditen sind moderne Kriegsherrn nicht wirklich auf die Sympathie und Unterstützung der Bevölkerung angewiesen, sondern erzwingen diese mit Gewalt und brutaler Ein- schüchterung. Sie kommen als Besatzer. Ihre Truppe besteht zum einen aus „Über- zeugungssöldnern", die von einem Brennpunkt der internationalen Dauerkriege zum nächsten wandern, aus den Entwurzelten der langen Kriege in ihrer eigenen Heimat und aus Kämpfern, die sich ihnen aufgrund von ethnischer Herkunft oder anders gelagerten Loyalitäten verpflichtet fühlen.

Die afghanischen Kriegsherrn, die siegreich aus den Kampf gegen die Sowjets und ihre afghanischen Verbündeten hervorgingen, waren eine bunte Mischung, die all diese Motivlagen repräsentierten. In Summe beuteten sie aber das Land und seine Menschen genauso aus, wie beschrieben, denn die CIA hatte ihnen mit dem Rückzug der Russen den Geldhahn abgedreht.

Man kann als Kriegsherr nicht einfach so in das zivile Leben zurück-kehren. Warlord ist eine Lebensweise.

Wenn man sich entschließt, den Bauernhof zu kaufen und auszusteigen, ist man tot. Man kann nicht Kriegsherr sein, ohne Feinde zu machen. Im besten Fall bringen einen diese um die Ecke, im schlimmsten die eigenen Leute, die weniger Skrupel haben, das Geschäftsmodell weiterlaufen zu lassen. Kriegsherrn erzeugen Krieg! Sobald sich das Modell in einer Region etabliert hat, ist es so gut wie unmöglich, den Krieg aufzuhalten oder gar zu beenden. Auch Guerilla- und Terrorgruppen können in diese Falle tappen. Viele der Dauerkonflikte der Gegenwart erklären sich dadurch, dass eine Mehrheit der beteiligten Fraktionen überhaupt nicht an einer – nicht einmal siegreichen – Beendigung des Konfliktes interessiert ist, sondern sich in dem Sumpf aus Korruption, Gewalt und Raub bestens eingerichtet hat. Der einzige Ausweg ist der Aufstieg eines Leviathan, der die Kriegsherrn vernichtet oder domestiziert.

Mohammed Omar wollte ein solcher Leviathan werden. Er rekrutierte seine Kämpfer aus den Flüchtlingslagern und Koranschulen Afghanistans und Pakistans. Der besondere Appeal seiner Gruppe, die bald als Taliban bekannt wurden, war eben ihre religiöse Strenge. Neben den vorhandenen Warlords, die sich offen bereicherten, Drogen handelten und konsumierten, ein – auch sexuell – ausschweifendes Leben führten und oft von traditionellen Loyalitäten zu Stämmen und Ethnien motiviert waren, nahmen sich die „sauberen" jungen Männer aus den Mardasas erfreulich „ordentlich" aus. Ob legendär oder wahr, eine der ersten Aktionen, die Mohammed Omar mit nur dreißig Gefolgsleuten zugeschrieben wird, ist, dass er einen lokalen Kriegsherrn am Kanonenrohr eines Panzers aufknüpfte, weil er zwei Mädchen vergewaltigt hatte. Die durch den Krieg und die Übergriffe der Warlords verzweifelte Bevölkerung begrüßte die Taliban als Befreier und war nur zu gerne bereit, sich ihrer strengen Auslegung des Koran mit einem Schuss paschtunischer Stammestradition unterzuordnen. In den ländlichen Regionen hatte man ohnehin nie anders gelebt und die ausgebluteten städtischen Zentren waren froh über die Ruhe, die unter dem Regime der jungen Saubermänner wenigstens vorerst einmal herrschte. Im Frühjahr 1996 legte sich Mohammed Omar propagandistisch wirksam einen Mantel um, der angeblich dem Propheten Mohammed gehört hatte und seit Jahrhunderten in einem Schrein in Kandahar aufbewahrt worden war. Seine Kämpfer hatten fast das gesamte Land unter ihre Kontrolle gebracht, außer den Nordwesten, wo sich die verbleibenden Warlords noch ihrer Haut erwehrten. Kurz darauf riefen ihn seine Gefolgsleute zum Emir des Islamischen Emirats Afghanistan aus, das schnell vom Iran, Saudiarabien und einigen anderen Golfstaaten sowie Pakistan vorsichtige Anerkennung erfuhr.

Auch dem Westen gefiel der frisch geschlüpfte Leviathan anfänglich ganz gut. Mit der radikalen Umsetzung des islamischen Rechts, was Hinrichtungen und Verstümmelungen als Strafen für Ehebrecher und Diebe sowie die weitgehende Verdrängung der Frau aus dem öffentlichen Leben mit sich brachte, hatte man bei namhafteren Verbündeten in der Region ja auch wenig Probleme. Außerdem machten die sauberen Koranschüler mit einer Sache ernst, die gerade der amerikanischen Regierung überaus am Herzen lag: Ehe es einen „Krieg gegen den Terror" gab, hatte diese nämlich den „Krieg gegen Drogen" ausgerufen und Afghanistan war unter den Warlords weltweit zum Hauptproduzenten von Opium geworden. Damit versprachen die

Taliban Schluss zu machen. 2001 wurde eine Delegation der afghanischen Machthaber deswegen auch in die USA eingeladen. Dummerweise entschloss sich am 11. September desselben Jahres ein alter Kampfgefährte aus dem Krieg gegen die Sowjets,
dem Mohammed Omar im Sinne der traditionellen Gastfreundschaft Unterschlupf
gewährt hatte, gerade diesen schlafenden Riesen einen empfindlichen Schlag zu
versetzen. Der Rückschlag traf dann die Taliban und tötete ihre krude, islamistische
Version des Leviathans, noch ehe er recht flügge werden sollte.

Terroristen

Terroranschläge sind eine wirksame Möglichkeit, den Leviathan zu verwunden.
Eben weil der Moderne Staat die Gewalt in seinem Inneren kontrolliert und seine
Bürgerinnen und Bürger vor Gewalt so vollständig schützt und isoliert, ist jeder
Ausbruch von Gewalt unter seinen Schwingen ein Skandal, der dem Ansehen des
wohlmeinenden Ungeheuers schweren Schaden zufügen kann. Das hatten schon die
Anarchisten des 19. Jahrhunderts verstanden, entwickelten aber vor allem die linken
Terrorgruppen der Nachkriegszeit – wie die deutsche RAF oder die Weathermen in
den USA – zu einer erklärten Strategie: Den repressive Charakter des Staats sichtbar
zu machen, indem man ihn durch Angriffe zwingt, Repression offen auszuüben. Auch
ethnischen Befreiungsbewegungen, wie der IRA, baskischen Separatisten, der PLO
und anderen palästinensischen Gruppen, die das Problem hatten, ähnlich wie früher
antikoloniale Kämpfer – zum Beispiel die Hagana im noch britisch besetzten Palästina – einem starken Leviathan in seinem eigenen Revier entgegentreten zu müssen,
blieb meist nichts anderes über, als der Glaubwürdigkeit der Staates Nadelstiche zu
versetzen, wenn sie seinem Apparat, geschweige denn seiner Souveränität, schon
sonst nichts anhaben konnten.

> **Terrorismus, das muss in Zeiten der verbreiteten Terrorangst umso
> deutlicher betont werden, ist eine Strategie der Schwäche.**

Der Terrorist ist noch nicht einmal in der vorteilhaften Situation des Banditen oder
Guerillero, der sich zumindest der Sympathie und klammheimlichen Unterstützung
der Bevölkerung sicher sein kann. Selbst dort, wo Terroristen vorgeben, die Interessen der sie umgebenden Menschen zu vertreten, sind diese meist wenig daran

interessiert, ihnen zu helfen, werden sie doch genau so oft Opfer der ungezielten Gewalt von Terroranschlägen, wie die eigentlichen Ziele und ist doch gerade ihr Leben durch die Angst vor dem Terror und die staatliche Repression gegen ihn am meisten beeinträchtigt. Der Terrorist ist jedermanns Feind. Kein Wunder, dass er zumindest Gott zum Freund haben will.

Ein solcher Gottesfreund war Osama bin Laden. Er hätte an der Universität zuhause in Saudiarabien Betriebswirtschaft studieren sollen, doch interessierte er sich mehr für Religion und Poesie. Schöne Pferde und Fußball konnten ihn, ein Mitglied der saudischen Oberschicht, da auch noch begeistern. Seine eigentliche Obsession wurde indes der Jihad. Wie viele wohlhabende junge Leute aus der arabischen Welt in seiner Generation erlebte er eine seltsame Zerrissenheit. Einerseits erzogen im Stolz auf die eigene Kultur und überzeugt von der Überlegenheit der eigenen Religion, durch Reichtum und Privilegien von existenziellen Problemen weitgehend abgeschirmt, erlebte er ein Gefühl der Machtlosigkeit, wenn er mitansehen musste, wie Tag für Tag Glaubensgenossen, mit denen er sich immer stärker identifizierte, von den Ungläubigen gedemütigt wurden. Wie viele romantisch veranlagten jungen Männer zu allen Zeiten wollte Osama das tun, das romantisch veranlagte junge Männer zu allen Zeiten getan haben: Er wollte gegen das Böse kämpfen. Praktischerweise lag das „Reich des Bösen" zu der Zeit gerade in der Sowjetunion und man konnte mit der Unterstützung der CIA rechnen, wenn man bereit war, in Afghanistan gegen die Russen zu kämpfen. Also ging Osama nach Afghanistan, nur war der eher schmächtige, kränkliche Intellektuelle aus gutem Haus nichts für die raue Bergwelt des Hindukusch. Dafür war er reich und ein guter Organisator, sodass er sich in den folgenden Jahren darauf spezialisiert, mit Hilfe des pakistanischen Geheimdiensts Jihadisten und Material nach Afghanistan zu schleusen. Den Mudschaheddin erwies er so einen großen Dienst und deswegen wies man ihm auch nicht die Türe, als er ein Jahrzehnt später bei den Taliban um Asyl ansuchte. In der Zwischenzeit hatte sich aber nicht nur die Weltlage, sondern auch Osamas Einschätzung derselben grundlegend gewandelt.

Die siegreiche Rückkehr aus dem afghanischen Kampf hatte Osama bin Laden den Respekt seiner Landsleute und die irrige Überzeugung eingebracht, eine Supermacht besiegt zu haben. Als Saddam Hussein im Sommer 1990 Kuwait angreift und das Haus Saud selbst in Gefahr kommt, erscheint er beim saudischen

Verteidigungsminister und bietet ihm an, seine arabischen Kämpfer aus dem Krieg in Afghanistan zur Verteidigung der Heimat zur Verfügung zu stellen; doch die Saudis setzen statt auf eine Horde von fanatischen Abenteurern und Söldner lieber auf das reguläre Militär ihres Verbündeten der Vereinigten Staaten. Für Osama bedeutet dieser Schritt eine mehrfache Demütigung: Eine persönliche, weil seine Hilfe und sein Heldenstatus nicht gut genug waren, eine für seine Heimat, weil sie nicht in der Lage ist, sich ohne die Hilfe der Ungläubigen zu verteidigen und eine für die Islamische Welt als ganze, mit der er sich in der internationalen Umgebung der Afghanistankämpfer immer mehr identifiziert hatte, weil der heilige Staub Arabiens, auf dem der Prophet wandelte, durch die Militärstiefel der Ungläubigen entweiht würde. Nur wenige Monate später finden FBI-Agenten bei einer Hausdurchsuchung erste Hinweise, dass eine Gruppe, die sich al Qaida nennt, Anschläge gegen Ziele im Westen plant. Das saudische Regime, das mittlerweile genug von Bin Ladens Nörgeleien hat, versucht ihn mundtot zu machen, doch er flieht in den Sudan, von wo er auf Druck Saudiarabiens, Ägyptens und der USA 1996 nach Afghanistan ausreisen muss. Seine alten Kampfgefährten sehen es als eine Sache der Ehre an, ihm Unterschlupf zu gewähren.

Inzwischen ist er der Überzeugung, dass die USA beabsichtigen, den Nahen Osten zu erobern und alles Übel in der Region von der westlichen Präsenz und Einmischung ausgeht. Hinter allem stehen natürlich der ewige Lieblingsfeind aller rechten Wirrköpfe: das internationale Finanzjudentum! Die Tatsache, dass er auf der Flucht aus dem Sudan sein gesamtes Vermögen verloren und seine Familie ihm den Geldhahn zugedreht hat, lässt ihm wenig andere Möglichkeiten, als zu einem Vollzeitterroristen zu werden. Etwa dreihundert Kämpfer aus der alten Truppe in Afghanistan, die er die ganze Zeit durchgefüttert hatte, zwingen ihn mehr oder weniger, eine Operation auf einer ganz neuen Basis aufzubauen. Basis: auf Arabisch heißt das „al Qaida". Er erklärt in einer offiziellen Deklaration den USA den Krieg und errichtet in Afghanistan ein Netzwerk aus Ausbildungslagern und mit Hilfe einer Fluglinie einen regelrechten internationalen Taxiservice für Terroristen und Kriegsmaterial.

Doch welche Mittel hat ein nicht mehr ganz so reicher Träumer im völlig verarmten Afghanistan zu Verfügung, um den größten Leviathan seiner Zeit zu verwunden? Bombenanschläge sind ein probates Mittel. Sein erster Anschlag gelingt dem Netzwerk 1992 in Aden: zwei Tote, der große Coup aber fast ein Jahrzehnt später in New

York am 11. September 2001: fast 3.000 Tote. In der Zwischenzeit hat al Qaida einige weitere erfolgreiche Anschläge durchgeführt, vor allem aber dafür gesorgt, dass überall auf der Welt fanatische, islamistische Kämpfer mit ausreichender Ausrüstung und Finanzierung bereitstanden, wo nur irgendwie ein Muslim von einem Konflikt betroffen war: In Algerien gibt ein Emissär Bin Ladens den Ausschlag, dass sich die algerischen Islamisten zum Kampf gegen den Staat entschließen, nachdem dieser bereits Verhandlungsbereitschaft signalisiert hatte: 200.000 Tote und eine völlige Niederlage für die Islamisten. Der Anschlag auf ausländische Touristen in Luxor erreichte, was jahrzehntelange Repression gegen die Muslimbrüder im Land nicht zustande gebracht hatte: Die Mehrheit der ägyptischen Bevölkerung wandte sich gegen die Terroristen. Angesichts dieser eher durchmischten Bilanz fragt man sich, wie der Terrorpate seine Strategie rechtfertigte, denn der Erfolg gab ihm offenbar nicht recht. Amerikaner und ihre Verbündeten zu töten, so stellte er in einer Erklärung fest, wäre selbstverständlich die Pflicht jedes Muslims. Unschuldige Opfer kämen ohnehin ins Paradies und schlechte Muslime und Ungläubige in die Hölle, wo sie hingehören. Über Kollateralschäden braucht man sich mit Gottes Hilfe keine Gedanken zu machen.

Drohnenkrieger

Ein Mann macht sich sehr viele Gedanken über Kollateralschäden. Brandon Bryant muss durch die Kamera der Drohne, die er zu steuern hilft, mitansehen, wie eine von der modernen Kriegsmaschine abgefeuerte Rakete ein Kind tötet. Kinder vor laufender Kamera zu töten, das ist in der westlichen Kultur, in der Bryant sozialisiert wurde, eines der unaussprechlichsten Tabus. Nicht einmal an den dunkelsten Rändern ihrer kollektiven Fantasie, die sich in billigen Horrorstreifen auslebt, wird gegen dieses Tabu verstoßen. Dementsprechend erschüttert ist der nachdenkliche junge Mann, der eigentlich Journalismus studieren wollte, sich dann aber für die US-Airforce entschied, als das Unaussprechliche vor seinen Augen geschieht. Bryant beginnt unter seiner Tätigkeit zu leiden. Er äußert sich kritisch über einzelne Einsätze und legt gegenüber seinen Vorgesetzten seine Bedenken dar. Er beginnt unter dem psychischen Druck in die Knie zu gehen, klagt über Schlafstörungen und erleidet schließlich einen Zusammenbruch während des Dienstes. Man schickt ihn in Krankenurlaub. Er denkt ernsthaft darüber nach, den Beruf zu wechseln. Noch einmal kehrt er nach mehreren Monaten Abwesenheit in den Container auf der der Cannon Air Force Base in New

Mexico zurück, doch er erträgt seine Tätigkeit nicht mehr. Er leidet unter posttrau-
matischem Stress-Syndrom und nimmt seinen Abschied. Großzügige Angebote über
mehr Gehalt können ihn nicht umstimmen. Er wird nach einer versuchten Rückkehr
nach einer Auszeit endgültig ehrenhaft aus dem Militärdienst entlassen. Nach eigener
Einschätzung hat er an dreizehn Tötungsmissionen teilgenommen. Die geheime Einheit, der er angehörte, soll über 1.600 geflogen haben.

Nach längerer Zeit, in der er sich in die Wälder Montanas zurückgezogen hat, um mit
sich selbst ins Reine zu kommen, entschließt er sich über das Erlebte zu sprechen. In
Interviews und Vorträgen widerspricht er der Darstellung, dass Drohnenschläge das
präzise Töten von Terroristen ermöglichen würden. Vielmehr führen sie zu zahlreichen unschuldigen Opfern und erfolgen oft auf Basis windiger Aufklärungsinforma-
tionen oder gar von oberflächlichen Analysen von Metadaten, die maximal glaubhaft
machen können, dass es in einer bestimmten Region terroristische Aktivitäten geben
könnte! Vor allem die deutsche Öffentlichkeit ist entsetzt über den Umstand, dass
die Luftwaffenbasis Ramstein als Relaisstelle für die Drohnenoperationen der USA
im Nahen Osten und Asien dient. Deutschland, das seit seiner eigenen dunklen Rolle
in den Kriegen des 20. Jahrhunderts so penibel auf sein Saubermann-Image achtet,
wurde von seinem Verbündeten quasi zum Komplizen im völkerrechtlich bedenk-
lichen Morden gemacht. Gemeinsam mit anderen Whistleblowern unterzeichnete
Bryant einen offenen Brief an den amerikanischen Präsidenten Obama, in dem er
diesen emphatisch aufforderte, die Drohnenangriffe einzustellen, weil sie den Hass
gegen die USA und damit den Terrorismus nur zusätzlich befeuern.

Eine Studie des Londoner Bureau of Investigative Journalism kam zu dem Ergebnis,
dass bei dreihundert Drohnenangriffen, deren Folgen ausgewertet werden konnten,
ca. 2.400 Personen getötet wurden, 400 davon Zivilisten. Vierhundert, ein Sechstel
der Opfer. Wer würde widersprechen, wenn man sagt, das seien vierhundert zu viel.
So eng sind die Zügel, die wir dem Leviathan angelegt haben, dass wir es – berechtigtermaßen – als Verstoß gegen das Kriegsrecht und völkerrechtlichen Skandal ansehen, dass solches geschieht. So groß ist der Respekt vor dem menschlichen Leben
– oder zumindest die anerzogene Hemmung aktiv zu töten – in der westlichen Kultur
am Ende des Prozesses der Zivilisation, dass junge Männer, die in anderen Zeiten, in
anderen Kriegen eine vergleichbare Anzahl an Menschen in schlammigen Schützengräben erschossen, mit dem Bajonett erstochen oder ihrem Gewehrkolben zu Tode

geprügelt hätten, es nicht mit ihrem Gewissen vereinbaren können, noch länger in einem klimatisierten Büro auf Knöpfe zu drücken.

Die technisierte Distanz, die sich so zwischen den Tötenden und sein Opfer schiebt, macht ihn eben nicht gefühllos. Es ist nicht leichter auf Distanz zu töten als unmittelbar.

Vielleicht ist es sogar schwieriger, tragen wir doch noch ein Überbleibsel unserer verdrängten Sozialisierung als Krieger in uns: Den Gedanken der Fairness; das Ideal, dass nur die Überwindung eines Gegners in einem fairen Kampf auch ehrenhaft ist. Nicht alle Spuren des Kriegers in uns sind durch den Prozess der Zivilisation ausgelöscht worden. Doch wie muss der Krieg der Zukunft aussehen, damit wir es ertragen können ihn zu führen?

Desillusionen

Den Krieg der Zukunft wird es geben. Auch wenn wir in diesem Buch glaubhaft machen konnten, dass Kriege nicht eine Naturnotwendigkeit sind, keine anthropologische Konstante aus der Tiefe unserer Affenseele, sondern ein Ausdruck spezifischer historischer Entwicklungen seit der Sesshaftwerdung; dass die Art, wie wir Kriege führen, von der Verfasstheit unserer Gesellschaften, unserer Ökonomie, unseren technischen Möglichkeiten, unserer geographischen Lage, ja unseren Feinden abhängt, können wir doch nicht voraussagen, dass der Krieg in absehbarer Zukunft aus unserer Lebensrealität verschwinden wird. Auch wenn das vergangene Kapitel gezeigt hat, dass stabile – vorzugsweise demokratische – Staaten eine geringere Neigung haben, aufeinander loszugehen, hat es doch auch bewiesen, dass dieselben Staaten durch ihre Interessen und ihre Einmischung langdauernde bewaffnete Auseinandersetzungen in den Regionen unter schwacher, staatlicher Kontrolle herbeiführen oder zumindest billig zulassen. Nachdem der langfristige Trend in die Richtung geht, dass die Zahl der autonomen Einheiten, die in der Lage sind, legitim Kriege zu führen, sinkt, können wir uns natürlich zurücklehnen und auf die Errichtung des Weltstaates warten, der den Ewigen Frieden bringen könnte. Unter seiner Regie, oder selbst unter der einer Handvoll wohlmeinender Leviathane, würde Krieg zu dem, was auch sonst Gewalt unterhalb der Staatsmacht ist: zu einem Verbrechen.

Die wichtigste Aufgabe des Gemeinwesens ist es, die Schwächsten zu schützen. Wo der Staat scheitert, werden die Schwächsten zuerst zu Opfern, weil sie ihren Schutz selbst in die Hand nehmen müssen.

Ansätze in diese Richtung hatte es nach dem Zweiten Weltkrieg gegeben, als die Sieger in Nürnberg das Internationale Recht in diese Richtung auslegten und in Gestalt der Vereinten Nationen Institutionen geschaffen wurden, um zukünftige Kriege zu verhindern. Der Machtverlust der großen Leviathane von damals hat diese Friedensordnung leider nachhaltig geschwächt. Die Berufung eines einzelnen Staats zum Weltpolizisten, wie es nach Ende des Kalten Kriegs kurzfristig den USA zukam, ist keine probate Lösung. Zum einen wird selbst der korrekteste Weltpolizist sich nicht vor dem Vorwurf schützen können, eigene Interessen zu verfolgen, zum anderen scheint es wenig fair, die Kosten für die Befriedung des Globus einer Nation aufzuerlegen. Der internationalistische Ansatz unter Führung einer Handvoll von Großmächten, die einander wohlwollend, aber kritisch auf die Finger schauen, scheint auch aus der historischen Erfahrung die erfolgversprechendste Lösung zu sein. Sie erfordert freilich, dass sich die Leviathane unserer Zeit zumindest auf grundsätzlicher Ebene einig sind.

Doch auch dann kann das Konzert der Leviathane, wie es der Erste Weltkrieg bewiesen hat, durch die Destabilisierung einzelner Mitglieder der Staatenwelt wieder in einen großen Krieg schlittern. Die in letzter Zeit zunehmende Tendenz einiger Staaten mit gefährlich großen Militärapparaten zu autoritären Regimen, die, wie die historische Erfahrung zeigt, eher geneigt sind, militärische Aggression auszuüben, ist in dieser Hinsicht bereits bedenklich. Der wiedererwachte Antagonismus des Westens gegenüber Russland erinnert beunruhigend an die Unfähigkeit oder Unwilligkeit der Großmächte vor dem Ersten Weltkrieg, das Deutsche Reich in das Konzert der Mächte zu integrieren bzw. an ihren fatalen Fehler, die Sicherheitsinteressen Österreich-Ungarns nicht länger anzuerkennen. Wenn ein Leviathan sich isoliert oder gar existenziell bedroht sieht, erscheint auch ihm der Krieg als Lösung plötzlich wieder attraktiv. Wie die beiden letzten großen Kriege gezeigt haben, bedarf es dann der vereinten Kräfte aller anderen Leviathane, den Renegaten niederzuringen. Der Preis war die letzten beiden Male schrecklich; das nächste Mal könnte er angesichts der Waffen, mit denen der Dritte Weltkrieg geführt werden könnte, fatal sein.

Dies ist den Strategen aller Militärmächte der Gegenwart voll bewusst. Das zunehmende Interesse an alternativen Möglichkeiten, auf potentielle Gegner gewaltsam Druck auszuüben, entspringt dieser Einsicht.

In zukünftigen Auseinandersetzungen werden daher mit Sicherheit unkonventionelle Methoden eine große Rolle spielen: Cyberangriffe auf die Infrastruktur des Gegners, hochentwickelte Formen der Desinformation und Propaganda mithilfe des Internet, wirtschaftliche Manöver, die in der immer komplexeren Finanzwelt großen Schaden anrichten können.

Die Kriegsopfer werden in diesen Kämpfen keine Soldaten mehr sein, sondern fast ausschließlich Zivilisten, die in Pflegeheimen sterben, weil der Strom ausfällt, die durch manipulierte Schwankungen auf dem Finanzmarkt ihr Erspartes einbüßen, deren Kinder verhungern, weil staatliche Unterstützungen gekürzt werden müssen oder deren Lebenschancen durch die herrschende Paranoia und die immer dichtere Überwachung, die als Gegenmaßnahme dann notwendig wird, eingeschränkt werden. All diese Attacken zielen auf den weichen Bauch des Leviathans, die Anerkennung seiner Autorität durch die Bevölkerung. Wenn sie erfolgreich sind, wird es keine Invasionen geben, keine großen Schlachten zwischen hochgerüsteten Armeen, sondern der verwundete Leviathan wird von innen zusammenbrechen und sich in die Reihe der gescheiterten Staaten einreihen, mit all den Begleiterscheinungen, die schon besprochen wurden.

Ein Beispiel haben wir wahrscheinlich alle schon wieder vergessen: Den „Zusammenbruch" der Sowjetunion. Schätzungen gehen mittlerweile davon aus, dass der weitgehende Kollaps des staatlichen Pensions- und Gesundheitssystems sowie die wirtschaftliche Misere in den gut dreißig Jahren seither mehreren Millionen Menschen das Leben gekostet hat, ohne dass ein einziger Schuss abgegeben werden musste. Eine Serie von vergleichbaren Fällen ereignete sich in Gestalt des „Arabischen Frühlings", dessen recht durchwachsene Bilanz uns unter anderem den offenen Bürgerkrieg in Syrien und Libyen sowie schwere Verwerfungen in Ägypten und anderen Ländern Nordafrikas beschert hat.

Rasch kann es also passieren, dass eine scheinbar eben noch stabile Nation in Krieg und Chaos abrutscht, und dass gewaltsame Auseinandersetzungen zur ohnehin tristen ökonomischen Lage in vielen Weltregionen dazukommen. Flüchtlingsströme, der „Export" von lokalen Konflikten durch Terrorismus und die Kosten – sowohl ökonomisch wie auch moralisch –, die durch den dauerhaften Fortbestand dieser Verhältnisse auch jene betreffen, die in der Friedenszone leben, sollten allein aus Eigennutz die Bewohner der stabilen Staaten dazu anregen, etwas gegen die herrschenden Verhältnisse zu tun. Humanitäre Überzeugungen sind dazu nicht einmal unbedingt nötig. Tatsächlich ist keinem mit dem Chaos und der Gewalt gedient. Auch die wirtschaftliche Ausbeutung der Länder des Südens durch die vielverdammten multinationalen Konzerne des Nordens würde leichter vonstatten gehen, wenn vor Ort Ruhe herrschen würde. Dazu wäre die Etablierung stabiler Staatlichkeit offenbar der beste

Weg, wie unsere eigene, historische Erfahrung gezeigt hat. Dass diese Staatlichkeit, wie das Beispiel der Taliban deutlich macht, nicht unbedingt so aussehen wird, wie man sich das im Westen gerne vorstellt, ist mittelfristig offenbar nicht zu vermeiden. Auch wenig demokratische, aber stabile Staaten wie China oder der Iran können ihren Teil zur Etablierung der Friedenszone beitragen. Wie aber gerade der Arabische Frühling gezeigt hat, ist es kein dauerhaft gangbarer Weg, repressive Regime an der Macht zu halten, vor allem, wenn man es mit einer jungen Bevölkerung zu tun hat, die mit der typischen Ungeduld dieser Lebensphase ihre Chancen fordert. Ein Maß an politischer Freiheit – Demokratie eben – ist, wie eingangs bemerkt, mittlerweile unabdingbar geworden, auch wenn in den Köpfen der Aktivisten die Grenzen zwischen dem Wohlstand, der politischen Mitbestimmung und der gesellschaftlichen Freiheit, die Menschen in den entwickelten Demokratien genießen, anscheinend oft verschwimmen. Es reicht leider nicht, den ungeliebten Machthaber zu stürzen, damit sich am nächsten Tag Jobs für eine zahlreiche, mäßig ausgebildete Jugend aus dem Nichts manifestieren. Für diese Illusion den Leviathan zu schlachten, scheint sich als wenig glückliche Lösung erwiesen zu haben.

In Zeiten der allgegenwärtigen Angst vor diversen diffusen Bedrohungen muss dabei noch einmal deutlich darauf hingewiesen werden, dass die Konflikte aus der Zone schwacher Staatlichkeit für die Friedenszone keine wirkliche Bedrohung darstellen. Militärisch ist keines der betroffenen Länder eine ernsthafte Herausforderung, nicht einmal Nordkorea mit seinem grotesken Atomprogramm, und Terroranschläge sind letztendlich nichts als Mückenstiche, die eine selbstsichere Gesellschaft auch einfach ignorieren kann. Wenn man freundlich sein möchte, kann man sie als ohnmächtige Wutausbrüche verstehen. Wenn man sehr freundlich sein möchte, könnte man sich dazu entschließen, die Ursachen für den Zorn und die Hilflosigkeit der Terroristen ernstzunehmen und an deren Lösung arbeiten. Mit dem modernen Arsenal des Westens einen „Krieg gegen den Terror" zu führen, ist dabei wahrscheinlich die am wenigsten effektive Herangehensweise.

Ein einfaches Mittel, die Gewalt in vielen Teilen der Welt zurückzuschrauben, wäre eine massive Einschränkung des internationalen Waffenhandels. Vor allem eine Unterbindung des Handels mit leichten Waffen – alles was über Granatwerfer, Maschinengewehre oder einen schultergestützten Raketenwerfer hinausgeht, spielt

in den Konflikten der Gegenwart ohnehin kaum eine Rolle – könnte überraschend schnell dazu beitragen, dass den Kriegsherrn das Material ausgeht. Überhaupt ist die Bekämpfung des internationalen organisierten Verbrechens, von Handel mit Drogen, Blutdiamanten, Öl, anderen wertvollen Rohstoffen, Raubkunst und Sklaven, Geldwäsche und anderen illegalen Geschäften mithin das beste Mittel, den Warlords, Terroristen und nebenbei auch ganz gewöhnlichen Verbrechern den Geldhahn

Ein technischer Raubvogel rührt an den Rudimenten unserer Kriegerehre. Kein anderes Waffensystem symbolisiert die Asymmetrie so sehr wie der ferngesteuerte Kampfroboter. Er tötet Menschen. Wer ihn abschießt, ruiniert bloß ein wenig teure Hardware.

abzudrehen. Die erfolgreiche Bekämpfung des Kriegs hat sehr viel mit biederer Polizeiarbeit zu tun. Erfolgversprechend würde sie, wenn diejenigen, die in der entwickelten Welt von diesen dunklen Geschäften profitieren, ebenfalls rigoros zur Rechenschaft gezogen werden. Dazu bräuchten wir keine Kriege zu führen, nur ein

Der Handel mit leichten Waffen ist die Quelle für die meisten Kriegstoten der Gegenwart. Erfolg-reiche Schläge gegen dieses Milliardengeschäft sind selten mehr als ein Tropfen auf dem heißen Stein.

paar Konten zu sperren, Büros zu durchsuchen und die eine oder andere Steueroase auszutrocknen.

Wenn man aus einer nüchtern-materialistischen Analyse des Themas Krieg etwas mitnehmen möchte, dann die Einsicht, dass die beste Möglichkeit ihn zu verhindern darin besteht, ihn ökonomisch unattraktiv zu machen – indem man entweder die Gewinne minimiert oder die Kosten in die Höhe schraubt – und, indem man potenti-ellen Aggressoren zumindest einen für sie akzeptablen Ausweg lässt.

Nachlese

Für die Nachlese zu diesem Kapitel sei noch einmal auf das Buch von Ian Morris „Krieg. Wozu er gut ist" verwiesen. „Über den Prozeß der Zivilisation" von Norbert Elias wird gegenwärtig bei Suhrkamp wiederaufgelegt. Die langen Analysen über die Entwicklung von Gewalt finden sich bei Steven Pinker „Gewalt: Eine neue Geschichte der Menschheit." Deutsch bei Fischer, Frankfurt am Main 2011, und bei Lawrence H. Keeley „War Before Civilization: the Myth of the Peaceful Savage" Oxford 1996, wobei auf die schon oben geäußerte Kritik, dass beide keine klare Unterscheidung zwischen prähistorischen Jägern und Sammlern und Sesshaften zulassen, noch einmal zu betonen ist. Für die jungsteinzeitliche Vorgeschichte und die historische Zeit sind ihre Ergebnisse aber durchaus zu gebrauchen.

China Keitetsi hat mehrere autobiographische Werke verfasst, in denen sie ihre Erfahrungen verarbeitet. „Sie nahmen mir die Mutter und gaben mir ein Gewehr" bei Ullstein, Berlin 2005, war das erste. Eine Biographie von Mohammed Omar liegt – angesichts der wenigen bekannten Fakten – nicht vor. Osama bin Laden wurde dafür mehrfach traktiert, relativ aktuell von Michael Scheuer: „Osama Bin Laden" Oxford University Press, 2011, und Peter L. Bergen: „Die Jagd auf Osama Bin Laden. Eine Enthüllungsgeschichte" DVA, München 2012. Zu Brandon Bryant muss man ebenfalls auf die Presse zurückgreifen.

Filmisch wurden die in diesem Kapitel angesprochenen Themen mehrfach thematisiert, doch leider ist vieles davon schwer zu ertragender Thriller-Schund: Den Krieg in Afghanistan bringt bedrückend verrückt „Charly Wilson's War" von 2007 auf die Leinwand. „Traitor" mit Don Cheadle ist unter den Terrorismus-Filmen eine erfreulich nachdenkliche Ausnahme. „Dirty Wars", ein Dokumentarfilm von 2013, befasst sich mit dem Thema Drohnenkrieg und wirft auch ein Licht auf Warlords in Somalia. Kindersoldaten, Kriegsherren und die zerrüttete Staatlichkeit in Afrika finden sich mit einer Portion Action und Pathos in „Blood Diamond" von 2006; schwerer erträglich in „Beasts of No Nation" von 2015. Den internationalen, illegalen Waffenhandel thematisiert „Lord of War" von 2005 mit Nicolas Cage.

Bibliografische Information der Deutschen Nationalbibliothek
Die Deutsche Nationalbibliothek verzeichnet diese Publikation in der Deutschen Nationalbibliografie; detaillierte bibliografische
Daten sind im Internet über http://dnb.d-nb.de abrufbar.

1. Auflage

Bildnachweis: akg-images: 3 (Erich Lessing), 27 (De Agostini Picture Library/H. Seemüller), 29 (Warner Bross/Alex Bailey), 33 (De
Agostini Picture Library/G. Dagli Orti), 48 (André Held), 50/51 (YvanTravert), 81 (Bildarchiv Steffens), 84/85 (Bible Land Pictures/Z.
Radovan), 91 (Erich Lessing), 100 (British Library), 113, 115 (Roland u. Sabrina Michaud), 137, 139, 166 (Florilegius), 185, 189 (IAM),
199; Alamy: 265 (Juliet Butler); apa-picturedesk: Schutzumschlag vorne – Fotomontage (2), 24 (akg/YvanTravert), 31 (Eibner),
34/35 (Erich Lessing), 41 (Mary Evans), 63 (ap/Francois Mori), 70/71 (akg), 106 (akg), 119 (Michael Reynolds), 126 (akg), 148 (akg),
160/161 (Roger Viollet), 162 (Science Source), 175 (akg), 178/179 (akg), 180 (Andy Rain), 202/203 (Mary Evans Picture Library), 205
(laif/Till Muellenmeister), 220 (akg), 246 (akg/Orsi Battaglini), 267 (Science Source), 299 (APF/John McConnico), 318 (XINHUA /
Action Press); ASTERIX®- OBELIX® / © 2016 LES EDITIONS ALBERT RENE / GOSCINNY - UDERZO: 88; bpk-Bildagentur: 12/13
(Staatliche Kunstsammlung Dresden/Hans-Peter Klut), 69 (Antikensammlung SMB/Johannes Laurentius); Burgerbibliothek Bern:
109; Otto Dix: Der Krieg. 1929/32 / © Bildrecht, Wien, 2017: 230/231 (agk-images/Staatliche Kunstsammlung Dresden, Galerie Neue
Meister); Estia Holzspielwaren: 93; gettyimages: 10 (Keren Su), 121 (Brooks Kraft), 131, 147 (Jose Fuste Raga), 183 (Hulton Archive),
211, 220, 228, 235 (Time Life Pictures/James Burke), 275 (Silver Screen Collection), 285 (Gamma-Rapho), 312 (Franc & Jean Shor);
Michael Hahn: 316/317 – Fotomontage (http://www.theatlantic.com/technology/archive/2013/03/the-canonical-image-of-a-drone-is-
a-rendering-dressed-up-in-photoshop/274177/); IMAGNO/ÖNB: 45; IMAGNO/Ullstein: 249; Ned Johnston/Courtesy Film Forum:
9; LogTV: 282; Österreichisches Staatsarchiv, Kriegsarchiv: 227 (Bildersammlung WK 1, Album 656/2); Pablo Picasso: Guernica.
1937 / Succession Picasso / © Bildrecht, Wien, 2017: 270/271 (IMAGNO/Austrian Archives); Panini Manga. Drifters © Kohta Hirano
2016: 154; Reuters: 98/99, 259 (Tumay Berkin), 288; shutterstock: Schutzumschlag vorne, oben; Sudan Government Railways:
197; ullstein bild: 252, 268; Wikimedia: 57 (Archäologisches Museum Neapel/Berthold Werner), 142 (Tokugawa Kunstmuseum),
157 (National Maritime Museum, Greenwich), 238/239 (Museo National del Prado) Der Verlag dankt allen Rechtsinhabern für die
freundliche Reproduktionsgenehmigung. Da in einigen Fällen die Inhaber der Rechte nicht zu ermitteln waren, werden rechtmä-
ßige Ansprüche nach Geltendmachung vom Verlag abgegolten.

Coverdesign: Perndl+Co Design GmbH, Wien
Grafisches Konzept: Perndl+Co Design GmbH, Wien und Alexandra Varsek
Satz: Burghard List
Kartengrafik Vor- und Nachsatz: Martin Gaal
Lektorat: Ulli Steinwender
Bildrecherche: Helmut Maurer und Elisabeth Stein-Hölzl

Papier: Munken Print White 115 g
Gedruckt in der EU

Copyright © 2017 by Christian Brandstätter Verlag, Wien

ISBN 978-3-7106-0069-2

Christian Brandstätter Verlag
GmbH & Co KG
A-1080 Wien, Wickenburggasse 26
Telefon (+43-1) 512 15 43-0
Telefax (+43-1) 512 15 43-231
E-Mail: info@brandstaetterverlag.com
www.brandstaetterverlag.com

08
DER KAVALLERIST
Winston Churchill
OMDURMAN, SUDAN

04
DER KREUZFAHRER
Richard I. Löwenherz
ARSUF, PALÄSTINA

10
DER PUTSCHIST
Cemal Gürsel
ANKARA, TÜRKEI

02
DER SÖLDNER
Xenophon, Sohn des Gryllos
KUNAXA, MESOPOTAMIEN

06
DER KRIEGSHERR
Oda Nobunaga
NAGASHINO, JAPAN

12
DER TALIBAN
Mullah Mohammed Omar
GLOBAL

ER TERRORIST
ama bin Laden
OBAL

ATIN